Direito Natural,
Ética e Hermenêutica

E57d   Engelmann, Wilson
            Direito natural, ética e hermenêutica / Wilson Engelmann. –
        Porto Alegre: Livraria do Advogado Ed., 2007.
        284 p.; 23 cm.

        ISBN 85-7348-447-0

           1. Direito natural. 2. Filosofia do Direito. 3. Ética. 4. Hermenêutica. I. Título.

                                             CDU - 340.1

           Índices para o catálogo sistemático:
        Direito natural
        Filosofia do Direito
        Ética
        Hermenêutica

(Bibliotecária responsável: Marta Roberto, CRB-10/652)

Wilson Engelmann

DIREITO NATURAL, ÉTICA E HERMENÊUTICA

Porto Alegre, 2007

© Wilson Engelmann, 2007

Capa, projeto gráfico e diagramação de
Livraria do Advogado Editora

Revisão
Rosane Marques Borba

Direitos desta edição reservados por
Livraria do Advogado Editora Ltda.
Rua Riachuelo, 1338
90010-273 Porto Alegre RS
Fone/fax: 0800-51-7522
editora@livrariadoadvogado.com.br
www.doadvogado.com.br

Impresso no Brasil / Printed in Brazil

Prefácio

O renascimento da temática que, originariamente, se identificava com a tradição do direito natural no pensamento filosófico e jurídico, aparece na contemporaneidade sob diferentes aspectos e ângulos. Não se trata mais de uma reflexão sobre o direito natural concebido de forma abstrata e generalizante, mas do emprego de valores – por serem anteriores à organização do Estado, e, por essa razão, chamados de naturais – na construção dos argumentos de uma racionalidade prática. Ocorre na atualidade uma releitura sofisticada da tradição ético-filosófica, que deita as suas raízes na Grécia Clássica, através da incorporação da ética de Aristóteles, no contexto dos modelos de argumentação da filosofia hermenêutica de Heidegger e da hermenêutica filosófica de Gadamer. O livro do professor Wilson Engelmann insere-se nessa nova e progressista leitura da tradição ético-filosófica.

A importância da contribuição do livro do professor Engelmann reside, antes de tudo, em trazer para o leitor, em primeiro lugar, os parâmetros filosóficos que demarcam o espaço epistemológico, onde se objetivam e convergem as contribuições aristotélica, kantiana, heideggeriana e gadameriana, que poderão vitalizar a reflexão crítica sobre o Direito e o Estado na cultura democrática contemporânea. Esse trabalho de recuperar a tradição, tornando-a relevante para o debate filosófico contemporâneo, é o que se tem chamado de "renascimento do direito natural", e não do jusnaturalismo. Em segundo momento, o livro privilegia a análise do mais contemporâneo dos jusnaturalistas, o filósofo John Finnis, desenvolvendo uma cuidadosa análise crítica do seu pensamento e como a obra do filósofo pode representar instrumento valioso para a hermenêutica e o pensamento jusfilosófico do século XXI.

A fragmentação da unidade da razão por Nietzsche foi o princípio das diversas orientações teóricas desenvolvidas no século XX, que declararam a morte da metafísica e do projeto de emancipação do indivíduo a partir da autodeterminação do sujeito. Com isso, os referenciais éticos passaram por um processo de relativização, sendo que, no pensamento jurídico, tomaram o lugar do modelo positivista, sob a forma da perspectiva procedimentalista.

Nesse contexto, o autor propõe investigar quais as condições de possibilidade para que se possa conceber a lei natural como elemento ético e histórico e, assim, fundamentar racionalmente os argumentos da filosofia hermenêutica. Para tanto, o prof. Wilson Engelmann procura demonstrar como o modelo de lei natural de John

Finnis pode servir de matriz privilegiada para posicionar adequadamente a pré-compreensão.

A partir da concepção de *vida boa* de Aristóteles – como bem último que dirige a realização de toda atividade humana –, John Finnis constrói a idéia de "bens humanos básicos". Para John Finnis, o Direito possui uma natureza teleológica, onde os fins estão definidos em função de *bens humanos básicos*, que representariam a dimensão substantiva da lei natural. A concepção de *bens humanos básicos* deita suas raízes na idéia, fundamental para a ética aristotélica, o conceito de *phrònesis*.

O livro do prof. Engelmann participa da leitura atualizada do pensamento aristotélico (Perine, 2006), onde o entendimento de *phrònesis* ganha sentido somente na medida em que possa situar-se, ao lado da *sophia*, como únicas virtudes intelectuais. Enquanto a *sophia* tem por objeto seres por natureza mais sublimes que o homem, constituindo, portanto, um conhecimento desinteressado, a *phrònesis* tem por objeto os bens humanos, ou seja, aqueles que podem ser submetidos à deliberação. Como argumenta Perine, ao analisar a ética aristotélica, a deliberação não se faz sobre aquilo que não pode ser diferente do que é, nem sobre o que não é ordenado a um fim que seja um bem.

Logo irá concluir Aristóteles que a *phrònesis* dirige a ação humana nos casos particulares, ainda que conserve o sentido do universal em função do bem a ser realizado. Com isto, as pessoas dotadas de experiência, adquirida através da vivência dos casos, mesmo não possuindo a ciência dos universais, estão mais bem aparelhadas para a ação do que as pessoas que possuem somente a *sophia*. Tomando a teoria aristotélica da ação, que privilegia o mundo da empíria em cada caso, como o seu fundamento, Finnis procura superar a perspectiva universalizante, que permeou a idéia de lei natural no horizonte da tradição filosófica ocidental.

A hipótese defendida pelo prof. Engelmann consiste em sustentar que o pensamento de Finnis acerca da lei natural, fundada na razoabilidade prática, e a construção de uma hermenêutica de cunho filosófico realizada por Heidegger e Gadamer, podem consubstanciar elementos para a construção de uma racionalidade lastreada na historicidade. Com essa argumentação, abre-se a perspectiva de se constituir uma metafísica não-objetificadora, que garanta uma fundamentação ética para a hermenêutica e para o Direito, sem desconsiderar o caráter contingencial e temporal das suas estruturas de compreensão e aplicação.

A construção de uma fundamentação ética para a filosofia hermenêutica favorece a consolidação das críticas às posturas positivistas, que, historicamente, procuraram construir um sistema auto-suficiente e autônomo para o Direito, independente da moral e da política. O pensamento ético estruturado a partir da *phrònesis* – e, especificamente, como sugere Gadamer (1976: 159) ao tratar da *phrònesis* judiciária – determina o horizonte dentro do qual se pode analisar criticamente um dos teoremas fundamentais da filosofia hermenêutica contemporânea: o círculo hermenêutico.

Assim como ocorre no corpo da filosofia ética de Aristóteles, para a hermenêutica apenas será possível se construir uma compreensão autêntica (ou uma melhor resposta) na medida em que se considere de prioritariamente o exame do caso concreto. A *phrònesis* dirige o agir humano para a melhor forma de se alcançar o bem numa determinada situação concreta, permitindo a manifestação do fenômeno como ele é, sem a utilização de um determinado princípio de horizonte – que poderia se dar pela utilização do método ou de categorias universalizantes – que possa objetivar a compreensão. Não se trata, portanto, da determinação do conhecimento do universal e necessário, mas sim de se encontrar o justo meio (o termo médio entre o excesso e a falta) em cada situação. A prudência aristotélica encontra-se, dentro dessa perspectiva, intimamente vinculada à *applicatio* gadameriana.

A recepção da filosofia prática pela hermenêutica determina um dos pilares de uma orientação teórica acerca da linguagem e da interpretação com pressupostos distintos daqueles que sustentam a hermenêutica tradicional. Sustentada por uma metafísica objetificadora da realidade, a hermenêutica tradicional tem por finalidade a busca da certeza e do conhecimento universal. O devir temporal é esquecido, assim como a finitude do humano. Por isso, a recuperação da *phrònesis* representa a incorporação à filosofia hermenêutica de valores, que expressam a valorização do humano.

Seguindo na esteira aristotélica da *phrónesis*, entendida como uma virtude noética, preocupada com os meios para se atingir o fim já determinado (a *eudaimonia*), o pensamento ético atual redimensionou a extensão da *phrònesis*, não se limitando a analisar apenas a questão dos meios (entendidos como as exigências da razoabilidade prática), mas também a problemática dos fins, que Finnis classifica como os *bens humanos básicos*.

Considerando a racionalidade tecnocientífica, hermenêutica e ética, o prof. Engelmann propõe uma recuperação da ética através da hermenêutica, tendo em vista a transgressão dos pressupostos do *logos* da ciência e da técnica. Para tanto, o elemento normativo para a substantivação desta racionalidade ético-hermenêutica é fornecido pela estrutura dos princípios da lei natural. O argumento ético torna-se, assim, o núcleo substantivo da nova hermenêutica.

Deve-se, assim, levar em consideração a abordagem de Finnis ao desafio da lei natural. Para o filósofo, a lei natural não tem história, mas essa constatação leva a duas interrogações suscitadas pelo prof. Engelmann: (a) será que os princípios da lei natural e as exigências metodológicas da razoabilidade prática sempre tiveram o mesmo significado? (b) Com a mudança dos valores no grupo, eles também não sofrem modificações históricas na sua configuração e contextualização?

O prof. Engelmann admite que essas questões são duvidosas, mas podem ser resolvidas da seguinte forma em argumento desenvolvido em duas etapas: o significado dos princípios da lei natural (os bens humanos básicos) e as exigências da razoabilidade prática não sofrem alterações em sua essência e escala de importância, justamente por serem bens básicos, mínimos e imprescindíveis. E, assim, não são históricos. Entretanto, o seu exercício vai se alterando com a passagem do tempo, provocando a mudança dos valores das mais diversas categorias, de tal modo que, em determinadas épocas, alguns bens e algumas exigências são mais importantes do que em outras, e, assim, sucessivamente.

Apesar dessas interrogações, pode-se dizer que os princípios da lei natural e as exigências metodológicas da razoabilidade prática possibilitam a flexibilidade e a maleabilidade adequada aos propósitos da hermenêutica filosófica, possibilitando uma resposta adequada para cada situação da vida. Isto porque John Finnis não formulou uma teoria ou doutrina do Direito Natural, mas organizou um conjunto de princípios que levam em conta as características e necessidades básicas de cada pessoa ou situação. As exigências da razoabilidade prática que possibilitam o aplicar dos princípios da lei natural nada mais são do que a aplicação do saber prático – da *phrònesis*.

A base ética, da hermenêutica será, assim, sustentada por uma argumentação lógico-racional, o que permitirá a construção de uma resposta aos diferentes relativismos da contemporaneidade. Com isto, o prof. Engelmann sustenta que não se pode pretender o objetivismo da *téchne* ou então o formalismo de Kant, quando se trata de assuntos humanos, que são por natureza contingentes. Para tanto, propõe o prof. Engelmann a utilização do modelo de Finnis, no quadro específico das possibilidades da *phrònesis* e da perspectiva geral da razão prática aristotélica. Esse projeto é que torna o livro do prof. Wilson Engelmann valioso para a reflexão jusfilosófica brasileira.

Rio de Janeiro, 4 de setembro de 2006.

Prof. Dr. Vicente de Paulo Barretto

NOTAS

Gadamer, H.- G. *Vérité et Méthode*. Trad. d'É. Sacre, révision de P. Ricoeur. Paris: Seuil, 1976.

Perine, Marcelo. *Quatro Lições sobre a Ética de Aristóteles*. São Paulo: Edições Loyola, 2006.

Sumário

Introdução 11

1. A Filosofia Prática e a *Phrónesis* em Aristóteles 17
   1.1. A filosofia prática e a sua caracterização 17
   1.2. A *phrónesis* em Aristóteles 24
   1.3. A filosofia prática e as suas interfaces com a *phrónesis* .. 39

2. A Razão Pura e a Razão Prática em Kant 45
   2.1. O resgate do pensamento teleológico (desenvolvido desde Aristóteles) e a revolução copernicana de Kant 45
   2.2. O uso teórico da razão: a questão do conhecimento 53
      2.2.1. A Estética Transcendental 56
      2.2.2. A Analítica Transcendental 62
   2.3. O uso prático da razão: a influência da liberdade (a ética) .. 65

3. A Razão nos Domínios da Hermenêutica 83
   3.1. A ontologia fundamental de Heidegger e as interfaces com a razão pura kantiana e alguns postulados aristotélicos .. 83
      3.1.1. Heidegger e algumas idéias propostas por Immanuel Kant 83
      3.1.2. Heidegger e os gregos: a sua aproximação com Aristóteles 92
      3.1.3. Da fenomenologia ao pensamento: Heidegger e o itinerário da razão 102
         3.1.3.1. A fenomenologia heideggeriana 106
         3.1.3.2. O ente homem: entre o esquecimento e a compreensão do ser 110
   3.2. A hermenêutica filosófica de Gadamer e as influências da filosofia prática de Aristóteles 115
      3.2.1. A phrónesis como a virtude hermenêutica fundamental 118
      3.2.2. A hermenêutica filosófica e a sua preocupação com o caráter histórico no projeto da compreensão 127

4. Novos Postulados do Direito Natural: A Contribuição de John Finnis 135
   4.1. Ainda há lugar para a discussão sobre o Direito Natural? 135
   4.2. A Lei Natural em John Finnis: considerações sobre a sua proposta 142
      4.2.1. Alguns aspectos sobre os fundamentos do pensamento de John Finnis 142
      4.2.2. A historicidade da Lei Natural a partir de John Finnis 148
      4.2.3. As formas básicas do bem humano: a dimensão substantiva da lei natural 153

    4.2.4. As exigências básicas da razoabilidade prática: a dimensão metodológica da lei natural 162
    4.2.5. Algumas idéias de John Finnis revistas ou melhor explicitadas pelo próprio autor 177
    4.2.6. Ronald Dworkin, John Finnis e a "única resposta correta" 182
    4.2.7. A lei injusta e a única (a melhor?) resposta correta: esse é um (verdadeiro) modelo de "caso difícil"? 190

5. Hermenêutica Tradicional "vs" Hermenêutica de Cunho Filosófico: As Perspectivas Projetadas por Heidegger e Gadamer 197
    5.1. A prevalência da hermenêutica de cunho objetivista: a dicotomia sujeito-objeto 197
    5.2. A diferença ontológica como condição de possibilidade para o "acontecer" da hermenêutica de viés filosófico 209
    5.3. A hermenêutica de Martin Heidegger como um meio de acessar o viver fático do ente homem 214
    5.4. A pré-estrutura da compreensão e as suas interfaces com a temporalidade 220
    5.5. A hermenêutica filosófica gadameriana e a importância da tradição 230
    5.6. O círculo hermenêutico como lugar privilegiado para a projeção da fusão de horizontes 238

6. Novos Rumos da Razoabilidade Prática: Os Princípios da Lei Natural como Justificativa Ética da Espiral Hermenêutica 249
    6.1. Os Princípios da lei natural "vs" o relativismo do resultado da hermenêutica jurídica: a importância da razoabilidade prática 249
    6.2. A consciência hermenêutica frente à constatação dos princípios da Lei Natural proposta por John Finnis 258

Conclusão 265

Referências bibliográficas 275

Introdução

O livro pretende investigar as contribuições formuladas por John Finnis a partir dos princípios da lei natural (os bens humanos básicos) e as exigências da razoabilidade prática, especialmente aquelas lançadas em sua obra *Natural Law and Natural Rights*,[1] como modos de justificação ético-histórica dos horizontes da pré-compreensão e dos resultados da hermenêutica de cunho filosófico, desenvolvida por Martin Heidegger e Hans-Georg Gadamer.

Apesar de todo o avanço prometido pela ciência, representado no Direito pela certeza e previsibilidade, a hermenêutica jurídica (tradicional, ligada ao ideal científico e do método) não consegue dar conta das novas demandas produzidas pela sociedade. Já a hermenêutica filosófica sofre a crítica do relativismo no tocante aos seus resultados. Assim, formula-se o seguinte problema: seriam os princípios da lei natural e a razoabilidade prática os elementos ético e histórico capazes de justificar a dimensão da pré-compreensão e os resultados da hermenêutica de cunho filosófico?

A pesquisa destacará a importância das contribuições de John Finnis, o qual pretende enfatizar que o Direito existe para a realização de determinado fim. Esse fim é delineado a partir da procura de determinados bens, que são os chamados bens humanos básicos – representando uma dimensão substantiva da lei natural. Além disso, projeta as chamadas exigências metodológicas de razoabilidade prática, correspondendo ao meio para a implementação dos citados bens. Esses aspectos apontam para a necessária valorização do conteúdo em detrimento da forma, surgindo uma fértil possibilidade de crítica ao positivismo jurídico e à sua maneira de conceber a tarefa hermenêutica.

Tais constatações são importantes, pois apontam para dois elementos essenciais: a) a nova forma de conceber a lei natural – desvinculada da sua concepção metafísica, abstrata e universal ligada à vontade de Deus; ou, então, a fatores naturais ou meramente racionais – será projetada como elemento ético para justificar os resultados obtidos pela hermenêutica filosófica, mediante a exploração das contribuições

---

[1] FINNIS, John Mitchell. *Natural Law and Natural Rights*. Oxford: Clarendon Press, 1980. 425p.

de Heidegger e Gadamer; b) dentro desse mesmo viés de trabalho, a lei natural servirá para estabelecer alguns parâmetros para demarcar a pré-estrutura da compreensão ou da pré-compreensão na construção do círculo hermenêutico.

Para desenvolver essas idéias, será necessário examinar alguns aspectos históricos do desenvolvimento da razão prática, como manifestação da *phrónesis*, ou saber prático, característica principal da nova forma de visualização da lei natural. Verificar-se-á a importância da experiência nesse contexto. Vale dizer, a experiência é o legado histórico da tradição onde o intérprete está inserido desde sempre. Para estudar a razão prática e as suas ligações com a prudência, serão revisadas as idéias de Aristóteles e Kant, visando a destacar o seu caráter contingencial e temporal, bem como as suas contribuições para a formação de uma ética, que seja capaz de dar suporte à pretensão antes mencionada. Tais contornos serão fundamentais para estudar a concepção hermenêutica de Heidegger e Gadamer, conscientes de que os autores se afastam com a mesma intensidade com a qual se aproximam de Aristóteles e Kant.

A experiência, como um aspecto característico importante da *phrónesis*, aponta justamente para o horizonte histórico, valorizado pela filosofia hermenêutica (Heidegger) e hermenêutica filosófica (Gadamer). É por isso que surge a crítica à metafísica geral onde o conhecimento do ser do ente é universal e independente da experiência. Reforçar-se-á, com as interfaces da lei natural, que o conhecimento do ser do ente, a partir da ontologia fundamental, não poderá prescindir da experiência e muito menos será universal, pois sempre ocorre no horizonte temporal histórico que se renova constantemente.

A importância e a atualidade do tema estão na necessidade de se buscar novos horizontes para o contexto hermenêutico. Assim, as formas básicas do bem humano e as exigências da razoabilidade prática apontam para a inadequação de uma concepção neutra e metodológica do Direito e da hermenêutica. Vale dizer, a rigidez do método não consegue atingir a variabilidade das situações fáticas produzidas pelo contexto social. Essas, por sua vez, estão a exigir fórmulas flexíveis e adaptáveis, a fim de viabilizar a plena realização das necessidades do ser humano.

Pelos aspectos vistos, o surgir de "algo como algo" (Heidegger) será determinado pelo conteúdo dos princípios da lei natural, na medida em que justifica a atribuição de sentido operacionalizada pela hermenêutica jurídica. Dentro dessa perspectiva, pretende-se verificar como a proposta de John Finnis poderá contribuir para a valorização do ser do ente homem, não como mero destinatário do trabalho hermenêutico, mas como seu co-autor. Essa atitude visa à valorização da linguagem, como um modo de identificar as exigências de razoabilidade prática, que poderão expressar os bens humanos básicos da proposta de Finnis. A razão prática apresenta-se, portanto, como um pano de fundo privilegiado para processar a integração da pré-compreensão (histórica) que o intérprete já traz consigo e a compreensão da linguagem, como modo de concretizar o verdadeiro fim (o "telos") do ente Direito na hermenêutica jurídica, que é o homem.

Apesar da demarcação de conteúdos da compreensão e de sua estrutura prévia, existe consciência de que a hermenêutica ontológica e o "método" fenomenológico surgiram justamente para acessar uma experiência originária, sem qualquer explicação teórica ou mesmo separação em fatias. A par dessa preocupação, não se pode esquecer que o enfoque dado por John Finnis é o prático, o qual procura trabalhar com o conjunto dos bens humanos básicos e das exigências da razoabilidade prática. Assim, embora o destaque seja a pré-compreensão, é evidente que as contribuições dos princípios da lei natural acabam atingindo todos os componentes do círculo hermenêutico. Na medida em que se busca contextualizar a pré-compreensão, via as contribuições de John Finnis, automaticamente estarão sendo atingidos os demais conteúdos, já que todos eles se encontram num lugar comum: o círculo hermenêutico. Portanto, não se pensa num trabalho que traga de volta a concepção da divisão, ou seja, a compreensão separada da interpretação, e estas, da aplicação. Pelo contrário, com a contextualização do conteúdo da pré-compreensão, haverá um fortalecimento na aproximação desses aspectos que integram o processo de interpretação.

Ao longo do livro, aparecem várias críticas ao positivismo jurídico. O entendimento dessa corrente doutrinária, dentro do contexto do presente trabalho, deverá ser buscado a partir das contribuições de Norberto Bobbio,[2] inspirado nos sete pontos fundamentais que servem para caracterizar o positivismo jurídico. Assim, inicialmente, o positivismo jurídico é relacionado a uma forma específica de abordagem sobre o direito, que é visto como "um conjunto de fatos produzidos pela sociedade". O segundo ponto está circunscrito à "definição do Direito", onde prepondera o elemento coercitivo, ou seja, o Direito se faz respeitar através da possibilidade do emprego da força. Um outro aspecto encontra-se vinculado ao estudo das fontes do Direito, com "grande preponderância à lei". Outro detalhe a ser considerado é a questão relativa à teoria da norma jurídica, catalogada como um comando ou uma ordem, dando margem ao nascimento da chamada "teoria imperativista do Direito". O autor aponta, ainda, a "teoria do

---
[2] BOBBIO, Norberto. *O Positivismo Jurídico* – Lições de Filosofia do Direito. Traduzido por Márcio Puglesi, Edson Bini e Carlos E. Rodrigues. São Paulo: Ícone, 1995, p. 131-3.

ordenamento jurídico", como uma outra maneira de encarar o estudo do positivismo jurídico. Nesse particular, são destacadas a coerência e a completude do ordenamento jurídico. Além disso, por outro ângulo, o positivismo jurídico preconiza um "método específico para a tarefa interpretativa", onde o viés criativo do juiz é cerceado, mediante a substituição por uma intervenção meramente declaratória do Direito. Por fim, uma sétima forma de verificar as características do positivismo jurídico encontra-se relacionada à "ideologia do Direito", enquanto necessidade de obediência à lei.

A idéia que melhor retrata essas sete possibilidades de definir o positivismo jurídico está "representada pelo fato de que as mesmas procuram estabelecer o que é o direito prescindindo de seu conteúdo, vale dizer, da matéria por este regulada".[3] A partir disso, toda vez que ao longo do livro surgir a expressão "positivismo jurídico" tem-se em vista esse arcabouço de caracterização.

Ao longo do trabalho, também se empregará a expressão "razoabilidade prática". Ela deve ser inserida num primeiro momento na prática, na ação do sujeito, que deve seguir algumas orientações para que a sua atitude possa ser razoavelmente aceita. Por isso, John Finnis[4] associa a razoabilidade prática à prudência (*phrónesis*): quer dizer, um saber orientado para o fim, apontando claramente que o sujeito deve estar preocupado com esses fins e preparar os meios para atingi-los.

Com tal aspecto, também pode-se dizer que o "saber prático" é uma característica da *phrónesis*, como um saber agir, onde o homem sério é chamado de *spoudáios*, e o homem sábio é denominado de *phrónimos*. Com tal caracterização, também se estabelece uma conexão com a filosofia prática, que representa uma reflexão filosófica sobre a *práxis*, isto é, a ética, que também está preocupada com uma conduta para a ação humana. Então, quando se fala em ética, no fundo se tem em mente a preocupação com a *phrónesis*. E, a partir dela, chega-se ao saber prático e através dele encontramos a razoabilidade prática. Quer dizer, essas expressões formam um círculo que está preocupado com a situação concreta e de como dar uma solução que seja aceitável, isto é, razoável. Aí, verificar-se-á ao longo do trabalho, a aproximação que se faz entre esse círculo e o círculo hermenêutico, estabelecendo um diálogo que poderá enriquecer a ambos.

A abordagem do tema pode ser dividida em duas grandes partes: na primeira parte, estarão os fundamentos da razão prática e, numa segunda parte, avaliar-se-á como a razão prática interfere nos proces-

---

[3] BOBBIO, Norberto. *Op. cit.*, p. 145.

[4] FINNIS, John Mitchell. *Ley Natural y Derechos Naturales*. Traduzido por Cristóbal Orrego Sánchez e Raúl Madrid Ramírez. Buenos Aires: Abeledo-Perrot, 2000, p. 85 e Idem. *Natural Law and Natural Rights*, p. 52.

sos normativos. Para a construção dos fundamentos da razão prática, o primeiro capítulo tratará de explicitar a filosofia prática e a *phrónesis* em Aristóteles, destacando as características de ambas e como elas interagem.

No segundo capítulo, localizam-se alguns subsídios sobre a razão pura e a razão prática em Kant. Mostrando-se como a sua "revolução copernicana", foi relevante para a questão do conhecimento e da liberdade (vinculada à formação da sua teoria ética).

O terceiro capítulo abordará a razão nos domínios da hermenêutica, mostrando aproximações e distanciamentos de Heidegger e Kant, além das suas interfaces com Aristóteles. Verificar-se-á, também, como a hermenêutica filosófica de Gadamer foi influenciada pela filosofia prática de Aristóteles.

No quarto capítulo, será estudada a proposta de John Finnis, partindo de alguns fundamentos que sustentam o seu pensamento e a questão da historicidade da lei natural. Após, ingressa-se na idéia central da obra de Finnis, estudando as formas básicas de bem e as exigências metodológicas da razoabilidade prática. Abre-se, igualmente, um espaço para expor alguns aspectos da obra de John Finnis que foram revistos ou melhorados pelo próprio autor. Nesse capítulo, também ingressa-se na polêmica entre Finnis e Dworkin acerca da "única resposta correta" nos "casos difíceis". E, por fim, é examinada a questão pertinente à lei injusta e sua relação com a "única resposta correta", possibilitando o seguinte questionamento: será que com tal caracterização não se tem o verdadeiro "caso difícil"?

No quinto capítulo, abordar-se-ão a hermenêutica tradicional e a hermenêutica filosófica e as perspectivas projetadas por Heidegger e Gadamer, destacando: a) em relação a Martin Heidegger: a dicotomia sujeito-objeto, a diferença ontológica, a faticidade e a pré-estrutura da compreensão e as suas ligações com a temporalidade. b) Em relação a Hans-Georg Gadamer: a hermenêutica filosófica e a importância da tradição e o círculo hermenêutico como um espaço histórico-temporal para a projeção da fusão de horizontes.

No sexto capítulo, destacam-se os princípios da lei natural como uma resposta para o ataque relativista que a hermenêutica de cunho filosófico vem sofrendo. Além disso, enfatiza-se como deve ser desenvolvida a consciência hermenêutica a partir dos postulados lançados por John Finnis, especialmente na medida em que eles servem de justificativa ética para os resultados oriundos do círculo hermenêutico.

1. A Filosofia Prática e a *Phrónesis* em Aristóteles

1.1. A FILOSOFIA PRÁTICA E A SUA CARACTERIZAÇÃO

O estudo sobre a razão prática remete – como ponto de referência inicial, dentro dos limites propostos pelo presente trabalho – a Aristóteles.[5] A *"phrónesis"*,[6] que é a parte mais elevada da razão prática, chama a atenção sobre as suas relações e diferenciações com a filosofia prática. A expressão "filosofia prática" foi empregada pela primeira vez por Aristóteles:[7]

> E também é justo que a Filosofia seja chamada ciência da verdade; pois o fim da ciência teórica é a verdade, e o da ciência prática, a obra. Com efeito, quando os práticos consideram como está disposta uma coisa, não consideram o eterno, senão o relativo e o presente.[8]

Deste modo, pode-se dizer que a filosofia teórica e a prática apresentam um elemento comum, a saber, a verdade.[9] É certo que a

---

[5] Em 384 a.C., nasce Aristóteles em Estagira, na Calcídia, região dependente da Macedônia. No ano de 322 a.C., falece Aristóteles em Cálcis, na Eubéia, ilha do mar Egeu.

[6] A *phrónesis* pode ser considerada uma "idéia inata" dos gregos, que apresentou o período de plenitude que vai de Sócrates a Aristóteles. JAEGER, Werner. *Aristoteles*. Bases para la historia de su desarrollo intelectual. Traduzido por José Gaos. México: Fondo de Cultura Económica, 2001, p. 100.

[7] Segundo constatação de BERTI, Enrico. *As razões de Aristóteles*. Traduzido por Dion Davi Macedo. São Paulo: Loyola, 1998, p. 116.

[8] ARISTÓTELES. *Metafísica*. 2. ed. rev. 3. reimpr. Edição trilingüe por Valentín García Yebra. Madrid: Editorial Gredos, 1998, 993b.

[9] A questão relativa à verdade em Aristóteles pode ser catalogada como a tarefa da parte racional da alma, a saber, "o homem, enquanto razão, tem na verdade a sua função, na posse dela, a sua virtude" (PEREIRA, Oswaldo Porchat. *Ciência e Dialética em Aristóteles*. São Paulo: UNESP, 2001, p. 88). Tal contexto é descrito da seguinte forma: "Se, por conseguinte, algumas coisas sempre estão juntas e não podem ser separadas, e outras sempre estão separadas e não podem ser unidas, e outras admitem o contrário (isto é, podem estar juntas e ser separadas, ou estar separadas e ser unidas), o ser é estar junto e ser um, e o não ser, não estar junto, senão ser várias coisas; enquanto as que admitem o contrário, a mesma opinião e o mesmo enunciado resultam algumas vezes falsos e outras verdadeiras, e cabe ajustar-se à verdade algumas vezes e errar outras; porém, enquanto as que não podem ser de outro modo, não resultam algumas vezes verdade e outras mentira, senão que a mesma opinião é sempre verdadeira ou sempre falsa" (ARISTÓTELES. *Metafísica*, 1051b). Parece que nesta passagem está a justificação do necessário e do contingente, nota característica da filosofia teórica e da filosofia prática. Isto não quer dizer que o ser verdadeiro surge como uma concepção em si mesma válida; pelo contrário, será sempre "em virtude de sua referência à situação objetiva que manifesta" (RODRÍGUEZ, Ramón. "üō ò ÜëçèYò y Verdad Anteprecicativa". In: GÓMEZ, Ángel Álvarez y CASTRO, Rafael

DIREITO NATURAL, ÉTICA E HERMENÊUTICA

verdade para ambas possui conotações diversas. Isso ocorre, pois para a filosofia teórica a verdade é fim para si mesma, enquanto para a filosofia prática a verdade apresenta-se como um meio em vista de outro, que configura a ação (a prática).[10] É interessante observar que a prática se vincula ao contingente, na medida de sua preocupação encontrar-se vinculada ao "relativo e o presente". Portanto, ela se volta às características do caso concreto que se encontra sob análise. Aristóteles, neste particular, alerta que a verdade não poderá ser alcançada completamente, sendo impossível, igualmente, que exista a sua falta de modo absoluto.[11] A verdade, para Heidegger, não representa a "adequação entre o pensamento e o objeto".[12] Ao lançar essa idéia, ele diverge completamente da idéia tradicional sobre a verdade, da qual também Aristóteles é partidário, ou seja, que a verdade é a correspondência entre o pensamento e a coisa (*adaequatio intellectus et rei*). Nesse sentido, teremos a verdade de um enunciado, na medida em que ele estiver "em correspondência com as coisas".[13] O sentido da verdade liga-se ao ser lembrado que se apodera do ente e, como tal, é responsável por ele.

> Neste caso o permanecer oculto e o estar-velado fixam e determinam de uma maneira expressa o sentido de falsidade e, por fim, o de verdade. Aristóteles concebe o estar-oculto como algo em si mesmo positivo, e não é casualidade que para os gregos o significado de "verdade" se caracterize – segundo seu sentido e não somente gramaticalmente – de maneira privativa.[14]

O ocultar-se e o desocultar-se se apresenta como uma característica perfeitamente aceita na configuração da verdade em Aristóteles. De certa forma, a prudência é aceita como uma espécie de "método" para operar esta tarefa, comparando ou distinguindo descritivamente "os diversos aspectos desse fenômeno, tais como o estar-referido-a, o horizonte da referência e o modo de sua realização".[15] A construção da verdade é operada mediante a valorização do modo de ser do ente homem, como modalidade de trazer à baila a sua sabedoria, historicamente desenvolvida.

Martínez (coord.). *En torno a Aristóteles*. Homenaje al Profesor Pierre Aubenque. Santiago de Compostela: Universidad de Santiago de Compostela, 1998, p. 177. Dito de outro modo, "segue-se que os julgamentos verdadeiros serão os que fazem ou pressupõem uma explicação correta do bem ou bens relevantes, de sua relevância para essa situação particular e da própria situação" (MACINTYRE, Alasdair. *Justiça de quem? Qual racionalidade?* Traduzido por Marcelo Pimenta Marques. 2. ed. São Paulo: Loyola, 2001, p. 131).

[10] BERTI, Enrico. *As razões de Aristóteles*, p. 116.
[11] Neste sentido, ARISTÓTELES. *Metafísica*, 993b.
[12] Conforme constatação de HEIDEGGER, Martin. *Interpretaciones fenomenológicas sobre Aristóteles*. Traduzido por Jesús Adrián Escudero. Madrid: Trotta, 2002, p. 62.
[13] HEIDEGGER, Martin. *Que é uma Coisa? Doutrina de Kant dos Princípios Transcendentais*. Traduzido por Carlos Morujão. Lisboa: Edições 70, 1992, p. 118.
[14] HEIDEGGER, Martin. *Op. cit.*, p. 64.
[15] Idem, p. 70.

Nesse contexto, a ação, nota característica da filosofia prática, indica que o homem sempre atua tendo algo em vista, "pelo menos o homem razoável, e este algo é o limite, pois o fim é um limite".[16] É por isso que a ética de Aristóteles parte do pressuposto de que em todo ser humano existe um fim. Para a identificação desse "fim", poderão ser apontadas três razões: 1) Pela identificação do fim, acabamos fazendo opções, apontando claramente que o fim é suficiente para a sua obtenção, em detrimento de outras coisas; 2) na busca dos fins, o ser humano faz opções, de tal modo que "um fim pode ser desejado em razão de outro fim. Logo, há que chegar a algum fim que não é desejado por outro, ou não";[17] 3) a seleção dos fins que o ser humano almeja não poderá ser projetada ao infinito. Dessa forma, "é necessário que exista algum fim último pelo qual todos os demais sejam desejados e ele mesmo não seja desejado em razão de outro. Assim, é necessário que exista algum fim ótimo dos assuntos humanos".[18]

Esse cenário é especificado por Aristóteles, quando enfatiza que toda ação, portanto, toda a intervenção da prática (humana), visa a determinado bem. No caso, o bem supremo buscado pela maioria dos homens é a felicidade, ou seja, "viver bem e ir bem equivale a ser feliz",[19] que corresponde à *eudaimonia*. Este fim deve ser buscado pelo homem, ou seja, a sua atuação prática (racional), estará canalizada para a concretização deste objetivo, a saber, "a causa final ou o bem (pois este é o fim de qualquer geração ou movimento)".[20] O desenvolvimento desta vida feliz depende da observância e do cultivo de algumas virtudes.[21] Na busca pelo bem, fica sublinhado que este é o responsável pela formação da unidade do nosso comportamento.[22] É por isso que Aristóteles, logo início da *Ética a Nicômaco*, refere: "o bem é aquilo a que todas as coisas visam".[23]

---

[16] ARISTÓTELES. *Metafísica*, 994b.
[17] TOMÁS DE AQUINO. *Comentario a la Ética a Nicómaco de Aristóteles*. 2. ed. revisada y corregida. Traduzido por Ana Mallea. Pamplona: Universidad de Navarra, 2001, p. 65.
[18] Idem, ibidem.
[19] ARISTÓTELES. *Ética a Nicômacos*. Traduzido do grego, introdução e notas de Mário da Gama Kury. 4. ed. Brasília: UnB, 2001, 1095a. Aliás, Aristóteles inicia o Livro I desta obra dizendo: "Toda arte e toda indagação, assim como toda ação e todo propósito, visam a algum bem; por isto foi dito acertadamente que o bem é aquilo a que todas as coisas visam" (1094a).
[20] ARISTÓTELES. *Metafísica*, 983b.
[21] Quanto a este aspecto, observa Werner Jaeger: "A felicidade não está na magnitude das riquezas, senão na boa índole da alma. Nem sequer do corpo se diz que se encontra bem quando está magnificamente vestido, senão quando está são e em boas condições, inclusive quando lhe falte semelhante ornamentação. Da mesma maneira, somente a alma cultivada deve chamar-se feliz; e somente o homem que tal é, não o homem magnificamente ornado com bens externos, porém carente de toda valia própria". JAEGER, Werner. *Aristoteles*. Bases para la historia de su desarrollo intelectual, p. 72.
[22] GADAMER, Hans-Georg. "L'Idea del bene tra Platone e Aristotele". In: *Studi Platonici 2*. Edizione italiana a cura di Giovanni Moretto. Genova: Casa Editrice Marietti, 1998, p. 193.
[23] ARISTÓTELES. *Ética a Nicômacos*, 1094 a.

Pelos aspectos já vistos, fica bem clara a concepção teleológica da ética aristotélica onde o fim da vida humana não depende da vontade do sujeito, mas já está previamente dado: "(...) não é meramente a *pólis*, mas o próprio *kósmos*, a própria ordem das coisas, que fornece o contexto no qual a justiça e a racionalidade prática estão relacionadas".[24] Isto indica que o homem não delibera sobre os fins, pois já está delineado um *telos* objetivo do homem que aponta para o bem moral. Dito de outra maneira, ao estudar-se a deliberação, fica evidenciado que é necessário pressupor o fim, ou seja, a preocupação deverá estar centrada no modo como os fins poderão ser alcançados,[25] como se verá mais adiante. A objetividade assim delineada é uma das notas características da ética clássica. Um estudo comparativo entre a ética moderna e a ética clássica aponta para a seguinte linha diferencial:

a ética moderna é, assim, uma ética constitutivamente *autonômica* ao fazer do sujeito, em última instância, o legislador moral, em contraste com a ética clássica, essencialmente *ontonômica*, pois nela o ser objetivo, mediatizado pela "reta razão" (*orthòs lógos*), é a fonte da moralidade.[26]

Tal aspecto é importante para a compreensão da *phrónesis* – a norma – e a filosofia prática – a justificação (causa) daquela. Dito de outro modo, a proposta aristotélica liga-se a um fim que já está previamente concebido, apontando para um sistema teleológico. Isto será significativo na comparação com o sistema moral kantiano.

Como este fim não é algo simplesmente particular, mas, pelo contrário, um desiderato comum, de todos os homens, Aristóteles altera o nome da filosofia prática, que passa a ser chamada ciência política:

Uma vez que a ciência política usa as ciências restantes e, mais ainda, legisla sobre o que devemos fazer e sobre aquilo de que devemos abster-nos, a finalidade desta ciência inclui necessariamente a finalidade das outras, e então esta finalidade deve ser o bem do homem. Ainda que a finalidade seja a mesma para um homem isoladamente e para uma cidade, a finalidade da cidade parece de qualquer modo algo maior e mais completo, seja para a atingirmos, seja para a perseguirmos; embora seja desejável atingir a finalidade apenas para um único homem, é mais nobre e mais divino atingi-la para uma nação ou para as cidades. Sendo este o objetivo de nossa investigação, tal investigação é de certo modo o estudo da ciência política.[27]

---

[24] MACINTYRE, Alasdair. *Justiça de quem? Qual racionalidade?*, p. 115.

[25] TOMÁS DE AQUINO. *Comentario a la Ética a Nicómaco de Aristóteles*, p. 187.

[26] LIMA VAZ, Henrique Cláudio de. "Ética e razão moderna". In: *Síntese Nova Fase*, Belo Horizonte: Centro de Estudos Superiores-SJ, v. 22, n. 68, p. 53-84. jan.-mar. 1995, p. 71. É importante esclarecer que para os limites do presente trabalho entender-se-á a *concepção clássica de mundo* (o clássico), da sua ética e razão como o período de Platão e Aristóteles, onde predomina a idéia metafísica de Bem. Já a *concepção moderna de mundo* (a modernidade), da sua ética e razão como o período que se inicia especialmente com o "Eu cogitante" de Descartes e o "Eu transcendental" de Kant, onde o método é compreendido como um conjunto de regras que possibilita "a construção do modelo matemático mais adequado para a explicação dos fenômenos da natureza pela descoberta das leis do seu funcionamento". Isso permite dizer que existe uma "correlação entre a razão construtora e a inteligibilidade construída do objeto". Idem, p. 60-2.

[27] ARISTÓTELES. *Ética a Nicômacos*, 1094b.

Evidencia-se, com esta alteração, que Aristóteles estava preocupado com a real dimensão da busca da realização prática do bem humano. Tanto isto importa uma preocupação individual, como projeta um dever para toda a sociedade, composta pelas diversas individualidades. A filosofia prática, ou a ciência política, exigirá a experiência como um meio condutor necessário. A par disto, Aristóteles dirá que o jovem não possui condições, ou seja, experiência, para entender a ciência política. A discussão dentro dos limites desta última pressupõe a vivência do sujeito, isto é, a mera percepção teórica é insuficiente, pois está em jogo a ação. Deste modo, a experiência apresentada por Aristóteles encontra-se vinculada à razão.[28]

A incapacidade do jovem está vinculada ao aspecto prematuro da sua vivência. Não se trata de questão relativa à idade, mas de experiência prática auferida mediante a tomada de decisões racionais a partir dos fatos da vida. Vale dizer, falta-lhe "a experiência da vida, isto é, o conhecimento repetido de certas situações devido ao fato de tê-las vivido".[29]

Fica evidente, com isso, que a ação (a prática) está inexoravelmente vinculada à tradição, ao contexto da vivência, geradora da experiência e do próprio amadurecimento, que condiciona e indica a solução a ser adotada em cada caso. Para tanto, é necessário o exercício do controle das paixões, que acabam obnubilando a razão. O que se busca não é somente o conhecimento do bem, uma espécie de teoria, mas a sua prática. É evidente que a configuração desta última pressupõe o conhecimento prévio. No entanto, esta apropriação dependerá da condição da experiência já vivida pelo sujeito.

Numa consideração metodológica para a construção e o desenvolvimento desta experiência, Aristóteles recomenda:

> Mas não deixemos passar despercebida a diferença entre os argumentos que partem dos primeiros princípios e os que levam a eles. Platão, com efeito, também tinha razão ao levantar esta questão, quando perguntava se "estamos no caminho que vem dos primeiros princípios ou no que leva a eles". (...) De fato, devemos começar com o que é evidente, mas as coisas são evidentes em duas acepções: algumas o são relativamente a nós, outras o são absolutamente. É plausível, então, que devemos começar pelas coisas evidentes para nós. Por isto, quem quiser ouvir proveitosamente exposições acerca do que engrandece e do justo e sobre a ciência

---

[28] "Conseqüentemente, um homem ainda jovem não é a pessoa própria para ouvir aulas de ciência política, pois ele é inexperiente quanto aos fatos da vida e as discussões referentes à ciência política partem destes fatos e giram em torno deles; além disto, como os jovens tendem a deixar-se levar por suas paixões, seus estudos serão vãos e sem proveito, já que o fim almejado não é o conhecimento mas a ação. Não fará qualquer diferença o fato de a pessoa ser jovem na idade ou no caráter; a deficiência não é uma questão de tempo, mas depende da vida que a pessoa leva, e da circunstância de ela deixar-se levar pelas paixões, perseguindo cada objetivo que se lhe apresenta. Para tais pessoas o conhecimento não é proveitoso, tal como acontece com as pessoas incontinentes; mas para quem deseja e age segundo a razão o conhecimento de tais assuntos é altamente útil". ARISTÓTELES. *Op. cit.*, 1095a.

[29] BERTI, Enrico. *As razões de Aristóteles*, p. 123.

política em geral, deverá ter adquirido bons hábitos em sua formação. O princípio é o que é, e se isto for suficientemente claro para o ouvinte, ele não necessitará também do por que é, e quem foi bem educado já conhece ou pode vir a conhecer facilmente o princípio.[30]

Nessa passagem, Aristóteles volta a conceber a experiência como um ingrediente fundamental para a compreensão da filosofia prática, quer dizer, da ciência política. Além disso, está bem clara a "querela filosófica": de um lado, Platão: "do céu à terra", ou seja, o idealismo, e, de outro lado, Aristóteles: "da terra ao céu", isto é, empirismo/realismo. Na passagem de Aristóteles, também fica bem marcada a diferença de métodos, de rigor e exatidão entre as Ciências da Natureza ("ciências duras") e as Ciências do Espírito ("ciências culturais-históricas").

Por outro lado, também surge a questão relativa às duas categorias de princípios: a primeira[31] refere-se ao "quê" (ou seja, é o que é) e representa a norma, ou a indicação de que determinada coisa ou conduta deverá ser observada ou respeitada; ou, pelo contrário, evitada. Poder-se-ia referir que neste contexto é encontrada a configuração da prática. Já a segunda categoria está vinculada à justificação racional da conduta, a saber, o "porquê", ou ainda, a fundamentação teórica da conduta.

A educação surge como um fator importante para a construção das referidas normas de conduta humana (a prática, a ação). Novamente sublinha-se a questão de que não se trata de um mero conhecimento teórico, mas um conhecimento calcado na prática.

Pelo visto, a educação ocupa um lugar de destaque, pois ela será responsável pelo desenvolvimento dos chamados princípios morais. Veja-se que estes, se adequadamente estruturados, são suficientes para justificar a conduta humana. Isto quer dizer que estes princípios estão mais próximos do homem, sendo, portanto, mais evidentes e passíveis de ensinamento. Na categoria que corresponde ao "que é" estará a *phrónesis*. Ela, como se verá, será um fator preponderante na construção da deliberação. Não haverá necessidade de acessar a outra categoria dos princípios, se a primeira categoria estiver suficientemente absorvida pelo homem. De certo modo, é possível vislumbrar uma relação entre os princípios que apontam para "o que é" e aqueles que indicam o "porquê": o conhecimento favorecido pelos últimos pressupõe necessariamente em caráter preliminar, o acesso àqueles. Este é o processo por meio do qual o conhecimento normalmente se processa, "o que

---

[30] ARISTÓTELES. *Ética a Nicômacos*, 1095a, 1095b.

[31] Esta categoria integra uma distinção apresentada por Aristóteles no Livro VI, 1139a, da Ética a Nicômacos: "a alma se compõe de duas partes, uma dotada de razão e a outra irracional. (...) Há duas faculdades racionais: uma que nos permite contemplar as coisas cujos primeiros princípios são invariáveis (que corresponde ao 'porquê'), e outra que nos permite contemplar as coisas passíveis de variação (que corresponde ao 'quê')".

está, de qualquer modo, excluído é que se possa ter um conhecimento do porquê anterior ao da coisa que por ele se conhece".[32]

O papel desenvolvido pela ciência política sublinha um aspecto particular: a desnecessidade da busca da perfeição para todos os casos em caráter prévio. Isto fica evidente na seguinte constatação:

> Esta exposição é suficiente como um esboço daquilo que consideramos o bem, pois naturalmente devemos primeiro delineá-lo e depois trataremos de descrevê-lo detalhadamente. Mas parece que qualquer pessoa pode levar adiante ou completar o que foi inicialmente bem delineado, e que o tempo é um bom inventor e colaborador em tal tarefa, e o progresso das artes deve-se a estes fatos, pois qualquer pessoa pode acrescentar o que está faltando. Devemos também lembrar o que foi dito antes e não insistir em chegar à precisão em tudo indiscriminadamente; devemos buscar em cada classe de coisas a precisão compatível com o assunto, e até o ponto adequado à investigação.[33]

Tudo indica que Aristóteles está sinalizando para que em cada caso (ou situação) deva ser construída uma solução. Esta, entretanto, não necessita ser definitiva, e nem aplicável, necessariamente, a todos os casos, mesmo que semelhantes, posteriores. Fica claro, também, que a perspectiva da ética aristotélica aponta para a construção do bem, como uma busca a ser empreendida pelo gênero humano, representando um exercício ativo que envolve toda a sua vida. Assim, é imprescindível viver, construir e interpretar as normas e os contextos que a vida apresenta a cada momento, excluindo a pretensão da resposta previamente elaborada.

A referida primeira categoria de princípios, que serve para normatizar a conduta humana, quando suficientemente conhecida e desenvolvida, basta para fundamentar determinada situação. Deve ser observado que Aristóteles indica três categorias de primeiros princípios:

> Discernimos alguns por indução, outros por via da percepção, outros pela habitualidade, e outros de outras maneiras; devemos porém tentar investigá-los de acordo com sua natureza e esforçar-nos por defini-los corretamente, pois eles influem fortemente na seqüência da investigação. Com efeito, admite-se que o princípio é mais que a metade do todo, e projeta luz de imediato sobre muitas das questões em exame.[34]

Dos princípios mencionados por Aristóteles, interessam particularmente aqueles discernidos pela habitualidade, a saber, um processo contínuo de aprendizagem. Vale dizer, aqueles que representam o "quê", pois normatizam e indicam a conduta adequada para determinada situação fática. Deve ser observado, no entanto, que os mencionados princípios não representam uma mera situação de fato, "mas indicam em geral uma proposição, um juízo, uma avaliação, apresenta-

---

[32] PEREIRA, Oswaldo Porchat. *Ciência e Dialética em Aristóteles*, p. 98.

[33] ARISTÓTELES. *Ética a Nicômacos*, 1098a.

[34] Idem, 1098b.

da sem um 'porquê', sem uma fundação racional".[35] À filosofia prática ("porquê") cabe justamente fundamentar esta categoria de princípios, provendo-lhes de um substrato racional. Esta tarefa é de especial importância, pois, como apresentado por Aristóteles, a consideração dos princípios representa a metade do todo, ou seja, do caso concreto, projetando soluções (luzes) sobre os aspectos a serem considerados. Com tais caracteres, verifica-se a vinculação da filosofia prática com o aspecto coletivo e o motivo da alteração do nome empreendida por Aristóteles para ciência política.

1.2. A *PHRÓNESIS* EM ARISTÓTELES

Na proposta da ética aristotélica, a alma humana é divida em duas partes: uma parte irracional, e a outra, racional.[36] Entre as duas partes existem relações, pois a parte irracional participa da parte racional.[37] A divisão de cada uma destas partes da alma pode ser assim especificada:[38]

Parte irracional (desejante)	Parte racional
a) **Virtudes Morais** (virtudes do caráter): • Coragem; • Moderação; • Justiça	b) **Virtudes intelectuais** ou dianoéticas: • Prudência (*phrónesis*). Está colocada na parte calculadora, ou seja, o domínio das coisas a fazer. • Sabedoria (*Sophia*). Está colocada na parte científica, ou seja, o estudo das coisas teóricas.
Modos de aquisição: hábito, isto é, pelo treinamento e pela repetição.	**Modos de aquisição**: pelo ensinamento (educação moral) e experiência.

Das virtudes[39] acima catalogadas, interessa particularmente a *phrónesis*, embora haja importantes momentos de aproximação entre ambas as categorias (virtudes morais e intelectuais). Aristóteles, antes

---

[35] BERTI, Enrico. *As razões de Aristóteles*, p. 128.

[36] ARISTÓTELES. *Ética a Nicômacos*, 1102b.

[37] A razão é projetada por Aristóteles a partir de uma tendência de movimentar-se do "ato de raciocínio" para um "poder ou propriedade da alma que raciocina". Outro aspecto que merece destaque encontra-se na importância acentuada conferida à razão, chegando a ser construída uma analogia com a visão, a saber, a visão está para o olho, assim como a razão está para a alma. Neste sentido, CAYGILL, Howard. *Dicionário KANT*. Traduzido por Álvaro Cabral. Rio de Janeiro: Jorge Zahar, 2000, p. 270-1.

[38] LABARRIÈRE, Jean-Louis. "Aristóteles". Traduzido por Paulo Neves. In: CANTO-SPERBER, Monique (org.). *Dicionário de Ética e Filosofia Moral*. São Leopoldo: Unisinos, 2003. v. 1, p. 118-9; GÜNTHER, Klaus. *Teoria da Argumentação no Direito e na Moral*: Justificação e Aplicação. Traduzido por Cláudio Molz. São Paulo: Landy, 2004, p. 257 e ARISTÓTELES. *Op. cit.*, 1103a.

[39] "A virtude moral, então, é uma disposição da alma relacionada com a escolha de ações e emoções, disposição esta consistente num meio termo (o meio termo relativo a nós) determinado pela razão (a razão graças à qual um homem dotado de *phrónesis* o determinaria)". ARISTÓTELES. *Ética a Nicômacos*, 1106b.

de dizer o que significa a *phrónesis*, apresenta os caracteres do *phrónimos*:

> Pensa-se que é característico de uma pessoa que tenha "*phrónesis*" ser capaz de deliberar bem acerca do que é bom e conveniente para si mesma, não em relação a um aspecto particular – por exemplo, quando se quer saber quais as espécies de coisas que concorrem para a saúde e para o vigor físico –, e sim acerca das espécies de coisas que nos levam a viver bem de um modo geral.[40]

Evidencia-se que a *phrónesis*[41] surge como uma espécie de saber prático, que aponta para a prudência do homem[42] no seu agir, cujo objetivo é a realização do seu bem. Entretanto, não se trata de uma concepção individualista do bem, mas na sua contextualização projetada para a integralidade do homem. Verifica-se, assim, que a *phrónesis* visa a harmonizar os bens parciais, de tal modo a possibilitar a harmonia no seu conjunto.[43] Essa busca exige aprendizado, visando desenvolver

> a capacidade para identificar e ordenar os bens da vida boa, cuja realização implica a ordenação de todos esses outros conjuntos de bens, exige um treinamento de caráter em e para essas excelências, um tipo de treinamento cujo sentido emerge apenas ao longo do processo.[44]

Nos termos da ética clássica, onde deve ser situada a ética aristotélica, os bens necessários para a *eudaimonia* já estão dados.[45] Assim, basta a intervenção da *phrónesis* para a sua descoberta na realidade. Aí o verdadeiro papel que a *phrónesis* desempenha em Aristóteles. Vale dizer, a *phrónesis* representa a virtude do saber prático, a virtude da racionalidade prática.[46]

---

[40] ARISTÓTELES. *Op. cit.*, 1140a.

[41] É interessante observar – segundo constatação de AUBENQUE, Pierre. *A Prudência em Aristóteles*. Traduzido por Marisa Lopes. São Paulo: Discurso Editorial, 2003, p. 22-4 – que a significação de *phrónesis* sofre alterações. Assim, em Metafísica, Física e Tópicos *phrónesis* "designa um tipo de saber conforme o ideal platônico de ciência e que em nada se diferencia do que Aristóteles descreve longamente no começo da *Metafísica* sob um outro nome, o de *sophia*". Já na Ética a nicômacos a "*phrónesis*" "somente é reconhecida nos homens cujo saber é ordenado para a busca dos 'bens humanos', e por isso sabem reconhecer 'o que lhes é vantajoso'". Enquanto a "sabedoria diz respeito ao necessário, ignora o que nasce e perece, portanto, é imutável como o seu objeto; a *phrónesis* diz respeito ao contingente, é variável segundo os indivíduos e as circunstâncias".

[42] Uma característica marcante deste homem que tem *phrónesis* pode ser assim delineada: "o homem prudente é aquele que sabe pesar as razões para seus atos; as ações dizem respeito aos particulares, de sorte que a 'prudência concerne aos particulares, que são conhecidos pela experiência'. (...) Ela é ligada aos particulares de um modo muito forte; trata-se, porém, sempre de um conhecimento racional (e necessariamente, pois a ação é tal que, se a ela posso dizer sim, posso igualmente dizer não, o que requer potência racional, capaz de cobrir simultaneamente os contrários)" (ZINGANO, Marco. *Razão e sensação em Aristóteles*: um ensaio sobre de anima III 4-5. Porto Alegre: L&PM, 1998, p. 35).

[43] GUARIGLIA, Osvaldo. *La Ética en Aristóteles o la Moral de la Virtud*. Buenos Aires: EUDEBA, 1997, p. 302.

[44] MACINTYRE, Alasdair. *Justiça de quem? Qual racionalidade?*, p. 124.

[45] Esta idéia é comungada por ALLAN, D.J. "Aristotle's Account of the Origin of Moral Principles". In: BARNES, Jonathan; SCHOFIELD, Malcolm; SORABJI, Richard (edit.). *Articles on Aristotle*. 2. Ethics and Politics. Londres: Duckworth, 1977, p. 73: "a *phrónesis* como deliberação refere-se à descoberta dos meios para um fim já estabelecido".

[46] GADAMER, Hans-Georg. "L'Idea del bene tra Platone e Aristotele". In: *Studi Platonici 2*, p. 172-3.

Torna-se relevante apresentar as características que separam a *phrónesis* em Aristóteles e a prudência dos estóicos. Tal distinção será fundamental para a caracterização da prudência em Kant. Assim, pode-se construir o seguinte quadro:[47]

A *phrónesis* em Aristóteles	A prudência dos estóicos
• Disposição prática (*habitus*) que leva à verdade em relação às ações boas ou más para os seres humanos. • Refere-se ao contingente, pois é o único aspecto que admite a deliberação. • Distinção entre *phrónesis* e sabedoria, pois aquela é a sabedoria orientada para a ação, enquanto esta é a sabedoria contemplativa. "A sabedoria é em si mesma seu próprio fim, na medida em que é ordenada ao bem do homem em geral e, em particular, daquele que a possui". Já o prudente é aquele homem "que sabe reconhecer o que lhe é útil". • Assegura a retidão do fim e também dos meios. Embora a preocupação central esteja com os meios.	• Ciência que aponta as coisas que se deve fazer e aquelas que não devem ser realizadas. • Refere-se ao necessário, dado o seu caráter de ciência • Não há distinção "entre um bem absoluto, objeto da sabedoria, e um bem para o homem, objeto da prudência; nem a atribuição à prudência de um campo distinto do da sabedoria". • Assegura a retidão do fim.

O quadro deixa clara a distinção entre ambas as concepções sobre a *phrónesis*: em Aristóteles, a distinção entre o necessário e o contingente, onde estava inserida a virtude da *phrónesis*, responsável por fazer a união entre o homem e o mundo, intermediada pela deliberação; já a prudência dos estóicos não parte dessa distinção, dada a existência de um mesmo *logos*. Assim, também a prudência fazia parte apenas do conhecimento necessário, não abrindo claramente nenhum espaço para o contingente. Se é que se pode utilizar esta caracterização, ambas as concepções parece que apontavam para a prudência como uma síntese entre a teoria e a prática, embora com perspectivas distintas.

O bem humano, em determinada situação, não apresenta necessariamente contornos universais. Assim, evidencia-se o caráter contingente das decisões que envolvem a *phrónesis*. Na perspectiva aristotélica, a prudência não está com o filósofo,[48] mas com aquele que trabalha efetivamente com o saber prático, a saber, o chefe de família e o político, por exemplo. A par disto, Aristóteles entende que Péricles pode ser catalogado como um homem que tem prudência, pois estas pessoas "podem ver o que é bom para si mesmos e para os homens em

---

[47] AUBENQUE, Pierre. *A Prudência em Aristóteles*, p. 59-60 e 309-10.

[48] Isto ocorre, porque Aristóteles refere que "a sabedoria filosófica não se preocupa com qualquer dos meios que contribuem para tornar um homem feliz, já que ela não indaga como as coisas passam a existir" (ARISTÓTELES. *Ética a Nicômacos*, 1143b). Vale observar, por outro lado, que a decisão/escolha dos meios relacionados a um fim exigem deliberação/prudência. Com isso, surge claramente a diferença entre o conhecimento teórico e o conhecimento prático.

geral; consideramos que as pessoas capazes de fazer isto são capazes de bem dirigir as suas casas e cidades".[49]

Não se trata, como visto, de um conhecimento científico, com força universal, mas um conhecimento vinculado ao fato particular, à decisão esboçada frente a cada caso concreto da vida.[50] Esta postura do *phrónimos* (do prudente) depende da experiência. Portanto, quando dizemos que "alguém tem experiência", como Aristóteles reconhece em Péricles, significa não simplesmente a repetição do particular, mas também a vagarosa solidificação de alguns contornos, refletindo claramente o vivido ao invés do aprendido. "A incomunicabilidade da experiência é apenas o avesso da sua singularidade insubstituível, singularidade que pertence a cada um conquistar por si mesmo, com paciência e trabalho".[51] Verifica-se que a experiência, modo de adquirir a *phrónesis*, necessita de uma vivência, onde gradativamente vai sendo construído o aprendizado. Dito de outra maneira, a visão do todo e de cada situação individual vão adquirindo interfaces apenas visíveis pelos agentes que sabem olhar para si e também para o coletivo.

Desta forma, Aristóteles dirá que o jovem não é titular de prudência,[52] pois ela não decorre do aprendizado teórico, mas da experiência de vida, pelo decurso do tempo e das situações vivenciadas.[53] A capacidade de desenvolver a experiência é própria do gênero humano e está vinculada ao ato de recordar experiências passadas. A sensação humana favorece esta recordação, na medida em que busca o passado a fim de iluminar o presente em direção ao futuro.[54] A *phrónesis* vai

---

[49] ARISTÓTELES. *Op. cit.*, 1140b.

[50] Gadamer, no texto *Hermenéutica. Teoría y Práctica*, especifica essa situação ao referir que a teoria está vinculada ao demorar-se na contemplação, no olhar da situação; já a prática está relacionada à atividade, e não à ação. E, ao relacionar a prática à ética, enfatiza: "nesta [na ética], pelo contrário, falamos do termo teoria como expressão do supremo sentimento da própria existência. Teoria é assim a forma de vida dos seres divinos, para os quais o mundo inteiro não é algo externo, senão que constitui seu próprio âmbito" (p. 20-1). Assim, a *phrónesis* parece ser o modo de ser do ente homem onde fica visível e possível a articulação entre a teoria e prática, projetada e sustentada pelo próprio ser daquele (ente homem). GADAMER, Hans-Georg. *Acotaciones Hermenéuticas*. Traduzido por Ana Agud e Rafael de Agapito. Madrid: Trotta, 2002, p. 13-22.

[51] AUBENQUE, Pierre. *A Prudência em Aristóteles*, p. 99.

[52] Segundo John Finnis, *spoudaios* é o termo que se traduz freqüentemente como "homem bom" ou como "homem virtuoso". Entretanto, uma tradução mais adequada é "homem maduro", em contraposição ao homem jovem, inexperiente. (FINNIS, John Mitchell. *Ley Natural y Derechos Naturales*, p. 158).

[53] ARISTÓTELES. *Ética a Nicômacos*, 1142a.

[54] Aristóteles refere isto na Metafísica, 1998, 980b e 981a: "Por natureza, os animais nascem dotados de sensação; porém esta não engendra em alguns a memória, enquanto que em outros sim. E por isso estes são mais prudentes e mais aptos para aprender que os que não podem recordar; são prudentes sem aprender os incapazes de ouvir os sons (como a abelha e outros animais semelhantes); aprendem, por outro lado, os que, além de memória, tem este sentido. Os demais animais vivem com imagens e lembranças, e participam pouco da experiência. Porém o gênero humano dispõe de arte e de raciocínio. E da lembrança nasce para os homens a

buscando os seus nutrientes constitutivos no passado, mas isto não significa

> uma generalização puramente empírica que lhe permita construir hipoteticamente um raciocínio *ad hoc* em cada situação, senão o inverso, a atitude do caráter adotada mediante as experiências anteriores permitem que se abra esse "olho da alma" que capta de um só golpe de vista o geral, a norma, sob a qual se subordina o caso particular presente e, por tanto, se pode conhecer desde o ponto de vista moral.[55]

A leitura do passado, processada com a interferência da *phrónesis*, permite a construção do silogismo de que fala Aristóteles, como se verá mais adiante. A busca pela experiência, forjada com as circunstâncias fáticas do passado, serve para adequar a norma geral às características peculiares de cada situação. Nesse contexto, surge a relação de complementariedade entre as duas partes da alma humana e as respectivas virtudes de cada uma, ou seja, as virtudes morais e as virtudes intelectuais. Dito de outro modo, o entrelaçamento entre as virtudes morais e a *phrónesis*:

> (...) ainda hoje todas as pessoas que definem a virtude moral, depois de mencionar a disposição moral e seus objetivos acrescentam que se trata de uma disposição consentânea com a reta razão; e a reta razão é a razão consentânea com a prudência. (...), sem a prudência não é possível ser bom no sentido próprio da palavra, nem é possível ter prudência sem a virtude moral.[56]

A virtude moral e a *phrónesis* estabelecem uma aproximação, de tal modo que uma exige a presença da outra para a sua efetiva corporificação. Apesar disso, cada uma delas tem a sua função específica, pois as virtudes intelectuais permitem-nos saber a verdade, ao passo que as virtudes morais correspondem "às disposições das nossas emoções que ajudam-nos a responder corretamente às situações práticas".[57] Como elemento integrante da parte racional da alma, a *phrónesis* visa a estabelecer a dimensão da verdade vinculada "às ações relacionadas com as coisas boas ou más para os seres humanos".[58] Tudo indica que a relação entre a virtude moral e a *phrónesis* existe para efetivar a relação entre os fins e os meios, pois a presença desta é para auxiliar a prever bons fins, ou pelo menos possibilitar a sua visualização mais concretamente.[59]

---

experiência, pois muitas lembranças da mesma coisa chegam a constituir uma experiência. (...)". Nancy Sherman, ao comentar esta passagem de Aristóteles, refere: "a definição é claramente limitada, experiência não é simplesmente um caminho para relembrar o passado ou para formar conceitos na base das impressões do passado, mas um caminho para administrar o futuro na luz do passado; ou seja, ela organiza o passado (sensações, percepções e crenças), (...)" (SHERMAN, Nancy. *The Fabric of Character*: Aristotle's Theory of Virtue. Oxford: Clarendon Press, 1989, p. 191).

[55] GUARIGLIA, Osvaldo. *La Ética en Aristóteles o la Moral de la Virtud*, p. 308.

[56] ARISTÓTELES. *Ética a Nicômacos*, 1144b.

[57] HUTCHINSON, D. S. "Ethics". In: BARNES, Jonathan (edit.). *Aristotle*. Cambridge: Cambridge University Press, 1995, p. 205.

[58] ARISTÓTELES. *Op. cit.*, 1140a.

[59] Neste sentido, a concepção de HARDIE, William Francis Ross. *Aristotle's Ethical Theory*. 2. ed. Oxford: Clarendon Press, 1980, p. 236.

Saber agir corretamente em cada situação humana exige a referida aproximação, eis que "a virtude moral terá de ser acompanhada pela *phrónesis*, sem a qual seria cega; ao passo que a *phrónesis* só pode ser atingida em conjunção com a virtude moral".[60]

A questão relativa ao tempo integra a essência da composição da *phrónesis*, na medida que envolve os seres que estão submetidos à mudança, ou seja, não se trata do eterno. Assim, a proposta aristotélica tem bem presente o projeto da mudança do tempo, chegando a criticar os pensadores[61] que "definem as várias formas de excelência moral como certos estados de impossibilidade e calma". Aristóteles considera essa definição imperfeita, dado o caráter absoluto de sua referência. O ideal é mencionar: "como se deve" e "como não se deve", "quando se deve" e "quando não se deve".[62] Com tais contornos, Aristóteles demonstra exatamente a dimensão temporal na construção da virtude.

A percepção aristotélica assim delineada dá a exata noção que os gregos tinham sobre a "coincidência da ação humana e do tempo, o que faz com que o tempo seja propício e a ação boa: (...) o tempo oportuno".[63] Com tal rotulação, Aristóteles parece marcar concretamente que o exercício da *phrónesis* está relacionado ao contingente, ou seja, àquilo que pode ser diferente e deverá sofrer mudanças em atenção às características peculiares de cada situação.

O estudo do tempo em Aristóteles permite fazer a seguinte relação, a partir de uma analogia entre os três gêneros oratórios e as três atitudes do homem a respeito do tempo: "o raciocínio retrospectivo sobre o *passado*, chamado gênero *judiciário*; a atitude de espectador, não crítica, a respeito do *presente* favorece o panegírico e a invectiva, objetos do gênero *epidítico*; enfim, o cuidado precavido com o *futuro* suscita o gênero *deliberativo*".[64] O passado na associação com o judiciário aponta para os fatos que já ocorreram, portanto sempre se está olhando para uma situação morta, posto já consolidada temporalmente. O presente permite o discurso, tanto favorável (de louvor) ou contrário (violento e injurioso), em relação a alguém ou uma determinada circunstância. Já o futuro projeta a deliberação, onde cada ser humano dotado de racionalidade escolhe os meios para a implementa-

---

[60] ALLAN, D.J. *A Filosofia de Aristóteles*. Traduzido por Rui Gonçalo Amado. Lisboa: Editorial Presença, 1970, p. 153; ALLAN, D.J. "Aristotle's Account of the Origin of Moral Principles". In: BARNES, Jonathan; SCHOFIELD, Malcolm; SORABJI, Richard (edit.). *Articles on Aristotle*, p. 76 e LABARRIÈRE, Jean-Louis. "Aristóteles". Traduzido por Paulo Neves. In: CANTO-SPERBER, Monique (org.). *Dicionário de Ética e Filosofia Moral*, p. 122.

[61] Em nota é referido: "provavelmente a alusão é a Spêusipos, apesar de nas referências que nos restam na filosofia grega sobre a impassibilidade (*apathia*), ela aparecer como um ideal moral dos estóicos". ARISTÓTELES. *Ética a Nicômacos*, nota nº 45, p. 215.

[62] Idem, 1104b; 1105a.

[63] AUBENQUE, Pierre. *A Prudência em Aristóteles*, p. 157-8.

[64] Idem, p. 181.

ção dos fins. Dito de outro modo, "a deliberação consiste em combinar meios eficazes em vista de fins realizáveis. É assim, pois, que o futuro se abre para nós".[65] Portanto, a *phrónesis* opera com o futuro, onde a decisão estará no foco central, uma vez que está relacionado ao acontecer humano, não previsto previamente em toda a sua extensão e, portanto, eminentemente contigente.

É preciso observar que a prudência está inserida dentro de um processo de ações humanas, onde está presente a deliberação (vale dizer, deliberar a ação). Com isso, é ratificada novamente a sua contextualização prática. Desta feita, o processo silogístico, segundo Aristóteles, onde está contido o saber prudencial, apresenta o universal, que é composto pela premissa maior, como um saber necessário, e não contingente. Já na premissa menor está o particular, apreendido pela experiência. Portanto, contingente e variável de caso para caso. Isto fica claro nesta passagem:

> tampouco a *phrónesis* se relaciona somente com os universais; ela deve também levar em conta os particulares, pois a *phrónesis* é prática e a prática se relaciona com os particulares. (...) A *phrónesis* se relaciona também com a ação, de tal modo que as pessoas devem possuir ambas as formas, ou melhor, mais conhecimento dos fatos particulares do que conhecimento dos universais.[66]

Em Aristóteles, portanto, o saber prudencial é a junção de um saber universal com um particular. O *phrónimos*, portanto, deve ser capaz de articular o particular, mas também ter perspectivas do universal. Aliado a isso, deve-se aceitar que todas as possibilidades do particular já estão previamente contidas dentro da premissa universal, da qual são deduzidas. Tal aspecto vale dentro da proposta aristotélica, dada a sua justificativa metafísica da ética, conectada à idéia acerca da ética clássica.

Aristóteles, pelos aspectos vistos, entendia que o universal era formado a partir dos fatos concretos. Veja-se, por exemplo, a utilização da imagem da arte militar: "quando ocorre uma debandada, o exército refaz-se quando um primeiro soldado pára, depois um outro, mais um, até que todos param e se reorganizam".[67] Com esta situação, podemos concluir que o universal é constituído pelo repouso.

Fiel à idéia aristotélica de que a sensação apreende os particulares e a razão apreende os universais, é correto afirmar que "as variadas memórias do mesmo objeto terminam por produzir a capacidade de uma única experiência".[68] A prática do particular, como a solução de

---

[65] AUBENQUE, Pierre. *A Prudência em Aristóteles*, p. 182.
[66] ARISTÓTELES. *Ética a Nicômacos*, 1141b.
[67] ZINGANO, Marco. *Razão e sensação em Aristóteles*: um ensaio sobre de anima III 4-5, p. 37.
[68] Idem, p. 17 e 41.

um caso concreto, traz aspectos da experiência, do repouso, que representa o universal.⁶⁹

A concepção acerca dos universais em Aristóteles parece que é posta em dúvida por Marco Zingano, quando constata:

> (...) Olhando mais atentamente, percebe-se que Aristóteles não mencionou que as diferentes memórias engendram uma experiência pelo repouso. Ao contrário, em seu lugar escreveu que as variadas memórias do mesmo objeto "terminam por produzir a capacidade de uma única experiência." Nada é dito sobre como acabam por realizar tal tarefa; mas também não é dito que a experiência nasce do repouso de diversas memórias.⁷⁰

Esta mesma idéia é partilhada por Enrico Berti:

> É claro, no entanto, que aqui por experiência não se entende simplesmente o conhecimento sensível, isto é, as "sensações", mas a experiência da vida, isto é, o conhecimento repetido de certas situações devido ao fato de tê-las vivido. A necessidade dessa experiência confere ao partidário da filosofia prática certo caráter que veremos ser recorrente também no "sábio", isto é, naquele que, mesmo não sendo filósofo, sabe como deve comportar-se em cada caso.⁷¹

Na construção das respostas particulares, a partir de cada situação da vida, haverá vestígios e orientações extraídas do universal, a saber, o fim moral que se busca efetivar. Portanto, o universal pode ser ensinado e aprendido, compreendendo a justificação das ações humanas.

A relação entre o universal e o particular, processada por intermédio do silogismo, demonstra o caminho de aproximação entre o homem e o mundo. Vale dizer:

> no silogismo uma premissa é universal e a outra se relaciona com fatos particulares, e a propósito desta última entramos na esfera da percepção; quando as duas premissas se combinam numa conclusão única, em um dos casos a alma deve afirmar a conclusão, ao passo que no caso das premissas de ordem prática se deve agir imediatamente.⁷²

---

⁶⁹ Gadamer, ao examinar esta questão, tece críticas ao pensamento de Aristóteles, classificando-o de simplista: "A imagem aristotélica do exército em fuga manca, na medida em que faz uma pressuposição distorcida. Parte de que antes da fuga deve ter havido um estado de repouso. E para o que aqui tem de ganhar imagem, o estabelecer-se do saber, isto não é admissível. Entretanto, precisamente através dessa deficiência, torna-se claro o que é que a metáfora em questão tinha de ilustrar: que a experiência tem lugar como um acontecer de que ninguém é dono, que não está determinada pelo peso próprio de uma ou outra observação, mas que nela tudo se ordena de uma maneira impenetrável. (...) Esta é a generalidade da experiência, através da qual surge, segundo Aristóteles, a verdadeira generalidade do conceito e a possibilidade da ciência. Entretanto, quando se pensa na essência da experiência somente por referência à ciência, como faz Aristóteles, simplifica-se o processo no qual se produz. (...) Como se o que é típico da experiência se oferecesse a si mesmo, sem contradições! (...) E quando se considera a experiência na perspectiva a seu resultado passa-se por cima do verdadeiro processo da experiência; pois este é essencialmente negativo. Ele não pode ser descrito simplesmente como a formação, sem rupturas, de generalidades típicas. Essa formação ocorre, antes, pelo fato de que as generalizações falsas são constantemente refutadas pela experiência, e coisas tidas por típicas hão de ser destipificadas" (GADAMER, Hans-Georg. *Verdade e método*: traços fundamentais de uma hermenêutica filosófica. Traduzido por Flávio Paulo Meurer. 4. ed. Petrópolis: Vozes, 2002. v. I, p. 520-1).

⁷⁰ ZINGANO, Marco. *Op. cit.*, p. 40-1.

⁷¹ BERTI, Enrico. *As razões de Aristóteles*, p. 123.

⁷² ARISTÓTELES. *Ética a Nicômacos*, 1147a.

É este encadeamento que provoca a atuação prática, destacando-se o papel da *phrónesis* como fundamental para a obtenção da conclusão adequada. Parece que Aristóteles também não estava preocupado com a resposta correta, mas a resposta adequada para aquela situação. O que se costuma designar como silogismo prático, embora Aristóteles nunca tenha utilizado esta expressão,[73] é a racionalidade prática utilizada pelo sujeito, visando a deliberar sobre determinada situação particular. O encadeamento das premissas, no referido silogismo, está voltado à construção da conclusão que contenha a verdade, que é de natureza prática. Como a parte final depende da deliberação de cada pessoa, é correto dizer: "para que a escolha seja boa, tanto a razão deve ser verdadeira quanto o desejo deve ser correto, e este deve buscar exatamente o que aquela determina".[74] Há indícios de que Aristóteles esteja referindo com isso a aproximação entre a virtude moral e a *phrónesis*.

O exercício da razoabilidade prática, ou a construção do "silogismo prático", parte de duas premissas: a primeira, que normalmente é designada por "premissa maior", "através de cuja afirmação o agente declara qual bem está em questão ao agir ou não agir como deve"; em seqüência, é acrescentada a segunda premissa, que apresenta a situação da vida: "através de cuja afirmação o agente declara em que situação, uma vez que este bem está em questão, a ação é exigida". A parte final do raciocínio assim delineado é a ação exigida, ou seja, a conclusão.[75] O papel da *phrónesis* é justamente auxiliar a construção do "silogismo prático", identificando "apenas quais circunstâncias são relevantes e, portanto, que premissas devem ser utilizadas na construção deliberativa".[76]

A deliberação assim desencadeada utiliza as diversas características já elencadas acerca da *phrónesis*, pois a escolha do bem que será colocado na primeira premissa não parte do mero acaso, exigindo o exercício de cinco habilidades: 1) examinar a situação da vida, a fim de sublinhar as suas características mais importantes; 2) desenvolver uma espécie de método indutivo, tendo como ponto de partida os bens para o próprio sujeito, direcionando-se para os bens considerados adequados para o geral; 3) o desenvolvimento do método indutivo pressupõe que o sujeito saiba contextualizar a noção sobre o bem, envolvendo uma variedade de fatores que dizem respeito à sua idade, o seu estágio

---

[73] Conforme constatação de MACINTYRE, Alasdair. *Justiça de quem? Qual racionalidade?*, p. 144 e LABARRIÈRE, Jean-Louis. "Aristóteles". Traduzido por Paulo Neves. In: CANTO-SPERBER, Monique (org.). *Dicionário de Ética e Filosofia Moral*, p. 121.

[74] ARISTÓTELES. *Ética a Nicômacos*, 1139a.

[75] MACINTYRE, Alasdair. *Justiça de quem? Qual racionalidade?*, p. 144.

[76] Idem, p. 147-8.

de desenvolvimento, entre outros aspectos; 4) a partir da visualização dos bens que estão disponíveis naquele momento, escolher dentre eles aquele que poderá ser alcançado, "enquanto aquilo que é imediatamente o melhor para ele"; 5) capacidade para desenvolver as quatro habilidades conjuntamente. Esta é a verdadeira caracterização da *phrónesis*.[77]

É esta última habilidade que o *phrónimos* deve ter desenvolvido, onde perpassa nitidamente a vivência em assuntos particulares, relacionados com a família, e assuntos vinculados à comunidade política, a fim de conhecer e experimentar o geral.[78] A conjugação dos aspectos vistos, aponta claramente para a impossibilidade da fixação prévia e de modo abstrato do bem a ser buscado em cada ação.[79] Não há um resultado, como ação, previamente dado. Pelo contrário, a capacidade do *phrónimos* situa-se justamente no ponto em que possibilita olhar para trás e para frente, a fim de deliberar qual a melhor decisão para a concretização da *eudaimonia*.

Dentro dessa "fórmula", a decisão a ser tomada deverá estar norteada pela reta razão, ou meio termo, que também pode ser denominado de justo meio:

> Por "meio termo" quero significar aquilo que é eqüidistante em relação a cada um dos extremos, e que é único e o mesmo em relação a todos os homens; por "meio termo em relação a nós" quero significar aquilo que não é nem demais nem muito pouco, e isto não é único nem o mesmo para todos. (...); mas experimentar estes sentimentos no momento certo, em relação aos objetos certos e às pessoas certas, e de maneira certa, é o meio termo e o melhor, e isto é característica da excelência.[80]

A prudência, assim, é a medida que consegue estabelecer o equilíbrio entre os extremos: o excesso e a ausência. Este ajuste do "meio termo" deve ser operacionalizado mediante a harmonização das pessoas, das coisas, do momento e da forma de estabelecer esta junção. Portanto, não se trata de uma fórmula aritmética. A justiça parece ser o

---

[77] MACINTYRE, Alasdair. *Op. cit.*, p. 141.

[78] HUTCHINSON, D. S. "Ethics". In: BARNES, Jonathan (edit.). *Aristotle*, p. 207.

[79] "A caracterização da aplicação de máximas moralmente justificadas, como *phrónesis*, nos leva, portanto, à ética aristotélica como exemplo de uma aplicação contextualmente vinculada. Há vários pontos de apoio para interpretar-se a *Ética a Nicômaco*, de Aristóteles, a partir da sua oposição contra a tese socrático-platônica de que o bem seria um saber geral e possível de ser ensinado e que possibilitaria, em princípio, uma ação adequada em qualquer circunstância. Para Aristóteles, trata-se, inversamente, de um modo adequado de agir sob condições variáveis e imprevisíveis. O bem como finalidade da ação, conseqüentemente, não pode ser antecipadamente fixado de modo abstrato, contudo precisa ser mostrado em cada caso isolado, de modo adequado às circunstâncias especiais. Somente dessa forma é que o agente conseguirá, aos poucos, realizar e concretizar a sua concepção de uma vida boa em diversas situações. A *phrónesis* o induzirá a selecionar e considerar aqueles sinais característicos situacionais que forem relevantes para a consecução dessa meta" (GÜNTHER, Klaus. *Teoria da Argumentação no Direito e na Moral*: Justificação e Aplicação, p. 255).

[80] ARISTÓTELES. *Ética a Nicômacos*, 1106a.

melhor exemplo deste equilíbrio, traduzido na idéia de reta razão, ou "meio termo":

> A justiça é a forma de excelência moral porque ela é a prática efetiva da excelência moral perfeita. Ela é perfeita porque as pessoas que possuem o sentimento de justiça podem praticá-la não somente em relação a si mesmas como também em relação ao próximo.[81]

Na concepção acerca da justiça, vislumbra-se a convergência do "meio termo", que não está vinculado ao bem exclusivamente individual, mas, pelo contrário, uma prática (uma ação) que também poderá envolver outras pessoas. Este conjunto enfatiza a referida questão relativa ao saber prático. A prudência vem justamente opor-se a um saber objetificador, predeterminado. O saber prático manifestado na prudência não está previamente dado, mais vai sendo especificado à medida da ocorrência dos fatos da vida.[82]

O justo meio, portanto, é uma espécie de conformidade que se estabelece entre o "desejo e a ação à regra racional, que é a sua medida".[83] O grande desafio é saber a extensão dessa medida, de tal modo que a decisão possa ser moralmente correta. Isso não indica que necessariamente deve-se encontrar o centro entre dois extremos; não se trata de uma atitude centrista. Não se trata de um meio entre dois pontos opostos, "para, em vez disso, adotar a de um espaço, de um 'meio' no qual devemos procurar nos situar em função do que somos e em função do que temos de fazer em cada caso particular".[84] Evidencia-se, assim, que o justo meio não é necessariamente o meio entre dois extremos. Neste ponto, provavelmente, e na maior parte das vezes, não encontraremos o ponto de equilíbrio. O justo meio é relativo e indeterminável de maneira absoluta.[85] Ressalta a necessidade do exercício desde a infância, na formação do hábito.

O *phrónimos* será aquele que estiver em condições de aferir o justo meio, apontando claramente para uma espécie de equação da vida

---

[81] ARISTÓTELES. *Ética a Nicômacos*, 1130a.

[82] É neste sentido que vai o entendimento de Hans-Georg Gadamer: "o exemplo da ética aristotélica foi citado para tornar patente e evitar essa objetivação, pois o saber objetivo, isto é, aquele que sabe não está frente a uma constelação de fatos, que ele se limitasse a constatar, pois o que conhece o afeta imediatamente. É algo que ele tem de fazer" (GADAMER, Hans-Georg. *Verdade e método*: traços fundamentais de uma hermenêutica filosófica, p. 468).

[83] GAUTHIER, René-Antoine. *Introdução à Moral de Aristóteles*. Traduzido por Maria José Ribeiro. Portugal: Publicações Europa-América, 1992, p. 71.

[84] LABARRIÈRE, Jean-Louis. "Aristóteles". Traduzido por Paulo Neves. In: CANTO-SPERBER, Monique (org.). *Dicionário de Ética e Filosofia Moral*, p. 119.

[85] "O meio-termo ético é variável e relativo a agentes e circunstâncias, podendo ser obtido por percepção mas não por cálculo aritmético (embora, é claro, esteja fixado para todos os membros da mesma sociedade em situações semelhantes; o indivíduo não deve ser autorizado a perguntar: em que medida é que os padrões morais dominantes se aplicam ao meu caso?). Acresce que são as nossas disposições (bom temperamento, coragem, temperança, etc.), mais do que atos isolados em determinadas situações de opção, que Aristóteles considera normalmente como intermédios entre os extremos" (ALLAN, D.J. *A Filosofia de Aristóteles*, p. 155). Neste sentido, também a interpretação de HARDIE, William Francis Ross. *Aristotle's Ethical Theory*, p. 135.

prática, onde se forma a junção entre a virtude moral e a *phrónesis*. Desta situação emerge a constatação de que se trata de assuntos humanos passíveis de deliberação mediante o exercício de procura do justo meio: "a resposta é a de que a virtude é o meio-termo (*meson*) entre um demais (*ein Zuviel*) e um de menos (*ein Zuwenig*) com respeito ao *continuum* de um domínio de afeto ou de um domínio de ação".[86]

Na definição do justo meio, o prudente – vislumbrando todas as possibilidades para a caracterização da vida boa, olha para o geral, aproximando-o do particular – fixa a medida adequada e não exata em cada situação.[87] A contingência é marca característica deste procedimento humano, pois em cada nova situação, será necessária a avaliação das condições dadas e dos contornos da situação particular e do contexto onde o sujeito se encontra naquele momento.

A partir dos aspectos vistos, torna-se necessário aprofundar melhor a relação entre o fim a ser buscado o meio necessário para a sua obtenção na construção do silogismo prático. Este é construído por Aristóteles com referência à seguinte constatação:

> As interferências dedutivas relacionadas com os atos a praticar pressupõem um ponto de partida – por exemplo, "já que a natureza do objetivo, ou seja, o que é melhor, é esta (...)" (seja qual for, pois para argumentar podemos considerá-la como quisermos); e isto é evidente apenas para as pessoas boas, pois a deficiência moral nos perverte e faz com que nos enganemos acerca dos pontos de partida da ação. É obviamente impossível, portanto, ser dotado de prudência sem ser bom.[88]

Um silogismo construído dessa forma, parece apontar que a premissa maior é ocupada pelo fim, que é o bem supremo, constituindo uma espécie de "princípio" prático. Entretanto, além disso,

> requer a bondade, isto é, a virtude moral, e que esta última é pressuposta pela *phrónesis*. Parece, portanto, que a *phrónesis*, dando por pressuposta a indicação do fim, fornecida pela virtude, tenha como seu resultado peculiar a indicação do meio, ou seja, a premissa menor.[89]

A indicação da *phrónesis* como um meio, aparece em outros dois momentos da obra de Aristóteles: "Além disto, a função de uma pessoa se realiza somente de acordo com a 'phrónesis' e com a virtude moral, porquanto a virtude moral nos faz perseguir o objetivo certo e a *phrónesis* nos leva a recorrer aos meios certos".[90]

Em outro momento, é confirmada a mesma tese:

> E é óbvio que, ainda que a *phrónesis* não tivesse qualquer valor prático, teríamos necessidade dela porque ela é a forma de excelência moral da parte de nosso intelecto à qual ela convém; é óbvio também que a escolha não será acertada sem a *phrónesis*, da mesma forma que não o

---

[86] TUGENDHAT, Ernst. *Lições sobre Ética*. Traduzido por Róbson Ramos dos Reis *et all*. 2. ed. Petrópolis: Vozes, 1997, p. 270.
[87] AUBENQUE, Pierre. *A Prudência em Aristóteles*, p. 70.
[88] ARISTÓTELES. *Ética a Nicômacos*, 1144a.
[89] BERTI, Enrico. *As razões de Aristóteles*, p. 152-3.
[90] ARISTÓTELES. *Ética a Nicômacos*, 1144a.

será sem a excelência moral, pois a *phrónesis* determina o objetivo e a excelência moral nos faz praticar as ações que levam ao objetivo determinado.[91]

Aristóteles quando refere a virtude moral, está pontuando a virtude, que deverá ser considerada como o objetivo, isto é, o fim; já a *phrónesis* é o meio para ser atingido este fim. Embora esta pareça ser a concepção mais adequada, o próprio Aristóteles, em outra passagem, levanta a dúvida, ao mencionar:

> Portanto, se é característico das pessoas que tenham *phrónesis* deliberar bem, a excelência na deliberação será a correção na deliberação a respeito do que conduz a uma finalidade cuja concepção verdadeira constitui a *phrónesis*.[92]

Aqui há uma sinalização de que a prudência pudesse representar o fim da ação humana. Enrico Berti, ao comentar essa passagem, examina a composição frasal e refere que o emprego "do que conduz a uma finalidade" não aponta exatamente para um fim, mas para um meio. Quer dizer, a *phrónesis* é o verdadeiro caminho para a concretização da finalidade, a saber, o conhecimento dos meios.[93] Essa parece ser a conclusão mais acertada, porque Aristóteles enfatiza:

> Conseqüentemente, no sentido mais geral a pessoa capaz de bem deliberar é dotada de *phrónesis*. (...) A alternativa restante, então, é que ela é uma qualidade racional que leva à verdade no tocante às ações relacionadas com as coisas boas ou más para os seres humanos.[94]

Esta discussão é solucionada pelo próprio Aristóteles, quando em outro momento de sua obra adverte:

> Deliberamos sobre coisas que estão ao nosso alcance e podem ser feitas, (...). Deliberamos não sobre fins, mas sobre meios, (...). A investigação às vezes é sobre os instrumentos e às vezes sobre o seu uso; o mesmo acontece em outras esferas – às vezes temos de investigar os meios, às vezes o modo de usá-los ou os modos de realizá-los. Parece então, como dissemos, que o homem é a origem de suas ações; a deliberação é acerca das coisas a serem feitas pelo próprio agente, e as ações são executadas com vistas a coisas diferentes delas. Efetivamente, a finalidade não pode ser objeto de deliberação, mas somente os meios; (...).[95]

A par disso, destaca-se que o fim, a virtude (o bem), não é objeto de deliberação, posto integrar o domínio do necessário. No entanto, o meio para atingir este fim, ou seja, a prudência, o "meio termo", é passível de deliberação e escolha, pois cada homem elegerá as ações

---

[91] ARISTÓTELES. *Op. cit.*, 1144b; 1145a. Apesar do conteúdo do texto citado, pensa-se existir equívoco na tradução, pois a *phrónesis* não poderá ser indicada como a determinadora do fim, ou seja, do objetivo; ao passo que a virtude, ou excelência moral, seja apontada como o meio, a saber, a prática das ações que levam à concretização do fim, ou do objetivo. Neste sentido é a tradução utilizada por Enrico Berti: "não se terá uma escolha correta sem a *phrónesis* ou a virtude, pois esta indica o fim e aquela faz realizar as ações que estão relacionadas com o fim (13, 1145 a 3-6)" (BERTI, Enrico. *Op. cit.*, p. 153).

[92] ARISTÓTELES. *Op. cit.*, 1142b.

[93] BERTI, Enrico. *As razões de Aristóteles*, p. 153. Este autor também aponta, em nota de rodapé, vários estudiosos de Aristóteles que entendem de modo diverso, ou seja, que a *phrónesis* é um fim, e não um meio.

[94] ARISTÓTELES. *Ética a Nicômacos*, 1140a.

[95] Idem, 1112b; 1113a.

que, na sua concepção, são as melhores e as mais acertadas. Esta concepção, embora criticável na atualidade, deverá ser vislumbrada a partir da ética clássica e da visão metafísica do bem em Aristóteles.

Com efeito, disso resulta que para a caracterização da *phrónesis*, a saber,

> para ser sábio, não é necessário ser filósofo, nem sequer filósofo prático, mas é necessário, como vimos, ser temperante, isto é, bom de caráter. É necessário, com efeito, que a capacidade de deliberar retamente sobre os meios seja orientada por um fim bom, de outro modo não é *phrónesis*, mas simplesmente habilidade ou astúcia.[96]

Assim, a *phrónesis* é a responsável pelos meios que o homem utiliza para deliberar sobre as ações concretas a serem desencadeadas.[97] Interessante observar que todo este processo toma a forma de uma análise regressiva, onde os meios são examinados a partir dos fins pretendidos. A deliberação está vinculada a uma espécie de pesquisa sobre coisas humanas e "consiste em procurar os meios para realizar um fim previamente posto".[98] Escolhemos, portanto, os meios para a implementação do fim, como já visto anteriormente.[99]

Merece ser observado que a escolha da ação cabível envolve uma decisão do homem prudente, que medeia entre um homem que não é completamente sábio e nem inteiramente ignorante. Este homem deve mover-se "num mundo que não é nem absolutamente racional, nem absolutamente absurdo, o qual, no entanto, convém ordenar usando as mediações claudicantes que ele nos oferece".[100] A tomada de decisão a partir da *phrónesis* tem um compromisso na organização do espaço onde o homem vive, ou seja, emerge como a síntese entre o particular e o universal.

Por se tratar de uma decisão que envolve assuntos humanos, encontra-se envolto em incertezas e dúvidas sobre o caminho adequado a seguir. Por isso, explica-se a extrema cautela que o prudente deve trazer consigo, pois não se trata de reproduzir simplesmente uma decisão anterior, mas tomar uma nova, com o devido respeito às

---

[96] BERTI, Enrico. *As razões de Aristóteles*, p. 154.

[97] Esta também é a conclusão de John Finnis, quando assevera: "And in this context Aristotle suggests something a neo-Humean could endorse: practical reasonableness (phrónesis) is about means, not ends" (FINNIS, John Mitchell. *Aquinas*: moral, political, and legal theory. Oxford: Oxford University Press, 1998, p. 57).

[98] AUBENQUE, Pierre. *A Prudência em Aristóteles*, p. 176.

[99] "Definida a finalidade, as pessoas procuram saber como e por que meios tal finalidade deve ser alcançada; se lhes parece que ela é resultante de vários meios, as pessoas procuram saber por que meio podem alcançá-la mais facilmente e realizá-la melhor; se é possível chegar a ela por um único meio, as pessoas procuram saber como ela poderá ser realizada por este meio, e por que este meio será alcançado, até chegarem à primeira causa, que é a última na ordem de descoberta. (...) Sendo os fins, então, aquilo a que nós aspiramos, e os meios aquilo sobre que deliberamos e que escolhemos, as ações relativas aos meios devem estar de acordo com a escolha e ser voluntárias" (ARISTÓTELES. *Ética a Nicômacos*, 1112b e 1113b).

[100] AUBENQUE, Pierre. *Op. cit.*, p. 188.

características peculiares da situação. A *phrónesis* representa a expressão da velha sabedoria grega dos limites. Deve ser destacado, no entanto, que não se trata do sentido negativo de limites, como era inicialmente, mas, pelo contrário, do sentido positivo, como a expressão do equilíbrio. Dentro desse contexto, não se trata de uma mera dimensão externa de valor, mas "representa uma unidade interior de uma capacidade que adquire valor ao se limitar".[101] A prudência quer sempre lembrar ao homem que ele é limitado na sua deliberação e ação. Portanto,

> a prudência aristotélica representa – ao mesmo tempo que a reserva, *verecundia*, do saber – a possibilidade e o risco da ação humana. Ela é a primeira e última palavra deste humanismo trágico que convida o homem a desejar todo o possível, mas somente o possível, e deixar o resto aos deuses.[102]

Tudo indica que Aristóteles pretende com a *phrónesis* chamar a atenção para a atuação do homem no contexto social, que será sempre limitada pelo alcance de sua deliberação, não envolvendo assuntos naturais ou divinos, mas humanos. É nessa seara que o ente homem deverá aprender a deliberar adequadamente, respeitando as peculiaridades de cada situação.

Examinada a *phrónesis*, torna-se importante distingui-la da habilidade. Por intermédio da virtude intelectual – a *phrónesis* – a escolha se faz acertada, mas Aristóteles enfatiza que a prática das ações que devem ser desencadeadas para que o objetivo seja atingido não depende apenas dela, mas de outra faculdade, que é exatamente a habilidade (ou talento).[103] Diferentemente da *phrónesis*, a habilidade não está preocupada com a qualidade do fim, mas "consiste em sermos capazes de praticar as ações que conduzem ao objetivo visado e de atingi-lo".[104] Como não existe preocupação com a qualidade do fim a ser buscado, Aristóteles entende que a habilidade deverá associar-se à *phrónesis*, ela não é a habilidade, "mas não existe sem ela. Este olho da alma não adquire sua eficácia sem a excelência moral, (...)".[105] A habilidade é comparada ao olho da alma que se reúne à *phrónesis*, estabelecendo uma relação de complementação recíproca.

Apesar disso, cada uma delas permanece com as suas características peculiares, podendo dizer-se que "a prudência é oposta à habilidade, não apenas como a determinação em relação ao indeterminado, mas como o bom ao indiferente, isto é, como a virtude (que é 'louvável') à natureza moralmente neutra".[106] A habilidade não carrega os traços da

---

[101] AUBENQUE, Pierre. *A Prudência em Aristóteles*, p. 244; 249 e 256.
[102] Idem, p. 281.
[103] ARISTÓTELES. *Ética a Nicômacos*, 1144a.
[104] Idem, ibidem.
[105] Idem, ibidem.
[106] AUBENQUE, Pierre. *A Prudência em Aristóteles*, p. 102.

virtude, pois é apenas uma capacidade para ordenar os meios para atingir determinado fim. A preocupação é com a eficácia. Entretanto, dentro da pespectiva aristotélica, como já referido, não existe felicidade sem virtude. Assim, ele acaba aproximando ambas e responsabilizando a *phrónesis* pela moralização da habilidade.

1.3. A FILOSOFIA PRÁTICA E AS SUAS INTERFACES COM A *PHRÓNESIS*

A par do examinado, é possível concluir que a filosofia prática e a *phrónesis* estão assentadas em concepções diferentes: "A ciência política e a 'phrónesis' correspondem à mesma qualidade da alma; sua essência, porém, não é a mesma".[107] A ciência política, ou a filosofia prática, apresenta o caráter do saber científico, com pretensão universal e generalista; já a *phrónesis*, na medida em que se relaciona às ações humanas, não tem caráter de conhecimento científico, pois "se relaciona com o fato particular fundamental, já que a ação a ser praticada é desta natureza".[108]

Tudo indica que o pensamento aristotélico estava direcionado a identificar a filosofia prática com a *phrónesis* através da catalogação de ambas como sendo a parte racional da alma. Entretanto, a diferenciação surge na essência delas. Assim, em consonância com o estudo já apresentado, pode-se dizer que a filosofia prática busca dar uma fundamentação teórica – já que está alçada como ciência – do procedimento prático, adequado para cada situação concreta, que é a principal característica da prudência.

Além dessa distinção, como já visto anteriormente, a parte da alma dotada de razão é corporificada por duas faculdades: a primeira, onde os princípios são invariáveis; é, portanto, representada por aquilo que projeta o necessário, correspondendo ao domínio do conhecimento científico,[109] ou seja, o domínio da razão teorética ou teórica. A segunda, onde os princípios são passíveis de variação, abrange o contingente, a ação humana, a saber, a *práxis*, que corresponde à faculdade calculadora, isto é, o domínio da razão prática, onde está a *phrónesis*.

A faculdade racional da alma, representada pelo conhecimento científico, é composta por três virtudes:[110] a) a "ciência" (*epistéme*), posto que o conhecimento científico pode ser demonstrado. Com isso,

---

[107] ARISTÓTELES. *Op. cit.*, 1141b.
[108] Idem, 1142a.
[109] Idem. *Ética a Nicômacos*, 1140b.
[110] Idem, 1140b e 1141a.

forma-se uma íntima relação entre ciência e demonstração; b) a inteligência (*noûs*) refere-se à capacidade de conhecer os princípios que integram a virtude da "ciência"; c) a sabedoria, que é classificada por Aristóteles[111] como a forma mais perfeita de conhecimento, visto ser a combinação entre a ciência (o conhecimento científico) e a inteligência. Isto ocorre porque o sábio deve saber o que decorre dos primeiros princípios, e também conhecer os próprios primeiros princípios.[112]

Tomando-se em consideração esta classificação, proposta a partir da obra de Aristóteles, fica evidenciado que a filosofia prática, apesar dos contornos práticos examinados, deve ser catalogada como uma virtude teórica, posto inserida na categoria do conhecimento científico.[113] Tudo indica, apesar disso, que a filosofia prática não poderá ser equipara à *epistemé*, mas deverá ser considerada um conhecimento científico especial, que dá suporte ao desenvolvimento da *phrónesis*. Dentro do contexto apresentado, parece que a filosofia prática apresenta quatro grandes traços característicos:[114] 1) refere-se a uma espécie de "teoria da ação", direcionada à construção da deliberação. Poder-se-ia apontar que esta teoria está calcada nos seguintes momentos: aspiração; deliberação e decisão; 2) o destaque para a virtude moral, expressa no "justo meio"; 3) a medianidade do "justo meio", caracterizada pelo seu relativismo; 4) o papel importante do prudente, pois cabe a ele escalonar a medianidade, destacando a necessidade de deliberação em cada nova situação.

Bem diferente é a situação da *phrónesis*, posto que o seu foco é a ação humana conduzida e deliberada com vistas a determinado fim. Como já referido, a *phrónesis* é uma das faculdades da parte racional da alma. Neste particular, Aristóteles assevera: "uma destas duas faculdades racionais pode ser chamada de científica e a outra de calculativa, pois deliberar e calcular são a mesma coisa, mas ninguém pode deliberar sobre coisas invariáveis".[115] Esta passagem apresenta claramente a distinção até o momento discutida, pois a *phrónesis*, como uma faculdade deliberativa, possibilita ao homem, por intermédio da ação, a escolha da melhor possibilidade (decisão) para determinado fato concreto. Por outro lado, esta faculdade deliberativa está vinculada ao contingente, pois o invariável não admite deliberação, haja vista ser necessário. Essa é a principal característica da ciência, onde pode ser catalogada a filosofia prática. Assim, com isso, apresenta-se uma das

---

[111] ARISTÓTELES. *Op. cit.*, 1141a.

[112] BERTI, Enrico. *As razões de Aristóteles*, p. 145.

[113] Idem, ibidem. O autor considera isto um paradoxo, mas uma ordenação inevitável, dados os contornos examinados.

[114] LABARRIÈRE, Jean-Louis. "Aristóteles". Traduzido por Paulo Neves. In: CANTO-SPERBER, Monique (org.). *Dicionário de Ética e Filosofia Moral*, p. 119.

[115] ARISTÓTELES. *Ética a Nicômacos*, 1139a.

principais, senão a mais marcante, diferença entre a ciência política e a prudência: esta se preocupa com o contingente; aquela, com o fundamento da decisão em cada caso.

O pensamento prático norteia a filosofia prática assim como a *phrónesis*. Por isso, a filosofia prática não é uma autêntica integrante do pensamento especulativo. A diferença entre o pensamento prático e o pensamento especulativo "não é em primeiro lugar o seu objeto, mas o seu fim". O primeiro está voltado ao delineamento dos meios para a obtenção do fim; "não um fim qualquer, mas aquele fim absoluto que é a ação moral, e é apenas por esta razão, porque quer chegar à ação, que tem em conta o contingente, objeto dessa ação".[116] Na produção da *prohairèsis* (decisão) a prudência vai ser decisiva, pois é na decisão onde ocorrerá "a confluência do desejo e do pensamento, o ato típico do intelecto prático e o princípio de todas as nossas ações".[117] À filosofia prática caberá canalizar o desejo e o pensamento, com vistas ao estabelecimento da decisão da situação da vida.

Além disso, a ciência política (ou a filosofia prática) para ser aprendida exige o domínio das paixões. Do mesmo modo, a moderação é o meio para preservar a *phrónesis*, eis que as paixões, sejam o prazer e o sofrimento, criam obstáculos à tomada de decisões humanas.[118] A razão prática que sustenta a tomada de decisões do *phrónimos* não poderá ser considerada uma habilidade, pois em Aristóteles fazer e agir são coisas distintas: "entre as coisas variáveis estão incluídas as coisas feitas e as ações praticadas, pois fazer e agir são coisas diferentes. (...) Tampouco uma delas é parte da outra, pois nem agir é fazer, nem fazer é agir".[119] A *phrónesis* não pode ser considerada um fazer (uma habilidade), eis que nesse caso poderia ser simplesmente adquirida pelo treinamento. Pelo contrário, deverá ser conquistada pela vivência, pela repetição e deliberação da ação correta. No fundo, o pensamento prático que abriga a filosofia prática voltada à consecução da prudência orienta o homem a deliberar adequadamente sobre os assuntos humanos.

O verdadeiro *telos* que Aristóteles pretende destacar com os aspectos vistos cincunscreve-se ao discurso ético, focado na obtenção da felicidade, correspondente ao soberano bem perseguido pelo homem. Vale dizer, a ética aristotélica está preocupada em saber se a

---

[116] GAUTHIER, René-Antoine. *Introdução à Moral de Aristóteles*, p. 28.

[117] Idem, p. 29.

[118] "É esta a explicação do nome 'moderação', que significa 'preservar a prudência'. O que a moderação preserva é a nossa convicção quanto ao nosso bem, pois o prazer e o sofrimento, na verdade, não destroem todas as convicções – por exemplo, eles não destroem a convicção no sentido de que o triângulo tem ou não tem seus ângulos iguais aos de dois ângulos retos, mas somente convicções acerca de atos a praticar" (ARISTÓTELES. *Ética a Nicômacos*, 1140b).

[119] ARISTÓTELES. *Op. cit.*, 1139b.

regra escolhida é adequada para o caso. O *phrónimos* saberá avaliar essa situação, a partir da relação entre a escolha do meio com a ajuda da *phrónesis* tendo em vista a obtenção de determinado fim, estabelecido pela própria ordem das coisas.

Aristóteles, ao classificar o saber em teórico, prático e poiético, apresenta explicitamente a autonomia do saber prático preocupado com a *práxis*, isto é, a atuação humana assegurando, com isso, o domínio da racionalidade ética. A partir dessa perspectiva, como visto anteriormente, é forjada a razão clássica, dentro dos contornos metafísicos na época aceitos.

Merece ser destaca a interdependência entre a filosofia prática (saber prático) e a filosofia teórica (saber teórico), pois Aristóteles pretende sublinhar que a filosofia prática não é infalível, mas representa em cada caso o caráter da teoria. Apresentado de modo diverso, "as asserções formuladas na sua filosofia prática, são naturalmente gerais e, neste caso, revestem sempre um caráter teórico". A distinção marcadamente acentuada entre as duas "filosofias" demonstra a virtude criativa da tradição e da unidade da razão, que preside a ambas.[120]

Reorganizando as três categorias da racionalidade estudadas por Henrique Cláudio de Lima Vaz,[121] poder-se-ia dizer que a fase da razão clássica apresenta claro predomínio da racionalidade ética voltada ao aspecto predominantemente teleológico, que, em Aristóteles, é explicitado pela obtenção da felicidade. A caminhada do desenvolvimento humano vai gradativamente se afastando da razão clássica, a fim de dar vasão à construção dos caracteres da chamada razão moderna. Tudo indica que se abandona a racionalidade ética para dar lugar a uma preocupação ligada à lógica, abrindo espaço para a perspectiva científico-técnica numa clara distinção em relação à razão clássica pela perspectiva atribuída ao método e ao sujeito.

O método não é visto, tal qual em Aristóteles, como um roteiro que conduza à essência das coisas, mas como um conjunto de "regras que permite a construção do modelo matemático mais adequado para a explicação dos fenômenos da natureza pela descoberta das leis do seu funcionamento".[122] A idéia é aplicar aos diversos campos do conheci-

---

[120] GADAMER, Hans-Georg. "L'Idea del bene tra Platone e Aristotele". In: *Studi Platonici 2*, p. 251; 253 e 256-7.

[121] O autor refere a existência de um movimento dialético ao longo da evolução da sociedade, onde a Razão foi acolhida como eixo ordenador do seu universo simbólico, entre: "as racionalidades científico-técnicas, que impõem uma leitura *instrumental e operacional* da realidade; racionalidades hermenêuticas que trazem para o primeiro plano o problema do *sentido* e a necessidade de uma leitura explicitamente antropológica do homem e do seu mundo, para finalmente dar lugar às racionalidades *éticas*, voltadas para a questão decisiva do dever-ser e para um tipo de leitura *normativa e teleológica* do universo humano do sentido" (LIMA VAZ, Henrique Cláudio de. "Ética e razão moderna". In: *Síntese Nova Fase*, p. 57).

[122] Idem, p. 61.

mento o mesmo método de trabalho das Ciências da Natureza. O sujeito, nesse contexto, passa ter a um papel meramente construtor, sem muita importância para a sua capacidade intelectual. A racionalidade hermenêutica perpassa a evolução, como uma espécie de "ator coadjuvante", responsável por manter o movimento dialético das outras duas racionalidades.

Um paradigma desse novo sujeito da razão moderna é a proposta kantiana do "Eu transcendental", marcado pela "atividade de conhecimento essencialmente construtora".[123] A objetividade da perspectiva de Aristóteles é substituída pelo olhar subjetivo de Kant. Alguns aspectos da proposta de Kant, como uma das marcas da modernidade, serão estudados no próximo capítulo.

---

[123] LIMA VAZ, Henrique Cláudio de. "Ética e razão moderna". In: *Síntese Nova Fase*, p. 62.

2. A Razão Pura e a Razão Prática em Kant

2.1. O RESGATE DO PENSAMENTO TELEOLÓGICO (DESENVOLVIDO DESDE ARISTÓTELES) E A REVOLUÇÃO COPERNICANA DE KANT

Kant[124] procurou resgatar a perspectiva de valorização do aspecto teleológico (*telos* = fim), legado a partir de Aristóteles. Na modernidade, com a proposta causal (mecanicista) de Thomas Hobbes e os contornos característicos do Iluminismo,[125] esse olhar foi substituído pela forma e a objetividade na abordagem, esquecendo-se por completo a linha teleológica e a preocupação com o conteúdo do conhecimento. Em outras palavras, o objeto era mais importante que o sujeito cognoscente. O saber nesse contexto

> não é mais compreensão do ser mas construção do objeto; (...) um tal saber, ignorando o ser das coisas como os seus fins, metodologicamente privado de todo alcance ontológico ou axiológico, embora mais apto à dominação técnica do mundo, a qual se confunde, a bem da verdade, com seu projeto, um tal saber não é de nenhuma ajuda quando se trata de dirigir a vida humana.[126]

Em último caso, a questão relativa ao ser é completamente esquecida (velada), relegada ao segundo plano. Não obstante, tanto o conhecimento como as normas jurídicas ou as sociais perdiam, com isso, o fio condutor principal de sua finalidade, que é a vida humana. Ocorre, com a postura da modernidade, na busca da certeza e da segurança – características que acabam invadindo o Direito – a separação entre a teoria e a prática, como se uma pudesse viver e sobreviver sem a outra.

A linha de pensamento kantiana trabalha exatamente para dar contornos específicos à teoria e à prática: a primeira é apresentada

---

[124] Immanuel Kant nasceu em 22 de abril de 1724 na cidade de Königsberg, Prússia. Em 1781 publicou a primeira edição da *Crítica da Razão Pura*. No ano de 1785, publicou os *Fundamentos da Metafísica dos Costumes* e, em 1788, publicou a *Crítica da Razão Prática*. Kant faleceu no dia 12 de fevereiro de 1808.

[125] Neste sentido, HÖFFE, Otfried. *Immanuel Kant*. Traduzido por Diorki. Barcelona: Herder, 1986, p. 243.

[126] AUBENQUE, Pierre. *A Prudência em Aristóteles*, p. 340-1.

como o estabelecimento de certos princípios, a saber, "um conjunto de regras práticas", que possam trazer características universais; já a prática representa uma espécie de adesão a pressupostos universalmente pensados.[127] A prática é a aplicação da teoria; e a teoria é pensada quanto à aplicação de pressupostos construídos pela prática do comportamento. Tal conclusão é confirmada por Kant, ao referir: "o que por razões racionais vale para a teoria, vale igualmente para a prática".[128]

O conhecimento em Kant irá priorizar o sujeito; o objeto é colocado em segundo plano, pois determinado por aquele. Esta é a chamada "revolução copernicana" (*Die kopernikanische Wende*).[129] Tal revolução está alinhada com a delimitação empreendida entre a teoria e a prática, ou seja, "o entendimento não se conduz pelos objetos, tirando deles as formas para o conhecimento inteligível; mas os objetos são informados por formas do entendimento, existentes *a priori*. Somente há conhecimento objetivo quando se realiza um tal processo".[130] Esta formatação, como se verá mais adiante, produzirá uma relação entre a teoria e a prática: a constituição (a prática) do objeto é operacionalizada a partir das formas de entendimento *a priori* (a teoria).

Dito de outro modo, Kant, segundo Heidegger, pretendeu abordar a questão acerca da possibilidade da adoção do método empregado pelos pesquisadores da natureza, a fim de comprovar o "nexo condicional básico existente entre a experiência ôntica e o conhecimento ontológico".[131] Quer dizer, no fundo, Kant pretendeu mostrar que tal perspectiva não chegaria ao seu verdadeiro objetivo, que era mostrar que a condição de possibilidade do "comportamento para com o ente (conhecimento ôntico) é a compreensão prévia da constituição do ser, o conhecimento ontológico".[132] Aí estava a sinalização da chamada

---

[127] KANT, Immanuel. "Sobre a expressão corrente: isto pode ser correto na teoria, mas nada vale na prática". In: *A Paz Perpétua e Outros Opúsculos*. Traduzido por Artur Morão. Lisboa: Edições 70, 1995, A 201, p. 57.

[128] Idem, p. 102.

[129] Kant explica esta revolução: "O mesmo aconteceu com os primeiros pensamentos de Copérnico que, depois das coisas não quererem andar muito bem com a explicação dos movimentos celestes admitindo-se que todo o exército de astros girava em torno do espectador, tentou ver se não seria mais bem-sucedido se deixasse o espectador mover-se e, em contrapartida, os astros em repouso". KANT, Immanuel. *Crítica da Razão Pura*. Traduzido por Valerio Rohden e Udo Baldur Moosburger. São Paulo: Nova Cultural, 1999, p. 39 (Prefácio à Segunda Edição). KANT, Immanuel. *Kritik der reinen Vernunft*. Hamburg: Felix Meiner Verlag, 1956, B XVI e XVII, p. 20. Nesta obra é adotada a seguinte indicação de numeração: "A" para a primeira edição (1781) e "B" para a Segunda edição (1787). Tais indicativos serão empregados doravante, ao ser citada a obra, simplesmente como "A" ou "B".

[130] STEIN, Ernildo. *Uma Breve Introdução à Filosofia*. Ijuí: UNIJUÍ, 2002, p. 152.

[131] HEIDEGGER, Martin. *Kant und das Problem der Metaphysik*. Frankfurt am Main: Vittorio Klostermann, 1951, p. 20.

[132] Idem, ibidem.

"revolução copernicana" de Kant, uma vez que estava tentando dar destaque ao ser, invertendo claramente a relação aceita até então.

Para o objetivo assim delineado, Kant verificou a inadequação da importação do método utilizado pela ciência matemática da natureza. A perspectiva ontológica que começava a ser desenhada por Kant, acabava mostrando a necessidade de abordar a ontologia de uma forma diversa, podendo dizer-se:

> fundamentação da metafísica em seu todo significa desvelamento da possibilidade interna da ontologia. Este é o sentido autêntico, porque metafísico (relacionado à metafísica como tema único) daquilo que, sob o título de "revolução copernicana" de Kant, é constantemente interpretado de maneira errônea.[133]

Como já referido anteriormente, com tal proposta Kant pretendeu enfatizar "que nem todo conhecimento é ôntico, e onde existe conhecimento ôntico ele só se torna possível por meio do conhecimento ontológico".[134] A questão levantada, portanto, aponta que o ente como ente é inacessível, e que o ente sempre se relaciona com a constituição de seu ser. Isto quer dizer que o caráter revelado (*Offenbarkeit*) do ente sempre gira em torno da órbita projetada pelo caráter desvelado (*Enthülltheit*) da constituição do ser do ente. Entretanto, tal aspecto permite uma conclusão: "o conhecimento ôntico jamais pode regular-se por si 'segundo' os objetos, pois sem o conhecimento ontológico ele sequer pode ter um possível segundo-o-qual (*Wonach*)".[135]

Esta foi uma das propostas lançadas por Kant, e tentava justamente se opor ao saber científico trazido pela perspectiva da modernidade. Tudo estava vinculado à técnica, esquecendo os postulados de Aristóteles e convertendo a prudência numa produção científica "proporcionando a cada um uma felicidade que a ciência teria, enfim, determinado o conceito e da qual ela poderia, a partir de então, definir univocamente as condições ótimas de produção".[136] Na linha da técnica, da ciência, a teoria e a prática acabavam sendo confundidas. Kant, portanto, busca devolver à prática a sua autonomia, perquirindo, ao mesmo tempo, sobre a necessária distinção entre ser e ente.

A caminhada da técnica operacionalizada pela modernidade acabou interferindo na distinção existente entre a filosofia prática e a filosofia teórica, tal como havia projetado Aristóteles. Isto acabou produzindo o seguinte fenômeno: a filosofia prática não era mais do que aplicação da teoria.[137] É por isso que Kant enfatiza a necessidade de

---
[133] HEIDEGGER, Martin. *Kant und das Problem der Metaphysik*, p. 21.
[134] Idem, p. 22.
[135] Idem, ibidem.
[136] AUBENQUE, Pierre. *A Prudência em Aristóteles*, p. 321.
[137] Segundo constatação de AUBENQUE, Pierre. *A Prudência em Aristóteles*, p. 322.

produzir a distinção não vinculada pelo conteúdo, mas pelos princípios que estão assentados em cada uma:

> esse sistema real da filosofia, por sua vez, não pode ser dividido de outro modo, senão, segundo a distinção originária de seus objetos e a diferença essencial, que repouso sobre esta, dos princípios de uma ciência que os contém, em filosofia *teórica* e *prática*; de tal modo que uma das partes tem de ser a filosofia da natureza, a outra a dos costumes, das quais a primeira pode conter também princípios empíricos, mas a segunda (já que a liberdade absolutamente não pode ser um objeto da experiência) jamais pode conter outros do que princípios puros a priori.[138]

Para atingir o objetivo da separação entre a filosofia prática e a filosofia teórica, Kant critica aquilo que ele chamou de mal-entendido, na medida em que foram incluídos na filosofia prática conteúdos que não deveriam estar sob este título, tais como, a economia e a economia política, as regras de economia doméstica e as do comportamento, por exemplo. Kant produziu uma espécie de purificação da filosofia prática, alertando "que proposições práticas distinguem-se, por certo, segundo o modo-de-representação, das teóricas, que contêm a possibilidade das coisas e suas determinações, mas nem por isso segundo o conteúdo, a não ser unicamente aquelas que consideram a *liberdade* sob leis".[139] Com tal proposta, Kant abre caminho para a formulação da filosofia prática a partir de princípios *a priori* e justifica, como se verá mais adiante, a sua repulsa à prudência.

Os contornos alinhados até o momento integram a chamada "revolução copernicana" de Kant. Vale dizer, o filósofo de Königsberg pretendeu, tal como havia realizado Copérnico, inverter a ordem do movimento dos aspectos. Assim, projetou a Metafísica: "se a intuição tivesse que se regular pela natureza dos objetos, não vejo como se poderia saber algo *a priori* a respeito da última; se porém o objeto se regula pela natureza de nossa faculdade de intuição, posso então representar-me muito bem essa possibilidade".[140] Kant rejeita, portanto, a noção da Metafísica tradicional que está calcada na universalidade da coisa, para deslocá-la para a perspectiva do sujeito, como elemento central.

A mudança proposta por Kant parte do "como" do juízo que recai sobre o objeto, e não como pretendia o itinerário da Metafísica anterior, que tinha como ponto de partida o "que" do objeto. Dito de outra forma, a prospecção kantiana aponta claramente para uma filosofia transcendental, onde surge a idéia não da totalidade de coisas, mas do modo de conhecimento da coisa.[141] Isto significa dizer que o comando é do sujeito, e não do objeto.

---

138 KANT, Immanuel. *Primeira Introdução à Crítica do Juízo*. Traduzido por Rubens Rodrigues Torres Filho. São Paulo: Abril Cultural, 1980. (Os Pensadores – Kant II), p. 167.

139 Idem, ibidem.

140 KANT, Immanuel. *Crítica da Razão Pura*, p. 39; *Kritik der reinen Vernunft*, B XVII, p. 20.

141 Neste sentido CASSIRER, Ernst. *Kant, Vida y Doctrina*. Traduzido por Wenceslao Roces. México: Fondo de Cultura Económica, 1993, p. 160; KANT, Immanuel. *Crítica da Razão Pura*, p. 65 e *Kritik der reinen Vernunft*, B 25, p. 55.

A partir desse delineamento, verifica-se um claro movimento de retorno ao homem como a perspectiva central, em substituição à visão calcada no objeto, que foi o grande eixo buscado pela modernidade. A própria proposta da metafísica kantiana está relacionada a esta mudança, pois está preocupada, como se verá mais adiante, com as várias facetas de formulação e aplicação do conhecimento, além da problemática da ação humana, onde surge a linha de investigação sobre a moral. Tais aspectos sublinham um retorno à preocupação teleológica, destacada por Aristóteles, mas esquecida a partir dele. Kant faz um caminho inverso, buscando resgatar esse aspecto, revalorizando a preocupação com o ser humano. Esse movimento de retorno ao elemento humano será fundamental para o Direito, como resposta ao positivismo jurídico e à proposta de trabalho projetada pela hermenêutica de Heidegger e de Gadamer.

A linha de idéias apresentada por Kant igualmente opõe-se ao Iluminismo, na medida em que rechaça a ação da razão a partir do empiricamente apreensível. Considera a metafísica dentro de contornos científicos, mas não das coisas supra-sensíveis,[142] estará assentada em parâmetros insculpidos dentro dos limites da razão humana.[143]

A pretensão kantiana de dar à metafísica contornos científicos implicava construir pressupostos com contornos de universalidade e necessidade. Para o desenvolvimento dessas duas características "exigem da ciência que ela se constitua *a priori* porque a experiência é singular e contingente".[144] Ao defender tais aspectos, Kant deixa bem claro que está lutando contra o racionalismo e o empirismo: contra o primeiro, pois dogmático e afastado da experiência; contra o segundo, porque a preocupação com o particular e o contigente afrontam justamente a pretensão de universalidade que a ciência deveria apresentar. Entretanto, com isso, "à metafísica não corresponde nenhum objeto de conhecimento porque, por definição, o conhecimento se circunscreve no círculo abrangido pela experiência possível".[145]

A partir dessas linhas do pensamento de Kant, a metafísica é remetida à própria finitude do homem. Com isso, a filosofia passa a ser uma tarefa essencialmente humana, preocupada com dois temas cen-

---

[142] Kant, quanto a isso, refere: "a metafísica tem a ver não só com os conceitos da natureza, que encontram sempre sua aplicação na experiência, mas também com conceitos de entendimento puro, que nunca são fornecidos em qualquer experiência possível". KANT, Immanuel. *Prolegômenos*. Traduzido por Tania Maria Bernkopf. São Paulo: Abril Cultural, 1980. (Os Pensadores – Kant [II])., § 40, p. 59.

[143] Neste sentido, CASSIRER, Ernst. *Kant, Vida y Doctrina*, p. 104. Otfried Höffe também parte da mesma linha de idéia: "Kant não define a metafísica como um sistema racional, senão como 'uma ciência dos limites da razão humana". HÖFFE, Otfried. *Immanuel Kant*, p. 33.

[144] PIRES, Celestino. "Ontologia e Metafísica". In: *Revista Portuguesa de Filosofia*, Braga, fasc. 1-2, p. 31-61, jan.-jun. 1964. t. XX, p. 34.

[145] Idem, p. 9.

trais: a finitude do conhecimento e a finitude do homem. Também por tais aspectos, a metafísica de Kant se distancia da metafísica clássica, fundada no "modelo infinito do conhecimento inteligível". Kant, pelo contrário, defende que "o conhecimento humano reclina-se sobre sua condição finita", o que provoca inevitavelmente uma impossibilidade de conhecimento prévio da totalidade das coisas. A relação entre sujeito e objeto deve ser alinhavada dentro da característica finita daquele. Para tanto, não se poderá apelar para justificações teológicas/infinitas para esta relação, mas trabalhar sempre com uma relação que projeta limites.[146]

Heidegger[147] percebe bem esta linha da finitude do homem, quando refere que ele é um *ens creatum*, a saber, um ser criado. Como tal, necessariamente finito e com possibilidades limitadas de projeção do conhecimento. É dentro deste chão que o homem se move e dentro dele é que deverá estudar e projetar o conhecimento. Este também é o espaço privilegiado para a apreensão da experiência, considerando os seus reflexos no desenvolvimento da caminhada humana. É nesse contexto que parece surgir a sustentação da dignidade do homem, como um atributo valorativo próprio, vinculado à relatividade de sua existência, mas o valor do homem é absoluto, pelo fato de não ter preço, mas dignidade.[148]

A característica teleológica da construção kantiana aponta para o seguinte aspecto: "para todo ser humano o fim último é sua própria existência".[149] Com isso, abre-se o caminho para a produção do conhecimento, e não simplesmente a sua reprodução. O fenômeno assim caracterizado aparecerá mais tarde em Heidegger, mas também já tinha sido objeto de análise por Aristóteles, no sentido de "tratar-se para um

---

[146] STEIN, Ernildo. *Uma Breve Introdução à Filosofia*, p. 152-159.

[147] HEIDEGGER, Martin. *Que é uma Coisa? Doutrina de Kant dos Princípios Transcendentais*, p. 112.

[148] "Parece, pois, que na idéia da liberdade pressupusemos apenas propriamente a lei moral, isto é, o próprio princípio da autonomia da vontade, sem podermos demonstrar por si mesma a sua realidade e necessidade objetiva; teríamos então, na verdade, ganhado algo de muito importante, por termos determinado pelo menos o princípio autêntico com mais exatidão do que costuma suceder; (...) pois não poderíamos dar resposta satisfatória a quem nos perguntasse por que é que a validade universal da nossa máxima, considerada como lei, tem de ser a condição limitativa das nossas ações, e sobre que é que fundamos o valor que atribuímos a tal modo de agir, valor que deve ser tão grande que não pode haver em parte alguma nenhum interesse mais alto, e como é que acontece que o homem só assim julga sentir o seu valor pessoal, perante o qual o de um estado agradável ou desagradável deve ser considerado nulo. Achamos, é certo, que podemos tomar interesse por uma qualidade pessoal de que não depende o interesse da nossa situação, contanto que ela pelo menos nos torne capazes de participar dessa situação no caso de a razão vir a efetuar a sua distribuição, isto é, achamos que o simples fato de ser digno da felicidade, mesmo sem o motivo de participar dessa felicidade, pode por si só interessar". KANT, Immanuel. *Fundamentação da Metafísica dos Costumes*. Traduzido por Paulo Quintela. São Paulo: Abril Cultural, 1980. (Coleção Os Pensadores), p. 151-2.

[149] TUGENDHAT, Ernst. *Lições sobre Ética*, p. 153.

ser humano em última instância de seu próprio ser".[150] Kant aponta para aquilo que Heidegger vai trabalhar como a diferença ontológica entre ser e ente. Vale dizer, a existência do ente homem caminha sempre no sentido de desvelar o ser, o qual constante encontra-se velado. É nesse caminho que surge a idéia de razão em Kant.

Assim sendo, a divisão kantiana das faculdades superiores do conhecimento está organizada em: entendimento (*Verstand*), capacidade de julgar (*Urteilskraft*) e razão (*Vernunft*). Tais faculdades correspondem, respectivamente, a conceitos (*Begriffen*), juízos (*Urteilen*) e inferências (*Schlüssen*).[151] Se aquela disposição significa uma ordem de hierarquia, depreende-se que a razão é colocada em terceiro plano.[152] Além disso, a razão em Kant, numa primeira tentativa de aproximação, significa a capacidade de raciocínio, a saber, uma faculdade de concluir.[153] Numa outra perspectiva, Kant também mostra um caminho para chegar à razão, mas dando a entender que ela não está na base, mas no topo de uma classificação: "todo o nosso conhecimento parte dos sentidos, vai daí ao entendimento e termina na razão, acima da qual não é encontrado em nós nada mais alto para elaborar a matéria da intuição e levá-la à suprema unidade do pensamento".[154] O conhecimento envolve a participação dos sentidos, do entendimento e tem na razão o seu ponto de chegada. Isto permite dizer que a razão é a origem de certos conceitos e princípios, que servem para iluminar a formação do conhecimento. Dentro desse contexto, Kant cataloga a razão como a faculdade dos princípios,[155] que serve para fundamentar o entendimento das coisas que cercam o homem.

O entendimento, como parte integrante do processo de formação do conhecimento, representa "uma faculdade da unidade dos fenôme-

---
[150] TUGENDHAT, Ernst. *Lições sobre Ética*, p. 153.

[151] "A razão, considerada como faculdade de uma certa forma lógica do conhecimento, é a faculdade de inferir, isto é, de julgar mediatamente (mediante a subsunção da condição de um juízo possível sob a condição de um juízo dado). O juízo dado é a regra universal (premissa maior). A subsunção da condição de um outro juízo possível sob a condição da regra é a premissa menor (*minor*). O juízo real, que expressa a asserção da regra *no caso subsumido*, é a conclusão (*conclusio*). A regra expressa algo universalmente sob uma certa condição. Ora, a condição da regra verifica-se em um caso concreto. Logo, o que sob aquela condição valia universalmente é também considerado válido no caso concreto (que implica esta condição). Vê-se facilmente que a razão chega a um conhecimento mediante ações do entendimento que constituem uma séria de condições". KANT, Immanuel. *Crítica da Razão Pura*, p. 249; *Kritik der reinen Vernunft*, A 330/B 386-387.

[152] Idem, p. 141; Idem, A 130/B 169.

[153] A indicação da razão como a faculdade de concluir é aceita por Tugendhat, ao referir "que as regras práticas são leis da razão, porque nós podemos delas 'derivar' ações somente pela razão". Entretanto, ao lado dessa concepção, existe um conceito mais geral de razão, por meio da qual ela "seria a faculdade da fundamentação (*rationem reddere*)". TUGENDHAT, Ernst. *Lições sobre Ética*, p. 143.

[154] KANT, Immanuel. *Crítica da Razão Pura*, p. 232; *Kritik der reinen Vernunft*, A 298 e 299/B 355.

[155] Idem, A 299/B 356.

nos mediante regras", enquanto "a razão é a faculdade da unidade das regras do entendimento sob princípios".[156] Dito de outro modo, a razão é a formatação das regras do entendimento mediante princípios, onde fica mais evidente o seu papel de fundamentação. A razão, com isso, sempre está relacionada ao entendimento, sem qualquer aproximação direta com os fenômenos e objetos. Kant fala numa "unidade da razão" projetada através das múltiplas possibilidades prospectadas pelos conhecimentos gerados pelo entendimento. Dado o seu afastamento do contato direto com os fenômenos e objetos, fornece subsídios *a priori*, sendo de natureza completamente diferente do entendimento, que justamente opera diretamente com aqueles.[157]

Com tais caracteres, evidencia-se que a razão está preocupada com o entendimento e a adequação do seu uso. Isso revela uma peculiaridade do homem, na medida em que emprega os sentidos para o conhecimento do seu meio circundante assim como o autoconhecimento. A operacionalização dessas marcas humanas é creditada ao entendimento e à razão. Especificamente quanto à última, é correto afirmar que "ela pondera os seus objetos somente segundo idéias, determinando, a partir disto, o entendimento a então fazer uso empírico de seus conceitos também puros".[158] Kant destaca a importância da idéia para a estrutura da razão, pois ela representa "um conceito necessário da razão ao qual não pode ser dado nos sentidos nenhum objeto congruente".[159] As idéias são forjadas pela razão a partir da sua relação com o entendimento, que mantém o contato com a realidade da experiência humana construída. Deve ser destacado que as idéias não são fruto do mero arbítrio, mas geradas mediante a inspiração irradiada pela vivência do homem. Entretanto, merece ser sublinhado que a idéia, no caminho de volta à realidade, não consegue projetar-se integralmente em algum fenômeno ou objeto, pois a sua dimensão é muito maior. Assim, a ocorrência de um aspecto fático não é capaz de trazer a integralidade da idéia, ou seja, sempre permanece algo a mostrar. Dito de outra maneira, no projetar-se a idéia sempre permanece algo velado, oculto.

Fica evidente que Kant, ao projetar a razão nestes moldes, justifica a compreensão dela no plano teórico, ao propor a questão do conhecimento, assim como a sua utilização no contexto prático, ao alinhavar a sua concepção moral do homem, através do sinalizador da liberdade. Isso tudo está na base de sua construção crítica. A razão não está

---

[156] KANT, Immanuel. *Op. cit.*, p. 234; Idem, A 302/B 359.
[157] Idem, p. 234; *Kritik der reinen Vernunft*, A 302/B 359.
[158] Idem, p. 345; Idem, A 547/B 575.
[159] Idem, p. 247; Idem, A 327/B 383.

vinculada ao aspecto teológico, mas encontra-se inserida na perspectiva humana.

Delineados alguns contornos característicos da razão, verificar-se-á como tais aspectos se comportam na sua perspectiva teórica e prática. Kant submete ambos os usos da razão à crítica. Esta palavra normalmente é empregada em sua significação negativa, onde é destacado o problema, aquilo que deve melhorar. Por outro lado, considerando a origem etimológica da palavra crítica, constata-se que a sua raiz está no grego, onde significa "distinguir, separar e, desta forma, realçar o particular".[160] Na linha assim projetada a "crítica" está vinculada com a descoberta daquilo que não é comum, sublinhando as características peculiares de determinado fenômeno. Kant fará uso da "crítica" na sua forma negativa, mas de um modo peculiar.

2.2. O USO TEÓRICO DA RAZÃO: A QUESTÃO DO CONHECIMENTO

A proposta kantiana que se encontra na *Crítica da Razão Teórica* trabalha a razão como "a faculdade que fornece os princípios do conhecimento *a priori*".[161] Com tal concepção, Kant afasta o conhecimento de dados empiricamente constatados, para ligá-lo exclusivamente à razão, que fornece os seus princípios de constituição. A partir dessa linha, é viável começar a desenhar o itinerário da pretensão crítica de Kant, que se projeta no sentido de estabelecer limites, de delimitar o campo da razão.[162] Vale dizer, provoca uma verdadeira purificação, que "traça como que todo o seu contorno, tendo em vista tanto os seus limites como também toda a sua estrutura interna".[163]

Assim sendo, fica justificado o afastamento da experiência, pois ela não cabe integralmente dentro de um contexto *a priori*. É correto referir que Kant lança detalhes que serão importantes para Heidegger, pois a

crítica da razão pura significa delimitação da determinação do Ser do ente, da coisalidade da coisa, a partir da razão pura; significa avaliação e projeto dos princípios da razão pura, na base dos quais se determina algo como uma coisa na sua coisalidade.[164]

A proposta da *Crítica da Razão Pura* está justamente caminhando no sentido de valorizar o ser do ente, que permanecia velado nas

---

[160] HEIDEGGER, Martin. *Que é uma Coisa? Doutrina de Kant dos Princípios Transcendentais*, p. 122.
[161] KANT, Immanuel. *Crítica da Razão Pura*, p. 65; *Kritik der reinen Vernunft*, A 12/B24.
[162] Este é o sentido da crítica kantiana desenhada por HEIDEGGER, Martin. *Op. cit.*, p. 122.
[163] KANT, Immanuel. *Op. cit.*, p. 41 (Prefácio à Segunda Edição); Idem. *Kritik der reinen Vernunft*, B XXIII.
[164] HEIDEGGER, Martin. *Que é uma Coisa? Doutrina de Kant dos Princípios Transcendentais*, p. 124.

construções desenvolvidas até então. De certo modo, surge nesse contexto a noção de "algo como algo". Delineia-se, assim, um viés positivo da crítica, a saber, ela visa a "expor os princípios da razão pura na sua unidade e na sua integralidade internas, quer dizer, no seu sistema".[165] O sentido da crítica não é apontar os problemas ou as dificuldades em relação à razão, mas estabelecer um espaço delimitado onde ela possa se desenvolver e irradiar os princípios para o conhecimento. Afastando as impurezas, que estão presentes na medida em que se refletem elementos empíricos, sendo necessário afastar a ilusão interna edificada "a partir do momento em que pretende assumir um papel legislador".[166] A legislação, como se verá mais adiante, é uma "atribuição" que cabe à razão prática. Portanto, a sua inserção no campo da razão especulativa deverá ser excluída, surgindo então a necessidade de crítica, como purificação ou delimitação.

É dentro desse arcabouço que Kant, no prefácio à segunda edição de *Crítica da Razão Pura*, adverte

> a crítica não é contraposta ao *procedimento dogmático* da razão no seu conhecimento puro como ciência (pois esta tem que ser sempre dogmática, isto é, provando rigorosamente a partir de princípios seguros *a priori*), mas sim ao *dogmatismo*, isto é, à pretensão de progredir apenas com um conhecimento puro a partir de conceitos (o filosófico) segundo princípios há tempo usados pela razão, sem se indagar contudo de que modo e com que direito chegou a eles.[167] A idéia kantiana pretende destacar a necessidade de reavaliar a concepção do conhecimento, confrontando-a com a realidade circundante, sem com ela se misturar e sem dela depender para a produção do conhecimento. Em outros termos, buscando verificar se o conhecimento ainda está em sintonia com a pretensão original que vigia por ocasião do seu surgimento. Parece estar presente no pensamento de Kant a preocupação com a valorização da contextualização histórica, onde marca nítida interface com Heidegger e Gadamer.

É nessa linha que a *Crítica da Razão Pura* pretende algo mais que uma refutação de teorias metafísicas. Segundo Otfried Höffe, Kant "não se limita a superar o racionalismo, empirismo e o ceticismo; funda sobre tudo uma nova posição do sujeito a respeito do objeto. O conhecimento não deve reger-se pelo objeto, senão que este deve reger-se por nosso conhecimento".[168] Essa nova relação do sujeito e do objeto é chamada por Kant como uma verdadeira "revolução copernicana", como já visto anteriormente.

Ocorre uma verdadeira submissão do objeto ao sujeito, valorizando o ser do ente homem. Na comparação com Heidegger, se verifica que a filosofia hermenêutica superou a relação epistemológica "sujeito-objeto", através da ontologia entendida como fenomenologia; portanto,

---
[165] HEIDEGGER, Martin. *Op. cit.*, p. 125.
[166] DELEUSE, Gilles. *A Filosofia Crítica de Kant*. Traduzido por Geminiano Franco. Lisboa: Edições 70, [s.d.], p. 43.
[167] KANT, Immanuel. *Crítica da Razão Pura*, p. 47; *Kritik der reinen Vernunft*, B XXXV.
[168] Idem, p. 53.

passou-se da epistemologia para a ontologia, como se verá mais adiante.

Apesar disso, com Kant, "o ser dotado de razão descobre em si novos poderes. A primeira coisa que a revolução copernicana nos ensina é que somos nós que comandamos".[169] Nessa nova relação com o objeto, parece ser possível a aceitação da existência de algum conhecimento *a priori*. O modo de acesso a esse *a priori* pode ser construído através do método transcendental – como uma análise regressiva – desenvolvido na proposta kantiana.[170] Isso dá a entender tratar-se de uma análise circular, onde os aspectos *a priori* da razão sustentam as especificidades da sua projeção posterior ao seu uso prático, dando origem a um verdadeiro sistema.

São justamente estas representações *a priori* do conhecimento que possibilitam julgamentos. Vale dizer, Kant parece pretender demonstrar na sua proposta de metafísica que a questão relativa ao conhecimento é uma síntese entre um conhecimento empírico (dados fornecidos pelas experiências sensíveis) e um conhecimento puro (não dependente da experiência, é *a priori*, distinguindo-se do sensível pela universalidade e necessidade).[171] Com tais aspectos, abrem-se possibilidades de conexão com o pensamento de Heidegger e Gadamer, pois sublinha a questão da historicidade e da experiência histórica. Tal aspecto parece que é confortado pela seguinte assertiva de Kant: "todo conhecimento das coisas, tirado unicamente do entendimento puro ou da razão pura, nada mais é que ilusão, só na experiência há verdade".[172]

Quanto à questão relativa à experiência, Kant enfatiza: "mas embora todo o nosso conhecimento comece *com* a experiência, nem por isso todo ele se origina *da* experiência".[173] Fica claro que essa passagem pretende apresentar a distinção entre o conhecimento puro e o conhecimento empírico. De certo modo, a experiência em Kant está vinculada ao entendimento, a partir de uma regra que o ser humano traz consigo de modo *a priori*, ou seja, "ainda antes de me serem dados objetos e que é expressa em conceitos *a priori*", que regulará todos os objetos da experiência necessária.[174] A experiência depende de um entendimento prévio, responsável pela formulação de regras *a priori* para o trabalho posterior com os objetos projetados sobre o ser humano. A experiência

---

[169] DELEUSE, Gilles. *A Filosofia Crítica de Kant*, p. 22.

[170] Ver, para tanto, CRAMPE-CASNABET, Michèle. *KANT – uma revolução filosófica*. Traduzido por Lucy Magalhães. Rio de Janeiro: Jorge Zahar, 1994, p. 38-41.

[171] Ver, neste sentido, KANT, Immanuel. *Crítica da Razão Pura*, p. 7 e DELEUSE, Gilles. *A Filosofia Crítica de Kant*, p. 19.

[172] KANT, Immanuel. *Prolegômenos*, p. 93.

[173] Idem. *Crítica da Razão Pura*, p. 53 e *Kritik der reinen Vernunft*, A 2/ B 1.

[174] Idem, p. 39; Idem, B XVII.

se apresenta como uma das modalidades de conhecimento e é empregada num duplo sentido por Kant: "1) O experimentar como acontecimento e ação do sujeito (eu); 2) o que, nesse experimentar, é o próprio experimentado e enquanto tal".[175] A percepção da experiência como a experiência é um aspecto predominantemente humano, onde aquilo que vem ao encontra por intermédio da experiência já faz parte de experimentos anteriores.

A partir destes pressupostos, a análise da *Crítica da Razão Pura* permite visualizar que ela se refere a uma análise, no sentido de uma separação, visando à organização em categorias. Dito de outra forma, Kant pretende separar visando a desenvolver a sua pretensão purificadora do conhecimento. É nesse contexto que surge a idéia do conhecimento transcendental preocupado "não tanto com objetos, mas com nosso modo de conhecimento de objetos na medida em que este deve ser possível *a priori*".[176] A inversão da relação entre sujeito e objeto fica sublinhada nessa passagem, na medida em que o ponto central não é o conhecimento do objeto, mas o modo como o conhecimento é operacionalizado, a partir de princípios formados anteriormente.

A análise crítica da razão é trabalhada mediante a divisão da temática em três grupos de estudo: 1) Estética transcendental: trata da relação entre intuição, sensibilidade e sensação; 2) Analítica transcendental: busca separar no entendimento os conceitos e os princípios; 3) Dialética transcendental: visa a distinguir as idéias da razão de todo elemento sensível, assim como dos conceitos e princípios do entendimento.[177] A partir da divisão assim apresentada, buscar-se-á destacar alguns aspectos de cada uma das divisões, enfocando a sua relação com a proposta da temática objeto do estudo.

2.2.1. A estética transcendental

O intuito principal de Kant, ao formular a perspectiva crítica, foi sublinhar a existência do sujeito (homem), colocando em segundo plano as coisas exteriores e as circunstâncias. Desta forma, não é a existência de um mundo de coisas que possibilita o desenvolvimento do conhecimento e verdades; pelo contrário,

> é a existência de juízos incondicionalmente certos – de juízos cuja validade não depende nem do sujeito empírico concreto em que se emitem – a que faz que exista para nós uma ordenação que deve ser considerada, não simplesmente como uma ordenação de impressões e idéias, senão também como uma ordenação de objetos.[178]

---

[175] HEIDEGGER, Martin. *Que é uma Coisa?* Doutrina de Kant dos Princípios Transcendentais, p. 127.
[176] KANT, Immanuel. *Crítica da Razão Pura*, p. 65; *Kritik der reinen Vernunft*, A 12/B25.
[177] CRAMPE-CASNABET, Michèle. *KANT* – uma revolução filosófica, p. 37-8.
[178] CASSIRER, Ernst. *Kant, Vida y Doctrina*, p. 179.

Verifica-se que a proposta de um conhecimento *a priori* surge na existência de juízos incondicionais, independente da existência prévia de situações humanamente construídas. O verdadeiro conhecimento deverá ser norteado por princípios forjados pela razão humana, numa verdadeira antecipação de algumas conseqüências decorrentes de eventuais comportamentos do homem. O conhecimento humano é que molda os objetos conhecidos, e não o inverso, ou seja, não são os objetos que condicionam o conhecimento humano. É nesta linha que surge o chamado "método apagógico", que "parte das conseqüências para chegar às condições que tornaram essas conseqüências possíveis".[179]

A existência de um conhecimento *a priori* segue este caminho: tendo a pretensão de previamente dominar toda a variedade das conseqüências possíveis, indica ou circunscreve as ações/atitudes para que a projeção seja alcançada. Esse é o solo para o desenvolvimento do conhecimento transcendental, quando seja possível (reconhecendo claramente que nem sempre seja possível); sem uma preocupação imediata com o objeto, mas com o modo de conhecimento. Outro conceito fundamental da *Crítica da Razão Pura* é o atributo da subjetividade: o ponto de partida é o sujeito e certas leis específicas do conhecimento, e não o objeto. Portanto, a metafísica não é relacionada aos objetos, mas aos conhecimentos.[180]

A preocupação relativa ao conhecimento poderá ser assentada no princípio da não-contradição, que Kant enfatiza da seguinte forma:

> seja qual for o conteúdo do nosso conhecimento e como este possa referir-se ao objeto, constitui todavia condição universal, se bem que apenas negativa, de todos os nossos juízos em geral que não contradizem a si próprios, caso contrário tais juízos (mesmo sem consideração do objeto) em si mesmos não são nada.[181]

A não-contradição aparece com aspecto negativo para evitar a falsidade e o erro; apresenta, no entanto, caráter positivo, quando é o meio para o destaque da verdade do conhecimento. É impossível, dentro dessa linha de idéias, portanto, que algo seja e não seja ao mesmo tempo. Parece que surge aí o marco inicial da singularidade das coisas (do conhecimento), no sentido de que uma coisa é sempre esta coisa.

Na precisa observação de Heidegger[182] a esta passagem de Kant, vale observar que a expressão "nosso conhecimento" dá um sinal muito claro de que a concepção do conhecimento kantiano é do conhecimento humano. Quando Kant fala dessa forma, refere-se ao conhecimento finito, próprio do ser humano, que tem na intuição e no

---
[179] CRAMPE-CASNABET, Michèle. *KANT – uma revolução filosófica*, p. 147.
[180] CASSIRER, Ernst. *Kant, Vida y Doctrina*, p. 182-5.
[181] KANT, Immanuel. *Crítica da Razão Pura*, p. 150-1; *Kritik der reinen Vernunft*, A 150/B 189.
[182] HEIDEGGER, Martin. *Que é uma Coisa? Doutrina de Kant dos Princípios Transcendentais*, p. 134-7.

pensamento os seus dois elementos constitutivos. O conhecimento possibilita o relacionamento mais direto com os objetos. Esse movimento de aproximação é intermediado inicialmente pela intuição, onde surge a experiência, como um conhecimento verdadeiramente humano. Portanto, convém não esquecer que segundo Kant: "o objeto surge somente quando o dado da intuição é pensado por conceitos e, inversamente, o objeto surge somente quando o conceito determina um dado da intuição enquanto tal".[183]

O "dado" e o "pensado" são duas fontes principais de nossa mente de onde surge o conhecimento. Quando um objeto nos é dado significa dizer que ocorreu "a receptividade das impressões", ou seja, é a forma "de receber as representações". Já o "pensado" é a "relação com essa representação", que corresponde à "faculdade de conhecer um objeto" pelas representações transmitidas pelo dado, que forma uma "espontaneidade dos conceitos".[184] O "dado" corresponde à maneira como a nossa mente é afetada de algum modo pelo objeto, dando origem à "receptividade"; já o "pensado" dá origem à "sensibilidade" como "a faculdade de produzir ela mesma representações, ou a *espontaneidade* do conhecimento é, contrariamente, o entendimento". A sensibilidade é uma característica fundamental da intuição. A relação entre as faculdades pode ser assim resumida: "o entendimento nada pode intuir e os sentidos nada pensar. O conhecimento só pode surgir da sua reunião".[185] O conhecimento como síntese do dado e do pensado, procurando elaborar novas sensações e não as reproduzir.

Embora seja importante a relação assim esboçada, Kant procura separá-las ao rotular a Estética como a ciência das regras da sensibilidade em geral e a Lógica como a ciência das regras do entendimento em geral. Cada uma delas com seus conceitos e características peculiares conforme se verá a seguir.

Kant expressa preocupação de distinguir o conhecimento puro (*a priori*) do conhecimento empírico. Assim, o conhecimento calcado na experiência tem a capacidade de indicar que algo possa ser daquela maneira ou de outra, pois apreendido empiricamente. Entretanto, tal conhecimento será incapaz de justificar e indicar que este conhecimento possa ser diferente. Portanto, o conhecimento a partir da experiência depende da vivência prévia; já o conhecimento *a priori* vai além dela, formulando outras possibilidades para os contornos de determinada situação: "se um juízo é pensado com universalidade rigorosa, isto é, de modo a não lhe ser permitida nenhuma exceção como possível, então não é derivado da experiência, mas vale absoluta-

---

[183] HEIDEGGER, Martin. *Op.cit.*, p. 141.
[184] KANT, Immanuel. *Crítica da Razão Pura*, p. 91; *Kritik der reinen Vernunft*, A 50/B 74.
[185] Idem, p. 91-2; Idem, A 51/B 75.

mente *a priori*".[186] Existe a formulação de um conhecimento *a priori* que, a partir de sua universalidade e rigor na sua estrutura, tenha condições de abarcar situações que o conhecimento empírico está impossibilitado de abranger. O conhecimento é estruturado a partir de dois juízos: os analíticos e os sintéticos. Os juízos analíticos, também denominados de afirmativos, são aqueles onde a vinculação entre o sujeito e o predicado é operada através da identidade, ou seja, nada é acrescentado ao conceito do sujeito. Já os juízos sintéticos são aqueles onde a relação entre o sujeito e o predicado não é pensada a partir da identidade, mas buscam acrescentar ao conceito do sujeito um predicado não pensado até então. Kant destaca a importância da experiência para a composição dos juízos sintéticos. Entretanto, o que lhe interessa de modo mais preciso é a possibilidade de juízos sintéticos *a priori*, formulados sem a vinculação direta com a experiência, agregando a generalidade e a necessidade a partir de simples conceito. A par disso, Kant, observa:

> Ora, sobre tais princípios sintéticos, isto é, princípios de ampliação, repousa todo o objetivo último do nosso conhecimento especulativo *a priori*; os princípios analíticos são, na verdade, altamente importantes e necessários, mas só para chegar àquela clareza dos conceitos exigida para uma síntese segura e vasta em vez de a uma aquisição realmente nova.[187]

A perspectiva analítica é importante, pois auxilia, a partir da decomposição e organização, na construção de aspectos efetivamente novos em relação a determinado fenômeno. Dito de outro modo, a composição dos juízos sintéticos, apesar de buscar a aproximação com os juízos analíticos, deles se afasta, e, com isso, significa o distanciamento da constatação empírica a fim de construir conceitos carregados de universalidade e generalidade capazes de abranger muito mais situações do que aquelas construídas pela experiência. Tais aspectos vêm ao encontro do significado de síntese adotado por Kant: "por síntese entendo, no sentido mais amplo, a ação de acrescentar diversas representações umas às outras e de conceber a sua multiplicidade num conhecimento".[188] Portanto, a síntese não se refere à mera reprodução, mas busca novos aspectos em relação a algo já estabelecido anteriormente. Não é reprodução, mas produção.

A formação do juízo sintético envolve a conjugação da "capacidade de imaginação" e a "unidade da apercepção". Envolve, portanto, uma capacidade humana de imaginar novas facetas a partir de algo dado, unida a uma forma de verdade da consciência que nutre todas as sensações possíveis. Para a construção desta síntese, Kant credita muita importância à experiência, pois

---

[186] KANT, Immanuel. *Crítica da Razão Pura*, p. 54; *Kritik der reinen Vernunft*, B 4.

[187] Idem, p. 58-9; Idem, B 11-14.

[188] Idem, p. 107; Idem, A 77/B 103.

> a experiência repousa na unidade sintética dos fenômenos, isto é, numa síntese segundo conceitos do objeto dos fenômenos em geral, sem a qual a experiência nem chegaria a ser conhecimento. (...) Portanto, visto que enquanto síntese empírica a experiência é na sua possibilidade a única espécie de conhecimento que dá realidade a toda a outra síntese, como conhecimento *a priori* esta então só possui verdade (concordância com o objeto) pelo fato de nada mais conter senão o necessário à unidade sintética da experiência em geral.[189]

A experiência como uma espécie de conjugação empírica de determinada vivência acaba sendo o pano de fundo peculiar para a projeção do juízo sintético *a priori*, que será estudado em seguida.

As conexões entre os diversos ingredientes que estão na essência do conhecimento – como intuição, sensibilidade e sensação – é realizada pelas interfaces provocadas pela noção de espaço (*Raume*) e tempo (*Zeit*).

> O espaço não é um conceito empírico abstraído de experiências externas. Pois a representação de espaço já tem de estar subjacente para certas sensações se referirem a algo fora de mim, (...). Logo, a representação do espaço não pode ser tomada emprestada, mediante a experiência, das relações do fenômeno externo, mas esta própria experiência externa é primeiramente possível só mediante a referida representação.[190]

No fundo, a noção de espaço está vinculada à habilidade humana de referência aos objetos externamente apresentados, a partir de uma capacidade de sermos tocados pelos objetos circundantes. A noção de espaço pressupõe uma representação *a priori*, que não corresponde a um conceito discursivo sobre algo. Pelo contrário, o espaço representa uma intuição pura, ou seja, "a representação originária do espaço é, portanto, *intuição a priori* e não *conceito*".[191] Não há necessidade da representação conceitual de espaço, pois ele deve ser algo percebido e inerente à contextualização dos fenômenos que envolvem o ser humano. Vale dizer: "a orientação do espaço se manifesta na própria constituição do nosso corpo. É a partir do corpo que se pode determinar a vertical, a horizontal, a esquerda, a direita, o alto, o baixo".[192] A intuição do entorno permite ao homem distinguir e localizar as coisas que o afetam, mostrando os limites de sua atuação.

Por outro lado, o tempo

> nada mais é senão a forma de sentido interno, isto é, do intuir a nós mesmos e a nosso estado interno. (...), o tempo é simplesmente uma condição subjetiva da nossa (humana) intuição (que é sempre sensível, isto é, na medida em que somos afetados por objetos), e em si, fora do sujeito, não é nada.[193]

Evidencia-se que o espaço e o tempo pertencem a duas dimensões distintas. Enquanto a noção de espaço é percebida com o emprego dos sentidos humanos – a partir de provocações lançadas pelo meio –, o

---

[189] KANT, Immanuel. *Op, cit.*, p. 152-4; Idem, A 154-8/B 194-7.
[190] Idem, p. 73; Idem, A 23/B 38.
[191] Idem, p. 74; Idem, A 24-5/B 39-40.
[192] CRAMPE-CASNABET, Michèle. *KANT* – uma revolução filosófica, p. 30.
[193] KANT, Immanuel. *Op. cit.*, p. 79-80; *Op. cit.*, A 33-4/B 49-51.

tempo, pelo contrário, é uma percepção interna, motivada pela sensibilidade de características como o estado de ânimo e outros sentimentos.

Há, neste contexto, uma superioridade da sensibilidade interna (o tempo), já que toda representação externa precisa ser percebida por aquela. "O tempo é, em conseqüência, a forma de toda intuição, imediatamente da intuição interna, porém mediatamente também da externa".[194] É neste aspecto, isto é, a primazia do tempo que inspirou Heidegger, optando pela *Crítica da Razão Pura* para o desenvolvimento da sua ontologia fundamental exposta em *Ser e Tempo*. Embora se deva observar que, apesar da referida aproximação, Heidegger tomou o seu próprio caminho em relação a esta temática "herdada" de Kant.

A representação do tempo exige uma representação *a priori*. Sem ela, não seria possível representar a simultaneidade temporal ou a sua sucessão. Com tal proposta, ocorre a corporificação do conceito de mudança e com ele o de movimento. Para tanto, é necessário conceber o tempo como algo real,[195] que torna viável a realização de movimentos, modificando a concepção sobre os fenômenos. Além disso, a noção de tempo é fundamental para construir a identidade e a diferença dos objetos que cercam a vivência humana.

Kant apresenta três modos[196] em relação ao tempo: "permanência, sucessão e simultaneidade". A partir deles, Kant apresenta três analogias da experiência, tentando mostrar que é necessária a representação das percepções para a construção do conhecimento empírico. A primeira analogia refere-se ao "princípio da permanência da substância" e diz: "em toda a variação dos fenômenos permanece a substância, e o *quantum* da mesma não é nem mesmo aumentado nem diminuído na natureza".[197] Como o tempo não pode ser percebido por si, necessita dos objetos para viabilizar a sua percepção. Logo, ele precisa do substrato das coisas para a sua materialização, pois "o permanente, unicamente em relação com o qual podem ser determinadas todas as relações de tempo dos fenômenos, é a substância no fenômeno, isto é, o real dele que enquanto substrato de toda a variação permanece sempre o mesmo". Este mesmo resultado é reservado para o *quantum*, ou seja, é correto dizer que "toda variação (sucessão) dos fenômenos é só mudança".[198]

A segunda analogia refere-se ao "princípio da sucessão temporal segundo a lei da causalidade" e diz: "todas as mudanças acontecem segundo a lei da conexão de causa e efeito". A relação entre causa e

---
[194] HÖFFE, Otfried. *Immanuel Kant*, p. 74.
[195] KANT, Immanuel. *Crítica da Razão Pura*, p. 77-9; *Kritik der reinen Vernunft*, A 30-3/B 46-9.
[196] Idem. *Kritik der reinen Vernunft*, A 176/B 219.
[197] Idem. *Crítica da Razão Pura*, p. 168; *Kritik der reinen Vernunft*, A 182/B 224-5.
[198] Idem, p. 172; Idem, A 182 e 189/B225 e 232-3.

efeito aponta para uma clara sucessão do segundo em relação à primeira. Kant, entretanto, adverte que isso não significa que algo pudesse preceder simplesmente na imaginação, pois

> só enquanto subordinamos a sucessão dos fenômenos e portanto toda a mudança à lei da causalidade, é possível a experiência, isto é, o conhecimento empírico dos fenômenos; por isso, enquanto objetos da experiência estes só são possíveis segundo precisamente aquela lei.[199]

A referida conexão entre a causa e o efeito permite a construção do movimento de mudança dos fenômenos. Sendo este mesmo movimento que gera a experiência, na medida em que o ciclo causa-efeito tendo a retornar ao ponto de partida, iniciando novamente a mesma circularidade, o que acaba justificando o princípio da permanência da substância.

A terceira analogia está voltada ao "princípio da simultaneidade segundo a lei da ação recíproca ou comunidade" e pode ser explicitada da seguinte forma: "na medida em que podem ser percebidas no espaço como simultâneas, todas as substâncias estão em constante ação recíproca". A ação, que provoca atividade e força, justifica a existência da substância. Vale dizer, a ação é considerada como a fonte dos fenômenos, que estarão contidos no contexto de uma experiência possível, deverão compor uma espécie de comunidade, ou seja, espaço comum onde estejam conectados numa existência simultânea, a fim de determinar o seu lugar "reciprocamente num tempo e através disto perfazer um todo".[200]

A partir dessas três analogias da experiência, é possível vincular cada uma delas, reciprocamente, a três relações dinâmicas das quais surgem todas as demais: "inerência (*Inhärenz*), conseqüência (*Konsequenz*) e composição (*Komposition*)".[201]

2.2.2. A analítica transcendental

Nesta parte da *Crítica da Razão Pura*, Kant mostra como é possível a separação ou decomposição (análise) dos integrantes do conhecimento *a priori* nos elementos que integram o conhecimento puro do entendimento. Para tanto, são destacados os seguintes pontos:

1) que os conceitos sejam puros e não empíricos;
2) que pertençam não à intuição e à sensibilidade, mas ao pensamento e ao entendimentos;
3) que sejam conceitos elementares e bem distinguidos dos conceitos derivados ou compostos de conceitos;
4) que a sua tábua seja completa e que preencham inteiramente o campo do entendimento puro.[202]

---

[199] KANT, Immanuel. *Crítica da Razão Pura*, p. 172-3; *Kritik der reinen Vernunft*, A 189/B 232-5.
[200] Idem, p. 184-6; Idem, A 211-4/B 256-61.
[201] Idem, p. 186; Idem, A 215/B 262.
[202] Idem, p. 99; Idem, A 64/B 89.

A par de tais aspectos, fica especificado que Kant pretende trabalhar com o entendimento, como parte integrante do conhecimento, destacando nele os conceitos fundamentais para chegar ao entendimento puro, ou seja, é necessário realizar a decomposição da própria faculdade do entendimento.

A intuição e os conceitos são os dois modos de conhecimento. Kant afirma que o entendimento não é uma faculdade de intuição. Assim, como conseqüência, "o conhecimento de cada entendimento, pelo menos do humano, é um conhecimento mediante conceitos, não intuitivo, mas discursivo".[203] Portanto, o conhecimento é organizado a partir da representação conceitual dos fenômenos que vêm ao encontro do ser humano. Existe uma relação bastante estreita entre o entendimento e a faculdade de julgar, pois "o entendimento em geral é definido como a faculdade das regras, então capacidade de julgar é a faculdade de *subsumir* sob regras, isto é, de distinguir se algo está sob uma regra dada ou não".[204] O entendimento dentro dos contornos conceitualmente definidos busca compará-los aos fatos da vida, verificando a sua adequação ou não, tendo em vista a sua aplicação.

Organizando estes dados em um esquema, pode-se dizer: o entendimento como a faculdade de subsumir um objeto (que corresponde ao fenômeno) sob um conceito (que representa as categorias), que tem o tempo como condição formal das representações. Dito de outra forma, a aplicação das categorias ao fenômeno é possível pela determinação transcendental do tempo.[205] Partindo do pressuposto de que o conceito é um predicado de um juízo possível, Kant elabora uma tábua de juízos, que é desdobrada em quatro classes, originando uma segunda tábua, onde as classes são divididas em categorias.[206]

A construção dos juízos segue a perspectiva de elaboração do entendimento puro, ou seja, são formulados conceitos capazes de servir de guia na sua aplicação aos fenômenos que circundam o ser humano. E isto se dá, porque os juízos na formulação proposta por Kant estão esvaziados de conteúdo, justamente para favorecer a construção transcendental desejada. O primeiro conjunto dos juízos está organizado a partir da magnitude do conhecimento (universais, particulares e singulares); o segundo, tendo em vista a qualidade ou o valor do conhecimento (afirmativos, negativos e infinitos); o terceiro, tomando como base a relação cognitiva (categóricos, hipotéticos e disjunti-

---

[203] KANT, Immanuel. Op. cit., p. 102; Idem, A 68/B 93.

[204] Idem, p. 142; Idem, A 132/B 171.

[205] Adaptação das idéias de EGUSQUIZA, Alfredo M. *KANT, su filosofía crítica y el derecho*. 2. ed. Buenos Aires: Emecé, 1949, p. 29-30.

[206] KANT, Immanuel. *Op. cit.*, p. 104 e 109; *Kritik der reinen Vernunft*, A 70/B 95 e A 80/B 106. Sobre a conjugação das duas tábuas consultar, também, HÖFFE, Otfried. *Immanuel Kant*, p. 89.

vos) e o quarto grupo de juízos tem, segundo Kant, "uma função bem particular", pelo fato de nada contribuir para o conteúdo dos juízos, "mas dizer respeito apenas ao valor da cópula com referência ao pensamento em geral"[207] (problemáticos, assertóricos e apodíticos).

A tábua das categorias proposta por Kant busca sintetizar todos os conceitos puros que o entendimento contém em si *a priori*. Relacionando os juízos e as categorias pode-se dizer que aqueles estão vinculados às formas que o conhecimento poderá emitir; enquanto no tocante às categorias, verifica-se a pretensão de expor todas as formas conceituais possíveis que o entendimento possa manejar. No fundo, pensa-se em mostrar como a formação do entendimento, dentro do gênero conhecimento, trabalha: a possibilidade de julgar, a saber, aplicar os conceitos às situações fáticas que envolvem o ser humano.

Pelo visto, Kant, embora considere a relevância da experiência, pretende afastá-la de sua análise, a fim de gerar o conhecimento *a priori*, que tenha condições de ser aplicado às mais variadas situações. Com o destaque de alguns pontos de sua doutrina em relação à razão pura, posto que a análise é muito mais abrangente, ele pretendeu mostrar a importância do conhecimento empírico, mas o ponto pretendido com a sua crítica estava efetivamente preocupado com a concepção *a priori*. Quer dizer, pretendeu formular postulados que possam ser apercebidos pelo homem de duas formas: pela via empírica ou no contexto transcendental, sem vincular-se à experiência.

Quase ao final da *Crítica da Razão Pura* Kant ensaia uma classificação, a qual remete para uma espécie de síntese de todo o seu itinerário nesta obra. Para tanto, Kant refere que a filosofia da razão pura pode ser uma "propedêutica", quando está preocupada com todos os conhecimento puros *a priori* e, neste caso, ele chama de "crítica"; ou, por outro lado, a pretensão pode ser sistemática, visando a organizar todo o conhecimento filosófico, ou seja, englobando, "tanto o verdadeiro quanto o aparente") e, neste caso, ele enfatiza que estamos diante da Metafísica. Ao se tratar desta última, podemos dividi-la em "uso especulativo", quando é a metafísica da natureza", ou em "uso prático da razão pura", quando ele dá a denominação de "metafísica dos costumes". A primeira está preocupada com todos os conceitos, "que se referem ao conhecimento teórico de todas as coisas"; já a segunda está voltada aos "princípios que determinam *a priori* e tornam necessários o fazer e o deixar de fazer".[208] Como já referido, não se tinha a pretensão de percorrer todo o caminho traçado por Kant, mas apenas destacar alguns detalhes dele, os quais têm relação com os objetivos da tese. Entretanto, parece ser correto dizer que Kant, ao

---

[207] KANT, Immanuel. Op. cit., p. 104-6; *Kritik der reinen Vernunft*, A 71-4/B 96-100; Idem, p. 88.

[208] Idem, p. 497; Idem, A 841/B 869.

construir a crítica, percorre o caminho do conhecimento, tentando desvelar-lhe os princípios *a priori*, mas também construiu a sua Metafísica, tentando formar um sistema da razão pura, mediante a filtragem proposta.

Daqui para frente, será importante o traçado planejado para a metafísica dos costumes, justamente para enfrentar a questão da moralidade, na construção de um substrato deontológico para o agir humano.

2.3. O USO PRÁTICO DA RAZÃO: A INFLUÊNCIA DA LIBERDADE (A ÉTICA)

Na referência à filosofia prática,[209] onde não entra em jogo o conhecimento, mas a liberdade, torna-se relevante investigar a fundação da ética proposta por Kant. Semelhante ao campo teórico, no campo prático, a objetividade apenas é possível mediante a sua vinculação ao sujeito. Assim, a origem da moral liga-se à autonomia, na autoposição da vontade. Com isso, é correto dizer que a autonomia equivale à liberdade. O aspecto característico da proposta kantiana reside na constatação de que existe apenas uma razão, que funciona no prático ou no teórico, isto é, a razão prática não é uma razão distinta da razão teórica. "A razão prática significa a capacidade de eleger a própria ação independentemente das motivações, os impulsos, as necessidades e as paixões sensíveis, das sensações de agrado e desagrado".[210]

Kant enfatiza a importância da liberdade já no final de sua *Crítica da Razão Pura*, quando refere: "prático é tudo aquilo que é possível através da liberdade". Neste contexto, apesar da pretensão de aproximar o uso prático e o uso teórico da razão, Kant insiste na sua separação:

> todos os conceitos práticos têm a ver com objetos do agrado ou do desagrado, isto é, do prazer e do desprazer, por conseguinte, pelo menos indiretamente com objetos do nosso sentimento. Entretanto, visto que este não é uma capacidade de representação das coisas, mas já fora da inteira capacidade cognitiva, assim todos os elementos dos nossos juízos, na medida em que se referem ao prazer ou ao desprazer e portanto à filosofia prática, não pertencem ao conjunto da filosofia transcendental, que tem a ver apenas com conhecimentos puros *a priori*.[211]

---

[209] A filosofia teórica está relacionada à regra do conhecimento; já a filosofia prática "é a regra do comportamento no que corresponde ao livre arbítrio". Vale dizer, "a filosofia prática não é tal em razão da forma, senão por seu objeto; se trata de uma doutrina de execução". KANT, Immanuel. *Lecciones de Ética*. Traduzido por Roberto Rodrígues Aramayo e Concha Roldán Panadero. Barcelona: Editorial Crítica, 1988, p. 37 e 40.

[210] HÖFFE, Otfried. *Immanuel Kant*, p. 159-63.

[211] KANT, Immanuel. *Crítica da Razão Pura*, p. 475-6; *Kritik der reinen Vernunft*, A 800-1/B 828-9.

Como a manifestação do sentimento, segundo Kant, não integra a nossa faculdade cognitiva, há uma clara inclinação de separar a filosofia teórica da filosofia prática. Embora ele pretenda fazer esta separação entre o conhecimento e a prática, em alguns momentos ambos se aproximam e se relacionam. Kant menciona a existência de um elemento de ligação entre a teoria e a prática, por mais abrangente que seja a teoria, a saber, "ao conceito de entendimento, que contém a regra, deve acrescentar-se um ato da faculdade de julgar, mediante o qual o prático distingue se algo é ou não um caso da regra".[212] Aqui fica clara a associação entre o conhecimento que o sujeito vai adquirindo na sua vida e a aplicação prática da regra aprendida, respeitando os contornos peculiares do caso concreto.

A idéia da prática assim delineada leva Kant a formular o seu conceito de razão prática como "a representação de um objeto como um efeito possível pela liberdade".[213] A liberdade acaba sendo um ingrediente fundamental para a constituição da razão prática, na medida em que proporciona a opção da atitude a ser observada em relação a determinado objeto.[214] Para tanto, adverte que os únicos objetos da razão prática são os de "bom" (*das Gute*) e "mau" (*das Böse*), possibilitando a busca como algo necessário pelo primeiro e recusando o objeto em relação ao segundo.[215]

Como já visto anteriormente, a razão prática em Aristóteles estava vinculada ao justo meio, ou seja, a concepção teleológica encontrava-se colocada numa perspectiva do fim buscado, onde aquela apontava caminhos para a obtenção deste. Já em Kant, a razão prática recebe outro contorno, pois a perspectiva é deontológica, onde a liberdade volta-se à obtenção de determinado bem; como se verá, a moralidade.

Kant deixa bem clara a origem da sua concepção acerca da razão prática,[216] quando enfatiza que apenas o ser racional tem condições de atuar segundo a representação das leis, seguindo princípios, ou seja, em última análise atendendo aos reclamos de sua vontade. Dentro desse arcabouço, lança uma característica fundamental da razão práti-

---

[212] KANT, Immanuel. Op. cit., "Sobre a expressão corrente: isto pode ser correto na teoria, mas nada vale na prática". In: *A Paz Perpétua e Outros Opúsculos*, p. 57, A 201-2.

[213] Idem. *Crítica da Razão Prática*. Traduzido por Valerio Rohden. São Paulo: Martins Fontes, 2003, p. 195; *Kritik der praktischen Vernunft*. Hamburg: Verlag Von Felix Meiner, 1974, 100. A indicação da página das citações desta obra, doravante, obedecerão à numeração marginal do original. Portanto, será apenas apresentado o número que está na margem esquerda ou direita, sem a indicação do "p". (página).

[214] A razão que influencia ou determina a ação é chamada por Kant de "razão prática"; em oposição à "razão teórica", ele acredita que a razão prática e a razão teórica são o mesmo poder manifestado em diferentes caminhos. PATON, H. J. *The Categorical Imperative*: A Study in Kant's Moral Philosophy. Philadelphia: University of Pennsylvania Press, 1971, p. 79.

[215] KANT, Immanuel. *Op. cit.*, p. 197; *Kritik der praktischen Vernunft*, 101.

[216] AUBENQUE, Pierre. *A Prudência em Aristóteles*, p. 301.

ca: "como para derivar as ações das leis é necessária a *razão*, a vontade não é outra coisa senão razão prática".[217] Resta destacada a racionalidade humana que atua em conjunto com a vontade. Kant aproxima, assim, *ratio* e *voluntas*, eis que no caso dos seres humanos, os quais não são seres santos, "a vontade não é determinada pela razão, mas apenas determinável, devem sempre segui-la. As leis práticas são imperativos, isto é, proposições que expressam um dever-ser".[218] Com isso, está apresentada a perpectiva deontológica da proposta de Kant sobre a razão prática. De certo modo, a razão prática opera como uma síntese que congrega a autocompreensão do ser humano como um ser autolegislador e livre.[219]

Para o pleno desenvolvimento da relação entre razão e vontade, Kant especifica o chamado homem prático (*Geschäftsmann*), como alguém submetido a certos deveres, iluminado pelas projeções da experiência, que corresponde a um aprendizado contínuo. Vale dizer, a capacidade para unir a teoria à prática: "pois, toda esta experiência de nada lhe serve para se subtrair à prescrição da teoria, mas pode, quando muito, ensinar-lhe apenas o modo de a poder realizar melhor e mais universalmente, se ela se aceitou nos seus princípios".[220] A análise da proposta kantiana permite concluir que apenas a formulação dos princípios interessa, na sua construção da razão prática pura, pouco se interessando pelos aspectos pragmáticos. Tal característica é marcante na formulação de Kant.

A argumentação prática, portanto, tomando em consideração os aspectos apontados, busca, inicialmente, identificar as possíveis metas a serem alcançadas. Num segundo momento, o ser humano reúne razão e emoção, a fim de alicerçá-las em suficiente interesse ou força de vontade. Por fim, num terceiro estágio, a argumentação prática busca identificar os princípios que possam efetivamente contribuir para a implementação das metas inicialmente planejadas.[221]

Para dar conta desses aspectos, Kant procura responder na *Crítica da Razão Prática* aos seguintes questionamentos: o que o ser humano deve fazer?[222] E o que lhe é permitido crer? Subjacente a estas interro-

---

[217] KANT, Immanuel. *Fundamentação da Metafísica dos Costumes*, p. 123.
[218] LUDWIG, Bernd. "Die 'praktische Vernunft' – ein hölzernes Eisen? Zum Verhältnis von Voluntarismus und Rationalismus in Kants Moralphilosophie". In: *Jahrbuch für Recht und Ethik*. Berlin: Duncker & Humblot, band 5, 1997, p. 10.
[219] Idem, p. 25.
[220] KANT, Immanuel. "Sobre a expressão corrente: isto pode ser correto na teoria, mas nada vale na prática". In: *A Paz Perpétua e Outros Opúsculos*, p. 72, A 231-33.
[221] SULLIVAN, Roger J. *Immanuel Kant's moral theory*. New York: Cambridge University Press, 1989, p. 28.
[222] Com esta idéia também comunga TUGENDHAT, Ernst. *Problemas de la Etica*. Traduzido por Jorge Vigil. Barcelona: Editorial Crítica, 1988, p. 67, que refere: "a partir de Kant, pergunto: que devo fazer?".

gações, inevitavelmente é necessário responder também, ainda: que é o homem?²²³ A busca empreendida está lastreada na perspectiva deontológica, pois se buscam diretivas para a conduta moral do homem.

Ao se apresentar a *Crítica da Razão Pura* verificou-se que Kant pretendia separar e delimitar o conhecimento, deixando-o dentro de limites humanamente alcançáveis. Na *Crítica da Razão Prática*, a preocupação de Kant está voltada aos fundamentos determinantes da vontade, que é entendida como "uma faculdade ou de produzir objetos correspondentes às representações, ou de então determinar a si própria para a efetuação dos mesmos, isto é, de determinar a sua causalidade".²²⁴ A intermediação da vontade será responsável pela produção de objetos que sejam fidedignos às representações ou determinar à própria vontade a sua elaboração. Em vista disso, Kant refere no prefácio à Crítica da Razão Pura que adota esta denominação ao invés de "*Crítica da razão prática pura*", pois o seu objetivo é comprovar "que há uma razão prática pura e, em vista disso, critica toda a sua faculdade prática".²²⁵

Kant pretende mostrar aquilo que chama "o fato da razão", o qual corresponde à demonstração de que existe uma razão prática pura e que ela está localizada em nosso pensamento, sentimento e conduta. Isto equivale dizer: "o objetivo da segunda Crítica é mostrar que a razão pura pode ser prática e pode determinar diretamente nossa vontade".²²⁶ A idéia de autonomia da vontade está sublinhada na proposta de Kant, quando menciona, na introdução, que

> a Crítica da razão prática em geral tem a obrigação de deter a presunção da razão empiricamente condicionada de querer, ela só e exclusivamente, fornecer o fundamento determinante da vontade. O uso da razão pura, se se concluir que uma tal razão existe, é unicamente imanente; o uso empiricamente condicionado, que se arroga ao domínio absoluto, é, ao contrário, transcendente e manifesta-se em pretensões e mandamentos que excedem totalmente seu domínio, que consiste precisamente na relação inversa do que podia ter sido dito sobre a razão pura no uso especulativo.²²⁷

A aproximação da razão e da vontade, como já mencionado, não está alicerçada na compreensão de circunstâncias empíricas. Pelo contrário, tal concepção nasce no próprio ser humano, como fruto da perspectivação da sua autonomia, expressa na liberdade. Isto significa dizer que o conhecimento prático é aquele fundado em determinantes vinculadas à vontade, ou seja, a sua universalidade e objetividade é

---

[223] STEIN, Ernildo. *Uma Breve Introdução à Filosofia*, p. 150.
[224] KANT, Immanuel. *Crítica da Razão Prática*, p. 55 e 57; KANT, Immanuel. *Kritik der praktischen Vernunft*, 29-30.
[225] Idem, p. 3; Idem, 3.
[226] RAWLS, John. *Lecciones sobre la historia de la filosofía moral*. Compilado por Barbara Herman. Traduzido por Andrés de Francisco. Barcelona: Paidós, 2001, p. 272.
[227] KANT, Immanuel. *Crítica da Razão Prática*, p. 59; *Kritik der praktischen Vernunft*, 31.

válida independente de condições subjetivas e contingentes, posto que necessitam apenas pressupor-se a si mesma.[228]

A liberdade é considerada por Kant como o destino final do gênero humano, que deverá estar focada na realização da perfeição moral.[229] Assim sendo, a liberdade acaba sendo uma propriedade do ser racional, que apenas se revela nas relações morais práticas.[230] Por tais aspectos, liberdade deve ser entendida como

> a faculdade de iniciar *por si mesmo* um estado, cuja causalidade, pois, não está por sua vez, segundo a lei da natureza, sob uma outra causa que a determinou quanto ao tempo. Neste significado a liberdade é uma idéia transcendental pura, que, em primeiro lugar, não contém nada emprestado da experiência e cujo objeto, em segundo lugar, também não pode ser dado determinadamente em nenhuma experiência; (...) A *liberdade no sentido prático* é a independência do arbítrio da *coerção* por impulsos da sensibilidade. (...).[231]

A liberdade, portanto, está intimamente ligada à racionalidade humana de perceber por si as circunstâncias dos fenômenos, sem a interferência da experiência. Isto também significa a ausência de qualquer impulso exterior para a configuração da liberdade. Assim, é correto referir que o ser humano é o autor *a priori* de suas ações; como um ser racional, ele pertence ao mundo inteligível, isto é, o mundo da razão. Conseqüentemente, o ser humano dispõe "de uma causalidade apriorística da vontade, necessariamente como livre". Tal constatação remete à seguinte conclusão: a "liberdade é a condição necessária da autonomia e, com isso, da lei moral como determinação prático-apriorística de uma vontade racional".[232] A liberdade surge como condição de possibilidade para a construção da autonomia, que é o terreno fértil para o exercício da vontade.

A questão acerca da autonomia em Kant é interpretada equivocadamente, pois, segundo Kaufmann, quando é referenciado que o homem dá a si mesmo determinadas pautas de comportamento, não é mencionado o homem como um sujeito único, "o homem no sistema da natureza" especificado como "essência material física". Kant, na verdade, está pensando no homem como sujeito da razão geral, um ente que

---

[228] "A razão, da qual unicamente pode surgir toda a regra que deva conter necessidade, em verdade põe necessidade também neste seu preceito (pois sem isso ele não seria nenhum imperativo), mas esta é uma necessidade apenas subjetivamente condicionada e não se pode pressupô-la em todos os sujeitos no mesmo grau. Mas para a sua legislação requer-se que ela necessite pressupor-se simplesmente *a si mesma*, porque a regra só é objetiva e universalmente válida se vale independentemente de condições subjetivas e contingentes, que distinguem um ente racional de outro" (KANT, Immanuel. *Crítica da Razão Prática*, p. 71; *Kritik der praktischen Vernunft*, 38).

[229] KANT, Immanuel. *Lecciones de Ética*, p. 301.

[230] CASTILLO, Monique. "Kant". Traduzido por Magda Lopes. In: CANTO-SPERBER, Monique (org.). *Dicionário de Ética e Filosofia Moral*. São Leopoldo: Unisinos, 2003. v. 2, p. 7.

[231] KANT, Immanuel. *Crítica da Razão Pura*, p. 338-9; *Kritik der reinen Vernunft*, A 533-4/B 561-2.

[232] NIQUET, Marcel. *Teoria Realista da Moral*: estudos preparatórios. Traduzido por F. Javier Herrero e Nélio Schneider. São Leopoldo: Unisinos, 2003, p. 40.

tenha "personalidade independente das determinações físicas; com liberdade interna, a saber, com personalidade moral".[233] É interessante marcar, portanto, que a pretensão de autonomia não está vinculada à razão, mas à pessoa em seu conjunto. Não se trata do homem no seu aspecto meramente individual de concretização física, mas do homem que tem consigo a idéia da liberdade. Por isso, a autonomia do querer no sentido completo como algo determinado sensivelmente, "que só é racional no sentido da capacidade da reflexão".[234] A autonomia não é uma mera faculdade mecânica do homem, mas uma característica que está na sua essência organizacional, favorecendo e instigando a reflexão sobre as regras morais criadas e o modo como deve segui-las.

O homem assim caracterizado vive num "reino autônomo", que corresponde a uma espécie de "reino segundo leis próprias – e, com isso, independente do reino da natureza". Tal caráter apenas é possível pela existência e percepção da liberdade, que poderia gerar um "reino da liberdade". Esse contexto encontra-se umbilicalmente vinculado ao "fato da razão", já referido anteriormente, que é algo desenvolvido e não encontrado pronto, isto é, "enquanto alguém que dá a lei a si mesmo, faz sua razão tornar-se prática ao refletir sobre seu agir e, com isso, compreender-se como livre". Isto quer dizer que cada homem tem a sua participação na edificação do "reino da liberdade", por intermédio da "ação – e atrás dessa ação encontra-se a vontade, sempre já pressuposta na reflexão prática, de compreender nosso agir como autônomo, isto é, como não meramente determinado pelas leis da natureza".[235] Apesar de a natureza representar um fator importante na constituição do homem, na parte referente à razão e, com isso, na condição de autolegislador, fica evidenciada a separação humana da natureza. E, a partir disso, o surgimento do "reino da liberdade" onde o homem pode exercitar a autonomia de criar para si mesmo regras para o agir.

A participação da autonomia na concepção do homem é fundamental para o desenvolvimento da vontade: "autonomia da vontade é aquela sua propriedade graças à qual ela é para si mesma a sua lei (independentemente da natureza dos objetos do querer)".[236] O homem

---

[233] KAUFMANN, Arthur. *Derecho, Moral e Historicidad*. Traduzido por Emilio Eiranova Encinas. Barcelona: Marcial Pons, 2000, p. 61-2; *Filosofía del Derecho*. Traduzido por Luis Villar Borda e Ana María Montoya. Colombia: Universidad Externado de Colombia, 1999, p. 363-4.

[234] TUGENDHAT, Ernst. *Problemas de la Etica*, p. 63. Esta concepção também aparece em vários momentos na obra de NIQUET, Marcel. *Teoria Realista da Moral*: estudos preparatórios, p. 26; 35; 41 e 43: o homem como ser de duplo aspecto: o homem como ser sensível e ser de razão. A natureza prático-moral do homem como ser sensível que, ao mesmo tempo, se sabe submetido às leis morais e pode agir autonomamente de acordo com elas.

[235] LUDWIG, Bernd. "Die 'praktische Vernunft' – ein hölzernes Eisen? Zum Verhältnis von Voluntarismus und Rationalismus in Kants Moralphilosophie". In: *Jahrbuch für Recht und Ethik*, p. 21-2.

[236] KANT, Immanuel. *Fundamentação da Metafísica dos Costumes*, p. 144.

é um ente dotado de razão e, em função dela, será capaz de aperfeiçoar a chamada boa vontade, ou seja, a vontade que mostra o caminho para o cumprimento do dever moral, ou seja, a regra que o próprio homem cria para si mesmo. Essa boa vontade indica ao homem os fins a serem perseguidos, posto moralmente corretos. Com isso, ela aponta para determinados limites de atuação e ao mesmo tempo é responsável para dar um sentido à vida humana.[237] Esse delineamento da boa vontade também aponta para a justificativa da dignidade do homem, que não tem preço, mas seu valor é absoluto. Vale dizer, "é porque o ser humano é sujeito da razão prática que ele consegue autarquia, que ele é autônomo, que ele se dá sua própria lei".[238]

O princípio da autonomia exprime "a identidade na diferença entre a vontade e a lei universal da moralidade na medida em que a vontade, na passagem da máxima ao imperativo categórico, torna-se legisladora universal".[239] Kant, ao estudar os princípios da moralidade, entendidos como pura filosofia prática ou como Metafísica dos Costumes, refere que eles são totalmente *a priori*, livres de todo empírico. Com isso, está dizendo que "os princípios morais se não fundam nas particularidades da natureza humana, mas que têm de existir por si mesmos *a priori*, porém que deles se podem derivar regras práticas para a natureza humana como para qualquer natureza racional".[240] Isso aponta claramente para o caráter universal, embora os conceitos morais estejam, segundo Kant, separados do conhecimento empírico, puramente contingente.

Kant indica que as proposições fundamentais da razão prática pura "são proposições que contêm uma determinação universal da vontade, 'determinação' que tem sob si diversas regras práticas".[241] A partir desse ponto, separa-se uma concepção subjetiva de uma objetiva: "Essas proposições são subjetivas ou máximas, se a condição for considerada pelo sujeito como válida somente para a vontade dele; mas elas são objetivas ou leis práticas, se a condição for conhecida como objetiva, isto é, como válida para a vontade de todo ente racional".[242] Tem-se, com isso, a síntese do subjetivo com o objetivo, pois no momento em que uma condição é considerada válida para o sujeito de tal modo que também o seja para os demais, temos o surgimento da lei fundamental da razão prática pura. Aproximando-se um pouco mais

---

[237] RAWLS, John. *Lecciones sobre la historia de la filosofía moral*, p. 170-1 e 174-6.
[238] HERRERO, F. Javier. "A Ética de Kant". In: *Síntese Revista de Filosofia*. Belo Horizonte: Centro de Estudos Superiores, v. 28, n. 90, p. 17-36, jan.-abril. 2001, p. 19.
[239] LIMA VAZ, Henrique Cláudio de. *Ética e Direito*. São Paulo: Loyola, 2002, p. 83.
[240] KANT, Immanuel. *Op. cit.*, p. 122.
[241] Idem. *Crítica da Razão Prática*, p. 65; *Kritik der praktischen Vernunft*, 35.
[242] Idem, p. 65; Idem, 35.

da citada distinção, é correto mencionar que as proposições ou máximas são preceitos da habilidade e originam os imperativos hipotéticos; já as proposições objetivas ou leis práticas indicam para aquilo que Kant chama de imperativo categórico.

Essa constatação é permeada pela razão prática, que corresponde à característica do homem agir mediante a representação de leis, ou seja, a partir de princípios. Como o ser humano tem a capacidade de determinar a vontade, a razão dá origem à razão prática.[243] Os mencionados princípios são oriundos da razão, possibilitando dizer, portanto, que "a razão pura é por si só prática e dá (ao homem) uma lei universal, que chamamos de lei moral".[244] Nesse contexto, surge a noção dos imperativos que são necessários objetiva e subjetivamente contingentes, ou seja,

> A representação de um princípio objetivo, enquanto obrigante para uma vontade, chama-se um mandamento (da razão), e a fórmula do mandamento chama-se Imperativo. Todos os imperativos se exprimem pelo verbo dever (*sollen*), e mostram assim a relação de uma lei objetiva da razão para uma vontade que segundo a sua constituição subjetiva não é por ela necessariamente determinada (uma obrigação). Eles dizem que seria bom praticar ou deixar de praticar qualquer coisa, mas dizem-no a uma vontade que nem sempre faz qualquer coisa só porque lhe é representado que seria bom fazê-la.[245]

Os imperativos estabelecem o dever para o ser humano observar na sua conduta; eles são subjetivamente contingentes, pois dependem de uma leitura pessoal na aplicação ao caso concreto. Trata-se de uma sugestão, que vai além de um mero conselho, não chegam a ser ordens, mas deveres que a razão humana considera como importantes. Neste nível, a racionalidade humana estará em condições de avaliar a sua observância ou não. O dever que acompanha a idéia de imperativo é concebida por Kant da seguinte forma: "o conceito de dever exige na ação, *objetivamente*, concordância com a lei, mas na sua máxima, subjetivamente, respeito pela lei, como o único modo de determinação da vontade pela lei".[246] Existe uma distinção quando se diz que deve haver concordância com *a* lei e quando alguém age com respeito *pela* lei. Dito de outro modo, o agir de acordo com *a* lei tem um significado objetivo e representa o agir conforme ao dever; já a atuação em respeito *pela* lei envolve um caráter subjetivo e significa o agir por dever. Deve ser observado que apenas este segundo representa a verdadeira lei moral, pois está vinculada a um convencimento interno da conduta a ser seguida.[247]

---

[243] AUBENQUE, Pierre. *A Prudência em Aristóteles*, p. 301.

[244] KANT, Immanuel. *Crítica da Razão Prática*, p. 107; *Kritik der praktischen Vernunft*, 56.

[245] Idem. *Fundamentação da Metafísica dos Costumes*, p. 124.

[246] Idem. *Crítica da Razão Prática*, p. 283; *Kritik der praktischen Vernunft*, 144.

[247] É importante destacar que o dever precisa ser caracterizado de uma maneira moral, e não de forma pragmática; como uma fonte de obrigação moral, e não como o resultado de uma avaliação. Quer dizer, por meio do dever, toda consciência experimenta que o poder prático da

Como uma espécie de intermediação, "o imperativo, pois, apenas intervém para preencher, ou tentar preencher, a distância entre o que a razão objetivamente reconhece como necessário e as disposições subjetivas da vontade".[248] O imperativo aponta para uma equação entre a vontade do sujeito e a obediência ao dever. Com isso, resta sublinhado o caráter eminentemente humano dos imperativos, pois apontam e indicam, mas permitem opção para a atuação concreta.

Os imperativos categóricos[249] representam a ação objetivamente necessária nela mesma, sem relação com um fim diferente dela mesma. Portanto, "seria aquele que nos representasse uma ação como objetivamente necessária por si mesma, sem relação com qualquer outra finalidade".[250] Essa categoria de imperativo alicerça-se no princípio apoditicamente prático, que designa, portanto, o imperativo da moralidade, pois "não se relaciona com a matéria da ação e com o que dela deve resultar, mas com a forma e o princípio de que ela mesma deriva; e o essencialmente bom na ação reside na disposição (*Gesinnung*), seja qual for o resultado".[251] Aparece claramente uma despreocupação com o fim, pois o imperativo categórico é a expressão do dever moral que o ser humano deverá observar, desconsiderando qualquer perspectiva teleológica. Kant deixa bem claro com esta apresentação que o seu foco é o aspecto meramente formal, com independência da ação propriamente dita. O imperativo categórico completa-se em si mesmo, podendo dizer-se que é um enunciado determinativo, mas que abandona a ordem no momento da sua execução. Dito diferentemente, o imperativo categórico expressa um mandamento, que deve ser seguido, mas sua imperatividade termina aí, ou seja, não vai verificar se o objetivo previamente concebido é efetivamente realizado pelo destinatário.

Kant apresenta várias fórmulas do imperativo categórico. A primeira e talvez a mais relevante é aquela que formula a lei universal, a

---

razão se exerce no homem como um comando que não provém de nenhuma experiência moral anterior. CASTILLO, Monique. "Kant". Traduzido por Magda Lopes. In: CANTO-SPERBER, Monique (org.). *Dicionário de Ética e Filosofia Moral*, p. 6.

[248] AUBENQUE, Pierre. *A Prudência em Aristóteles*, p. 302.

[249] Sem aprofundar a discussão a respeito, mas apenas para deixar registrada a posição de Kant acerca da possibilidade dos imperativos categóricos, pode-se destacar: "E assim são possíveis os imperativos categóricos, porque a idéia da liberdade faz de mim um membro do mundo inteligível; pelo que, se eu fosse só isto, todas as minhas ações seriam sempre conformes à autonomia da vontade; mas como ao mesmo tempo me vejo como membro do mundo sensível, essas minhas ações devem ser conformes a esta autonomia. E esse dever categórico representa uma proposição sintética *a priori*, porque acima da minha vontade afetada por apetites sensíveis sobrevém ainda a idéia dessa mesma vontade, mas como pertencente ao mundo inteligível, pura, prática por si mesma, que contém a condição suprema da primeira, segundo a razão; mais ou menos como às instituições do mundo sensível se juntam conceitos do entendimento, os quais por si mesmos nada mais significam senão a forma de lei em geral, e assim tornam possíveis proposições sintéticas *a priori* sobre as quais repousa todo o conhecimento de uma natureza". KANT, Immanuel. *Fundamentação da Metafísica dos Costumes*, p. 155.

[250] Idem, p. 124-5.

[251] Idem, p. 126.

saber, a lei fundamental da razão prática pura: "age de tal modo que a máxima de tua vontade possa sempre valer ao mesmo tempo como princípio de uma legislação universal".[252] Trata-se da verdadeira formulação genérica da razão prática pura, ou seja, uma razão prática que, embora dependa do ser humano e de sua vontade, é independente da prática efetiva. Esta é a concepção da razão prática pura, uma razão que está preocupada com o comportamento, mas ao mesmo tempo com ele não cria interfaces. Isso é confirmado da seguinte maneira: "deve-se simplesmente proceder de certa maneira; logo a regra prática é incondicionada, por conseguinte representada *a priori* como proposição categoricamente prática". Esta regra prática, portanto, transforma-se em lei para a vontade, posto que a razão aqui é alçada ao papel de legisladora.

Em função disso, Kant explicita melhor a sua fórmula: "a vontade é pensada como independente de condições empíricas, por conseguinte como vontade pura, determinada *pela simples forma da lei*, e este fundamento determinante é considerado a condição suprema de todas as máximas".[253] Aqui surge o arcabouço da crítica da razão prática, pois Kant pretende criticá-la, no sentido de fazer a separação dela com a experiência, o mundo empírico. A proposta está justamente apontando para uma vontade pura que se comanda e que se dá à lei mediante a autolegislação, sem a necessária vinculação com o viver fático. O objetivo do imperativo apresentado é mostrar a melhor atuação para o bem da lei como tal. Trata-se de um princípio incondicionado da razão prática pura, representando um princípio da boa ação em si, mostrando que o ser humano, portador de uma racionalidade que não é perfeita, deveria obedecer aquela lei, posto adequada moralmente.[254] O itinerário de Kant parece preservar o caráter da "validade transsubjetiva",[255] isto é, ao mesmo tempo em que formula uma lei com propósito universal, preserva o individual, como o ponto de partida para o delineamento daquele.

Dentro do contexto dessa formulação de uma lei universal, Kant formula uma derivação do citado imperativo categórico: "age segundo máximas que possam simultaneamente ter-se a si mesmas por objeto como leis universais da natureza". [256] Ocorre o destaque da perspectiva

---

[252] KANT, Immanuel. *Crítica da Razão Prática*, p. 103; *Kritik der praktischen Vernunft*, 54. Na Fundamentação da Metafísica dos Costumes este imperativo fundamental é apresentado da seguinte forma: "o imperativo categórico é portanto só um único, que é este: age apenas segundo uma máxima tal que possas ao mesmo tempo querer que ela se torne lei universal". KANT, Immanuel. *Fundamentação da Metafísica dos Costumes*, p. 129.

[253] Idem. *Crítica da Razão Prática*, p. 105; *Kritik der praktischen Vernunft*, 55.

[254] PATON, H. J. *The Categorical Imperative*: A Study in Kant's Moral Philosophy, p. 133.

[255] Esta expressão é apresentada por HERRERO, F. Javier. "A Ética de Kant". In: *Síntese Revista de Filosofia*, p. 30.

[256] KANT, Immanuel. *Fundamentação da Metafísica dos Costumes*, p. 142. Em outra passagem da mesma obra, Kant apresenta esta formulação com uma pequena variação: "age como se a máxima da tua ação se devesse tornar, pela tua vontade, em lei universal da natureza". Idem, p. 130.

da idéia de fim, mas não se trata de uma ação dirigida especificamente a um fim determinado, ou seja, Kant enfatiza que deveremos agir dentro da linha da natureza racional de que somos titulares. O agir significa um olhar para nós mesmos, mas também para os outros homens que estão conosco.[257]

O contexto assim aberto permite a Kant melhorar a sua formulação mediante a explicitação da questão relativa ao fim em si mesmo da natureza racional: "o fundamento deste princípio é: a natureza racional existe como um fim em si. É assim que o homem se representa necessariamente à sua própria existência; e, neste sentido, este princípio é um princípio subjetivo das ações humanas".[258] O olhar para a natureza racional do homem permite perceber a questão teleológica, independente de uma outra ação concreta. Tudo indica que a natureza racional do homem é um fim, a partir do qual se formulam os fins das ações que desenvolvemos no nosso viver.

Esse é o pano de fundo que permite a fórmula do fim em si mesmo: "age de tal maneira que uses a humanidade, tanto na tua pessoa como na pessoa de qualquer outro, sempre e simultaneamente como fim e nunca simplesmente como meio".[259] A humanidade representa aqui a própria condição racional do homem, ou seja, a capacidade racional do ser humano. Resta apontada a dignidade do homem, que aponta para o caráter de que o homem não é uma coisa ou um objeto que possa ser simplesmente colocada como um fim a ser perseguido.[260] Kant sublinha que o princípio da humanidade não poderá ser alcançado pela experiência por dois motivos: pelo caráter de sua universalidade, pois se aplica a todos os homens, e assim não haveria experiência possível para dimensionar esta amplitude. Além disso, a humanidade não poderá ser representada como um fim determinado (a perspectiva subjetiva), como se fosse um objeto de que fazemos para nós um fim. O ângulo de enfoque deverá ser o objetivo, isto é, "sejam quais forem os fins que tenhamos em vista, deve construir como lei a condição suprema que limita todos os fins subjetivos, e que por isso só pode derivar da razão pura".[261]

---

[257] Ao explicitar melhor este imperativo categórico, Paton assevera: "pergunte a você mesmo se pode considerar seu propósito uma ação como um possível objeto da sua vontade e se ela for buscada de acordo com a lei da natureza no sistema da natureza de que você mesmo é uma parte". PATON, H. J. Op. cit., p. 146.

[258] KANT, Immanuel. Op. cit., p. 135.

[259] KANT, Immanuel. *Fundamentação da Metafísica dos Costumes*, p. 135.

[260] Kant refere que a dignidade é a condição de possibilidade graças à qual qualquer coisa pode ser um fim em si mesma. A moralidade é a marca responsável para fazer de um ser racional um fim em si mesmo, "pois só por ela lhe é possível ser membro legislador do reino dos fins. Portanto, a moralidade, e a humanidade enquanto capaz de moralidade, são as coisas que têm dignidade". KANT, Immanuel. Op. cit., p. 140.

[261] Idem, p. 136-7.

Para viabilizar esta busca e constatação da humanidade como fim em si mesma, Kant propõe a fórmula da autonomia nos seguintes termos: age "só de tal maneira que a vontade pela sua máxima se possa considerar a si mesma ao mesmo tempo como legisladora universal".[262] A formulação do imperativo da autonomia está em sintonia com a lei fundamental da razão prática apresentada anteriormente. Existe, entretanto, uma diferença entre as duas formulações: a fórmula da lei universal contempla a situação moral "desde o ponto de vista do agente, e nos consideramos a nós mesmos e as outras pessoas como afetadas por nossa ação e, portanto, como passivos".[263] Esta formulação kantiana propõe que o agente desenvolva ações que possam também servir de modelo para a atuação de outros seres humanos. Já na fórmula da autonomia, o ponto de vista ainda é voltado para o agente, mas agora "considerando o agente não como alguém sujeito ao imperativo categórico senão como alguém que, por assim dizer, legisla exigências morais".[264]

Kant, ao propor a fórmula da autonomia, assenta no próprio homem racional o fundamento da sua legislação moral, como aspecto característico da moralidade. O homem como um ser que tem e busca o respeito por sua dignidade é alçado ao centro incondicional da proposta moral. Assim, a autonomia representa "o fundamento da dignidade da natureza humana e de toda a natureza racional".[265] A razão prática pura surge como a origem do citado imperativo categórico, aspecto que exclui integralmente a idéia de interesse, pois referir a autonomia de um querer moral significa afirmar o seu afastamento de qualquer interesse.[266]

A junção de alguns pressupostos expressos nos diversos imperativos estudados permite dizer que a vontade racional do homem apresenta-se como autolegisladora, e ele mesmo é considerado um fim em si mesmo. Com isso, Kant apresenta a chamada fórmula do reino dos fins: "age segundo máximas de um membro universalmente legislador em ordem a um reino dos fins somente possível".[267] Aqui Kant apresenta a sua concepção universal de conjunto dos homens igualmente portadores de vontade racional e, portanto, da capacidade autolegisladora moral. A formação do reino ocorre a partir do momento em que cada homem, na sua concepção de um fim em si mesmo, se

---

[262] KANT, Immanuel. *Op. cit.*, p. 139.
[263] RAWLS, John. *Lecciones sobre la historia de la filosofía moral*, p. 219.
[264] Idem, p. 219.
[265] KANT, Immanuel. *Fundamentação da Metafísica dos Costumes*, p. 141.
[266] PATON, H. J. *The Categorical Imperative*: A Study in Kant's Moral Philosophy, p. 180; HERRERO, F. Javier. "A Ética de Kant". In: *Síntese Revista de Filosofia*, p. 30-1.
[267] KANT, Immanuel. *Op. cit.*, p. 143.

junta a outros, com igualdade de características. Por esta "fórmula a cada agente racional é ordenado olhar sobre ele mesmo como o legislador de leis universais por suas máximas, e adotar este ponto de vista para o propósito de criticar a si mesmo e suas ações".[268] Surge a proposta de crítica, talvez melhor de autocrítica sobre a legislação produzida por cada homem. Quer dizer, o legislador deverá fazer a compatibilização de suas regras ao conjunto das regras dos demais, visando à criação de um conjunto harmônico, que receberá o nome de reino.

A segunda categoria dos imperativos é chamada por Kant como os imperativos hipotéticos. Têm como objetivo a ação boa como meio, ou seja, "representam a necessidade prática de uma ação possível como meio de alcançar qualquer outra coisa que se quer (ou que é possível que se queira)".[269] O fim para o qual ordenam os imperativos hipotéticos pode ser possível ou real. Se for possível, dá origem ao chamado princípio problematicamente prático, representando os imperativos da habilidade. Se for real, origina o princípio assertoricamente prático, gerando os imperativos da prudência. Verificam-se, portanto, que os imperativos hipotéticos são responsáveis pela escolha dos meios para a implementação do fim almejado.

O quadro a seguir apresenta os três graus da razão prática ou da racionalidade do agir:[270]

Imperativos categóricos	• **Mandamentos ou leis da moralidade**: representam a idéia da razão prática ou da racionalidade do agir que encontra aqui a sua realização básica. • Valem como princípios apoditicamente práticos: a ação é necessária por si, desvinculada de qualquer intenção, ou seja, sem qualquer outra finalidade.
Imperativos hipotéticos	1. **Regras da habilidade**: representam os imperativos técnicos nos projetos humanos, responsáveis pela indicação dos meios necessários para a construção de um fim. • Com a habilidade ocorre a formalização do princípio problematicamente prático, pois a intenção é boa em vista de uma intenção possível. 2. **Conselhos da prudência**: referem-se aos imperativos pragmáticos da prudência, ou seja, são a prescrição daquelas ações que apontam para a realização do objetivo fático. • Com a prudência verifica-se a apresentação do princípio assertoricamente prático, pois a ação é boa em vista de uma intenção real.

---

[268] PATON, H. J. *Op. cit.*, p. 186.

[269] KANT, Immanuel. *Fundamentação da Metafísica dos Costumes*, p. 124.

[270] Este quadro é construído a partir das idéias de NIQUET, Marcel. *Teoria Realista da Moral*: estudos preparatórios, p. 27; HÖFFE, Otfried. *Immanuel Kant*, p. 172 e KANT, Immanuel *Op. cit.*, p. 125.

A habilidade, como uma das formas de expressão do imperativo hipotético, caracteriza-se pela sua não-preocupação com o fim a ser alcançado. O que interessa é apenas a técnica – como meio – para atingir determinado fim. Dito de outro modo, o que interessa é aquilo que deverá ser feito para a implementação do fim. Portanto, a habilidade é uma aptidão voltada ao meio: "se a finalidade é razoável e boa não importa aqui saber, mas tão-somente o que se tem de fazer para alcançá-la".[271] Esta idéia também já surgiu em Aristóteles. Assim, é correto dizer que Kant e Aristóteles concordam em afirmar que a habilidade está voltada exclusivamente ao aspecto de meio para a consecução de um determinado fim, que ocupa um plano secundário.

A prudência também representa uma forma de habilidade, mas na escolha dos meios para alcançar a própria felicidade, que corresponde ao fim da ação. É aqui também que cada homem decide se poderá desencadear o meio sozinho ou se precisará da ajuda alheia.[272] Embora os chamados imperativos prudenciais também estejam voltados a uma espécie de prescrição quanto aos meios que o homem deve observar para alcançar determinado fim, Kant prefere rotulá-los simplesmente de conselhos. A argumentação nesse sentido enfatiza que é muito fácil a construção de um conceito de felicidade, mas a sua concretização é algo muito diferente. A particular racionalidade que envolve a prudência indica "um singular inseguro guia para a felicidade".[273] A insegurança do imperativo hipotético assim delineado prende-se ao seu caráter eminentemente contingente, pois vinculado às circunstâncias peculiares que o homem se encontra em determinado momento de sua vida, não podendo, por isso, ser associado ao caráter incondicionado do imperativo categórico. Esse contexto acaba permitindo a seguinte constatação:

> a aplicação de máximas éticas careceria, no entanto, da ajuda de uma faculdade (ética) de julgar, falando aristotelicamente: careceria da *phrónesis*, que é uma tarefa ético-hermenêutica, pela qual Kant, por diversos motivos, muito pouco se interessou.[274]

O imperativo categórico melhor se amolda à proposta da ética kantiana, pois ela deveria ser transcendental, ou seja, anterior à experiência. A prudência é exatamente o contrário, ou seja, está lastreada na experiência da vida, que justamente auxilia a indicar o melhor caminho a seguir para a implementação do meio para a obtenção do fim.

---

[271] KANT, Immanuel. *Fundamentação da Metafísica dos Costumes*, p. 125.

[272] Idem, p. 126 e SULLIVAN, Roger J. *Immanuel Kant's moral theory*, p. 33.

[273] SULLIVAN, Roger J. *Op. cit.*, p. 35.

[274] GÜNTHER, Klaus. *Teoria da Argumentação no Direito e na Moral*: Justificação e Aplicação, p. 253-4.

Ao se estudar alguns aspectos da contribuição de Aristóteles, apresentou-se a distinção entre a prudência de Aristóteles e a prudência estóica. Pelos aspectos vistos em relação à prudência de Kant, poder-se-ia dizer que a sua fonte está na perspectiva dos estóicos: para estes, a *phrónesis* era considerada a ciência das coisas que se deveria fazer e daquelas que não se deveria fazer. Já Aristóteles via a *phrónesis* como uma disposição prática que acompanha o homem na sua decisão sobre o que é bom ou mau. Ora, como já se viu, apenas poderemos deliberar sobre o contingente; já a ciência diz respeito ao necessário, que não permite deliberação. Logo, por esse raciocínio a prudência kantiana está vinculada à perspectiva dos estóicos, dada a sua oposição ao contingente.

Apesar dessa conclusão, ao se examinar alguns aspectos iniciais lançados na *Fundamentação da Metafísica dos Costumes*, Kant parece que também se inspirou em algumas idéias de Aristóteles: a chamada "boa vontade" é a única coisa que pode ser considerada boa sem limitação neste mundo.

> A moderação nas emoções e paixões, autodomínio e calma reflexão são não somente bons a muitos respeitos, (...); mas falta ainda muito para podermos declará-las boas sem reserva (ainda que os antigos as louvassem incondicionalmente).

Apesar dessa caracterização, Kant adverte que elas poderão ser muito más se não forem acompanhadas pela "boa vontade".[275] Ao não atribuir valor incondicionado às referidas características pessoais humanas, Kant interpreta a prudência estóica "como uma simples qualidade da inteligência", ou seja, *"nüchterne Überlegung"* (capacidade da calma reflexão), não a relacionando com a prudência. Com isso, Kant se afasta da prudência estóica (que é considerada uma das quatro virtudes cardeais de Cícero ligadas ao *honestum*, a saber: a prudência, a justiça, a coragem e a temperança), mas se aproxima da "virtude dianoética de Aristóteles".[276]

Kant separa a prudência de qualquer aproximação com a moral. Tal aspecto já é deixado claro em pelo menos dois momentos da *Crítica da Razão Pura*: a doutrina da prudência tem o objetivo de "unificar todos os fins que nos são impostos por nossas inclinações", tendo em vista a obtenção da felicidade, além da coordenação dos meios para alcançá-la. Neste caso, a razão fornece "leis pragmáticas", fundadas na liberdade do comportamento para a obtenção dos fins que os sentidos recomendam para nós. Por outro lado, tais leis não poderão fornecer-nos nenhum dado *a priori* e são, portanto, diferentes das leis morais, que comandam de modo absoluto e não são empiricamente condicionadas. Kant assim distingue a regra da prudência – que ele também

---

[275] KANT, Immanuel. *Fundamentação da Metafísica dos Costumes*, p. 109.

[276] AUBENQUE, Pierre. *A Prudência em Aristóteles*, p. 311-2 e REICH, Klaus. *Kant und die Ethik der Griechen*. Tübingen: Verlag von J.C.B.Mohr, 1935, p. 30-1.

denomina de pragmática, fundamentada em princípios empíricos e aconselha "o que devemos fazer se pretendemos participar da felicidade" – da lei da moralidade, também chamada de moral, que considera apenas "a liberdade de um ente racional em geral e as condições necessárias unicamente sob as quais esta mesma liberdade harmoniza com a distribuição da felicidade segundo princípios". Para tanto, a lei da moralidade ordena como devemos comportar-nos para tão-somente nos tornarmos dignos da felicidade".[277]

Esse conjunto de detalhes fundamenta a distinção entre as duas Críticas: na *Crítica da Razão Prática* a crítica está direcionada ao exame dos usos da razão prática, na medida em que está vinculada a fatores empíricos e condicionados, sendo, portanto "incapaz de fornecer à vontade um fundamento para seu agir sob a lei moral incondicionada". Com isso, resta especificado que o caminho seguido na *Crítica da Razão Pura* procede "da sensibilidade aos conceitos e aos princípios"; já na *Crítica da Razão Prática* "passa-se dos princípios aos conceitos e, finalmente, aos sentidos".[278] No primeiro itinerário, os sentidos levam à formulação de máximas que ordenam; no segundo percurso, as proposições fundamentais indicam determinados caminhos para os sentidos utilizarem na sua atuação prática.

Pelos aspectos vistos, fica sublinhada a ética kantiana, que é uma proposta com os contornos da ética moderna, como uma ética do dever; em oposição à ética clássica, que foi uma ética da *eudaimonia*. A idéia de um saber prudencial, que caracteriza um homem virtuoso e feliz é exatamente contrária à perspectiva da modernidade onde o sujeito é reduzido "a não ser mais do que pura e simples condição de possibilidade dessa objetividade". A neutralidade axiológica deste saber científico coloca a ação humana numa certa escala de produção como qualquer outro fenômeno, a saber, "cientificamente determinável e tecnicamente passível de construção ou, ao contrário, a de ser uma ilha de indeterminação e arbítrio". Isso demonstra também os limites da proposta kantiana que, ao se preocupar em dizer a cada momento o que fazer, impediu o homem de participar na construção de alternativas moralmente aceitas, visando justamente enfrentar os caminhos contingentes do acontecer da humanidade. De certo modo, é necessário enfrentar a "imprudência" do mundo atual, onde proliferam os meios, em decorrência do progresso científico, mas torna "cada vez mais difícil a previsão das conseqüências e, por conseguinte, incerta a realização adequada dos fins, mesmo os mais morais". [279]

---

[277] KANT, Immanuel. *Crítica da Razão Pura*, p. 476 e 479; *Kritik der reinen Vernunft*, A 800 e 806; B 831 e 834.

[278] LIMA VAZ, Henrique Cláudio de. *Ética e Direito*, p. 85, e KANT, Immanuel. *Op. cit.*, p. 61.

[279] AUBENQUE, Pierre. *A Prudência em Aristóteles*, p. 341-2.

Isso demonstra claramente a impossibilidade de prever todas as situações que vida humana pode produzir. Portanto, um sistema moral fechado e universalmente aceito parece que apresenta as suas lacunas. É dentro desse viés que surge a necessidade de continuar, a fim de enfrentar a descrita situação de "imprudência", mediante os aportes de Heidegger e Gadamer e, na mesma linha, a valorização das contribuições dos princípios da lei natural – com destaque aos bens humanos básicos que devem ser respeitados neste mundo "imprudente" – e das exigências metodológicas da razoabilidade prática, tais como apresentadas por John Finnis.

3. A Razão nos Domínios da Hermenêutica

3.1. A ONTOLOGIA FUNDAMENTAL DE HEIDEGGER E AS INTERFACES COM A RAZÃO PURA KANTIANA E ALGUNS POSTULADOS ARISTOTÉLICOS

3.1.1. Heidegger e algumas idéias propostas por Immanuel Kant

A proposta de Kant é importante para o desenvolvimento da ontologia fundamental de Martin Heidegger.[280] Assim, pretende-se destacar como os postulados kantianos – especialmente aqueles lançados na *Crítica da Razão Pura* – foram importantes para a "restauração da metafísica com a introdução da perspectiva da existência, a revelação do fenômeno original do tempo e de sua função como horizonte da compreensão do ser – com a questão da hermenêutica".[281] Com isso, a ontologia fundamental heideggeriana pode ser considerada uma verdadeira recapitulação da *Crítica da Razão Pura* de Kant, com a colaboração criativa e modificativa de Heidegger.[282]

---

[280] Martin Heidegger nasceu no dia 26 de setembro de 1889, na cidade de Messkirch (Alemanha); ele falece em 1976, na cidade de Freiburg.

[281] MACDOWELL, João Augusto A. Amazonas. *A gênese de ontologia fundamental de Martin Heidegger*: ensaio de caracterização do modo de pensar de Sein und Zeit. São Paulo: Loyola, 1993, p. 187.

[282] Normalmente, o modo de pensar e a obra de Martin Heidegger são divididos em dois momentos, dando origem a Heidegger I e Heidegger II. O autor deste trabalho está consciente desta divisão do pensamento heideggeriano. Entretanto, não será dedicado um estudo especial para a sua análise, pois não é objeto do trabalho especificamente a obra de Heidegger, eis que serão recortados apenas alguns aspectos julgados relevantes. Além do mais, não é necessário trabalhar a distinção entre ambos – como se fossem momentos históricos estanques – pois o fundamental é a percepção das características que sustentam o pensamento de Heidegger. Para isso, o texto não dará importância para a separação, mas para alguns aspectos heideggerianos que são considerados importantes para a estruturação do trabalho. Apesar disso, é importante ressaltar que Heidegger I está vinculado à obra *Ser e Tempo*, onde surge a analítica existencial, como ontologia fundamental. Além de *Ser e Tempo*, esta fase é caracterizada pela publicação de Kant e o problema da metafísica, A essência do fundamento e O que é metafísica? A tentativa de ir além de *Ser e Tempo*, é denominada de "Kehre, de viravolta" e abrange as obras publicadas depois de 1927, que é o ano de publicação daquela obra. A segunda fase de Heidegger abrange as obras: Sobre a essência da verdade, A auto-afirmação da Universidade alemã e Introdução à metafísica. Neste segundo momento, "não se trata simplesmente de um distanciamento de *Ser e Tempo*, mas, certamente, o filósofo irá abandonar a referência a dois elementos centrais do

É interessante observar que Heidegger aponta dois motivos que o levaram até a tese sobre o ser em Kant, aspectos que serviram como ponto de partida para a sua formulação: inicialmente a própria concepção kantiana sobre o ser, como já visto, o qual passa a ocupar um lugar de destaque em relação ao objeto (característica da revolução copernicana de Kant); o segundo ponto relaciona-se à valorização da tradição, de onde Kant retirou a concepção sobre o ser, conferindo-lhe nova coloração.[283] É interessante destacar que a pergunta pelo ser remete à compreensão do ser (*Dasein*).

Dentro dessa linha, Heidegger destaca o entendimento kantiano acerca do ser, que foi expressa na *Crítica da Razão Pura*: "Ser evidentemente não é um predicado real, isto é, um conceito de qualquer coisa que possa ser acrescido ao conceito de outra coisa. É simplesmente a posição de uma coisa, ou de certas determinações em si mesmas".[284] Tudo indica que Kant pretende referir que o ser não possui existência objetiva, como se fosse uma *res*, pois para ele "realidade (*Realität*) não significa efetividade (*Wirklichkeit*), mas coisidade (*Sachheit*). Um predicado real é um predicado que faz parte do teor objetivo de uma coisa e pode ser atribuído a ela".[285] Nessa linha, pode-se dizer que a perspectiva do ser está circunscrita conceitualmente, sem necessariamente ficar vinculada a uma representação efetiva. Talvez, por isso, Heidegger sempre se refira ao ser de um ente, pois neste aquele se manifesta na sua coisidade.

Heidegger I, a saber, o método fenomenológico e a questão da hermenêutica da faticidade". O pensamento de Heidegger teria sofrido, inclusive, mais uma guinada, dando origem ao Heidegger III, que corresponde às obras publicadas a partir do fim dos anos 40, consideradas como "um diagnóstico dos fenômenos fundamentais da segunda metade do século XX. E, de outro lado, representa um confronto com as ciências e a técnica que pretendem ser a manifestação e, ao mesmo tempo, a resposta a esses fenômenos". STEIN, Ernildo. *Pensar é pensar a diferença*: filosofia e conhecimento empírico. Ijuí: UNIJUÍ, 2002, p. 21-7. Mario Fleig, examinando a obra de Richardson "Heidegger, Through Phenomenology to Thought", sublinha que o mesmo problema ocupa Heidegger I e Heidegger II, ou seja, "o esforço de superação da metafísica pela tarefa de pensar o sentido do ser-como-verdade". Isto quer dizer "que em ambos os casos o esforço é ultrapassar a polaridade sujeito-objeto pelo deixar manifestar-se o processo negativo do desvelamento; que o método característico do Heidegger II é o processo do pensar, do Heidegger I, o processo da fenomenologia". Por isso, o título da obra de Richardson: "Heidegger, Através da fenomenologia ao pensamento". A partir disso, "ver o Heidegger I como o mesmo que o Heidegger II é tão errôneo quanto enxergar uma clivagem entre ambos. (...) o Heidegger I e o Heidegger II não são o mesmo (das Gleiche) – mas são um (das Selbe)". FLEIG, Mario; PIMENTEL, Felipe Garrafiel. "Resenha: Clássico sobre Heidegger". In: *Revista do Programa de Pós-Graduação em Filosofia da Universidade do Vale do Rio dos Sinos*. São Leopoldo: Unisinos, v. 5. n. 9, p. 251-60, jul.-dez. 2004, p. 251-60. Citação extraída das p. 256-8. Verifica-se, com a mudança no modo de pensar de Heidegger, uma adaptação aos novos paradigmas que surgem em cada época. Vale dizer, o filósofo também olhou ao seu redor a fim de identificar os princípios epocais, incorporando-os aos seus textos.

[283] HEIDEGGER, Martin. *Kants These Über das Sein*. Frankfurt am Main: Vittorio Klostermann, 1963, p. 6.
[284] KANT, Immanuel. *Crítica da Razão Pura*, p. 371; *Kritik der reinen Vernunft*, A 598/B 626.
[285] HEIDEGGER, Martin. *Op. cit.*, p. 10.

O conceito de ser também traz um outro aspecto bastante peculiar, ao enfatizar a possibilidade das "coisas em si" em contraposição ao fenômeno.[286] Vale dizer, "a coisa em si" não é acessível através da experiência, devendo, portanto, ser considerada *a priori*; já o fenômeno corresponde à representação alcançada pela experiência, sendo empírica a sua constatação. Dessa forma, a perspectivação do ser estará conectada à concepção *a priori*, isto é, não dependente da experiência. Ao não se considerar o ser como um predicado real, "renuncia-se em princípio à possibilidade de uma problemática pura do ser (...). Porque 'ser' de fato não é acessível *como os entes*, ele passa a ser expresso por determinações ônticas dos entes em questão, isto é, pelos atributos".[287] Apesar disso, e Heidegger se deu conta, Kant não trabalha com a diferença ontológica entre ser e ente, na medida em que não distingue o ente das "coisas em si", relacionadas ao ser. Portanto, aqui se encontra um aspecto que Heidegger irá melhorar e especificar.

Kant quer mostrar, e Heidegger parece aceitar, que não sendo ser um predicado real, fica constatado que o ser e conseqüentemente "os modos do ser 'o ser-possível', 'o ser-real' e 'o ser-necessário' – não enunciam sobre *o que* o objeto é, e sim sobre *o como* da relação do objeto com o sujeito".[288] A preocupação com *o que* tinha relação com a concepção anterior, onde o objeto era mais importante do que o sujeito; como Kant inverte essa relação, passa a ser mais relevante *o como*, pois

---

[286] Kant apresenta a seguinte distinção: "a proposição que o entendimento só pode fazer dos seus princípios *a priori* ou de todos os seus conceitos um uso empírico e jamais um uso transcendental, quando pode ser conhecida com convicção conduz a importantes conseqüências. O uso transcendental de um conceito, em qualquer princípio, consiste no fato de ser referido a coisas *em geral e em si mesmas*; o uso empírico, porém, consiste em ser referido meramente a *fenômenos*, isso é, a objetos de uma *experiência* possível". KANT, Immanuel. *Crítica da Razão Pura*, p. 203. Heidegger, sobre essa mesma distinção, refere: "Kant fala, por exemplo, 'de coisa em si' e distinguindo-a, de fato, da 'coisa para nós', quer dizer, de fenômeno. Uma coisa em si é aquela que *não* é acessível para nós homens, através da experiência, tal como uma pedra, uma planta ou um animal. Qualquer coisa para nós é também, enquanto coisa, uma coisa em si, quer dizer, torna-se conhecida de modo absoluto no conhecimento divino absoluto; mas nem toda a coisa em si é uma coisa para nós". HEIDEGGER, Martin. *Que é uma Coisa? Doutrina de Kant dos Princípios Transcendentais*, p. 17. Procurando dar uma especificidade maior, Heidegger refere em outra obra: "Kant usa o termo 'fenômeno' numa acepção mais estreita e numa mais ampla. Fenômenos em sentido mais amplo (Phaenomena) são uma espécie de objetos, a saber, o próprio ente revelado pelo conhecimento finito enquanto intuição aceitante de maneira pensante (*als denkend hinnehmende Anschauung*). Fenômeno em sentido mais restrito refere-se àquilo nos fenômenos em sentido mais amplo que é exclusivamente correlato da afecção desnudada pelo pensamento (determinação), pertencente à intuição finita: os conteúdos da intuição empírica. (...) Os fenômenos não são mera aparência, e sim o próprio ente. Esse ente, por sua vez, não é algo diferente das coisas em si, e sim justamente esse ente uno. O próprio ente pode estar revelado sem que o ente 'em si' esteja conhecido". HEIDEGGER, Martin. *Kant und das Problem der Metaphysik*, p. 36-7.

[287] HEIDEGGER, Martin. *Ser e Tempo*. Traduzido por Márcia Sá Cavalcante Schuback. 12. ed. Petrópolis: Vozes, 2002. Parte I, p. 140; HEIDEGGER, Martin. *Sein und Zeit*. Neunte unveränderte Auflage. Tübingen: Max Niemeyer Verlag, 1960, p. 94.

[288] HEIDEGGER, Martin. *Kants These Über das Sein*, p. 24.

justamente passa a se conceber uma aproximação entre o sujeito e o objeto, com a prevalência e a valorização daquele.

Heidegger também irá investigar a proposição metafísica kantiana lançada especialmente na sua *Crítica da Razão Pura*. O problema da metafísica, proposto nesta obra, está vinculado a uma espécie de ontologia fundamental, relacionada ao ser humano finito, ou seja, uma metafísica do *Dasein* humano, orientado pela pergunta: "o que é o ser humano?". Da mesma forma como a tradição foi considerada relevante por Kant para as proposições acerca do ser, ela também será relevante para a concepção da metafísica de Heidegger, ou seja, "uma fundamentação expressa da metafísica não acontece a partir do nada, e sim na força e na fraqueza de uma tradição, que lhe predeterminam as possibilidades do enfoque".[289] Aqui se verificam alguns indícios daquilo que Heidegger posteriormente chamará da pré-estrutura da compreensão, ou seja, aquilo que é legado pela tradição, como algo já existente em caráter prévio.

Kant parte de um conceito tradicional de metafísica, que a considera como "a ciência que contém os primeiros princípios do que apreende o conhecimento humano".[290] Tendo como base as contribuições de Aristóteles, a metafísica assim delineada apresenta-se como o conhecimento fundamental do ente como tal e no todo. Quer dizer, o ser é completamente esquecido, dada a preocupação precípua com o ente. A linha kantiana procurou resgatar a perspectiva do ser ao formular a possibilidade da ontologia, mediante a seguinte pergunta: "como são possíveis juízos sintéticos *a priori*?". Como já visto anteriormente, Kant concebe a organização do conhecimento através do entendimento, da capacidade de julgar e da razão. Quer dizer, é na capacidade de julgar que surge a construção dos juízos, com destaque para os juízos sintéticos *a priori*, alçados ao conhecimento ontológico sem vinculação com a experiência.[291] Heidegger reconhece na *Crítica da Razão Pura* não uma doutrina da técnica do procedimento, mas a "elaboração de uma determinação completa do 'esboço todo' e da 'estrutura interna toda' da ontologia". A conexão heideggeriana com os ensinamentos de Kant também constata que "a verdade ôntica se orienta necessariamente pela ontológica".[292]

Outro aspecto que surge da concepção kantiana é a razão humana como a fundamentação da metafísica, a saber, "o cerne dessa problemática de fundamentação é justamente o caráter humano da razão, isto é,

---

[289] HEIDEGGER, Martin. *Kants These Über das Sein*, p. 13-4.

[290] Kant inspira-se no conceito de A.G.Baumgarten, na obra "Metaphysica", de 1743. HEIDEGGER, Martin. *Kant und das Problem der Metaphysik*, p. 15-6.

[291] Idem, p. 23.

[292] HEIDEGGER, Martin. *Kant und das Problem der Metaphysik*, p. 25.

sua finitude, que se torna essencial".[293] A finitude, como uma característica importância para a formulação na analítica existencial de Heidegger, tem origem em Kant, como uma estrutura essencial do próprio conhecimento, que é gerado pela intuição e pelo conceito: "a primeira refere-se imediatamente ao objeto e é singular, o segundo refere-se mediatamente, por meio de um sinal que pode ser comum a várias coisas".[294] É interessante observar que a intuição, como um modo integrante na composição do conhecimento, apresenta uma característica peculiar: "em sua singularidade precisa já estar presente antes".[295] Vale dizer, aqui está uma outra faceta que aponta para a origem da concepção acerca da pré-estrutura da compreensão heideggeriana. A compreensão apresenta-se, portanto, como parte integrante do conhecimento, que é finito.

A referida antecipação é uma característica do gênero humano, pois

> a percepção humana é antecipadora. O animal também tem percepções, quer dizer, sensações, mas não antecipa; ele não deixa, antecipadamente, o que aflui vir ao encontro, como um *quê* que subsiste em si mesmo, como o outro que lhe pertence, a ele, animal, como um outro, e que assim se mostra a si mesmo como um ente.[296]

Na medida em que Kant fala na "percepção antecipadora humana" está lançando as bases para a construção na noção da pré-estrutura da compreensão de Heidegger. O homem é um ente privilegiado, pois é o único ser vivo capaz de aperceber-se das antecipações e utilizá-las para a compreensão do seu mundo.

A resposta para a pergunta sobre o que é o homem esclareceria todas as questões relacionadas ao conhecimento, segundo Heidegger. Dentro dessa procura, verifica-se que ele lança pela primeira vez na história da filosofia uma proposta de superação da relação sujeito-objeto.[297] Quer dizer, tem-se, com tal constatação, um primeiro ponto de afastamento de Heidegger de Kant, pois este último imprimiu muita importância a esta relação, destacando, como já mencionado, a inversão, a saber, houve, a partir de Kant, uma clara valorização do sujeito em relação ao objeto, invertendo a posição até então aceita.

Como observado anteriormente, o projeto de Heidegger apresenta nítida influência kantiana, mas sendo elevado a outro nível, a partir da crítica heideggeriana o modelo da metafísica, numa clara perspectiva de destruição, a partir de um processo de desconstrução.[298] Nesse

---

[293] HEIDEGGER, Martin. *Kant und das Problem der Metaphysik*, p. 28.
[294] Idem, p. 28-30.
[295] Idem, p. 31.
[296] Idem. *Que é uma Coisa?* Doutrina de Kant dos Princípios Transcendentais, p. 208.
[297] STEIN, Ernildo. *Diferença e Metafísica*: ensaios sobre a desconstrução. Porto Alegre: EDIPUCRS, 2000, p. 62.
[298] Idem, p. 51.

itinerário, Heidegger aponta as deficiências da proposta de Kant. Na construção da filosofia transcendental, Kant aproxima o ser e a sua existência do entendimento, quer dizer: "a ontologia que reflete sobre o ser do ente como objetividade (*Gegenständlichkeit*, isto é, qualidade ou caráter de objeto) do objeto da experiência", isto quer dizer que há uma base na chamada "lógica determinada a partir da unidade sintética originária da apercepção transcendental".[299] Pelo visto, a preocupação não está no ser, mas no ente, na medida em que a reflexão está assentada sobre o objeto da experiência. Nessas condições, Heidegger refere que a tese de Kant acaba se enquadrando no não pensado até então em toda metafísica: "O título condutor da determinação metafísica do ser do ente, 'ser e pensamento', não é suficiente nem mesmo para colocar a pergunta acerca do ser, muito menos para encontrar uma resposta". Apesar disso, é preciso reconhecer que "a tese de Kant sobre o ser como pura posição continua sendo um cume, a partir do qual o olhar se volta para trás até a determinação do ser como *hypokeisthai*[300] e remete, voltando-se para a frente, à interpretação especulativo-dialética do ser enquanto conceito absoluto".[301]

Como dito, Heidegger identifica a incapacidade da proposta de Kant para chegar a um questionamento explícito acerca do ser, que permanece velado. Abre-se, com isso, espaço para que Heidegger lance o seu projeto sobre a base da finitude da existência do homem. De certo modo, Kant, embora estivesse buscando responder a pergunta sobre o que é o homem, esqueceu-se de formular uma analítica existencial e isto ocorreu de certo modo, pois "procurava a ponte entre a consciência e o mundo, mas esta procura é um escândalo, eis que nós temos a ponte desde sempre, enquanto seres no mundo".[302] Quer dizer, Kant falava da capacidade humana de percepção antecipadora, mas não se deu conta desse detalhe, aspecto que lhe impediu de modificar a concepção acerca do ser.

É essa insuficiência dos postulados kantianos que instiga Heidegger na formulação de uma experiência existencial, vinculada à questão do ser-no-mundo. Dito de outro modo, Heidegger parte da análise transcendental do conhecimento de Kant, a fim de formular uma análise fenomenológica do transcendental. De certo modo, a identidade entre os dois está na pesquisa *a priori* da realidade. Entretanto, neste ponto, ambos divergem, pois "Heidegger de fato não estuda somente a condição *a priori* do ser como vem considerado pela matemática e

---

[299] HEIDEGGER, Martin. *Kants These Über das Sein*, p. 20.
[300] Algo como 'estar-aí-presente', ou mesmo como *Dasein*, na interpretação de Heidegger.
[301] HEIDEGGER, Martin. *Op. cit.*, p. 36.
[302] STEIN, Ernildo. *Diferença e Metafísica*: ensaios sobre a desconstrução, p. 62 e 112.

física, mas estuda a realidade mesma. Com isso, ocorre um aprofundamento do transcendental kantiano".[303]

Heidegger não se preocupa com o aspecto formal, lançando importância ao fenomenológico, ou seja, o *a priori* em Heidegger passa a ser concebido mediante a dupla pesquisa fenomenológica, ou seja, a investigação ôntica e ontológica. Isto quer dizer que "a tarefa de Heidegger é precisamente aquela de lançar à luz que o *a priori* mais originário encontra-se conectado com a realidade".[304] Aqui parece estar o ponto mais importante da divergência entre Kant e Heidegger, pois aquele pretendia justamente afastar a experiência colhida na realidade para a formulação do *a priori*. Embora se possa perceber que o modo de trabalho de ambos é similar, o foco é distinto, pois "à síntese empírica kantiana substitui ao conhecimento ôntico, e à síntese apriorística o conhecimento ontológico".[305]

Com isso, ocorre uma verdadeira reviravolta, pois Heidegger passa a fazer uma análise da realidade cotidiana. Tal constatação indica que "o estudo da gnoseologia heideggeriana revela a descoberta do ser, que é sempre finito. O que comporta de um lado o abandono da interpretação kantiana idealística, e de outro o repúdio da interpretação neo-kantiana positivista".[306] O idealismo formal de Kant acabava afastando a análise da realidade. Este aspecto, entretanto, interessou ao positivismo jurídico, a partir do momento que possibilitava a formulação de conceitos e do próprio mundo jurídico, completamente desconectado da realidade. Assim, Heidegger parece que criou alguns obstáculos à formulação positivista, ao formular, como se verá mais adiante, a hermenêutica existencial.

Há uma diferença significativa também em relação à concepção sobre a finitude: Kant defende que a finitude depende da dimensão íntima da coisa que o sujeito não pode acessar, dado que se trata de um legado pertencente à subjetividade. Já Heidegger vincula a finitude ao "demandar a condição do conhecer mesmo chegando à dimensão existencial do projetar, isto é, do existencial projeto que chama o outro existencial complementar: a *Geworfenheit* (dimensão existencial-ontológica que indica a situação de fato)".[307] A finitude heideggeriana depende do fato de que o homem se encontra lançado no mundo, pois "Geworfenheit" aponta justamente para o estar lançado. Mais uma vez, a realidade circundante do homem também serve como cenário para justificar a sua finitude.

---

[303] PENZO, Giorgio. *L'Unitá del Pensiero in Martin Heidegger* (uma Ontologia Estética). Padova: Editrice Gregoriana, 1965, p. 50 e 56.

[304] Idem, p. 50 e 56.

[305] Idem, p. 61.

[306] PENZO, Giorgio. *L'Unitá del Pensiero in Martin Heidegger* (uma Ontologia Estética), p. 69.

[307] Idem, p. 183-4.

Dentro desse contexto, Kant considera o mundo como

a totalidade dos fenômenos e, portanto, uma totalidade incondicionada, porém todavia condicionada. O mundo é a idéia da totalidade do criado na possível perspectiva de um ser cognoscente ou de um ente cognoscente que, por sua vez, é também um ente criado, quer dizer, um ente finito.[308]

A projeção de mundo em Kant segue a sua concepção de reunir os juízos *a priori* e os aspectos percebidos empiricamente pela experiência. O ser no seu ente torna possível o conhecimento desse conjunto, dentro do arcabouço da finitude humana. Como um fenômeno percebido pelo homem, trata-se apenas de conhecer aquilo que está ao seu alcance, como um conjunto de circunstâncias por ele mesmo criadas e nominadas.

A aproximação entre a dimensão existencial-ontológica desperta a discussão acerca dos modos e das possibilidades do *Dasein* no seu ser, ou seja, a constituição ontológica do si-mesmo. Segundo Heidegger, "o 'eu' é uma mera conseqüência que acompanha todos os conceitos. Com ele, nada se representa a não ser um sujeito transcendental dos pensamentos".[309] O "eu" não deve ser considerado um conceito construído por intermédio da lógica. Pelo contrário, o "eu" "é o sujeito do comportamento lógico, qual seja, da combinação".[310] Dito de outra maneira, o "eu" é um sujeito com capacidade para operar com a lógica, sendo correto dizer que o "eu penso", significa "eu combino". A concepção do "eu" está lastreada na capacidade de organizar e combinar sempre novas possibilidades. Isso permite referir que o sujeito é "consciência em si", e não representação. Desta forma, "o eu penso não é algo representado e sim a estrutura formal do representar como tal, através do que, só então, se torna possível todo e qualquer representado".[311] Ao conceber o "eu" dessa forma, Heidegger critica a proposição de Kant como ontologicamente inadequada.

Pois o conceito ontológico de sujeito não caracteriza o *si-mesmo do eu como si-mesmo e sim a coincidência e a constância de algo já sempre simplesmente dado*. Determinar ontologicamente o eu como *sujeito* significa já sempre supor o eu como algo simplesmente dado. O ser do eu é compreendido como realidade da *res cogitans*.[312] O "eu" como sujeito não poderá ser construído mediante as contribuições da lógica, mas deverá ser concebido como algo já previamente dado, a fim de viabilizar a direção na busca da dimensão ontológica. Portanto, não se trata de algo construído, mas a própria estrutura do representar, de tal modo que apenas possa representar o "eu penso" se previamente concebê-lo como já dado.

---

[308] HEIDEGGER, Martin. *Introducción a la Filosofía*. Traduzido por Manuel Jiménez Redondo. Madrid: Frónesis Cátedra Universitat de Valência, 1999, p. 301.
[309] HEIDEGGER, Martin. *Ser e Tempo*. Traduzido por Márcia Sá Cavalcante Schuback. 10. ed. Petrópolis: Vozes, 2002. Parte II, p. 111-2; *Sein und Zeit*. Neunte unveränderte Auflage, p. 317-9.
[310] Idem, p. 113; Idem, p. 319.
[311] Idem, ibidem.
[312] Idem, p. 320.

É dentro dessa constatação de Heidegger que surge o equívoco de Kant ao referir: "pela intuição, o objeto é dado e pelo conceito ele é pensado, ou de o objeto ser apenas objeto através do conceito". Segundo Heidegger, ambas as situações são equivocadas, pois "o objeto surge somente quando o dado da intuição é pensado por conceitos e, inversamente, o objeto surge somente quando o conceito determina um dado da intuição enquanto tal".[313] Heidegger se afasta de Kant ao valorizar a experiência para a formalização do conhecimento:

> objeto em sentido próprio é apenas o que é representado na experiência, como experimentado; objeto em sentido próprio é todo o "qualquer coisa" com que um representar em geral – seja intuição ou pensamento – se relaciona. Objeto em sentido lato é tanto o que é apenas pensado, enquanto tal, como o que é apenas dado na percepção ou na sensação.[314]

De certo modo, Heidegger destaca a pré-estrutura da compreensão na constatação do objeto. A representação do objeto poderá advir dos dois elementos constitutivos do conhecimento, a saber, a intuição (sensibilidade) – o dado – ou o pensamento – o pensado. Assim, é criticada a pretensão kantiana de afastar o objeto que vem até nós antes de uma objetivação da experiência. É por isso que na concepção heideggeriana o "eu penso" não é um simples ato de representar o objeto diante do sujeito, como pensava Kant, mas "uma ação esclarecedora",[315] vinculada ao comportamento lógico, no sentido de propiciar a combinação.

A representação do objeto faz parte da valorização do ente homem no desenvolvimento do conhecimento. Portanto, não poderá ser eliminada, sob pena da filosofia moderna decair para a concepção da verdade como a relação do sujeito e objeto (esta era a proposta da filosofia da consciência).

> A superação do "Vorstellung" (representação) pela "Vor-stellung" ("vor" = diante de; perante. "Stellung" = posição), é semelhante à superação de verdade como "adaequati" por uma verdade como desvelamento, isto é, como "pré-sentação" do ser que se dá e se oculta a um tempo.[316]

Heidegger propõe o "Vor-stellung" como uma característica do "eu penso", abrindo espaço para o desvelamento do ser; Kant encarava o "eu penso" como uma posição do sujeito perante o objeto. Dito de outro modo,

> (...) a restrição do uso do entendimento à experiência abre, ao mesmo tempo, o caminho para uma definição essencial mais originária do próprio entendimento. Aquilo que é posto na posição é o posto de um dado, o qual, por sua vez, através desse pôr e colocar, torna-se, para este, aquilo que é contraposto, torna-se objeto (*Gegenstand*), aquilo que é lançado à [minha] frente,

---

[313] HEIDEGGER, Martin. *Que é uma Coisa?* Doutrina de Kant dos Princípios Transcendentais, p. 141.

[314] Idem, ibidem.

[315] Esta expressão está em PENZO, Giorgio. *L'Unitá del Pensiero in Martin Heidegger* (uma Ontologia Estética), p. 215.

[316] PENZO, Giorgio. *L'Unitá del Pensiero in Martin Heidegger* (uma Ontologia Estética), p. 215.

objeto (*Objekt*). A condição de estar posto (*Gesetztheit*) (posição), isto é, o ser, se transforma em ob-jetidade (*Gegenständigkeit*, ou seja, qualidade ou caráter de objeto). (...).[317]

Com essa passagem, fica bem claro que Kant, apesar da tentativa de superar a objetificação do ser, não consegue se desvencilhar desse caminho. Tudo indica seja em decorrência da sua concepção metafísica de afastar a experiência da construção do conhecimento. A concepção do "vor" constitui, para Heidegger, uma abertura ontológica que viabiliza o horizonte do descobrimento do ser. Do mesmo modo, o "Vor-stellung" como o modo de expressão do conhecimento projeta uma dupla refutação: a) "uma dimensão supra-sensível do intelecto (Idade Média)"; b) uma dimensão abstrata (Idade Moderna), na qual se dá a mudança da verdade em certeza".[318]

Kant, ao formular o juízo sintético *a priori*, procura construir uma unidade entre o sujeito e o objeto. Tal unidade, a partir da observação de Heidegger, apenas seria possível graças à intervenção da imaginação transcendental, onde se realiza a unidade entre sensibilidade e intelecto. De certo modo, Kant estaria lançando a pretensão de unir o dado e o pensado, a fim de possibilitar o desenvolvimento dos juízos sintéticos *a priori*, afastados da experiência e voltados à produção de conhecimento geral e necessário em decorrência de uma proposta meramente conceitual. As falhas na proposta kantiana, que serviram como ponto de diferenciação em relação a Heidegger, estão vinculadas a dois aspectos: a) a ausência de uma preocupação explícita com o ser; b) a falta de uma ontologia do *Dasein*, ou kantianamente falando: de "uma analítica prévia das estruturas que integram a subjetividade do sujeito".[319] Mesmo que Kant tenha referido que o fim último do ser humano é sua própria existência, a proposta não apresentou um caminho para penetrar a configuração dessa existência humana.

3.1.2. Heidegger e os gregos: a sua aproximação com Aristóteles

A fim de sustentar os aspectos apontados até o momento, que servem para mostrar as aproximações entre Kant e Heidegger, este último busca alguns pressupostos já desenvolvidos pelos gregos, chegando a Aristóteles. É importante destacar que a "confrontação" entre Heidegger e Aristóteles, se processou em dois níveis:[320] a) no nível metodológico, onde está em jogo justamente aquela atitude que é

---

[317] HEIDEGGER, Martin. *Kants These Über das Sein*, p. 20-1.

[318] PENZO, Giorgio. *Op. cit.*, p. 230-1.

[319] HEIDEGGER, Martin. *Ser e Tempo*. 12. ed. Parte I, p. 52-3; *Sein und Zeit*. Neunte unveränderte Auflage, p. 24.

[320] Quem trabalha com profundidade alguns aspectos do pensamento de Heidegger é Franco Volpi. Nesse sentido, as considerações lançadas nessa parte são inspiradas em VOLPI, Franco. "'Sein und Zeit': Homologien zur 'Nikomachischen Ethik'", p. 225-40. In: *Philosophisches Jahrbuch*. München: Verlag Karl Albert Freiburg, 1989, p. 225-40. Ver, especialmente, p. 226-7.

chamada de virada (*Kehre*), que caracteriza a perspectiva fenomenológica, marca característica de *Ser e Tempo*. Vale dizer, Heidegger pretende com a "desconstrução", operacionalizar uma reconstrução do modo fenomenológico de enfrentar a questão relativa ao ser.[321] b) Uma segunda aproximação entre ambos poderá ser alicerçada em termos temáticos, quando a discussão gira em torno da verdade, a pergunta a respeito da forma de ser do ser humano (*Dasein*) e o questionamento sobre o tempo.

Para o desenvolvimento desses aspectos, torna-se importante buscar a expressão "Vor-stellen" como ponto de corte, a fim de viabilizar um olhar retrospectivo inicial a partir dos gregos. Heidegger aponta para a necessária percepção de alternância entre o objetivismo e o subjetivismo. O relevante nessa caminhada é o homem dar-se conta do seu processo de transformação em sujeito. É necessário compreender a palavra *subjectum* como subjacente (*Vorliegendes*) que corresponde a uma espécie de fundamento, que reúne tudo sobre si. Isto significa dizer que "se o homem se torna no primeiro e autêntico *subjectum*, então isto quer dizer que o homem se torna naquele ente no qual todo o ente, no modo do seu ser e da sua verdade, se funda".[322] O homem se torna o ente capaz de desenvolver uma espécie de sede ou matriz de onde necessariamente terão origem todas as considerações sobre os demais entes que compõem o mundo.

Heidegger parte da concepção kantiana de "jogo da vida", para aprimorar uma concepção existencial de mundo:

> o mundo é o todo da constituição de ser, não somente da natureza e do ser-uns-com-outros histórico e do próprio ser a existência ela mesma (quer dizer, de ser a existência um ela-mesma) e das coisas de uso, senão que o mundo é a específica totalidade da diversidade de ser que, no com-ser-com-outros, no ser-junto às coisas e no ser-ele-mesmo (a existência), unitariamente se entende e unitariamente entendemos.[323]

A concepção heideggeriana de mundo aborda a idéia do "ser-no-mundo"[324] e do "ser-com-o-mundo", ou seja, deixa transparecer que o

---

[321] Segundo constatação de Franco Volpi, Husserl também lançava os seus questionamentos sobre a concepção tradicional de verdade. Isso parece permitir que a verdade equivalia a *adequatio*, pois ele buscava atingir a verdade mediante uma *análise crítica* da *intencionalidade da consciência*. Isso se dava, pois Husserl entendia a realidade como algo sendo dado diante de nós, à espera do aprisionamento. Já Heidegger, com a intermediação do método fenomenológico, vai afirmar que o homem e o essencial das coisas tendem ao disfarce ou então estão efetivamente encobertos. Deve ser destacado, no entanto, como já visto, que este encobrimento possui uma explicação em Heidegger, que é percebida por poucos! Aqui foram adaptadas algumas das idéias de STEIN, Ernildo. "Introdução ao Método Fenomenológico Heideggeriano". In: *Sobre a Essência do Fundamento*. Traduzido por Ernildo Stein. Conferências e Escritos Filosóficos. Martin Heidegger. São Paulo: Abril Cultural, 1979. (Coleção Os Pensadores), passin.
[322] HEIDEGGER, Martin. "O tempo da imagem no mundo". Traduzido por Alexandre Franco de Sá. In: *Caminhos de Floresta*. Lisboa: Fundação Calouste Gulbenkian, 1998, p. 111.
[323] Idem. *Introducción a la Filosofía*, p. 321.
[324] É importante sublinhar que o estar no mundo é essencial à existência humana. Por isso, se escreve "ser-no-mundo" (In-der-Welt-sein), como uma palavra composta que indica que o "Dasein" é inerente ao mundo. Com isso surge a seguinte afirmação: "não há Mundo sem 'eu',

ser do ente desenvolve as suas qualidades de percepção e criação no mundo; ao mesmo tempo, também se desenvolve concomitantemente com o aprimoramento do próprio mundo, como um espaço privilegiado para o aumento das faculdades humanas finitas. Vale dizer, não há homens porque existe mundo, mas há mundo porque existem homens.

Essa relação entre o mundo e os homens será o denominado "jogo da vida", como uma forma diversificada e mutável de convivência histórica humana. De certo modo, esse "jogo da vida" é o reflexo da essência da existência, a saber, o modo como ela se desenvolve histórica e faticamente. Dito de outra forma, "jogo quer dizer, por um lado, jogar, porém no sentido de estar-se efetuando um jogo, estar-se realizando um jogo; porém, por outro lado, jogo é também o todo do conjunto das regras conforme o jogar se efetua, se executa ou se realiza".[325] O modo de ser do ente "no" mundo e "com" o mundo são muito importantes para o desenvolvimento do "jogo da vida", que nada mais é do que o "Dasein" (ser-aí) como existencial próprio do homem. Assim, é correto dizer que o jogo é a condição de possibilidade do comportamento fático em cada caso específico projetado pela vida humana.

O mundo, portanto, é a apreensão dos riscos essenciais, os quais viabilizam uma conexão com a existência mesma "e que coloquemos à vista essa constituição básica da existência que, antecipando as coisas, chamamos ser-no-mundo".[326] Essa situação do ser torna-o capaz de projetar a vivência fática, mediante a incorporação do caminho já percorrido. Quer dizer, o antecipar as coisas nada mais é do que projetar a sua vivência anterior aos fatos que ocorrem na atualidade, como um modo de antecipação.

O jogar, como parte da constituição essencial do mundo, não poderá ser considerado um mero comportamento diante de um objeto. Pelo contrário, sempre será "um suceder, um acontecer que em si é indivisível e inseparável".[327] Aqui fica bem claro que Heidegger está pretendendo separar-se dos pressupostos da filosofia da consciência, assim como do próprio Kant. Este último, embora estivesse rompendo com a proposta aceita até então, acabava estabelecendo uma aceitação da relação entre sujeito e objeto, apesar da prevalência daquele. Heidegger pretende mostrar, por outro lado, que não está mais se preocupando com a relação entre sujeito e objeto, mas evidencia uma

---

nem 'eu' sem Mundo. Ou seja, unicamente no mundo, e não na Natureza nem tampouco na sociedade, está o ser humano". CARNELLI, Lorenzo. *Tiempo y Derecho*. Buenos Aires: Valério Abeledo, 1952, p. 45-6.

[325] HEIDEGGER, Martin. *Introducción a la Filosofía*, p. 324.
[326] Idem, p. 328.
[327] Idem, p. 329.

nítida preocupação de destacar uma aproximação do sujeito em relação a outro sujeito. Quer dizer, o "jogo da vida", como componente principal da configuração do mundo, apresenta-se como uma relação indivisível e inseparável, justamente por envolver o ser do ente homem de todos aqueles que estão na mesma situação. Dito diferentemente, envolve todos os homens que estão existindo, ou seja, jogando, como parte integrante da estrutura do mundo.

É sobre essa concepção de mundo que Heidegger projeta a concepção de homem, buscando as bases de comparação no mundo grego. O mundo, como já visto, designa a totalidade do ente. Por isso, quando Heidegger fala da imagem do mundo, pretende enfatizar o modo como o mundo se apresenta ao homem. "Onde se chega à imagem do mundo, cumpre-se uma decisão essencial sobre o ente na totalidade. O ser do ente é procurado e encontrado no estar-representado (*Vorgestelltheit*) do ente".[328] A projeção da chamada imagem do mundo promove o desvelamento do próprio ser. Como este ente chamado mundo é inacessível, torna-se necessária a imagem que projeta luz sobre o ente, mostrando-o.

Para o mundo grego – a partir da sentença de Parmênides: "ao ser pertence, porque é por ele exigido e determinado, o percepcionar do ente" – o homem é contemplado pelo ente, "o que é reunido pelo que se abre ao que, nele, vem-à-presença".[329] Com isso, é correto dizer que a essência do homem no mundo grego pode ser assim apresentada: "ser contemplado pelo ente, estar envolvido e retido no seu aberto e, assim, ser suportado por ele, estar enredado nas suas oposições e marcado pela sua discrepância".[330] Nesse sentido, os gregos não tinham a imagem do mundo, como uma modalidade de projeção ou reflexo. Pelo contrário, a partir da citada passagem de Parmênides, o mundo contemplava o homem. Tal aspecto está intimamente vinculado à concepção do mundo clássico, onde o aspecto teleológico claramente deixa indicado que o fim do homem é a busca da felicidade, como algo previamente dado. Assim, não parece realmente possível qualquer projeção de mundo operacionalizada pelo homem, pois aquele já se encontrava especificado e contemplando este último. Por isso, ao ser cabe perceber o ente, no caso o mundo, a quem caberá suportar o homem com todas as suas características individuais.

A percepção moderna do mundo é completamente oposta à visualização dos gregos, pois o homem moderno se concede uma grande margem de autonomia, que lhe possibilita a construção da

---

[328] HEIDEGGER, Martin. "O tempo da imagem no mundo". Traduzido por Alexandre Franco de Sá. In: *Caminhos de Floresta*, p. 112-3.

[329] Idem, p. 114.

[330] Idem, ibidem.

chamada imagem do mundo. Essa nova postura, que corresponde à expressão *repraesentatio*, significa o "trazer para diante de si o que-está-perante enquanto algo contraposto, remetê-lo a si, ao que representa, e, nesta referência, empurrá-lo para si como o âmbito paradigmático. Onde tal acontece, é o homem que, sobre o ente, se põe como imagem".[331] Com o pensamento moderno, inverte-se a perspectiva dos gregos, pois não é o mundo que observa o homem, mas este contempla aquele. Assim, surge a representação da imagem do mundo. Na verdade, o mundo clássico já concebia a finalidade do homem (dada a visão metafísica do Bem). Na modernidade, fruto da autonomia do sujeito em relação ao objeto, verifica-se que "o decisivo é que o homem ocupa esta posição expressamente como a posição constituída por ele mesmo, mantém-na voluntariamente como a posição ocupada por ele e assegura-a como o solo de um possível desenrolar-se da humanidade".[332] A autonomia nesse contexto serve para expressar a superioridade do homem na construção do mundo e na posição que ocupa perante ele.

A imagem do mundo representa, portanto, um "estar-representado do ente", ou seja, o representar como "o pôr diante de si e para si".[333] Ocorre, com isso, o processo que viabiliza o mundo como objeto e o homem como sujeito. Esse processo de destaque do sujeito em relação ao objeto também já foi objeto de estudo em Kant. Vale dizer, esse processo "surge da reivindicação pelo homem de um *fundamentum absolutum inconcussum veritatis* (de um fundamento inabalável da verdade no sentido da certeza, fundamento esse que repouse em si mesmo)".[334] A pretendida primazia do *subjectum*[335] acaba se originando do próprio modo do homem conceber a sua relação com o mundo, que se transforma em objeto. A superioridade humana, nesse contexto, relaciona a verdade com a certeza, numa aproximação direta do homem representador e o objeto representado. Nisso reside justamente a crescente elevação do sujeito em relação ao objeto chamado mundo, que se apresenta como algo à sua disposição.

Heidegger se oporá a esta relação de sujeito e objeto, como se verá mais adiante, pois, segundo ele "só no perguntar e configurar criado-

---

[331] HEIDEGGER, Martin. "O tempo da imagem no mundo". Traduzido por Alexandre Franco de Sá. In: *Caminhos de Floresta*, p. 114.

[332] Idem, p. 115.

[333] Idem, ibidem.

[334] Idem, p. 131.

[335] Heidegger refere o *subjectum* como "a certeza fundamental, é o ser representado conjuntamente – sempre assegurado – do homem representador com o ente humano ou não humano representado, isto é, com o que é objetivado. (...) Nesta certeza fundamental, o homem está seguro de que ele está assegurado, enquanto re-presentador de todo re-presentar e, assim, enquanto âmbito de todo o estar-representado, enquanto âmbito de qualquer certeza e verdade, isto é, está seguro de que ele "é" "(HEIDEGGER, Martin. *Op. cit.*, p. 134).

res, a partir da força da meditação genuína, é que o homem saberá, isto é, guardará na sua verdade, aquele incalculável".[336] Isso significa dizer que o ser do ser-aí, do "Dasein", sempre estará constantemente num processo de velamento e desvelamento. Essa é uma verdade que o sujeito não consegue calcular (talvez, precisar ou controlar) integralmente. Assim, parece que uma alternativa será o regresso constante à tradição, consultada criativamente. Tal operação exigirá o cuidado (*Sorge*) com o mundo, que acabará se revelando como sendo inacessível, posto que o ente como ente é inacessível. Com isso também acaba sendo incalculável a própria fundamentação da verdade no "eu" do ser do ente homem.

Para desenvolver este caminho, Heidegger se inspira, além de Kant, também em Aristóteles.[337]

A práxis aristotélica parece mostrar que não basta o domínio do sujeito em relação ao objeto, quando a ênfase deve ser colocada na existência, sendo que nesta se encontraria um entender, um esclarecimento. O destaque de Heidegger para a prática da vida, que o aproxima da *phrónesis* aristotélica, busca sublinhar a necessidade do cuidado do ente homem, além da atenção (*Wachsamkeit*).[338] "A atenção é efetiva, sem dúvida, ali onde aspiramos o mero olhar sobre algo próprio à teoria. Porém, a atenção também é efetiva quando tratamos de averiguar o bem que sempre deve ser algo melhor ou ótimo. Aristóteles chamou a esta atenção *phrónesis*".[339] Esta, como parte integrante da parte racional da alma – segundo Aristóteles –, representa uma das virtudes intelectuais ou dianoéticas e está justamente preocupada com o domínio das coisas a fazer. Isso quer dizer, aquilo que o ente homem deverá fazer (o cuidado) para tornar o melhor possível a sua existência "com" o mundo e "no" mundo.

Merece ser destacado também que Heidegger promove uma interessante relação a partir disso, entre a teoria e a prática:

---

[336] HEIDEGGER, Martin. "O tempo da imagem no mundo". Traduzido por Alexandre Franco de Sá. In: *Caminhos de Floresta*, p. 119.

[337] GADAMER, Hans-Georg. "Heidegger und die Griechen". In: *Zur philosophischen Aktualität Heideggers*. Symposium der Alexander von Humboldt-Stiftung vom 24. – 28. April 1989 in Bonn-Bad Godesberg. Frankfurt am Main: Vittorio Klostermann, 1991. v. 1.

[338] A aproximação entre a práxis e o *Sorge* também é acentuada por Ernildo Stein: tal aspecto gera "a ontologização da práxis, elevada acima das ações de nível simplesmente ôntico. Assim, seria conferida à práxis uma função descobridora capaz de transcender a distinção entre teórico e prático e principalmente de elevar a práxis acima dos outros termos da tríade: 'poiésis – práxis – théoria'. Essa correlação de base entre a 'práxis' e 'Sorge' governaria toda uma série de correlações conexas. Desse modo, à teleologia do conceito de práxis corresponderia o ter-a-ser (zu-sein) do 'Dasein'; à *phrónesis* de Aristóteles corresponderia o *Gewissen* de Heidegger". STEIN, Ernildo. "A Estratégia na Formação dos Conceitos da Ontologia Fundamental. Heidegger e a filosofia prática de Aristóteles e Kant". In: *Racionalidade e Ação*: Antecedentes e Evolução Atual da Filosofia Prática Alemã. Porto Alegre: Universidade/UFRGS, Instituto Goethe/ICBA, 1992, p. 118.

[339] GADAMER, Hans-Georg. *Op. cit.*, p. 71.

a atitude "prática" não é "ateórica" no sentido de ser desprovida de visão. A sua diferença para com a atitude teórica reside não somente no fato de que uma *age* e a outra contempla, e de que, para não ficar cego, o agir faz uso de conhecimentos teóricos, mas, sobretudo, porque originariamente tanto contemplar é ocupação como agir possui *sua* visão. A atitude teórica visualiza meramente, sem circunvisão. Embora destituído de circunvisão, visualizar não é por isso desprovido de regras. É no *método* que constrói seu cânon.[340]

A atitude teórica está preocupada, como contemplação, com as características genericamente consideradas; já a atitude prática tem o seu foco nas especificidades de cada situação, de tal modo que Heidegger associa-a à "circunvisão". De certo modo, a chamada "circunvisão" é a capacidade do ente de olhar ao seu redor e captar as diversas manifestações das coisas que o cercam e projetam sobre o seu ser. Assim, Heidegger se serve da *phrónesis*, como um meio, para deliberar sobre a melhor atitude a ser observada. Dito de outro modo, a "circunvisão" necessita da práxis da *phrónesis*, a fim de viabilizar a ocupação da "prática", pois "a circunvisão (*Umsicht bewegt*) movimenta-se nas remissões conjunturais de um nexo instrumental à mão".[341] A "circunvisão" é a capacidade do ser do ente homem de olhar para frente, para trás e para si mesmo. Com tais movimentos, o ente homem necessita de um direcionamento, abrindo-se o espaço para o ingresso da caracterização da *phrónesis* aristotélica, justamente para orientar o modo-de-ser-no-mundo do "Dasein".

No pensar a práxis de Aristóteles, encontra-se a correspondência com o "Dasein", que segundo Heidegger "não é apenas um ente que ocorre entre outros entes. Ao contrário, do ponto de vista ôntico, ele se distingue pelo privilégio de, em seu ser, isto é, sendo, estar em jogo seu próprio ser".[342] O "Dasein" é apresentado por Heidegger como o ente privilegiado que conhece o ser. Esse ente privilegiado na relação com o seu ser é permeado pela existência (*Existenz*), que é definida como sendo o "próprio ser com o qual o 'Dasein' pode se comportar dessa ou daquela maneira e com o qual ele sempre se comporta de alguma maneira".[343] Aqui encontramos o elo de ligação da existência do "Dasein" com a práxis aristotélica, pois o agir em determinada direção – na busca do bem em Aristóteles ou a compreensão do ser em Heidegger – acaba sendo o elemento comum em ambas as concepções.

Dentro do arcabouço assim delineado, é possível perceber uma singular correspondência entre a "consciência" (*Gewissen*) e a *phrónesis*.[344] Quando Aristóteles apresenta a *phrónesis*, refere: "A *phrónesis*,

---

[340] HEIDEGGER, Martin. *Ser e Tempo*. 12. ed. Parte I, p. 111; *Sein und Zeit*. Neunte unveränderte Auflage, p. 69.

[341] Idem. 10. ed. Parte II, p. 159; Idem, p. 359.

[342] HEIDEGGER, Martin. *Ser e Tempo*. 12. ed. Parte I, p. 38; *Sein und Zeit*. Neunte unveränderte Auflage, p. 12.

[343] Idem, p. 39.

[344] Tal aproximação é percebida por BERTI, Enrico. *Aristóteles no século XX*. Traduzido por Dion Davi Macedo. São Paulo: Loyola, 1997, p. 118-9.

entretanto, não é apenas uma qualidade racional, e isto é evidenciado pelo fato de se poder deixar de usar uma faculdade puramente racional, mas não a *phrónesis*".[345] Quando Heidegger se manifestou sobre essa passagem – segundo o testemunho de Gadamer – teria afirmado: "Isto é a consciência!".[346] Restando claro, portanto, que Heidegger vislumbrou na *phrónesis*, como consciência, "uma forma de saber (...) que já não se podia referir a uma objetividade última no sentido da ciência, pois era um saber na situação existencial concreta".[347] Heidegger atribui à *phrónesis* o papel do mais elevado saber, responsável pela sustentação da sua fórmula ontológico-existencial do ser do "Dasein".

Apesar dessas aproximações entre Heidegger e Aristóteles, é possível visualizar algumas peculiaridades, pois o "Dasein" de Heidegger corresponde ao primado sobre todas as outras modalidades do ser homem, dadas as implicações ontológicas. Heidegger não concebe o *"Dasein"*, como práxis, como uma parte da alma, tal como acontece em Aristóteles. Pelo contrário, concebe-o como o modo privilegiado do ser do ente homem, ou seja, não se trata de uma parte, mas da parte mais substancial, talvez a mais representativa. "Enquanto em Aristóteles a filosofia prática é apenas uma parte, e nem mesmo a mais importante, para Heidegger ela ocupa inteiramente a compreensão e a constituição do ser-aí, isto é, é ela mesma a ontologia fundamental".[348] É interessante que, apesar da apropriação heideggeriana de alguns dos postulados de Kant formulados na *Crítica da Razão Pura*, existe uma aproximação com a filosofia prática de Aristóteles, projetada na construção da ontologia fundamental do ser do *Dasein*.

Nessa aproximação realizada por Heidegger e Aristóteles, verifica-se a existência de três modos de ser "o ser-possível", "o ser-real" e "o ser-necessário". Aprofundando um pouco mais tal aspecto e, especialmente, a partir das contribuições de Franco Volpi, torna-se possível propor alguns cruzamentos decorrentes da pretendida homologia entre *Ser e Tempo* e *Ética a Nicômaco*.

Esses três modos de ser, apontados pelo próprio Heidegger,[349] possibilitam associações construídas a partir das idéias de Franco Volpi,[350] nos seguintes termos "Zuhandenheit", "Vorhandenheit" e "Dasein", respectivamente, *poíesis*, *theoria* e *práxis*. A expressão alemã

---

[345] ARISTÓTELES. *Ética a Nicômacos*, 1140 b.

[346] GADAMER, Hans-Georg. "La teologia de Marburgo". In: *Los Caminos de Heidegger*. Traduzido por Ângela Ackermann Pilári. Barcelona: Herder, 2002, p. 42.

[347] Idem, ibidem.

[348] BERTI, Enrico. *Aristóteles no século XX*, p. 117.

[349] HEIDEGGER, Martin. *Kants These Über das Sein*, passim.

[350] VOLPI, Franco. "'Sein und Zeit': Homologien zur 'Nikomachischen Ethik'", p. 225-40. In: *Philosophisches Jahrbuch*, p. 231.

empregada por Heidegger, "Zuhandenheit", está relacionada com a manualidade, aquilo que está próximo. Nesse sentido, equivale a "ser-possível", a saber, "Möglichkeit ist", representando o fazer a *poíesis*, de Aristóteles. O contexto aqui pretendido refere-se ao ser do ente que realiza, que constrói, que faz e desenvolve os meios materiais fundamentais para o próprio ente homem.

Já quando Heidegger emprega "Vorhandenheit", aponta para algo simplesmente dado. Dito de outro modo, "designa o modo de ser da coisa enquanto o que se dá simplesmente antes e diante de qualquer especificação".[351] Poder-se-ia dizer que essa expressão está ligada ao sentido do "ser-necessário", como uma vinculação à teoria, a saber, um suporte importante para o desenvolvimento do próprio modo de fazer. Aristóteles, quando fala do conhecimento científico, enfatiza: "o objeto do conhecimento científico, portanto, existe necessariamente. Ele é conseqüentemente eterno, pois todas as coisas cuja existência é absoluta necessária são eternas".[352] Dentro da analogia aqui proposta, "o ser-necessário" se enquadra num conhecimento que o ser do ente homem já possui, alinhavando alguns detalhes daquilo que Heidegger depois trabalhará como a pré-estrutura da compreensão.

O terceiro modo de ser apontado a partir de Franco Volpi está em sintonia com o "Dasein", que estaria em relação com o "o ser-real". A *práxis* surge como um comportamento descobridor que serve justamente para distinguir o modo de ser do "Dasein".[353] Sem menosprezar a importância da *poiésis* e a da *theoria*, será "a *práxis*, juntamente com os componentes que lhe são próprios, que é elevada à condição de determinação básica do modo de ser do ser humano, à condição de sua estrutura ontológica".[354] É o comportamento prático, portanto, que caracteriza "o ser-real", aquele onde o próprio ser é esquecido, pela obviedade.

Dentro dessa linha de idéias, quando Heidegger trata do "Bersorgen", na verdade está se referindo a *poiesis* e a *theoria* como modos de um comportamento que estão intimamente conectados com o "Dasein". Com isso permanece uma dúvida, que Volpi formula da seguinte forma: "Por que interpreto a *práxis* como a determinação que serve de base à caracterização do modo de ser do 'Dasein'?"[355] A resposta pode ser construída a partir da ontologização da *práxis* que Heidegger realiza a partir da sua apropriação de alguns conceitos aristotélicos, no

---

[351] Nesse sentido a nota explicativa de Márcia Sá Cavalcante Schubach, em HEIDEGGER, Martin. *Ser e Tempo*. 12. ed. Parte I, p. 311-2.

[352] ARISTÓTELES. *Ética a Nicômacos*, 1139b.

[353] VOLPI, Franco. "'Sein und Zeit': Homologien zur 'Nikomachischen Ethik'", p. 225-40. In: *Philosophisches Jahrbuch*, p. 231.

[354] Idem, p. 232.

[355] Idem, ibidem.

fundo, como diz o próprio Volpi, "A Ética a Nicômaco representa uma ontologia da vida humana", isto é, "a caracterização do 'Dasein' e de sua estrutura básica é efetuada num horizonte eminentemente prático, que é obtido a partir de um conceito de *práxis* reinterpretado ontologicamente"[356] O "Dasein" como um ente peculiar que compreende o ser, somente poderá fazê-lo e atingi-lo se efetivamente estiver impregnado da prática que é a vida.

É a partir desse viés que surge uma faceta interessante para o trabalho, que emerge da perspectiva existencialista que Heidegger imprime logo no início do *Ser e Tempo*, quando, por exemplo, sublinha: (a) "(...) como atitude do homem, as ciências possuem o modo de ser desse ente (homem)". (b) "(...). É próprio deste ente que seu ser se lhe abra e manifeste com e por meio de seu próprio ser, isto é, sendo. (...)". (c) Quando Heidegger enfatiza o significado de "existência", pretende destacar que "a próprio ser com o qual o 'Dasein", pode se comportar dessa ou daquela maneira e com o qual ela sempre se comporta de alguma maneira". (d) Isso implica o "fato de dever sempre assumir o próprio ser como seu". (e) (...) Nesse sentido, o 'Dasein' nunca poderá ser apreendido ontologicamente como um caso exemplar de um gênero de entes simplesmente dados".[357]

Desse pequeno conjunto construído a partir de Heidegger, tudo leva crer que "Dasein", como a vida humana,

> se relaciona originariamente com seu ser não de uma maneira comtemplativa, constante e veritativa, isto é, numa percepção reflexiva teorizante em si mesma, (...), mas pelo contrário, o "Dasein" se relaciona com seu ser numa atitude prática-moral, no qual está em jogo, em cada caso, seu próprio ser, no sentido de que ele tem de decidir sobre esse seu ser e, antes de seu querer ou não-querer, assumir o fardo dessa decisão.[358]

O ser-aí que caracteriza o "Dasein", carrega consigo não simplesmente uma atitude teórico-contemplativa, como se simplesmente fosse alcançar receitas para uma vida feliz. Pelo contrário, o ser que está na própria essência do "Dasein", acaba sendo responsável pelas decisões que são tomadas, onde realmente contam as perspectivas práticas e este é um legado de Aristóteles, que Heidegger parece que soube trazer à discussão, mostrando a responsabilidade que existe em cada ato/decisão humana. Tal se aplica à linha da hermenêutica, como se verá mais adiante, pois essa mesma postura deverá nortear o processo de compreensão/interpretação e aplicação de uma norma ao caso concreto. E, nesse momento, lançamos uma provocação ao leitor, será que o Direito Natural poderá servir de base para a radicalização das considerações aristotélicas empreendidas por Heidegger? Convido, portanto, o leitor

---

[356] Idem, p. 230 e 232.
[357] HEIDEGGER, Martin. *Ser e Tempo*. 12. ed. Parte I, p. 38-9 e 78.
[358] VOLPI, Franco. "'Sein und Zeit': Homologien zur 'Nikomachischen Ethik'", p. 225-40. In: *Philosophisches Jahrbuch*, p. 232-3.

a continuar a reflexão, agregando alguns elementos novos à proposta alinhavada desde o início.

3.1.3. Da fenomenologia ao pensamento: Heidegger e o itinerário da razão

A alteração do modo de pensar de Heidegger que, como visto, caracteriza aquilo que se chama da mudança do Heidegger I para o Heidegger II, não está relacionada a uma mera posição pessoal voltada à mudança. Pelo contrário, trata-se "do relacionamento do homem com o ser, relacionamento revirado não pelo homem, mas por um destinamento (*Geschick*) do próprio ser".[359] O próprio homem evolui e começa a perceber algumas circunstâncias de modo diferente. Assim, ocorrem as mudanças no modo de pensar o ser. Tais aspectos acabam influenciando Heidegger. Portanto, como se verá, o Heidegger I – vinculado à fenomenologia – prepara o caminho para o Heidegger II, onde o fundamental é a questão do pensamento que "precisa abrir-se, a paragem na qual é preciso ingressar, a livre amplitude da verdade do ser como presença doada".[360] Longe de se operacionalizar uma cisão no pensamento de Heidegger, tudo indica que é uma evolução conjugada, isto é, a fenomenologia prepara o caminho para o ingresso (ou o perceber-se) do pensamento, como um modo de ampliar as possibilidades projetadas pela hermenêutica.

As mudanças na concepção acerca do ser são chamadas de "princípios epocais", onde o ser é definido a partir do ente. Assim, por exemplo, é "a *idéia* em Platão, a *substância* em Aristóteles, o *ipsum esse* em Tomás de Aquino, o *cogito* em Descartes, o *eu penso* em Kant, o *saber absoluto* em Hegel e a *vontade de poder* em Nietzsche".[361] Como já dito anteriormente, um dos pontos de partida de Heidegger foi o pensamento de Kant, que depois foi mesclado com alguns postulados de Aristóteles. Esses princípios epocais serão os responsáveis pela introdução do método fenomenológico, além de um "novo conceito de ser como espaço de manifestação do ente". Dito de outro modo, "não se trata mais de objetificar o conceito de ser, mas de mostrá-lo como um âmbito em que se abre a possibilidade de nos aproximarmos dos entes e vermos, na sua objetificação, ainda um modo de acontecer".[362] Este âmbito de mostrar o próprio ser, na sua relação com o ente, no espaço onde isto ocorre, sobre o foco principal do método fenomenológico. Os

---

[359] FLEIG, Mario; PIMENTEL, Felipe Garrafiel. "Resenha: Clássico sobre Heidegger". In: *Revista do Programa de Pós-Graduação em Filosofia da Universidade do Vale do Rio dos Sinos*, p. 253.

[360] Idem, ibidem.

[361] STEIN, Ernildo. *Exercícios de Fenomenologia*: Limites de um Paradigma. Ijuí: UNIJUÍ, 2004, p. 141.

[362] STEIN, Ernildo. *Exercícios de Fenomenologia*: Limites de um Paradigma, p. 141.

princípios epocais se apresentam como determinados paradigmas de certa época histórica, refletindo, inclusive, a questão cultural então vigente.

Quando hoje se fala, a partir de Kant como já visto, do paradigma da subjetividade, onde o sujeito ocupa um lugar de destaque em relação ao objeto, busca-se caracterizar o paradigma que está em vigor no princípio epocal da modernidade. Com a introdução da vertente hermenêutica, onde a perspectiva do sentido passa a ser relevante, buscam-se nos dois teoremas do "círculo hermenêutico" e da "diferença ontológica", como uma nova perspectiva da compreensão do ser. É interessante, portanto, que a partir da fenomenologia hermenêutica o ser não se explica mais pelo ente, mas possibilita um olhar para trás e para frente, a fim de delimitar a situação hermenêutica para a concretização da interpretação.[363]

Apesar da influência kantiana, Heidegger desenvolveu o tema com seu próprio pensamento criativo, o qual é uma recuperação fenomenológica da filosofia em tanto que ontologia, lançando nova luz sobre a filosofia teórica de Kant.[364] A ontologia fundamental deve ser buscada na analítica existencial do "Dasein",[365] que é o ente privilegiado que compreende o ser. Trata-se, portanto, assim como também pretendeu Kant, em destacar o ser, ou seja, a ontologia fundamental leva a uma interrogação explícita e teórica pelo sentido do ser. A analítica existencial toma como ponto de partida uma metafísica especial, pois está preocupada com "a questão do homem". Com isso, Heidegger pretende afastar-se do objetivismo clássico, assim como do subjetivismo moderno, para trabalhar com "uma fundamentação de caráter diferente, é uma fundamentação de caráter prévio, de caráter *a priori*. É uma fundamentação em que já sempre existe um compreendermos a nós mesmos. Isso é uma espécie de antecipação prévia de sentido que se explica na compreensão do ser".[366] É nesse contexto que Heidegger desenvolve a proposta da sua fenomenologia como ontologia, perspectivando o seu foco sempre numa pré-concepção de movimento e compreensão.

> A ontologia só é possível, aqui, como fenomenologia, que terá como temática o ser dos entes, o sentido dos entes. (...) Não mais o ente enquanto ente, mas, sim, o ser (e o sentido) do ente, uma vez que o ser sempre se manifesta nos entes. Só há ser no ente. A metafísica sempre pensou o ente, mas nunca pensou o ser que possibilita o ente.[367]

---

363 STEIN, Ernildo. *Op. cit*, p. 142.
364 Conforme constatação de HÖFFE, Otfried. *Immanuel Kant*, p. 277-8.
365 Neste sentido, HEIDEGGER, Martin. *Ser e Tempo*. 12. ed. Parte I, § 4, p. 40.
366 STEIN, Ernildo. *Diferença e Metafísica*: ensaios sobre a desconstrução, p. 51 e 58.
367 STRECK, Lenio Luiz. *Jurisdição constitucional e hermenêutica*: uma nova crítica do direito. Porto Alegre: Livraria do Advogado, 2002, p. 177.

Nesse aspecto, a fenomenologia pode ser considerada em Heidegger como um modo de superar a filosofia da consciência (teoria da representação), buscando alavancar uma teoria que estivesse efetivamente preocupada com mundo prático, o mundo onde o ser se manifesta no seu ente. Portanto, a fenomenologia é

> a via de acesso e o modo de verificação para se demonstrar o que deve constituir tema da ontologia. (...) Em seu conteúdo, a fenomenologia é a ciência do ser dos entes – é ontologia. Ao se esclarecer as tarefas de uma ontologia, surgiu a necessidade de uma ontologia fundamental, que possui como tema o *Dasein*, isto é, o ente dotado de um privilégio ôntico-ontológico.[368]

Nesse contexto, a ontologia fundamental assume a tarefa de investigação acerca do sentido do ser. Abre-se, com isso, o espaço para a proposta hermenêutica heideggeriana, pois a fenomenologia do "Dasein" é hermenêutica "no sentido de elaboração das condições de possibilidade de toda investigação ontológica".[369]

A proximidade de Heidegger com Kant está nucleada na verdadeira reviravolta do ente para o ser, que eleva o ser ao tema expresso do pensamento. Portanto, nessa perspectiva, é possível formular a questão fundamental de "Ser e Tempo": "a questão do que é o ser humano através da analítica existencial". Para tanto, é preciso estar atento ao seguinte aspecto: "o conceito de ser é apenas um conceito, pensado a partir da diferença ontológica, no qual operamos para compreender o mundo e nele compreendemos a nós mesmos. Essa circularidade é a circularidade da finitude, uma boa circularidade".[370] A relação circular assim apresentada, que sustenta a proposta de Heidegger, também está presente na concepção do método fenomenológico:

> O filósofo prepara provisoriamente seu método para penetrar na analítica existencial. Uma vez realizada parte da análise, isto é, atingida a situação hermenêutica que permite determinar o sentido do ser do ser-aí, o filósofo pára. Descobre que o método se determina a partir da coisa mesma. A escada para penetrar nas estruturas existenciais do ser-aí é manejada pelo próprio ser-aí e não pode ser preparada fora para depois se penetrar no objeto. (...) Há uma relação circular. Somente subimos para dentro das estruturas do ser-aí, porque já nos movemos nelas.[371]

A pré-estrutura da compreensão, como se verá mais adiante, será importante para sustentar a circularidade projetada pelo método fenomenológico, notadamente a partir do momento em que se aceita a

---

[368] HEIDEGGER, Martin. *Ser e Tempo*. 12. ed. Parte I., § 7, p. 66-9. Do mesmo autor, HEIDEGGER, Martin. *Ontología*: Hermenéutica de la Facticidad. Traduzido por Jaime Aspiunza. Madrid: Alianza Editorial, 2000, p. 18-9.

[369] Idem, p. 18-9.

[370] STEIN, Ernildo. *Diferença e Metafísica*: ensaios sobre a desconstrução, p. 49 e 61. Sobre esta proposta, consultar: LOTZ, Johannes B. *Martin Heidegger e São Tomás de Aquino*. Traduzido por Lumir Nahodil. Lisboa: Instituto Piaget, 2002, p. 58.

[371] STEIN, Ernildo. "Introdução ao Método Fenomenológico Heideggeriano". In: *Sobre a Essência do Fundamento*, p. 92.

finitude da existência, dentro de um contexto histórico da faticidade humana.

A fenomenologia, como ontologia, procura modificar o enfoque da tradição metafísica, pois, nesse contexto, "a filosofia entende pela pergunta do ser a pergunta pelo ente enquanto ente".[372] Heidegger pretende justamente interrogar explicitamente o ser do ente. Até então, pensava-se que o trabalho estava direcionado ao ser, mas, na verdade, se buscava o ente. A contribuição da fenomenologia é exatamente "desvelar aquilo que, no comportamento cotidiano, nos ocultamos a nós mesmos: o exercício da transcendência".[373] E é esse aspecto que Heidegger pretende destacar, pois sempre esquecido até então. Dito de outro modo,

> em qualquer lugar e em qualquer amplitude em que a pesquisa explore o ente, em parte alguma, encontra ela o ser. Ela apenas atinge sempre o ente porque, antecipadamente, já na intenção de sua explicação, permanece junto do ente. O ser, porém, não é uma qualidade ôntica do ente. O ser não se deixa representar e produzir objetivamente à semelhança do ente.[374]

A diferença entre o ôntico e o ontológico, também corresponde no fundo à diferença entre ser e ente. Isso quer dizer que enquanto não houvesse efetiva preocupação com o ser, a metafísica tradicional continuava pensando que estava representando o ente. Provavelmente nem isso ela conseguia, pois o ente como ente não poderá ser acessado, pois sempre se chega ao ente através do seu ser. Como o ser não poderá ser representado da mesma forma como o ente, a proposta fenomenológica heideggeriana descobre-se como um projeto de analítica da linguagem, onde emerge a práxis humana (veja-se a proximidade com Aristóteles), como existência e faticidade, isto é, ao nível da historicidade. É interessante observar que "o método fenomenológico, enquanto

---

[372] HEIDEGGER, Martin. "Hacia la Pregunta del Ser". In: *Acerca del Nihilismo*. Barcelona: Paidós, 1994, p. 73.

[373] STEIN, Ernildo. "Nota do Tradutor do texto 'Que é Metafísica'". In: *Heidegger*. São Paulo: Nova Cultural, 1999. (Coleção Os Pensadores), p. 45. A noção do termo transcendência é buscada por Heidegger no pensamento de Kant, a partir da diferenciação entre transcendência, transcendental e transcendente. "Por 'transcendente' designa Kant aquilo que está situado no exterior das fronteiras da experiência humana, na medida em que isso não excede os objetos na direção da sua objetualidade, senão que transpõe os objetos com a sua objetualidade, e o faz sem a competência suficiente, porque sem a possibilidade de uma fundamentação. (...) Opostamente, o método transcendental abre-se justamente para o fundamento suficiente dos objetos da experiência e assim igualmente para esta. (...) Porque ele permanece no círculo do fundamento suficiente para a possibilidade da experiência, isto é, no interior da essência da experiência, é o método transcendental assim permanecente dentro (Inbleibende), imanente. O método chama-se não obstante, transcendental, porque ele atinge a transcendência, ao demarcar esta criticamente na sua competência". HEIDEGGER, Martin. *O Princípio do Fundamento*. Traduzido por Jorge Telles Menezes. Lisboa: Instituto Piaget, 1999, p. 116-7. O termo "transcendente" refere-se àquilo que vai além da experiência humana; já o "transcendental" prepara o caminho para a manifestação do ser do ente, no contexto da experiência, sendo que o locomover-se dentro desses limites recebe a denominação da transcendência.

[374] Idem. *Que é Metafísica?* Traduzido por Ernildo Stein. São Paulo: Abril Cultural 1999. (Coleção Os Pensadores), p. 69.

método hermenêutico-lingüístico, não se desliga da existência concreta, nem da carga pré-ontológica que na existência já vem sempre antecipada. É isto que lhe dá como característica uma inelutável circularidade".[375]

Existe uma antecipação do sentido (a pré-estrutura da compreensão como se verá mais adiante), que possibilita a análise fenomenológica, onde se olha para o passado a fim de buscar as bases para a construção no presente. Esse movimento toma a forma de um círculo, que acompanha a existência humana, a qual se encontra constantemente renovada, como espelho de sua finitude. É por isso que a proposta fenomenológica não busca uma resposta pronta e acabada, pois sempre trabalha com a possibilidade de um algo a mais não percebido naquele momento. Dito de outra forma, a existência humana, como vivência fática, nunca revela a essência integral remanescendo sempre algo velado, a ser descoberto.

3.1.3.1. A fenomenologia heideggeriana

A fenomenologia, portanto, nesse contexto, significa "deixar e fazer ver por si mesmo aquilo que se mostra, tal como se mostra a partir de si mesmo". [376] A fenomenologia, como ontologia, está preocupada em desvelar o ser, na medida do seu velamento. E esse movimento não é algo preparado de fora para dentro, mas o caminho já deve estar previamente concebido para que se possa alcançar o seu objetivo, que é o desvelamento do ser do ente. Por isso, embora em algum momento se utilize o termo *método*, não se trata de um método ao nível de um caminho fechado, que sempre deverá ser percorrido do mesmo modo. Pelo contrário, é um legítimo caminho que se constrói no próprio ato de caminhar, de buscar. Por isso, Heidegger assevera que uma das primeiras tarefas da fenomenologia é a apreensão das vivências; a "apreensão da consciência de algo. (...) A fenomenologia é, portanto, um *como da investigação*, aquele que atualiza os objetos na intuição e somente fala deles na medida em que estão presentes em tal intuição".[377] A fenomenologia constata, portanto, por intermédio da sensibilidade (intuição) os dados que estão ao redor do ente homem, ou seja, é a percepção do seu ser.

O fenômeno assim representa um constante preparar a via, a fim de desmontar os encobrimentos, ou seja, o fenômeno representa o ser no modo de encobrir-se, o que não ocorre acidentalmente, mas em decorrência de caráter-de-ser do ser. Assim, o fenômeno representa

---

[375] STEIN, Ernildo. "Introdução ao Método Fenomenológico Heideggeriano". In: *Sobre a Essência do Fundamento*, p. 88.
[376] HEIDEGGER, Martin. *Ser e Tempo*. 12. ed. Parte I, p. 65.
[377] Idem. *Ontología*: Hermenéutica de la Facticidad, p. 94 e 96.

"aquilo que se mostra como tal, em seu mostrar-se".[378] Aí está a indicação da circularidade, pois o desvelamento do ser se dá no seu próprio mostrar-se como tal. O fenômeno (*Erscheinung*) é o objeto do conhecimento finito. Heidegger, portanto, busca distinguir a aparência (*Schein*) do fenômeno (*Erscheinung*), aquela é apenas uma luz sobre a situação, assim poderá provocar enganos. O fenômeno é a revelação daquilo que se manifesta de determinada maneira, a saber, o ente apenas é acessível por intermédio do conhecimento finito do mostrar-se do seu ser.[379]

Como já mencionado, a perspectiva hermenêutico-fenomenológica foi transformada (talvez fosse mais adequada a utilização "melhorada") – na formação do Heidegger II – pela questão acerca do pensamento. O próprio Heidegger afirma que em substituição à filosofia como Metafísica estará a questão do pensamento. Nesse arcabouço, projeta a questão do pensamento como a *Alétheia*, que representa "a verdade, o desvelamento e velamento, a clareira do ser, resumindo tudo na palavra-síntese: *Ereignis*".[380] Com essa expressão, Heidegger caracteriza o acontecer processado pelo velamento e desvelamento do ser, como uma questão fundamental que instiga e desafia o pensamento.

A verdade desse acontecer (*Ereignis*) não está projetada na concordância entre o representar (a idéia) e o representado (o objeto), mas pelo contrário, ela se perspectiva como a *Alétheia*, que Heidegger chama e entende por desvelamento, que propõe ser pensado como a clareira, no seu silêncio, permitindo a reflexão sobre a questão do ser.

> Se traduzo obstinadamente o nome *Alétheia* por desvelamento, faço-o não por amor à etimologia, mas pelo carinho que alimento para com a questão mesma que deve ser pensada, se quisermos pensar aquilo que se denomina ser e pensar de maneira adequada à questão. O desvelamento é como que o elemento único no qual tanto ser como pensar e seu comum-pertencer podem dar-se.[381]

O movimento constante do mostrar-se e ocultar-se acaba sendo uma espécie de espaço privilegiado para o desenvolvimento do pensamento acerca do ser. A verdade nesse contexto, portanto, não é

---

[378] HEIDEGGER, Martin. *Ontología*: Hermenéutica de la Facticidad, p. 91 e 100.

[379] HEIDEGGER, Martin. *Introducción a la Filosofía*, p. 275; VILLALIBRE, Modesto Berciano. *La revolución filosófica de Martin Heidegger*. Madrid: Editorial Biblioteca Nueva, 2001, p. 97.

[380] HEIDEGGER, Martin. *O Fim da Filosofia ou A Questão do Pensamento*. Traduzido por Ernildo Stein. São Paulo: Duas Cidades, 1972, p. 9-10. O termo *Ereignis* está relacionado a acontecer – *Ereignis*, de *sich ereignen*, acontecer, ocorrer. "As palavras vêm de *Auge*, 'olho', e até o século XVIII eram grafadas *Eräugnis*, *eräugnen*, 'colocação/colocar diante do olho, vir-a-ser/tornar-se visível'. Heidegger também usa *Ereignung* (*Eräugnung*), 'acontecimento-apropriador', que é similar a *Ereignis*, porém mais verbal. As palavras ficaram associadas a (*sich*) *eignen*, 'ser apropriado, pertencer', *aneignen*, 'apropriar-se', e *eigen*, '(o seu) próprio', desde que alguns dialetos pronunciaram *äu* da mesma forma que *ei*". INWOOD, Michael. *Dicionário Heidegger*. Traduzido por Luísa Buarque de Holanda. Rio de Janeiro: Zahar, 2002, p. 2.

[381] HEIDEGGER, Martin. *O Fim da Filosofia e a Tarefa do Pensamento*. Traduzido por Ernildo Stein. São Paulo: Nova Cultural, 1999. (Coleção Os Pensadores – Heidegger.), p. 105.

concordância, mas a capacidade de compreender o movimento projetado no espaço aberto pela luz que ilumina a clareira, onde ocorre constantemente o velamento e o desvelamento do ser do ente. Segundo Heidegger, "o substantivo 'clareira' vem do verbo 'clarear'. O adjetivo 'claro' (*licht*) é a mesma palavra que *leicht*. Clarear algo quer dizer: tornar algo leve, tornar algo livre e aberto, (...). A dimensão livre que assim surge é a clareira".[382] Para a projeção da luz, torna-se necessária a existência prévia da clareira. No movimento da luz na clareira, que nem sempre joga com a mesma intensidade, será produzido o fenômeno do velamento e do desvelamento, pois como é um aberto, livre, não haverá certeza quanto à dimensão do projetar da claridade.

Além disso, o iluminar a clareira, como modo de preocupação com o ser, exigirá um demorar-se neste aberto, para que ele possa ser percebido. Assim, será necessário o emprego da razão como percepção, e não a razão como lógica. Portanto, essa razão como percepção será responsável pela visualização da clareira, numa busca de algo mais além daquilo que é iluminado no aberto. Embora se saiba que "o demorar-se dentro da dimensão do aberto, permanece dependente da clareira já imperante".[383] Esse parece ser o desafio para o pensamento do ser: constatar a clareira e perceber as suas possibilidades. Entretanto, não poderá ser apenas isso, mas deverá ocorrer também a iniciativa de buscar a dilatação da clareira aberta pela claridade.

O dar-se conta da clareira, bem como das suas possibilidades, pressupõe a liberdade. Heidegger apresenta duas formas de liberdade: uma negativa e outra positiva.

> Liberdade negativa significa: liberdade de (...) coação, um para-longe-de, afastar-se desta. Liberdade em sentido positivo *não* significa afastar-se-de (...), mas ir-rumo-a; liberdade positiva quer dizer ser-livre para (...), manter-se aberto *para* (...), portanto manter *a si* aberto para (...), fazer-se determinar *a si* mesmo por (...), determinar-se a si mesmo para (...).[384]

Há uma íntima relação entre a percepção da clareira do ser e a liberdade no seu sentido positivo, que significa justamente o ir-ao-encontro do desvelamento do ser, mediante a iluminação da clareira. A liberdade apresenta-se como um ingrediente fundamental, até essencial, ou seja, como condição de possibilidade do "Dasein". Com isso, a liberdade passa a ocupar um lugar diferenciado: "o problema da liberdade não está embutido na questão condutora e questão fundamental da filosofia, mas ao contrário: a questão da metafísica se funda na pergunta acerca da essência da liberdade".[385] A possibilidade do

---

[382] HEIDEGGER, Martin. *Op. cit.*, p. 102-3; *O Fim da Filosofia ou A Questão do Pensamento*, p. 30-1.

[383] Idem, p. 104; Idem, p. 32.

[384] Idem. "Vom Wesen der Menschlichen Freiheit: Einleitung in die Philosophie". In: *Gesamtausgabe*. II. Abteilung: Vorlesungen 1923-1944. Frankfurt am Main: Vittorio Klostermann, Band 31, 1994, p. 20.

[385] Idem, p. 134.

viver fático, na vida cotidiana, está lastreada na liberdade, que passa a se constituir na questão fundamental da filosofia. Heidegger refere ainda que a liberdade não está vinculada ao particular, mas "é justamente o todo no todo", onde o ser humano aparece como o "administrador da liberdade". Isso quer dizer "o ser humano como uma possibilidade da liberdade". E, nesse sentido,

> se a liberdade é o fundamento da possibilidade do "Dasein", a raiz do ser e do tempo e, por conseguinte, o fundamento da possibilidade da compreensão do ser em toda a sua amplidão e plenitude, então o ser humano, *fundando-se*, em sua existência, sobre essa liberdade e nela, é o local e a oportunidade em relação à qual o ente no todo se revela, e é o ente pelo qual o ente no todo se *fala* enquanto tal e, assim, se *expressa*.[386]

Quando se fala no ser-aí, como o "Dasein", verifica-se a importância da liberdade, pois ele é o ente privilegiado que compreende o ser, ou seja, que sabe percepcionar o ser no seu desvelamento e busca-o, portanto, na manifestação da clareira da existência. Assim sendo, a existencialidade do "Dasein", marca característica do ser humano, que acaba sendo a condição de possibilidade da liberdade. A "existência", nesse contexto, apresenta-se como um modo de ser "e, sem dúvida, do ser daquele ente que está aberto para a abertura do ser, na qual se situa, enquanto a sustenta. (...) O ente que é ao modo da existência é o homem. Somente o homem existe".[387] Aparece nessa passagem a importância do aspecto humano: do homem ou do ser humano, atribuído por Heidegger. É a existência do humano, manifestada através do "Dasein", que possibilita a expressão da liberdade.

O "Dasein" é a expressão utilizada por Heidegger para nominar o homem que vai além "de qualquer cisão metafísica entre os âmbitos do sensível e do supra-sensível[388] presentes naqueles antigos conceitos que tomam a sua essência em sua dualidade: animal-racional, corpo-alma, sujeito-objeto".[389] Apesar da importância desses dualismos, eles

---

[386] HEIDEGGER, Martin. *Op. cit.*, p. 135.

[387] Idem. *Que é Metafísica?*, p. 82.

[388] Segundo Ernildo Stein, "a distinção entre sensível e supra-sensível tem uma história central na tradição da metafísica. Basta, no entanto, mostrarmos que a distinção entre sensível e supra-sensível corresponde à diferença entre corpóreo e espiritual, o que significa entre animal e racional". Essa distinção, ao ser impregnada pela questão da linguagem, passa a ter uma nova roupagem: "Assim, passamos a incorporar, na concepção metafísica da linguagem, uma divisão que tem duas conseqüências: de um lado, ganhamos a vantagem de podermos dilatar nosso esforço de significação de modo praticamente infinito: de outro, criamos uma dependência dessa possibilidade que passa a viciar qualquer esforço de linguagem em direção à superação do mundo concreto, para nos movermos num contexto apenas conceitual". Tal concepção demonstra uma facilidade em lidar-se com o deslocamento de algo que é supra-sensível para uma imagem, ou seja, "nós conseguimos tornar sensíveis contextos não-sensíveis de significação. (...) Passamos, então, a olhar a linguagem como marcada essencialmente por uma elasticidade que nos permite o jogo do deslocamento, pelo qual fazemos a ponte entre dois lados duma distinção trazida pela metafísica". STEIN, Ernildo. *Exercícios de Fenomenologia*: Limites de um Paradigma, p. 108-9.

[389] MICHELAZZO, José Carlos. *Do Um como Princípio ao Dois como Unidade*: Heidegger e a reconstrução ontológica do real. São Paulo: FAPESP, 1999, p. 128.

não conseguem dar conta da conexão possibilitada pelo "Dasein" entre o homem e o ser, compondo uma unidade especial para a compreensão da circunvisão.

Para a designação deste ente especial que compreende o ser – o "Dasein" – Heidegger reuniu,

> ao mesmo tempo, numa palavra a revelação do ser com a essência do homem, como também a referência fundamental do homem à abertura ("aí") do ser enquanto tal, foi escolhido para o âmbito essencial, em que se situa o homem enquanto homem, o nome "ser-aí".[390]

A caracterização da existência humana – do homem, do ser humano – mostra-se como o "ser-aí", que está no movimento constante do ocultar-se e do desocultar-se. É nesse movimento que se manifesta a efetiva existencialidade do "Dasein".

3.1.3.2. O ente homem: entre o esquecimento e a compreensão do ser

O homem apresenta-se como o único dos entes com capacidade para experimentar o que o ente é, pois somente ele é capaz de usar a liberdade para o desenvolvimento desse experimento.[391] Dentro dessa moldura, Heidegger formula a seguinte pergunta: "O que é que constitui o ente como ente?". A essa indagação, responde categoricamente em nova interrogação: "Que outro nome lhe daríamos senão o ser?".[392] Dito de outro modo, parece ser correto dizer que o ser constitui o próprio ente. Com isso, encontra-se uma justificativa para a afirmativa de que o ente como ente não existe, ou seja, o ente sempre é no seu ser. No fundo, Heidegger ao propor as duas indagações, está buscando destacar a procura pelo ser, e não pelo ente. A partir desse aspecto, Heidegger alerta para uma justificativa do esquecimento da pergunta acerca do ser: o comportamento do homem é mantido constantemente pela compreensão do ser.

> Nosso comportamento é sustentado e dominado por essa *compreensão do ser*. Estamos tão dominados por ela e ela nos chama tão pouco a atenção como tal que não nos voltamos expressamente para isso, que precisamos ser lembrados expressamente disso que para nós é óbvio.[393]

O esquecimento da questão sobre o ser está assentado numa concepção quase contraditória, pois o homem compreende o ser e o compreende de tal modo que se esquece dessa situação, provocando o seu esquecimento. Isso ocorre, pois "começamos nossa existência com esse *esquecimento da compreensão do ser*, e quanto mais nos abrimos ao

---

[390] HEIDEGGER, Martin. *Op. cit.*, p. 81.

[391] Idem. *Que é Metafísica?*, p. 69-70.

[392] Idem. "Vom Wesen der Menschlichen Freiheit: Einleitung in die Philosophie". In: *Gesamtausgabe*, p. 39.

[393] Idem, p. 42.

ente, tanto mais profundamente nos esquecemos num primeiro momento de que entendemos o ser em toda a abertura para o ente".[394] Embora o homem tenha plena consciência da compreensão sobre o ser, tal situação é esquecida, eis que a questão acerca do ente se apresenta como mais "importante" e, com isso, o ser é esquecido, embora seja compreendido: "todo o mundo entende o 'é' e o 'ser'; e, ao fazer isso, todo o mundo normalmente se esqueceu de que se mantém em tal compreensão do ser". Tal característica é decorrência da seguinte constatação: "todos nós entendemos o ser e não o compreendemos, isto é, não temos condições de o determinar expressamente naquilo *como o que* o entendemos, o que, afinal, queremos dizer com isso. Movemo-nos numa *compreensão pré-conceitual do ser*".[395] O entendimento do ser parece algo tão evidente, posto projetado numa espécie de pré-compreensão do ser que acompanha o homem. Quer dizer: a compreensão do ser está tão próxima do homem, que a sua constatação na expressão do "Dasein" não lhe chama a atenção.

A compreensão do ser, manifestada na sua pré-compreensão, possibilita o conhecimento de uma série de características:

1) amplitude do ser (todas as esferas do ente, isto é, de alguma maneira a totalidade do ente) em que nos mantemos; 2) permeação de toda espécie de comportamento humano; 3) caráter tácito; 4) esquecimento; 5) indistinção; 6) pré-conceitualidade; 7) liberdade para enganar-se; 8) estruturalidade inicial.[396]

Essa série de características apresentadas por Heidegger, ratifica todos os aspectos estudados até o momento: a amplitude da concepção acerca do ser, que perpassa todas as espécies de comportamento do homem, tacitamente constatáveis – posto dependente do seu caráter existencial – provocam o seu próprio esquecimento, dada a maneira indistinta de sua manifestação. Haja vista que ela está arraigada à sua manifestação conceitual prévia, que provoca o engano, decorrente da sua evidência da sua estrutura inicial.

A pré-conceitualidade que acompanha a manifestação do ser aponta para a inevitável relação entre ser e tempo. Isso quer dizer que o tempo acaba sendo a luz que apresenta (mostra) a clareira onde o ser é desvelado, pois é velado justamente porque para o homem, pela obviedade da compreensão do ser, este acaba esquecendo-o. É aí que se mostra a seguinte pergunta: "O ser é entendido como o quê?". A isso, Heidegger responde: "como presença constante".[397] Tal aspecto é preciso ser destacado, a fim de ser compreendida a questão acerca do esquecimento do ser, pois o homem precisa parar e demorar-se no

---

[394] HEIDEGGER, Martin. "Vom Wesen der Menschlichen Freiheit: Einleitung in die Philosophie". In: *Gesamtausgabe*, p. 42.

[395] Idem, p. 43-4.

[396] Idem, p. 44.

[397] Idem, p. 116.

movimento de compreensão do ser. Nesse contexto, ingressa a perspectiva da "presença constante":

> A constância significa o perdurar, o continuar em cada agora. O agora também é uma determinação temporal. Portanto, presença constante significa: todo o presente, o que é agora, constante em todo agora. (...) Na claridade na qual se encontra o ser entendido como presença constante se manifesta a luz que dá essa claridade.[398]

O homem esquece a questão sobre o ser, pois ele não se demora na claridade projetada pelo tempo. Isso significa que a percepção do ser exige um dar-se-tempo, sob pena de essa questão passar despercebida, embora integrante da sua pré-compreensão das coisas circundantes. As características antes apresentadas também sublinham, no fundo, a questão do tempo. Portanto, "o perguntar acerca do ser, por conseguinte o perguntar acerca de ser e tempo, o perguntar acerca da essência do tempo, impele inevitavelmente ao perguntar acerca do ser humano".[399] Essa constatação marca uma imbricação entre ser, tempo e a essência do ser humano. Quer dizer, o ser humano acaba sendo o reflexo da projeção do ser e tempo. E isso pelo fato de que "só temos acesso ao problema do ser através da compreensão do ser. (...) A compreensão do ser é a condição de possibilidade do comportamento para com o ente de modo geral".[400] É preciso que o ente se dê conta da sua possibilidade de compreensão, pois nessa, estará a chave para o desenvolvimento do comportamento do próprio ente. Forma-se, na verdade, uma relação circular, impulsionada pela compreensão do ser. Com isso, "a compreensão do ser é, portanto, o fundamento da possibilidade da essência do ser humano". Sendo que essa construção apenas será possível pela intermediação do "tempo enquanto horizonte do ser [que] reúne a si mesmo [para ir] em direção ao ser humano em sua particularização".[401]

É nesse contexto que se apresenta a questão do pensamento em Heidegger, que acaba sendo desdobrado em três modos de apresentar "o que quer dizer pensar?". Num primeiro momento, que poderia se dizer está relacionado à primeira forma de pensar, aparece justamente aquilo que "desvia-se do homem. O que cabe pensar retrai-se para o homem à medida que dele se retira. O que se retira, porém, sempre já se nos mostrou. O que se retrai no modo de um retirar-se não desaparece".[402] De certo modo, a primeira forma de pensar projeta a constatação anterior de que a compreensão do ser sempre acompanha o ente homem, mas por sua obviedade acaba sendo esquecida. Portanto, embora tal aspecto se afaste do ente, sempre estará consigo median-

---

[398] HEIDEGGER, Martin. *Op. cit.*, p. 114.

[399] Idem, p. 123.

[400] Idem, p. 125.

[401] Idem, p. 125 e 129.

[402] Idem. "O que quer dizer pensar?" Traduzido por Gilvan Fogel. In: *Ensaios e Conferências*. Petrópolis: Vozes, 2001, p. 116.

te a pré-estrutura da compreensão do ser. O primeiro pensar é aquela forma característica do ser humano onde Heidegger pretende acentuar que o homem é formador do mundo. Assim, o filósofo mostra que o ser humano não se enquadra em qualquer catalogação "e, por isso, exige uma nova forma, aquela que, pela fenomenologia, deve ser descrita e ser descoberta em seu modo de existir".[403]

Nessa primeira forma do pensar, Heidegger parece que indica a unidade entre o Heidegger I e o Heidegger II: ao se pensar o homem como um ser que tem a capacidade de formar e delimitar o seu mundo, o qual deverá ser examinado dentro da perspectiva fenomenológica, de dentro para fora e novamente ao seu interior, como algo já previamente dado e não construído ou preparado no ambiente externo. Com a junção entre o pensamento e o método fenomenológico será possível visualizar o concreto modo de ser do ente homem.

O segundo modo do pensar é relacionado por Heidegger ao perceber (*das Vernehmen*). Vale dizer, "a faculdade de perceber denomina-se razão (*die Vernunft*)". A palavra *perceber* tem origem do grego *noein* e significa: "captar algo presente; e, captando algo, destacá-lo e, assim, tomá-lo como vigente".[404] Esse segundo modo do pensar se opõe ao modo tradicional de vislumbrar a razão como uma operação da lógica. Haja vista que o pensar como razão, no sentido de perceber, não uma operação meramente lógica, aponta para as condições de dar-se-conta da clareira para o desvelamento do ser.

É nessa linha que Heidegger introduz a terceira forma do pensar:

> o pensamento é uma tal apresentação do que está presente, que entrega o que é vigente em sua vigência e, assim, o opõe à nossa frente, de modo que estamos diante do que é ou está vigente e, então, nesse âmbito mesmo, suportamos esse pôr-se. (...) Por isso, a apresentação é re-apresentação. Posteriormente, a palavra repraesentatio torna-se o nome corrente para este representar (*Vorstellen*).[405]

O pensar como representar aponta para o perceber. Assim, o representar não aponta para uma mera relação entre o sujeito e o objeto, a relação é muito mais profunda, pois o perceber que se projeta no representar, ou no re-apresentar é a compreensão do ser, provocando uma verdadeira unidade entre as três formas de pensar, pois Heidegger entende que "o ser humano pensa porque fala". Essa terceira forma de pensar é ligada ao uso da mão: "ele diz que a mão se distingue infinitamente de todos os órgãos de apreensão e somente um ser que fala, isto é, pensa, pode ter uma mão".[406] A metáfora da mão aponta para o necessário modo prático de ser do homem, que percebe o vigente como algo que dura, algo que se mostra e se esconde novamente. E é justamente nesse movimento que se expressa o modo

---

[403] STEIN, Ernildo. *Pensar é pensar a diferença*: filosofia e conhecimento empírico, p. 32-3.

[404] HEIDEGGER, Martin. "O que quer dizer pensar?" Traduzido por Gilvan Fogel. In: Ensaios e Conferências, p. 121.

[405] Idem, p. 122.

[406] STEIN, Ernildo. *Pensar é pensar a diferença*: filosofia e conhecimento empírico, p. 37.

construtor como próprio do ente homem, na procura pela compreensão do seu ser. "No ser, que aparece como vigorar permanece, todavia, igualmente impensado tanto o desencobrimento aí imperante como o modo próprio de ser aí também imperante de presente e de tempo".[407] A unidade dos três modos do pensar aponta para o caráter construtor que o homem possui em relação ao mundo, que se operacionaliza pelo perceber dos influxos do tempo no desenvolvimento do seu modo-de-ser.

O pensar como razão, que aponta para o perceber, justamente é um dos modos que merece destaque para fazer frente ao esquecimento da questão do ser, como já visto anteriormente. Dito de outro modo, o esquecimento não é visto como simples ignorância, ou desconhecimento, mas como incorporação ao cotidiano do homem, que esquece – pela sua singeleza – de algo que já sempre compreendeu. Heidegger, quando aborda a razão, a partir dos aspectos já apontados, refere que "*ratio* pertence ao verbo *reor*, cujo sentido diretriz é: tomar algo por algo; aquilo, pelo qual alguma coisa é tomada, é posto por baixo, suposto". Dentro de tal significação, *ratio* se aproxima de "conta". Isso significa: "quando nós contamos, representamos aquilo que, com o qual e sobre o qual numa coisa contada, se deve manter em vista".[408] A racionalidade que está na segunda forma do pensar aponta para essa concepção de razão, que não é lógica, mas que é um modo de ser que possibilita a tomada de algo como algo, na sua singularidade.

Ao se admitir a *ratio* nesse contexto

significa simultaneamente conta no sentido de justificar algo legitimamente existente, como corretamente computado e segurado através de uma tal conta. Este contar amplamente entendido é o modo como o homem recolhe, pretende e admite algo, isto é, per-cebe algo em geral. *Ratio* é o modo do perceber, isto é a razão.[409]

A idéia da razão como vinculada ao contar empresta o sentido de recolher e agrupar algo que está ao redor do ente homem. Trata-se, no caso, provavelmente, de contar a compreensão do ser que está em volta do homem e necessita ser percebido como tal, pois já existente. Essa forma de conceber a razão não está em consonância com a racionalização técnico-científica da chamada "pós-modernidade", que busca a eficácia no seu modo de ação. Essa característica prende-se à "perfeição da técnica", a qual representa "apenas o eco da reivindicação do *perfectio*, isto da completude (*Vollständigkeit*) da fundamentação. (...) A técnica moderna impele para a maior perfeição possível. A perfeição apóia-se na geral calculabilidade dos objetos".[410] Esse modo de conceber as coisas, especialmente aquelas relacionadas ao ente homem, não

---

[407] HEIDEGGER, Martin. *Op. cit.*, p. 123.
[408] Idem. *O Princípio do Fundamento*, p. 146.
[409] Idem, p. 172.
[410] HEIDEGGER, Martin. *Op. cit.*, p. 173.

se enquadram no rigor dessa racionalização. É nesse contexto que Heidegger refere que "ainda não pensamos realmente enquanto permanecer desconsiderado em que se funda o ser do real quando ele aparece como vigência, como presença".[411]

Deve ser sublinhada a necessidade da compreensão do ser, que se dá como vigência, na medida em que dura, ou seja, representa o demorar-se na clareira aberta onde o ser se projeta e onde deverá ser compreendido. Isso, com certeza, não cabe dentro da racionalidade técnico-científica. Portanto, Heidegger alerta para a necessidade de apreendermos a essência do ser do ente homem. A racionalidade que impera na chamada "pós-modernidade", preocupada com a eficácia e a perfeição, acaba gerando a chamada "interpelação provocadora, asseguradora e calculadora", onde a produção é a grande regra mestra que deverá ser observada. Tal situação acaba gerando a "perda da essência humana", ou seja, "o homem está posto sob a ameaça crescente de perder sua humanidade. (...) O próprio homem está, sem disso dar-se conta, interpelado, isto é, provocado a cultivar racionalmente o mundo ao qual pertence".[412] É necessário, portanto, buscar alternativas para a questão do não pensado, a fim de efetuar a contraposição da mera busca da eficácia formal, sem preocupação com o conteúdo.

Nesse aspecto, torna-se relevante a seguinte ponderação de Heidegger: "talvez exista um pensamento fora da distinção entre racional e irracional, mais sóbrio ainda do que a técnica apoiada na ciência, mais sóbrio e por isso à parte, sem a eficácia e, contudo, constituindo uma urgente necessidade provinda dele mesmo".[413] Aí talvez ingressa a questão dos princípios da lei natural, que sempre já compreendemos, mas que por isto mesmo esquecemos. Será que existe, nesse aberto, um espaço para a razoabilidade prática, via princípios da lei natural, na concepção de John Finnis, com as possibilidades projetadas pela hermenêutica? Essa é a questão que se buscará responder mais adiante.

3.2. A HERMENÊUTICA FILOSÓFICA DE GADAMER E AS INFLUÊNCIAS DA FILOSOFIA PRÁTICA DE ARISTÓTELES

Na fundamentação da hermenêutica filosófica, a partir da filosofia prática desenvolvida por Aristóteles, Gadamer entende que se trata "de razão e de saber, que não estão separados do ser que deveio, mas

---

[411] Idem. "O que quer dizer pensar?" Traduzido por Gilvan Fogel. In: *Ensaios e Conferências*, p. 12

[412] Idem. *O Fim da Filosofia ou A Questão do Pensamento*, p. 14-6.

[413] Idem, p. 108.

que são determinados por este e que são determinantes para este ser".[414] Além disso, e sublinhando o papel que a razão desempenha na atuação ética, Gadamer enfatiza: "o problema hermenêutico se aparta evidentemente de um saber puro, separado do ser".[415] Com tal perspectiva, a linha da proposta gadameriana busca apontar a inadequação do saber objetivo – marca característica da hermenêutica no século XIX, especialmente do paradigma positivista – notadamente quando se trata de situações que envolvem o agir humano.

Gadamer vai buscar a questão relativa à sabedoria humana (que tem como característica a contingência), a fim de fazer o contraponto ao saber metódico, rigoroso e objetivo (que parte do necessário e do conceitual, distante das mudanças que acompanham o comportamento humano):

> Assim, minha própria teoria hermenêutica convenceu-me da necessidade de recuperar esse legado socrático de uma "sabedoria humana" que em comparação com a infalibilidade quase divina do saber científico se converte num não-saber. A "filosofia prática" elaborada por Aristóteles pode servir-nos de modelo.[416]

A filosofia prática é recepcionada como um fundamento da proposta hermenêutica de Gadamer. Ao trabalhar com a perspectiva humana, não caberia a estrutura de um saber meramente técnico, posto incapaz para lidar com as variações que envolvem a ação do ser humano.[417] A filosofia prática deve buscar, assim, um fundamento para o trabalho prático da hermenêutica.

> Aristóteles mostra que a razão prática e o conhecimento prático não podem ser ensinados como a ciência. Eles só são possíveis na práxis, o que significa, na vinculação interna ao "ethos". Convém não esquecer esse ponto. O modelo da filosofia prática deve ocupar o lugar dessa "theoria", cuja legitimação ontológica só poderia ser encontrada em um "intellectus infinitus", do qual nossa experiência existencial nada sabe sem apoio numa revelação. (...) Mas a "filosofia prática" significa algo mais que um simples modelo metodológico para as ciências "hermenêuticas". Torna-se também seu fundamento real. A peculiaridade metodológica da filosofia prática não passa da conseqüência natural extraída da "racionalidade prática" elaborada por Aristóteles em sua especificidade conceitual.[418]

Deve ser observada a forte resistência ao enquadramento metodológico. O substrato dado pela filosofia prática ao desenvolvimento do

---

[414] GADAMER, Hans-Georg. *Verdade e método*: traços fundamentais de uma hermenêutica filosófica, p. 465.

[415] Idem, p. 468.

[416] Idem. *Verdade e método*: complementos e índice. Traduzido por Enio Paulo Giachini; revisão da tradução de Marcia Sá Cavalcante-Schuback. Petrópolis: Vozes, 2002. v. II, p. 570.

[417] Apesar dessa preocupação de Gadamer, torna-se importante refletir sobre uma espécie de "alerta" que vem de Heidegger: "Não apenas na epistemologia, mas na maior parte das vezes, toma-se o conhecimento do mundo exclusivamente como exemplo do fenômeno de ser-em, pois se entende a atitude prática como 'não teórica' e 'ateórica'. Porque este primado do conhecimento desorienta a compreensão do modo de ser mais próprio do conhecimento, deve-se ressaltar, de maneira ainda mais precisa, o ser-no-mundo, no tocante ao conhecimento do mundo, e torná-lo visível como uma 'modalidade' existencial do ser-em". HEIDEGGER, Martin. *Ser e Tempo*. 12. ed. Parte I, p. 98. Para que a proposta de Heidegger possa efetivamente concretizar-se, não podemos descurar do aspecto teórico, pois é ele justamente que dá as coordenadas para que o ser-em tenha um sentido existencial no mundo.

[418] GADAMER, Hans-Georg. *Verdade e método*: complementos e índice, p. 570-1.

projeto hermenêutico gadameriano, não busca um método, frente à natural inadequação decorrente do seu material de estudo: a ação humana. Dentro desse contexto a razão prática – que carrega o conjunto da vivência de cada ser humano – não possibilita a aprendizagem, mas refere-se a um modo de ser do ente envolvido em determinada situação. E é por isso que Gadamer entende que a razão prática não poderá ser concebida como algo neutro e distante do acontecer. Pelo contrário, estará inevitavelmente ligada a todo acontecer humano. Assim, quando se fala que ela corresponde ao *ethos*, recupera-se o caráter atribuído por Aristóteles, como uma virtude, ou seja, "o 'fato prévio' que serve como ponto de partida de todo esclarecimento filosófico-prático".[419] O mencionado "fato prévio" aponta para um conhecimento prévio que caracteriza a razão prática. Para tanto, convém não esquecer:

> A hermenêutica é antes filosofia. Não se limita a prestar conta dos procedimentos que a ciência aplica. Trata igualmente das questões prévias à aplicação de qualquer ciência (...). Trata-se das questões que determinam todo o saber e o fazer humanos, essas questões "máximas" que são decisivas para o ser humano enquanto tal e para sua escolha do "bem".[420]

A proposta gadameriana não está preocupada com o conhecimento de coisas técnicas, mas com a produção gerada pela vida humana mutável. De certo modo, a concepção da razão prática aponta para uma aproximação (naquilo que é possível) entre a teoria e a prática.[421] Gadamer reconhece tal aspecto, na medida em que não considera a filosofia prática como algo infalível em cada situação, pois "a filosofia prática é em cada caso o caráter da teoria".[422] Entretanto, não se trata de uma aplicação da teoria, pelas próprias características já estudadas anteriormente. Pelo simples fato de que se trabalha com material que envolve o comportamento humano, torna-se necessária sempre uma nova decisão, a partir de cada situação da vida.[423]

---

[419] HEIDEGGER, Martin. *Op. cit.*, p. 365.

[420] Idem. *Ser e Tempo*. 12. ed. Parte I, p. 369.

[421] É preciso atentar para a seguinte advertência de Gadamer: "A relação entre teoria e prática tem uma estrutura muito complexa no pensamento grego e deve desligar-se totalmente do uso moderno da linguagem e do problema trivial do emprego da teoria e prática. Em qualquer caso era um erro quando se deduzia, por exemplo, dos capítulos finais de *Ética a Nicómaco* aristotélica que, apesar dos seus conhecidos interesses pragmáticos e políticos, teria estado disposto a fazer ali uma concessão à academia e a seu mestre Platão, colocando o ideal de vida dedicada à teoria acima do da prática. Se se interpreta o final da *Ética* realmente com precisão, se mostra, ao contrário, que a vida dedicada à teoria, enquanto forma superior de vida, é a vida dos deuses, e que para o ser humano somente existe uma vida baseada na prática, donde o acesso à vida teórica somente chega a ser possível como uma espécie de elevação momentânea a um estágio superior. Portanto, não pode haver em absoluto uma separação entre teoria e prática. Por esta razão Aristóteles pode dizer: "Todos os seres humanos aspiram por natureza ao saber". O aspirar é aqui o primeiro e somente a partir dele se desenvolve o puro fixar-se nas coisas. (...)". GADAMER, Hans-Georg. "La teologia de Marburgo". In: *Los Caminos de Heidegger*, p. 333. Sobre esta concepção da teoria, também consultar: GADAMER, Hans-Georg. *Acotaciones Hermenéuticas*, p. 20-1.

[422] GADAMER, Hans-Georg. "L'Idea del bene tra Platone e Aristotele". In: Studi Platonici 2, p. 251 e 260.

[423] Gadamer refere: "É evidentemente uma percepção fundamental da prática da vida do ser humano o considerar que seu julgamento e orientação na própria situação vital não é uma pura aplicação de conhecimentos, senão que também é determinante o que ele mesmo é e tem

3.2.1. A *phrónesis* como a virtude hermenêutica fundamental

A "práxis", dentro desta faceta da filosofia prática, "designa o conjunto das coisas práticas e, portanto, toda conduta e toda auto-organização humana nesse mundo, incluindo também a política e dentro dessa a legislação".[424] Na medida em que a tarefa hermenêutica está envolta nesta práxis,[425] que aporta o contexto humano para a consideração dos aspectos a serem examinados, Gadamer inevitavelmente vai buscar as contribuições dadas por Aristóteles acerca da *phrónesis*.[426] A práxis é catalogada por Gadamer como sendo o objeto da filosofia prática. Aquela é uma marca distintiva do ser humano em relação aos animais, que conduzem a sua vida instintivamente. Já o homem guia a sua vida pela razão. "Por isso, a virtude básica em consonância com a essência do homem, é a racionalidade que guia sua práxis. O grego expressa-a com a palavra *phrónesis*":[427]

> A virtude aristotélica da racionalidade, a "phronesis", acaba sendo a virtude hermenêutica fundamental. Serviu de modelo para a formação de minha própria linha argumentativa. Desse modo, a hermenêutica, essa teoria da aplicação, quer dizer, da conjugação do universal e do particular, converteu-se para mim numa tarefa filosófica central. (...) A filosofia prática de

chegado a ser. Aristóteles chamou isto o *ethos*, a constituição do ser daquele que na prática da vida deve decidir-se sempre de novo. O que Aristóteles chama a virtude da *phrónesis*, esta razoabilidade e sensatez que não é simplesmente uma capacidade intelectual, senão que representa uma atitude moral que permite guiar-se e esclarecer, (...)". GADAMER, Hans-Georg. "La teologia de Marburgo". In: *Los Caminos de Heidegger*, p. 258-9.

[424] Idem. *Verdade e método*: complementos e índice, p. 375. Esta mesma passagem está em: Idem. "Del ideal de la filosofía práctica". In: *Elogio de la teoría*: discursos y artículos. Traduzido por Anna Poca. Barcelona: Ediciones Península, 1993, p. 64.

[425] Carsten Dutt, ao editar uma conversação com Gadamer, propõe a seguinte questão: "Em seus trabalhos mais recentes, os textos dos anos setenta e oitenta, você atribui uma importância especial à relação entre hermenêutica e filosofia prática. O fundamento dessa concepção deve ser buscada na interpretação da ética aristotélica que aparece em *Verdade e Método*. Que significa filosofia prática na tradição de Aristóteles, e em que consiste seu parentesco com a hermenêutica?". Gadamer respondendo a esta questão enfatiza a importância da práxis, dizendo: a palavra "praxis" significa "a totalidade de nossos assuntos práticos, toda a atuação e o comportamento humanos, a autoinstalação em sua totalidade do homem neste mundo. (...) Nossa práxis é nossa forma de vida. (...)". DUTT, Carsten. *Em conversación com Hans-Georg Gadamer*: Hermenêutica, Estética, Filosofia Práctica. Traduzido por Teresa Rocha Barco. Madrid: Tecnos, 1998, p. 95-6.

[426] Pelo que se pode observar, Gadamer buscou em Aristóteles apenas a razão prática e a *phrónesis*. Como visto anteriormente, o conhecimento prático não poderá ser ensinado, ele apenas é possível por intermédio do viver, da experiência. Quer dizer, a razão prática e o conhecimento prático não estão no mesmo nível de aprendizagem da ciência. Com isso, "o modelo da filosofia prática deve ocupar o lugar dessa *theoria*, cuja legitimação ontológica só poderia ser encontrada em um *intellectus infinitus*, do qual nossa experiência existencial nada sabe sem alguma revelação. (...) Na verdade, o mestre alemão reduz toda a filosofia de Aristóteles à filosofia prática e esta à indicação do valor hermenêutica da *phrónesis*, entendida como faculdade essencialmente intuitiva por influência da analítica existencial (hermenêutica da faticidade) de Heidegger" (STRECK, Lenio Luiz. *Jurisdição Constitucional e Hermenêutica*: uma Nova Crítica do Direito. 2. ed. rev. e ampl. Rio de Janeiro: Forense, 2004, p. 260-3.). Gadamer se inspira apenas nessa parte de Aristóteles, pois o seu interesse é com e pela prática, tanto que a hermenêutica é sempre aplicação; e aplicação, por sua vez, sempre é prática e relação com as características de caso concreto.

[427] GADAMER, Hans-Georg. *Verdade e método*: complementos e índice, p. 375.

Aristóteles se equivocaria se fundamentasse seu princípio no "que" ("dass"), sem reconhecer que ela própria, enquanto filosofia, como um querer saber teórico, não pode depender de algo que aparece na experiência como um "ethos" concreto e como uma razão que atua praticamente.[428]

A filosofia prática, como já especificado no capítulo relativo a Aristóteles, acaba sendo enquadrada dentro do contexto do conhecimento científico. Assim, está preocupada com o universal. A hermenêutica filosófica de Gadamer, como visto, procura conjugar o universal com o particular. Desta forma, inevitavelmente, Gadamer vai buscar os subsídios da *phrónesis* aristotélica para sustentar a sua proposta hermenêutica. Essa procura pela conjugação possível entre o universal e o particular, reflete a pretensão de aproximar a teoria e a prática que, como já visto, representavam suas "dimensões" muito distantes.

A busca constante do homem pelo saber, acaba provocando o seguinte raciocínio em Gadamer: "o pensamento decisivo, válido tanto para as chamadas ciências do espírito como para a 'filosofia prática', é que em ambas a natureza finita do ser humano adquire uma posição decisiva ante a tarefa infinita do saber".[429] O homem procura alinhar uma posição de equilíbrio entre a sua existência finita e a busca pelo saber que não está projetado nos mesmos limites. Para fazer frente a este desafio é que entra em jogo a "racionalidade", ou aquela característica fundamental "do que indicamos ao dizer que alguém é uma pessoa racional, quando este supera a tentação dogmática apegada a todo suposto saber".[430] A concepção humana está alicerçada no desenvolvimento dessa capacidade, sendo amparada pelo modo de ser chamado de *ethos*.

A *phrónesis* apresenta-se como a racionalidade que sustenta o desenvolvimento desse conjunto de hábitos e exercícios, que faz com que o *ethos* não seja um mero adestramento ou adaptação.[431] Vale dizer, a *phrónesis* é a responsável por assegurar a qualidade das relações e comportamentos que compõem o *ethos*, de tal modo que nos garante a busca pelo saber dentro dos limites humanamente concebidos. Não se trata de um mero conjunto de regras que o meio impõe ao ser humano. Pelo contrário, este elabora um conjunto de aspectos significativos a partir da interferência da sua própria condição criativa. A *phrónesis* é responsável pela qualificação do *ethos*, mostrando que "quem quer um determinado fim deve saber os meios que conduzem e os que não conduzem a ele. Por isso, a ética não é mera questão de intenção".[432] A

---
[428] GADAMER, Hans-Georg. *Verdade e método*: complementos e índice, p. 380.
[429] Idem, p. 376.
[430] Idem, ibidem.
[431] Idem, p. 377.
[432] Idem.

busca equilibrada entre meios e fins acaba envolvendo a questão relativa ao saber, equacionando, igualmente, a teoria e a prática.

A preocupação de Gadamer a respeito da *phrónesis* aponta claramente para uma postura comportamental que procura alcançar a felicidade do seu modo de ser e agir, ou seja, na sua vida, caracterizando aquilo que os gregos denominavam de *eudaimonía*. Para tal, não basta seguir um simples manual de regras. É preciso algo mais, que a própria vivência vai mostrando ao ser humano. É dentro desse contexto, que Gadamer prefere traduzir o termo grego *práxis* por atividade, e não por *ação*. Segundo ele, assim existe uma abrangência maior para cada situação, onde pode ser exigida uma palavra, por exemplo.[433]

A linha de pensamento desenvolvida até o momento deixa bem clara a flexibilidade da *phrónesis*, que tem a função de "harmonizar" a relação entre o saber teórico e o saber prático:

> Nesse sentido a distinção de Aristóteles entre o saber ético da "phrónesis" e o saber teórico da "episteme" é bem simples, sobretudo se se leva em conta que, para os gregos, a ciência, representada pelo paradigma da matemática, é um saber do inalterável, que repousa sobre a demonstração e que, por conseguinte, qualquer um pode aprender. (...) Em contraposição a esta ciência "teórica", as ciências do espírito fazem parte, estritamente, do saber ético. São "ciências morais". Seu objeto é o homem e o que este sabe de si mesmo. Este, porém, se sabe a si mesmo como ser que atua, e o saber que, deste modo, tem de si mesmo não pretende comprovar o que é. Aquele que atua lida, antes, com coisas que nem sempre são como são, pois que podem ser diferentes. Nelas descobre em que ponto pode intervir sua situação. Seu saber deve orientar seu fazer.[434]

É na relação entre a teoria e a prática, provocada pelo estudo de Aristóteles, que Gadamer valoriza a importância da *phrónesis*, na medida em que retrata a ação humana, destacando o saber prático que vai orientando a a(tu)ação em cada situação concreta. É interessante constatar que Gadamer inverte a posição existente entre o saber teórico e o saber prático, aquele, como já visto, tinha uma relação com os deuses, sendo, portanto, um saber que o ser humano planejava atingir: em Aristóteles a *sophia*, ou seja, a sabedoria teorética tinha a primazia sobre a *phrónesis*, que era catalogada como "a virtude da razão, como a mais elevada excelência humana".[435] Dessa forma,

> aquele que deve tomar decisões morais é alguém que já sempre aprendeu algo. Por educação e procedência está determinado, de modo que em geral sabe o que é correto. A tarefa da decisão ética é encontrar o que é adequado na situação concreta, isto é, ver concretamente o que nela é correto e lançar-se a ela.[436]

---

[433] Idem. *Acotaciones Hermenéuticas*, p. 21-2.

[434] Idem. *Verdade e método*: traços fundamentais de uma hermenêutica filosófica, p. 468.

[435] BERTI, Enrico. "Gadamer and the Reception of Aristotle's Intellectual Virtues". In: *Revista Portuguesa de Filosofia*, Braga: Faculdade de Filosofia de Braga, v. 56, n. 3/4, p. 345-60, jul.-dez. 2000, p. 347.

[436] GADAMER, Hans-Georg. *Op. cit.*, p. 471.

Na medida em que Gadamer coloca o saber prático num patamar mais elevado do que o saber teórico, também modifica a própria concepção aristotélica sobre a *phrónesis*. Como visto, Aristóteles entende a *phrónesis* como a capacidade de "deliberar" sobre aquilo que deve ser perseguido para a obtenção da vida boa, que corresponde à felicidade. Portanto, o ser humano planeja, calcula os meios para que o objetivo possa ser alcançado. Gadamer não faz essa referência à *phrónesis*. Pelo contrário, concebe-a como uma "reflexão" (*überlegen*), tendo em vista a obtenção de um bom objetivo (*einen guten Zweck zu erreichen*). Assim, ignora a referência de Aristóteles para o ato de deliberar ou calcular.[437] Além disso, também não existe, na proposta gadameriana, a preocupação com o ideal de felicidade, mas, em substituição, é acentuada a importância da reflexão, como parte integrante da compreensão. Tal aspecto será enfocado mais adiante.

A decisão correta, a mais justa, aquela que aplica o "meio termo", orientar-se-á pela *phrónesis*. Com isso, está justificada a importância que Gadamer vai atribuir ao saber prático sustentado na/pela *phrónesis*. Portanto, a decisão correta não depende de um método, mas de sua vinculação ao saber prudencial, alicerçado na história do intérprete e na situação da vida que deve receber uma solução. A idéia de Gadamer de valorizar a *phrónesis* como reflexão, e não como deliberação/cálculo prende-se ao fato de que para a obtenção do "justo meio" requer-se avaliação, portanto, reflexão das características de cada situação concreta. E nesse sentido Gadamer ultrapassa Aristóteles, pois o emprego da racionalidade prática mostra que, além da busca pelos meios justos, é necessário perseguir fins justos.[438] Esse acaba sendo um objetivo relevante na construção da hermenêutica filosófica de Gadamer. Vale dizer, a finalidade acaba sendo relevante e não concebida metafisicamente como algo dado, tal qual acontecia na perspectiva aristotélica.

De certo modo, a partir da análise da *phrónesis*, Gadamer extrai algumas características do saber prático, que acabam correspondendo, igualmente, aos caracteres da sua proposta hermenêutica, isto é:[439] 1) o sujeito cognoscente e a situação concreta vivenciada encontram-se numa íntima relação. Com tal característica, o sujeito está sempre na situação de alguém que apreende o seu entorno e nesse contexto procura examinar a situação da vida que deverá servir de substrato para a tarefa da interpretação. 2) Trata-se de um conhecimento que não poderá ser aprendido e nem esquecido.[440] Isto ocorre, pois "encontra-

---

[437] BERTI, Enrico. *Op. cit.*, p. 350-1.
[438] GADAMER, Hans-Georg. "L'Idea del bene tra Platone e Aristotele". In: *Studi Platonici 2*, p. 254.
[439] BERTI, Enrico. *Aristóteles no século XX*, p. 250.
[440] "Reconhecendo na situação concreta da vida o que é passível de ser feito, o saber prático não encontra sua perfeição do mesmo modo que o saber objetivo tem sua perfeição na "tékhne". A

mo-nos sempre na situação de quem tem de atuar e, por conseguinte, temos de já sempre possuir e aplicar o saber ético";[441] 3) a relação entre meios e fins expressa um contorno peculiar:

> O saber ético não poderá nunca revestir o caráter prévio, próprio dos saberes suscetíveis de aprendizagem. A relação entre meio e fim não aparece aqui nos moldes daquilo que se pode dispor com anterioridade de um conhecimento dos meios idôneos, e isso pela razão de que o saber do fim idôneo não é, por sua vez, mero objeto de um saber. Não existe uma determinação prévia daquilo em que a vida no seu todo está orientada. As determinações aristotélicas da "phronesis" mostram, nesse sentido, uma oscilação característica, pois esse saber se atribui ora mais ao fim ora mais ao meio para o fim.[442]

A referida oscilação aponta para aquilo que já foi mencionado no tocante à posição da localização do justo meio. Ele não estará necessariamente no meio; em alguns casos poderá estar deslocado mais para o extremos e, mesmo assim, ainda será o "justo meio". Por isso Gadamer[443] enfatiza que o contrário da visão do correto é a cegueira, pois a visualização daquela não poderá ser vinculada a uma fórmula, visando a atingir sempre o mesmo resultado. Tal aspecto também se aplica ao resultado da interpretação, pois em cada caso deverá ser colocada em prática novamente a persecução do fim mais adequado para aquela, com os seus contornos característicos.

4) Tanto a *phrónesis* como a hermenêutica devem pressupor certo tipo de experiência: "O saber ético contém por si mesmo uma certa classe de experiência, inclusive veremos que esta é talvez a forma fundamental da experiência, ante a qual toda outra experiência é desnaturalizada, para não dizer naturalizada".[444] A organização da compreensão precisa da experiência, pois não se trata, como propugnava o positivismo jurídico, de uma aplicação mecânica do sentido do texto, mas da sua contextualização, e a partir daí a realização da atribuição do sentido. Isso demonstra claramente que o saber que a *phrónesis* carrega e desenvolve é um saber peculiar, o qual se aperfeiçoa com o próprio caminhar da vida humana.

O que fica evidente nessa caracterização, na medida em que Gadamer aproxima o saber prático da *phrónesis* com a hermenêutica, é que a tarefa hermenêutica também é prática desde o início.[445] Dito de

---

"tékhne" que pode ser ensinada e aprendida e seu desempenho não depende evidentemente do tipo de homem que se é, já, do ponto de vista moral ou político, ocorre exatamente o contrário com o saber e a razão que iluminam e guiam a situação prática da vida humana. É claro que também aqui se dá, dentro de certos limites, algo como a aplicação de um saber universal sobre um caso particular". Isto está justificado pela seguinte passagem: "em toda decisão prática da vida, está em questão um ponderar sobre as possibilidades que levam aos fins estabelecidos" (GADAMER, Hans-Georg. *Verdade e método*: complementos e índice, p. 191-2).

[441] Idem. *Verdade e método*: traços fundamentais de uma hermenêutica filosófica, p. 472.

[442] Idem, p. 477-8.

[443] Idem, p. 479.

[444] Idem, ibidem.

[445] Com essa particularidade surge de modo mais claro a aproximação entre Gadamer e Aristóteles: "A ética aristotélica não desempenha a função de um modelo hermenêutico porque

outro modo, a aplicação não é apenas a parte final do processo da compreensão, mas está presente desde o início, pois "tampouco aqui a aplicação consistia em relacionar algo geral e prévio com uma situação particular. O intérprete que se confronta com uma tradição procura aplicá-la a si mesmo".[446] Tudo indica que a consideração da *phrónesis* é a indicação da presença da tradição. Por isso, quando Gadamer refere que o intérprete aplica a tradição a si mesmo está querendo sublinhar que esse ato é crítico, a saber, não é uma mera reprodução, mas uma aplicação crítica da tradição ao intérprete. Vale dizer, todo este contexto, onde o intérprete já está inserido desde sempre, condiciona a tarefa hermenêutica. E é sempre uma tarefa prática, motivo pelo qual a aplicação acaba sendo uma característica muito importante do trabalho do intérprete ao colocar em ação as possibilidades da *phrónesis*.[447]

A concepção da *phrónesis* como um modo característico do operar do intérprete aponta para uma crítica à pretensão objetivadora da ciência, que meramente reproduz algumas fórmulas já consolidadas. Vale dizer, com a valorização da *phrónesis* surge um saber que tem como linhas básicas a indeterminação, a flexibilidade e a problematicidade.[448] Assim, a *phrónesis* acaba gerando um juízo moral circunstanciado, capaz de reconhecer (e talvez antecipar) as prováveis conseqüências, viabilizando uma reflexão para escolher aquela que compromete a humanidade do homem,[449] ou seja, aquela que respeita as características do caso concreto.

Pelo visto, Gadamer, ao trazer a questão relativa à *phrónesis* para o debate filosófico, procura identificá-la com a filosofia prática. Não pretendeu estabelecer uma confusão entre ambas, mas, pelo contrário, a recondução da filosofia prática à *phrónesis*.[450] Isso fica claro na seguinte constatação:

essa ética afirmara o 'relativismo de todos os valores', senão porque compreende muito bem que o saber moral não é um saber de pura intelecção: a sabedoria ética não consiste na intuição de uma norma ideal (uma idéia, um bem abstrato, uma universalidade matemática), senão que se mostra na aplicação do bem a um ato concreto de da vida. Em outras palavras: o saber moral não é um saber de objetivação, senão – pelo contrário – um saber de aplicação". GRONDIN, Jean. *Introducción a Gadamer*. Traduzido por Constantino Ruiz-Garrido. Madrid: Herder, 2003, p. 166.
[446] GADAMER, Hans-Georg. *Op. cit.*, p. 481.
[447] SCHUCHMAN, Paul. "Aristotle's Phronésis and Gadamer's Hermeneutics". In: *Philosophy Today*, New York: St. John's University Library, n. 23, p. 41-50, 1979, p. 42.
[448] D'AGOSTINI, Franca. *Analíticos e Continentais*: Guia à filosofia dos últimos trinta anos. Traduzido por Benno Dischinger. São Leopoldo: Unisinos, 2003, p. 262.
[449] Paul Ricoeur quando fala do conceito moral de responsabilidade, refere o papel da prudência: "Foi por fim, à virtude da prudência, que nos reconduziu o dilema suscitado pela questão dos *efeitos laterais* da ação, entre os quais se classificam os *prejuízos*. Mas já não se trata então da prudência no sentido fraco de prevenção, mas da *prudentia*, herdeira da virtude grega de *phronêsis*, por outras palavras, no sentido de um juízo moral circunstanciado. Com efeito, é para esta prudência, no sentido forte do termo, que é remetida a tarefa de reconhecer, de entre as conseqüências inumeráveis da ação, aquelas por que podemos ser legitimamente responsáveis, em nome de uma moral da medida. (...)". RICOEUR, Paul. *O Justo ou A Essência da Justiça*. Traduzido por Vasco Casimiro. Lisboa: Instituto Piaget, 1997, p. 60.

> A filosofia prática não tem nada a ver com as artes artesanais apreensíveis ou com as habilidades – por mais essencial que parte destas capacidades humanas seja para a vida em comum dos homens – mas com aquilo que corresponde a todo cidadão e que constitui sua "arete".[451]

Evidencia-se, com isso, que a filosofia prática não se equipara ao conhecimento técnico, que poderá ser aprendido, assim como possibilita o esquecimento. No entanto, a filosofia prática é associada à virtude, à "arte do bem viver", que em última análise é a vida pautada pela *phrónesis*. Nesse contexto, Gadamer propugna que o seu exercício pressupõe a busca de "conselho consigo próprio".[452] A consecução dessa providência desencadeia o chamado "aconselhamento correto",[453] que não é um conjunto de instrumentos ou mecanismos, mas se trata de quatro sinais característicos, de cunho sinalizador: um primeiro passo é absorvido de Aristóteles, quando diz: "(...) mas chegamos à conclusão de que deliberar bem é bom, porque esta espécie de correção na deliberação é a excelência na deliberação, ou seja, a deliberação que tende a chegar ao que é bom".[454]

Nesse caso, a deliberação, como já visto, substituir-se-á pela reflexão que visa atingir determinado objetivo. Ele será bom, na medida em que tomar em conta todos os cuidados que caracterizam o *phrónimos*. A busca do valioso chama o segundo passo, onde é formulada a possibilidade de sua apresentação na base de um silogismo prático, onde a mencionada busca pode aparecer tanto como meio ou como fim. Num terceiro passo, entra em consideração a questão relativa ao tempo adequado para a formulação de uma solução cabível ao caso da vida. Já o quarto passo, é justamente a consecução da vida boa, que gadamerianamente falando representa a observância de todas as peculiaridades da situação a ser interpretada.[455]

É dentro deste contexto que Gadamer também considera importante o caráter da virtude que está inserida na concepção da *phrónesis* e, portanto, não se trata de um mero relativismo (de um vale tudo). Pelo contrário, os contornos examinados até o momento, possibilitam perceber que a tarefa hermenêutica, a partir do momento em que se reúne com a filosofia prática e a *phrónesis*, já demonstra a seriedade que permeia a obtenção dos seus resultados.

> Por isso, a filosofia prática tem que despertar a consciência de que ao homem lhe corresponde, como característica própria, o possuir "prohairesis", seja como formação das atitudes básicas

---

[450] Conforme constatação de BERTI, Enrico. *Aristóteles no século XX*, p. 250-1.

[451] GADAMER, Hans-Georg. "Hermenêutica como filosofia prática". In: *A razão na época da ciência*. Traduzido por Ângela Dias. Rio de Janeiro: Tempo Brasileiro, 1983, p. 60.

[452] Idem. *Verdade e método*: traços fundamentais de uma hermenêutica filosófica, p. 477.

[453] Expressão cunhada por GÜNTHER, Klaus. *Teoria da Argumentação no Direito e na Moral*: Justificação e Aplicação, p. 262.

[454] ARISTÓTELES. *Ética a Nicômacos*, 1142b.

[455] GÜNTHER, Klaus. *Teoria da Argumentação no Direito e na Moral*: Justificação e Aplicação, p. 262.

humanas deste tipo de preferir, que tem o caráter da "areté", seja como a inteligência da reflexão e da busca de conselho, que dirige toda atuação. Em todo caso, a filosofia prática tem também que responder, a partir de seu conhecimento, pelo ponto de vista em virtude do qual algo deve ser preferido, isto é, pela referência ao bem.[456]

A concepção da filosofia prática, que busca justificar a *phrohairesis*, que nada mais é do que a tomada de uma decisão racional, encontra-se alicerçada na *phrónesis*, por representar a postura do sujeito frente à situação concreta. Assim, muito antes de estabelecer distinções entre ambas, Gadamer procurou aproximar a filosofia prática e a *phrónesis*, transformando a própria perspectiva dada por Aristóteles. Haja vista que, pelos delineamentos aristotélicos, a filosofia prática acabaria sendo um conhecimento científico, de cunho fortemente teórico. Gadamer, pelo contrário, caracterizou a filosofia prática como um conhecimento "científico", mas de contornos diferenciados, dada a sua interdependência com a "práxis", ou a decisão desenvolvida nos fatos concretos da vida.[457]

Verifica-se que o conhecimento que integra a filosofia prática nasce da "práxis", num primeiro momento, para, num segundo passo, voltar a ser aplicado a esta mesma "práxis". É, por isso, um saber de tipo especial, dada a sua própria forma de criação, que pode inclusive ser ensinado. Aproxima-se, assim, do saber da "techne",

> porém, o que a separa fundamentalmente desta é que também se coloca a questão do bem – por exemplo, sobre a melhor forma de vida ou a melhor constituição política – e não apenas, como o faz a "techne", o domínio de uma habilidade cuja tarefa lhe está imposta por outra instância: pela finalidade que deve cumprir aquilo que se vai fabricar.[458]

A filosofia prática está preocupada com a ação humana que sempre é contingente. Deve ser observado que apesar desse objetivo, a filosofia prática também é teórica, na medida em que não busca ensinar um saber sobre a ação real, visa a esclarecer uma determinada situação da vida. Vale dizer,

---

[456] GADAMER, Hans-Georg. "Hermenêutica como filosofia prática". In: *A razão na época da ciência*, p. 60.

[457] Isto parece bem evidente na seguinte constatação de Gadamer: "Há, certamente, uma resistência em aplicar o conceito moderno de teoria à filosofia prática, que já pretende ser prática por sua própria autodeterminação. (...) A filosofia prática necessita de uma legitimação de caráter próprio. O problema decisivo é, evidentemente, que essa ciência prática está relacionada com o problema global do bem na vida humana, que não se restringe, como as *tekhnai*, a uma esfera determinada. Apesar disso, a expressão 'filosofia prática' significa que para os problemas práticos não convém fazer-se um uso determinado de argumentos de tipo cosmológico, ontológico e metafísico. Se aqui for preciso limitar-se ao que for relevante para o ser humano, ao bem prático, o método que aborda essas questões do fazer prático é sem dúvida radicalmente diferente da razão prática. (...) O fato de que a filosofia não pode renunciar completamente à pretensão de não somente, saber, mas também de ter influência prática, isto é, à pretensão de promover, enquanto 'ciência do bem no âmbito da vida humana', esse mesmo bem" (GADAMER, Hans-Georg. *Verdade e método*: complementos e índice, p. 352-3).

[458] GADAMER, Hans-Georg. "Hermenêutica como filosofia prática". In: *A razão na época da ciência*, p. 61.

está voltada para o transmitir conhecimentos "gerais" sobre o comportamento humano e as formas de sua existência "política". (...) A filosofia prática não é um saber regulador da práxis humana e social do mesmo modo que a gramática e a retórica são doutrinas da arte. É antes a reflexão sobre essa práxis e portanto, em última instância, "geral" e "teórica". (...) A ciência prática é, portanto, um saber "geral", mas certamente um saber que se pode chamar menos de saber produtivo que de crítica.[459]

Pelos aspectos vistos, a *phrónesis* representa um tipo de saber muito diferente e, em muitos momentos, muito próximo do saber teórico, da *tekne*. Assim, o quadro a seguir, pretende enfatizar os aspectos que distinguem o saber da *tekne* do saber da *phrónesis*:[460]

Tekne ou Saber Técnico	*Phrónesis* ou Saber Ético
• Trata-se de um saber vinculado à aprendizagem e, portanto, também ao esquecimento. O fim visado é a produção de um objeto, que se apresenta distinto do seu autor.	• Trata-se de um saber que se sujeita a uma pré-compreensão, na medida em que já sempre possuímos e aplicamos o saber ético. Portanto, é um saber que faz parte do próprio sujeito, como uma espécie de auto-entendimento da pessoa no seu agir.
• É um conhecimento que antecede o processo produtivo e se caracteriza por ser meramente instrumental.	• Não é um conhecimento que se sujeita ao aspecto instrumental, ou seja, não pode ser atribuído antecipadamente e de fora para a ação.
•A utilização desse saber está voltada para algo particularmente considerado.	• Esse saber não está projetado para a realização de algo particular, eis que a preocupação é o bem viver considerado no seu conjunto.
• Busca-se a perfeição no emprego da técnica para o desenvolvimento de um projeto previamente concebido.	• O objetivo é uma reflexão sobre a situação do sujeito e a sua relação com os seus semelhantes, de tal modo que compreensão e aplicação.

A partir desses aspectos, Gadamer vai defender que a hermenêutica também está no mesmo patamar da filosofia prática. A hermenêutica não está preocupada com uma proposta teórica, mas, pelo contrário, com uma construção perspectivada na prática. Sob a inspiração de Heidegger, Gadamer formulou as bases para a hermenêutica filosófica:

> A analítica temporal da existência (*Dasein*) humana, que Heidegger desenvolveu, penso eu, mostrou de maneira convincente que a compreensão não é um modo de ser entre outros modos de comportamento do sujeito, mas o modo de ser do próprio Dasein. O conceito "hermenêutica" foi empregado, aqui, nesse sentido. Ele designa a mobilidade fundamental do *Dasein*, a qual perfaz sua finitude e historicidade, e a partir daí abrange o todo de sua experiência de mundo.[461]

---

[459] GADAMER, Hans-Georg. *Verdade e método*: complementos e índice, p. 294-5.

[460] As características de cada um dos saberes são elaboradas a partir das seguintes obras: Idem. *Verdade e método*: traços fundamentais de uma hermenêutica filosófica, p. 472-82; "Esboço dos fundamentos de uma hermenêutica". In: FRUCHON, Pierre (org.). *O Problema da Consciência Histórica*. Traduzido por Paulo César Duque Estrada. Rio de Janeiro: Fundação Getúlio Vargas, 1998, p. 52-6; FLICKINGER, Hans-Georg. "O Fundamento Ético da Hermenêutica Contemporânea". In: *Veritas*, Porto Alegre, v. 48, n. 2, p. 169-79, jun. 2003, p. 177-8; GRONDIN, Jean. *Introducción a Gadamer*, p. 168-70 e GÜNTHER, Klaus. *Teoria da Argumentação no Direito e na Moral*: Justificação e Aplicação, p. 259-61.

[461] GADAMER, Hans-Georg. *Verdade e método*: traços fundamentais de uma hermenêutica filosófica. Prefácio à segunda edição, p. 16.

A hermenêutica filosófica gadameriana projeta o compreender nas variadas formas da vivência histórica dos sujeitos envolvidos. Dessa forma, não está preocupada em formular uma teoria geral sobre a interpretação, e muito menos estudar os variados métodos que podem servir para este objetivo. Pelo contrário, procura "o comum de todas as maneiras de compreender e mostrar que a compreensão jamais é um comportamento subjetivo frente a um 'objeto' dado, mas frente à história efeitual, e isto significa, pertence ao ser daquilo que é compreendido".[462]

3.2.2. A hermenêutica filosófica e a sua preocupação com o caráter histórico no projeto da compreensão

Tal como a filosofia prática, a hermenêutica filosófica também não pensa em estipular regras preocupadas com situações particulares, mas verificar os efeitos que a história provoca no ser que deve ser compreendido. Vale dizer, não se trata de dar condições para que um sujeito possa conhecer determinado objeto, pronto e acabado, colocado em sua frente. O que a hermenêutica filosófica quer destacar é que o sujeito que conhece está imerso na história, a qual justifica a sua tradição pessoal e a do grupo onde participa. Portanto, não se trata de uma perspectiva que vem de fora, mas um olhar que vem do interior do ente homem envolvido, colocando em jogo a sua reflexão vivida.

Gadamer busca, com a hermenêutica filosófica, uma determinada pretensão filosófica, mediante a crítica à falta de justeza metodológica das aplicações científicas. Nesse caso, volta-se contra as propostas de Schleiermacher e seus seguidores, que concebiam a hermenêutica como "teoria da arte", como se verá mais adiante. A crítica de Gadamer busca atacar a maneira como era concebida a compreensão: equiparada à arte de discursar e escrever. Para que isto pudesse ser construído, tornava-se fundamental o estabelecimento de estreitos limites métodicos, previamente definidos e ajustados. Gadamer não pretende amarrar a atividade hermenêutica ao método, posto que está com os olhos postos na história e na movimentação humana, que nem sempre ocorrem da mesma maneira.

Assim sendo, como visto, Gadamer acaba aproximando a sua pretensão hermenêutica das lições aristotélicas acerca da *phrónesis*. Isso demonstra que a hermenêutica assim concebida acaba sendo uma arte, posto que busca criar, complementar e aperfeiçoar as normas gerais que deverão ser aplicadas aos casos particulares. Este encontro entre o geral (universal) e o particular não poderá usufruir de um mero processo silogístico de subsunção. Isso se deve pela catalogação da

---
[462] GADAMER, Hans-Georg. *Op. cit.*, p. 18-9.

hermenêutica filosófica que poderá ser equiparada a um conhecimento do tipo *scientia practica*, a razão prática, a qual não tem a natureza técnica e nem teórica, mas essencialmente prática. E como tal não poderá trabalhar com decisões prontas, pois as situações da vida não são previsíveis e uniformes. Gadamer entende que isso ocorre, pois "a hermenêutica filosófica permite ver que o sujeito cognoscente está indissoluvelmente unido ao que se lhe abre e se mostra como dotado de sentido".[463] Vale dizer, o sentido que está inserido em determinada norma ou acontecimento já está, em caráter prévio, vinculado ao próprio sujeito conhecedor como um conjunto, com íntima relação entre ambos.

Neste mesmo sentido, encontra-se a própria finitude do caráter da interpretação. Como todas as situações da vida não estão previamente dadas, de modo que coubessem nos limites de um método, a interpretação buscada não poderá ser definitiva. Contra isso justamente a hermenêutica filosófica de Gadamer vem fazer a crítica. Segundo ele,

> uma interpretação definitiva parece ser uma contradição em si mesma. A interpretação é algo que está sempre a caminho, que nunca conclui. A palavra interpretação faz referência à finitude do ser humano e à finitude do conhecimento humano, isto é, a experiência da interpretação contém algo que não ocorria na autoconsciência anterior, quando a hermenêutica era atribuída a âmbitos especiais e aplicada como uma técnica para a superação das dificuldades dos textos difíceis. Naquela época, a hermenêutica podia ser compreendida como teoria da arte; hoje já não o é mais.[464]

A proposta hermenêutica até então aceita considerava a possibilidade de estabelecer um entendimento interpretativo com aplicação geral e irrestrita a todas as situações posteriores. Quando Gadamer sublinha a finitude do ser humano e a contingência de seu viver, destaca a inviabilidade da proposta da hermenêutica como arte, como entendimento calcado num método. Para a construção da hermenêutica filosófica, Gadamer aposta no questionamento, pois o "mais importante que interpretar o claro conteúdo de um enunciado é inquirir os interesses que nos guiam".[465]

Com isto, resta alinhavada uma distinção precisa da hermenêutica tradicional e a hermenêutica filosófica: com esta última, o interesse maior repousa nas respostas, tal como se aprofundará mais adiante.

> Ou melhor, interpreta os enunciados como respostas a perguntas que tem de compreender. (...) todo enunciado deve ser considerado como uma resposta a uma pergunta e que a única via para entendê-lo consiste em fazer a pergunta da qual esse enunciado é uma resposta. Esta questão prévia tem sua própria direção de sentido e não pode ser formulada a partir de uma trama de motivações situadas em segundo plano, mas com o auxílio de outros contextos de sentido abrangidos pela pergunta e esboçados no enunciado.[466]

---

[463] GADAMER, Hans-Georg. *Verdade e método*: complementos e índice, p. 507.

[464] Idem. "Hermenêutica como filosofia prática". In: *A razão na época da ciência*, p. 71.

[465] GADAMER, Hans-Georg. *Op. cit.*

[466] Idem, p. 71-2.

A compreensão é processada com vistas à aplicação, na medida em que a resposta se encontra no enunciado, ao qual a questão (pergunta) deverá ser formulada. Não se trata, portanto, de um simples processo de interpretação, com o estabelecimento do sentido e alcance nos moldes entendidos pela hermenêutica tradicional. Pelo contrário, a compreensão está conectada à interpretação, justificando a pergunta formulada, alicerçada, por sua vez, numa série de fatores prévios, que tomam em conta as variadas características da situação concreta. Sendo que nessas conexões torna-se fundamental o papel da *phrónesis* ou saber ético.

Observando-se estes aspectos, emerge a constatação gadameriana de que a condição hermenêutica suprema reside nesse particular: "a compreensão começa aí onde algo nos interpela".[467] O intérprete é duplamente interpelado: num primeiro momento, pela sua própria condição histórica; num segundo momento, pelo próprio enunciado que está clamando por um questionamento, inspirado no primeiro momento.

Neste arcabouço, com certeza, não cabe uma única resposta correta, dada a complexa imbricação entre a resposta, a pergunta e as circunstâncias históricas. Tal discussão sobre a busca pela (única) resposta correta também animará a discussão entre John Finnis e Ronald Dworkin. Por isso, como ponto de referência, já é necessário atentar para a seguinte afirmação de Gadamer:

> à comprovação de que também o fenômeno hermenêutico encerra em si o caráter original da conversação e da estrutura da pergunta e da resposta. (...) Compreender um texto quer dizer compreender essa pergunta. (...) Assim, pois, quem quer compreender tem de retroceder com suas perguntas mais além do que foi dito. (...) Um texto só é compreendido no seu sentido quando se alcançou o horizonte do perguntar, que com tal contém necessariamente também outras respostas possíveis.[468]

A relação entre a pergunta e a resposta permite alargar as possibilidades da hermenêutica, na medida em que traz à tona também aquilo que o autor do texto não havia pensado sobre o assunto. Observe-se, entretanto, que isso não possibilita a arbitrariedade, mas apenas aponta para um campo de grandes possibilidades projetadas pela consideração da tradição.[469] Não podemos olvidar que

> perguntar permite sempre ver as possibilidades que ficam em suspenso. Por isso não é possível compreender a questionabilidade, desligando-nos de um verdadeiro perguntar, do mesmo modo que é possível compreender uma opinião à margem do próprio opinar. "Compreender a questionabilidade de algo é, antes, sempre perguntar".[470]

---

[467] GADAMER, Hans-Georg. *Verdade e método*: traços fundamentais de uma hermenêutica, p. 447.

[468] Idem, p. 544.

[469] "Nesse sentido é uma necessidade hermenêutica estar sempre mais além da mera reconstrução. Não se pode deixar de pensar também no que não seria questionável para um autor e no que, por conseqüência, este não pensou, nem podemos deixar de atrair também isso ao campo aberto da pergunta. Com isso não se abrem as portas a qualquer arbitrariedade na interpretação, mas simplesmente se põe a descoberto o que sempre ocorre. Compreender uma palavra da tradição que nos afeta requer sempre pôr a pergunta reconstruída no aberto de sua questionabilidade, isto é, passar à pergunta o que a tradição vem a ser para nós" (Idem, p. 550).

[470] Idem, *Op. cit.*, p. 551.

Esta relação circular formada por pergunta e resposta procura demonstrar que em qualquer processo de interpretação sempre ficarão possibilidades excluídas. Dito de outro modo, por mais genioso que se possa pensar a hermenêutica filosófica, há consciência da impossibilidade de abarcar o todo. Isto se dá pelo simples fato de "aquele que quer pensar tem de perguntar. Quando alguém diz 'aqui caberia uma pergunta', isto já é uma verdadeira pergunta, disfarçada pela prudência ou cortesia".[471] Relacionando tais aspectos às características da *phrónesis*, fica justificada a adoção dela como a virtude hermenêutica fundamental da proposta gadameriana. As interfaces produzidas por pergunta e resposta pressupõem a intervenção de uma virtude como a *phrónesis*, que será responsável pela concessão do caráter ético exigido para a produção do resultado hermenêutico e também do respeito da pluralidade que emerge do exercício entre a pergunta-resposta; realidade-interpretação.

Tal situação está vinculada à pré-compreensão do intérprete, ao antecipar o sentido daquilo que está sendo objeto do processo interpretativo. Como o intérprete já está inserido na tradição, que justifica a sua pré-compreensão, sempre haverá possibilidades que escapam ao contexto da pergunta-resposta, ensejando outras, e assim sucessivamente. Vale dizer, no fundo esse processo está apontando para uma constatação: a dialética da pergunta e da resposta expressa que

> entender algo significa ter aplicado algo a nós, de tal maneira que nós descobrimos nisto uma resposta a nossas interrogações. Mas, "nossas" de tal forma, que elas foram também assumidas e transformadas a partir de uma tradição. Cada compreensão, vista como auto-compreensão, é motivada e inquietada por perguntas que determinam, de antemão, as trilhas visuais da compreensão.[472]

As perguntas que são dirigidas ao texto alimentam a atualidade do conteúdo interpretado. Vale dizer, o encontro da tradição do intérprete com a tradição do autor do texto e do próprio texto são meios para revitalizar constantemente as palavras integrantes do conteúdo objeto de análise por parte do autor da interpretação.

A compreensão, desta forma, apresenta-se como uma espécie de jogo, onde

> aquele que compreende já está sempre incluído num acontecimento, em virtude do qual se faz valer o que tem sentido. (...) Quando compreendemos um texto nos vemos tão atraídos por sua plenitude de sentido como pelo belo. (...) Na medida em que compreendemos, estamos incluídos num acontecer da verdade e quando queremos saber o que temos que crer, parece-nos que chegamos demasiado tarde.[473]

A compreensão trará sempre à consideração a tradição onde o sujeito está inserido, que justifica a sua pré-compreensão no tocante à

---

[471] GADAMER, Hans-Georg. *Verdade e método*: traços fundamentais de uma hermenêutica, p. 551.

[472] GRONDIN, Jean. *Introdução à hermenêutica filosófica*. Traduzido por Benno Dischinger. São Leopoldo: Unisinos, 1999, p. 194-5.

[473] GADAMER, Hans-Georg. *Verdade e método*: op. cit., p. 708.

situação que está examinando. A verdade buscada nesse processo apresenta caracteres relativos, com os olhos postos no ser do ente. Trata-se de um desvelar, de um desocultar, ou seja, é exatamente o caminho inverso perseguido pela metafísica, que ao tentar encontrar a verdade com validade universal, acabava escondendo o ser, decorrente da própria obviedade da sua existência.

É por isso que a explicitação das condições através das quais se dá a compreensão passa necessariamente pela "disciplina do perguntar e do investigar, que garante a verdade".[474] Essa verdade atingida pelo perguntar e investigar não poderá ser planejada para obter respostas com alcances infinitos. Na medida em que o processo da compreensão está calcado nas perguntas, exige, como requisito fundamental, a consideração da práxis, projetada na racionalidade da *phrónesis*. Para tanto,

> uma hermenêutica filosófica haverá de concluir que o compreender só é possível quando aquele que compreende coloca em jogo seus próprios preconceitos. A contribuição produtiva do intérprete é parte inalienável do próprio sentido do compreender.[475]

A proposta de Gadamer está voltada a uma hermenêutica criativa, e não meramente reprodutiva, como se verá mais adiante. Não pode haver a repetição do já produzido anteriormente pelo simples fato de a vida não ser sempre apresentada nos mesmos moldes. Vale dizer, a inter-relação das variadas exigências da racionalidade prática exigirão, obrigatoriamente, uma hermenêutica preocupada com as suas diversificadas facetas.

Pelo visto, Gadamer está trazendo de volta a experiência, que em Aristóteles era considerada fundamental para a compreensão da filosofia prática. Com efeito, a experiência

> se dá sempre que se experimenta mundo, sempre que se supera o estranhamento, onde se produz iluminação, intuição, apropriação. A tarefa primordial da hermenêutica como teoria filosófica consiste em mostrar, por fim, (...) que só pode ser chamada de "experiência" a integração de todo conhecimento da ciência ao saber pessoal do indivíduo.[476]

A filosofia hermenêutica, dentro desses aspectos, precisa inserir o intérprete na construção de seus resultados. Por outro lado, também fica reforçada a aproximação que Gadamer operacionaliza entre o saber técnico e o saber ético. Para dar conta dessa situação, a proposta gadameriana não poderá ficar refém de determinados métodos e técnicas que, excluindo o sujeito cognoscente, procuram uma verdade absoluta, objetiva e despreocupada com os contornos específicos de cada situação.

> Por isso, a hermenêutica é filosofia porque não pode ser restrita a uma teoria da arte, que "apenas" compreende as opiniões de um outro. A hermenêutica implica, antes, que toda

---

[474] GADAMER, Hans-Georg. *Verdade e método*: op. cit., p. 709.

[475] Idem, p. 132.

[476] Idem, p. 136-7.

compreensão de algo ou de um outro vem precedida de uma auto-crítica. Aquele que compreende não postula uma posição superior. Confessa, antes, a necessidade de colocar à prova a verdade que supõe própria. É o que está implícito em todo compreender, e por isso todo compreender contribui para o aperfeiçoamento da consciência da história dos efeitos.[477]

Projeta-se uma aproximação entre a compreensão e a consciência histórica, unindo-as de tal maneira que ambas passam a ser essenciais para a hermenêutica filosófica. Talvez pudesse dizer-se que a compreensão finca a sua inspiração na consciência histórica.

Com isso, tem-se bem acentuado o caráter prático da hermenêutica filosófica. Apesar disso, mesmo sendo uma teoria da práxis não

é uma "técnica" ou uma pretensa cientifização da práxis social. É, ao contrário, uma reflexão filosófica dos limites a que está submetido todo domínio científico-técnico da natureza e da sociedade. São verdades cuja defesa diante do conceito moderno de ciência constitui uma das mais importantes tarefas de uma hermenêutica filosófica.[478]

A identificação entre a filosofia prática e a hermenêutica filosófica ocorre justamente no espaço em que ambas projetam preocupações teóricas para a ação humana. No entanto, e apesar disso, não postulam a construção de regras pré-elaboradas sobre a conduta do ser humano, mas buscam fornecer suporte e subsídios para a adequada tomada de decisões, respeitando os contornos de cada situação da vida.

Esse parentesco entre ambas deve-se ao fato de que a compreensão, do mesmo modo que a ação, representa sempre um risco, inviabilizando a mera aplicação de um saber geral de regras para o entendimento de enunciados ou determinados textos dados. Esta situação já dá sinais da incapacidade de se admitir o domínio do método. Em suma, é preciso ter presente que

compreender é uma aventura e é, como toda aventura, perigoso. Tem-se que admitir plenamente que o procedimento hermenêutico – precisamente porque não se conforma em querer apreender somente o que se diz ou está dado, mas remonta a nossos interesses e perguntas condutoras – tem uma segurança muito menor que a obtida pelos métodos das ciências naturais.[479]

A segurança dada pelo método encontra-se ausente na concepção da hermenêutica filosófica em decorrência da realidade que está em jogo: as situações da vida que afetam o ser humano. Apesar da referida insegurança, que poderá afastar os adeptos da certeza e da segurança, tudo indica ser preferível esta situação, mas abarcando o homem em todas as suas circunstâncias, do que o contrário, mas olhando o sujeito apenas por determinados prismas, esquecendo a totalidade. Os pressupostos assim apresentados em caráter meramente introdutório, servirão de base para a construção dos demais elementos que compõem a hipótese da tese.

---

[477] GADAMER, Hans-Georg. *Op. cit.*, p. 141.
[478] Idem, p. 142.
[479] Idem. "Hermenêutica como filosofia prática". In: *A razão na época da ciência*, p. 75.

Estabelecidos estes pressupostos da hermenêutica filosófica, Gadamer lança uma advertência:

> A hermenêutica que considero filosófica não se apresenta como um novo procedimento da interpretação. Tomadas as coisas em sentido estrito, ela descreve somente o que sempre sucede e especialmente sucede nos casos em que uma interpretação tem êxito e convence. Não se trata pois, em nenhum caso, de uma teoria da arte que queira indicar como deveria ser a compreensão. Temos que reconhecer o que é e, por conseguinte, não podemos modificar o fato de que sempre intervêm, em nossa compreensão, pressupostos que não podem ser eliminados.[480]

Na medida em que não temos controle sobre estes aspectos, não deveríamos pretender aprisioná-los por intermédio de um processo de compreensão. Haja vista que "a compreensão é algo mais que aplicação artificial de uma capacidade. É sempre também o atingimento de uma autocompreensão mais ampla e profunda. Mas isto significa que a hermenêutica é filosofia e, enquanto filosofia, filosofia prática".[481]

A hermenêutica assim caracterizada situa-se num espaço mediano, onde, em um lado, encontra-se a familiaridade com a tradição do intérprete e, no outro lado, a estranheza que ele próprio poderá perceber do seu contexto histórico. Desta forma, a principal tarefa da hermenêutica filosófica não é a de desenvolver um procedimento capaz de dar conta da compreensão, mas de especificar as condições sob as quais ela surge.[482] Deve-se ter presente que estas condições não estão todas previamente dadas. Gadamer faz uma observação bastante peculiar:

> Os preconceitos e opiniões prévias que ocupam a consciência do intérprete não se encontram à sua disposição, enquanto tais. Este não está em condições de distinguir por si mesmo e de antemão os preconceitos produtivos, que tornam possível a compreensão, daqueles outros que a obstaculizam, os mal-entendidos.[483]

Este é o desafio desenhado para a hermenêutica filosófica: as condições históricas, que são expressas mediante as exigências da razoabilidade prática que serão estudadas a partir de John Finnis, parecem exigir um tratamento preocupado em sua valorização e respeito à sua diversidade. Ao lado disso, parece que estas exigências estão no entremeio da familiaridade e da estranheza, quando, ao conhecimento já existente, é adicionado novo, em decorrência das sempre inéditas situações que vão envolvendo o ser humano.[484]

---

[480] GADAMER, Hans-Georg. "Hermenêutica como filosofia prática". In: *A razão na época da ciência*, p. 75-6.

[481] Idem, p. 76.

[482] Isto ocorre desta maneira, pois "compreender é operar uma mediação entre o presente e o passado, é desenvolver em si mesmo toda a série contínua de perspectivas na qual o passado se apresenta e se dirige a nós. Nesse sentido radical e universal, a tomada de consciência histórica não é o abandono da eterna tarefa da filosofia, mas a via que nos foi dada para chegarmos à verdade sempre buscada" (GADAMER, Hans-Georg. "Esboço dos fundamentos de uma hermenêutica". In: FRUCHON, Pierre (org.). *O Problema da Consciência Histórica*, p. 71).

[483] GADAMER, Hans-Georg. *Verdade e método*: traços fundamentais de uma hermenêutica filosófica, p. 442-3.

[484] "A hermenêutica deve partir do fato de que compreender é estar em relação, a um só tempo, com a coisa mesma que se manifesta através da tradição e com a tradição de onde a 'coisa' possa

Começa a ficar mais claro que a dimensão hermenêutica será aquela onde a conversação humana terá lugar "desde seus começos históricos e que agora cada vez mais entrelaçadas as culturas, se começa a desenvolver a escala mundial".[485] Aqui começa a se desenhar o ponto de encontro entre os ensinamentos de Aristóteles, Kant com Heidegger e Gadamer, a fim de construir um fecundo diálogo com a proposta de John Finnis. Tal perspectiva ainda está faltando para marcar eticamente os tempos onde o Direito se vê cada vez mais desafiado e correndo um sério risco de perda de sua especificidade. Aristóteles propôs uma separação entre a filosofia prática e a filosofia teórica, "oferecendo com ela perspectivas teóricas àquelas que hoje deveríamos prestar atenção renovada, hoje, querendo-se dizer, na situação crítica de uma cultura da humanidade seduzida sobre uma aplicação desmedida de nosso saber científico e técnico".[486] É esse desafio que a proposta dos princípios da lei natural vem responder a fim de conceder o devido substrato ético para os seus resultados. O desafio que se lança daqui para frente no livro é verificar como esse objetivo será atingido.

---

me falar. Por outro lado, aquele que efetua uma compreensão hermenêutica deve se dar conta de que a nossa relação com as 'coisas' não é uma relação que 'ocorra naturalmente', sem criar problemas. Precisamente sobre a tensão que existe entre a 'familiaridade' e o caráter 'estranho' da mensagem que nos é transmitida pela tradição é que fundamos a tarefa hermenêutica" (GADAMER, Hans-Georg. "Esboço dos fundamentos de uma hermenêutica". In: FRUCHON, Pierre (org.). *O Problema da Consciência Histórica*, p. 67).

[485] Idem. "La Idea de la filosofia práctica". In: *El Giro Hermenéutico*. Traducción de Arturo Parada. 2. ed. Madrid: Cátedra, 2001, p. 192.

[486] Idem, ibidem.

4. Novos Postulados do Direito Natural: A Contribuição de John Finnis

4.1. AINDA HÁ LUGAR PARA A DISCUSSÃO SOBRE O DIREITO NATURAL?

A discussão acerca do Direito Natural acompanha, de longa data, a evolução da história do pensamento humano. O marco histórico sobre a existência de uma lei (ou norma) superior ditada pela natureza, que rege a conduta dos homens parece ser a obra de Sófocles, *Antígona*.[487] Dessa passagem histórica até a atualidade, a questão relativa ao direito natural foi alvo de muita discussão e polêmica, a qual integra a nossa pré-compreensão para fundamentar o presente estudo. Estas variadas formas de fundamentar o direito natural podem ser chamadas de jusnaturalismo.

Outro marco histórico que merece ser destacado vem de Aristóteles, quando distingue a justiça política que pode ser natural ou legal:

> são naturais as coisas que em todos os lugares têm a mesma força e não dependem de as aceitarmos ou não, e é legal aquilo que a princípio pode ser determinado indiferentemente de uma maneira ou de outra, mas depois de determinado já não é indiferente.[488]

A heroína Antígona, quando invoca a lei dos deuses, que teria validade antecedida a qualquer outro decreto de qualquer mortal, faz referência à constatação de Aristóteles, no sentido de uma lei que vale em todos os lugares, cuja validade não depende de uma aceitação individual, dado o seu caráter universal.[489]

---

[487] SÓFOCLES. *Antígona*. Introdução, versão do grego e notas Maria Helena da Rocha Pereira. Brasília: UnB, 1997, especialmente a p. 45, onde a protagonista responde a Creonte: "É que essas não foi Zeus que as promulgou, nem a Justiça, que coabita com os deuses infernais, estabeleceu tais leis para os homens. E eu entendi que os teus éditos não tinham tal poder, que um mortal pudesse sobrelevar os preceitos, não escritos, mas imutáveis dos deuses. Porque esses não são de agora, nem de ontem, mas vigoram sempre, e ninguém sabe quando surgiram. (...)".

[488] ARISTÓTELES. *Ética a nicômacos*, 1134b.

[489] É importante destacar que uma das características que geralmente acompanha as teorias sobre o Direito Natural refere a sua universalidade. Seria, por assim dizer, um direito válido em qualquer lugar onde o ser humano se encontrasse. Verificar-se-á que John Finnis não se preocupa com essa característica, apesar das linhas gerais atribuídas aos bens humanos básicos e às exigências da razoabilidade prática. Não há uma pretensão de universalidade, pois para que

Com essas duas passagens da história humana, está posta a questão que acompanha a humanidade, qual seja, a disputa entre o predomínio da lei dos homens (direito positivo) e a lei natural (que poderá apresentar as mais diversas justificativas, mas todas com forte traço metafísico – seja a vontade de Deus, a força da natureza ou o próprio caráter racional do homem, que lhe outorga certos direitos invioláveis). Não se pretende revisar todos os postulados históricos que acompanham, desde há muito tempo, a disputa entre os dois. Nesse particular, parece que a passagem citada de Antígona e a constatação de Aristóteles servem como marco profundo e suficiente para especificar a discussão do tema, a qual, como já dito anteriormente, não é a controvérsia entre os positivistas e os jusnaturalistas, mas pelo contrário, destacar uma teoria sobre o Direito Natural, que possa efetivamente servir para construir um substrato histórico para a pré-compreensão que embasa a hermenêutica de cunho filosófico; além disso, embasar, mediante uma justificação ética, o resultado da atribuição de sentido e da própria interpretação.

Em meio a tanta polêmica, resta uma pergunta: Qual o verdadeiro propósito, significado ou importância teórica ou prática do conflito

---

isso ocorresse deveria haver uma prévia pretensão de se ter respostas para todas as questões que envolvem o ente homem. Finnis pretende apenas destacar que os princípios da lei natural se aplicam ao existir humano, mas variando de acordo com aspectos locais, culturais e políticos. Tudo indica que o "princípio do U" de Habermas apresenta caráter diferente da proposta de Finnis, pois aquele parte do pressuposto de que a participação numa argumentação "pode, em princípio, chegar aos mesmos juízos sobre a aceitabilidade de normas de ação". Isto quer dizer que para o "princípio U" "a ética do discurso contesta a suposição básica do *relativismo ético*, segundo a qual a validade dos juízos morais só se mede pelos padrões de racionalidade ou de valor da cultura ou forma de vida à qual pertença em cada caso o sujeito que julga. Se os juízos morais não pudessem erguer uma pretensão de validade universal, uma teoria do desenvolvimento moral que pretendesse comprovar a existência de vias de desenvolvimento universais estaria condenada de antemão ao fracasso" (HABERMAS, Jürgen. *Consciência Moral e Agir Comunicativo*. Traduzido por Guido A. de Almeida. Rio de Janeiro: Tempo Brasileiro, 1989, p. 147-8). John Finnis não pensa nesse universalismo com os seus princípios de lei natural. Ele busca exatamente o contrário, ou seja, como o seu ponto de vista é o prático, afina-se com a hermenêutica de Heidegger e Gadamer para valorizar o singular, o caso com as suas características. Dito de outra maneira, a maneira individual de, utilizando as exigências da razoabilidade prática, alcançar o fim, que é a realização dos bens humanos básicos. Portanto, esse é o padrão de medida da adequação em cada situação, isto é, o seu caráter de eticamente aceitável. Tal aspecto vem confirmado por Lenio Luiz Streck, com a qual se concorda, na medida em que se pretende trabalhar os princípios da lei natural em conjunto com as características da hermenêutica de cunho filosófico, pois é inadmissível a separação de discursos de fundamentação/justificação de discursos de aplicação, como pretendem Habermas e Klaus Günther. Aceitar essa divisão é justamente pensar na aceitação de conceitos universalmente válidos. Na vertente hermenêutica que se está trabalhando, não podemos olvidar que "o juízo sobre a validade da norma sempre é um juízo antecipador, que se sabe limitado historicamente. Afinal, é por estarmos limitados pela história efetual é que não temos o juízo completo sobre a norma, e não pela impossibilidade de uma norma 'abarcar todas as suas hipóteses de aplicação'" (STRECK, Lenio Luiz. "Da Interpretação de Textos à Concretização de Direitos – A incindibilidade entre interpretar e Aplicar a partir da Diferença Ontológica *(Ontologische Differentz)* entre Texto e Norma". In: ROCHA, Leonel Severo; STRECK, Lenio Luiz (org.). *Anuário do Programa de Pós-Graduação em Direito da Unisinos – Mestrado e Doutorado*. Porto Alegre: Livraria do Advogado, 2005, *passim*. É nesse contexto que se trabalhará as idéias de John Finnis. Isso equivale dizer que o estudo se afasta do "princípio U" de Habermas.

entre o direito positivo e o direito natural?[490] No fundo, parece que se trata de uma disputa, a fim de verificar qual das duas correntes teórico-filosófico que sustenta o conceito de Direito pode ir mais longe. Entretanto, na manutenção da tradição positivista, apesar de todas as dificuldades já demonstradas ao longo da história, o certo é que

> numerosas gerações de juristas foram educadas no positivismo jurídico, como se resultasse impossível um conhecimento científico dos valores e o princípio mais importante de qualquer profissão reclamada com o Direito fosse a identidade entre Direito e Lei.[491]

Esse tipo de educação foi responsável pelo aprofundamento da perspectiva positivista, que parecia ser a única capaz de dar as linhas gerais de conduta para a sociedade. E mais do que isso, um conhecimento claro do que seja o Direito dependia do "legislador, que deveria estabelecer, no exercício de sua autoridade, aquilo que pudesse ser considerado como Direito".[492] É nessa linha que se pretende ingressar com a proposta de John Finnis,[493] especialmente para marcar a hermenêutica jurídica com uma justificativa ética capaz de convencer aqueles que ainda acreditam ser possível realizar a interpretação dentro dos moldes concebidos pela exclusiva relação entre Direito e Lei.

Busca-se, talvez, se isto não for muita pretensão, alertar, assim como já havia feito Javier Hervada, no Prólogo do seu livro em 1981, que "o positivismo esqueceu o elemento civilizador por excelência do direito, que é o direito natural". O presente livro busca insistir nessa tese – embora para muitos ultrapassada – para o autor considerada fundamental. Além disso, é necessário destacar que "na dignidade do homem está contido o fundamento de todo o direito, de maneira que fora do respeito ao que o homem é e representa não há direito, mas sim prepotência e injustiça, ainda que os instrumentos destas tenham forma de lei".[494]

A característica mais peculiar do ser humano – a sua dignidade, que será objeto de estudo mais adiante – não poderá ficar à mercê da simples vontade da autoridade por mais "competente" que ela possa ser, pois esta já mostrou em muitos momentos históricos ser incapaz de lidar respeitosamente com ela. E a incapacidade estava sempre ligada ao seguinte aspecto:

> o direito é o sistema racional de relações humanas e quem governa não cria a razão de justiça. Tal como o cidadão pode ser injusto, também o pode ser o governante – seja uma pessoa

---

[490] Sobre esta temática consultar SILVING, Helen. *Derecho positivo y derecho natural*. Traduzido por Genaro R. Carrió. Buenos Aires: EUDEBA, 1966, p. 9 e ss.

[491] KAUFMANN, Arthur. *Derecho, Moral e Historicidad*, p. 18-9.

[492] Idem, p. 28.

[493] John Finnis nasceu em Adelaide, Austrália, no ano de 1940.

[494] HERVADA, Javier. *Crítica Introdutória ao Direito Natural*. Traduzido por Joana Ferreira da Silva. Porto: RESJURIDICA, 1990, p. 9.

singular, seja um órgão coletivo – porque a pessoa humana tem por natureza coisas que lhe pertencem e lhe estão atribuídas.[495]

Esses "pertences" naturais do homem devem ensinar algumas lições, especialmente ao Direito Natural, quando está à beira "do leito de morte do positivismo",[496] a fim de não incidir nos mesmos equívocos:

> parece pouco discutível que o direito é sempre e necessariamente histórico e institucional. Além disso, fica claro também que não consiste num objeto dado, e que todo o intento de defini-lo num ponto de partida supõe adotar uma postura parcial ou, se se quiser, ideológica que conduz a seccionar a experiência.[497]

O Direito Natural deverá cuidar para não se transformar numa instituição que sirva a determinados propósitos de cada momento histórico, ficando limitado ao estudo dos aspectos da justiça em relação aos homens; por outro lado, não poderá ser considerado um objeto dado, que esteja pronto e que caiba exatamente dentro dos limites previamente ajustados de algum método dito científico, atendendo cegamente a alguma ideologia então vigente. Esses parecem ser os grandes males do positivismo, dos quais o pensamento acerca do Direito Natural deverá se afastar a fim de permanecer na linha proposta inicialmente pelo livro.

O aprofundamento das idéias do positivismo jurídico, apesar da propalada crise, e da necessidade da reflexão sobre o Direito Natural, apontam necessariamente para dificuldades na aceitação deste último, as quais poderão ser resumidamente apresentadas da seguinte forma:[498] a) a educação jurídica desenvolvida especialmente no Brasil;[499]

---

[495] HERVADA, Javier. *Op. cit.*, p. 105.

[496] A expressão foi cunhada por SERNA, Pedro. "Sobre las respuestas al Positivismo Jurídico". In: CABANILLAS, RENATO Rabbi-Baldi (coord.). *Las Razones Del Derecho Natural*: perspectivas teóricas y metodológicas ante la crisis el positivismo jurídico. Buenos Aires: Editorial Ábaco de Rodolfo Depalma, 2000, p. 79-80.

[497] SERNA, Pedro. *Op. cit.*, p. 80.

[498] Uma relação melhorada das dificuldades para a aceitação da existência de um Direito Natural e a validade de alguma teoria jusnaturalista foi elaborada por GARCÍA-HUIDOBRO. "Retórica de las Teorias Iusnaturalistas: reseña de algunos argumentos". In: CABANILLAS, RENATO Rabbi-Baldi (coord.). *Las Razones Del Derecho Natural*: perspectivas teóricas y metodológicas ante la crisis el positivismo jurídico, p. 88-93.

[499] Lenio Luiz Streck aponta tal aspecto em vários momentos, pois considera o ensino jurídico como uma "instância de reprodução do *habitus*". STRECK, Lenio Luiz. *Jurisdição constitucional e hermenêutica*: uma nova crítica do Direito, 2002, p. 41-2: "o casuísmo didático é a regra do expediente das salas de aula dos Cursos de Direito, e o pragmatismo positivista, o carimbo do cotidiano das decisões. Os juízes decidem com os que doutrinam; os professores falam de sua convivência casuística com os que decidem; os que doutrinam não reconhecem as decisões". Tal postura, que certamente dificultará qualquer reflexão sobre o Direito Natural, decorre do seguinte quadro, facilmente encontrável na cabeça do bacharel em Direito: "O jurista, de certo modo, percorre a antiga estrada do historicismo. Não se considera já e sempre no mundo, mas, sim, considera-se como estando-em-frente-a-esse-mundo, o qual ele pode conhecer, utilizando-se do 'instrumento' (terceira coisa) que é a linguagem jurídica (...)". STRECK, Lenio Luiz. *Hermenêutica Jurídica e(m) Crise*: uma exploração hermenêutica da construção do Direito. 5. ed. rev. e atual. Porto Alegre: Livraria do Advogado, 2004, p. 96-7.

b) atualmente imperam a flexibilidade e a necessidade de rápidas transformações; c) a dificuldades de trabalhar com juízos universais que possam ser aplicados a casos particulares; d) a dificuldade de conhecer o Direito Natural, pois se as escolas jurídicas ainda continuam reproduzindo os velhos conceitos positivistas, como haverá espaço para a discussão jusnaturalista? e) Como ainda existe uma grande preocupação com o método científico, que deve albergar todas as possibilidades, dificilmente haverá abertura para alguma teoria que coloque em risco a segurança e a previsibilidade das decisões juduciais; f) o caráter abstrato e muitas vezes distante dos aspectos discutidos sobre o Direito Natural também acaba afastando novos interessados, porque tudo parece estar muito longe, dado ainda o caráter metafísico com que é tratado o Direito Natural.

Diante desse quadro, somente resta dizer que é necessário lutar pelo direito natural,[500] e essa luta encontra-se intimamente ligada à valorização, ou não, da dignidade da pessoa humana;

> existe uma história de desvelamento e de ocultamento das exigências da dignidade humana. Esse aparecer e ocultar-se não é independente das tradições, das lutas e dos sofrimentos dos homens ao longo dos séculos. Tal é a história de luta pelo direito natural.[501]

Trata-se de uma questão a ser melhor investigada, mas tudo indica que o esquecimento do ser (o seu velamento e desvelamento) tem uma íntima relação com a questão da dignidade humana, que sofre o mesmo fenômeno. Assim, poder-se-ia dizer que o Direito Natural é o sentido do ser do ente Direito Positivo. Dito de outro modo, o Direito Positivo pode ser visto como um modo de ser, dessa forma, ontologicamente vinculado ao ente homem mediante a linguagem. Nesse sentido, também ocorreram equívocos em relação ao emprego da expressão "natureza": "a que se refere o jusnaturalismo é a natureza do homem, e não das coisas ou dos animais". Com isso, é preciso observar: "a natureza do homem implica, sim, a liberdade e, por tanto, a eleição, porém com a condição ineludível de que elas não suprimam em seu exercício aquilo que as faz possíveis: a existência do homem em sua estrutura ontológica específica".[502] O ser do ente homem tem o privilégio de "carregar" a sua dignidade, e essa que caracteriza o Direito Natural e que, portanto, exige o seu reconhecimento por esse fato de existência.

---

[500] Cristóbal Orrego Sánchez proferiu palestra intitulada "John Finnis. La lucha por el derecho natural". In: *Jornadas Internacionales em Homenaje a John Finnis* – a 25 años de la publicación de Natural Law and Natural Rights, na Universidad Austral, Buenos Aires, 09 e 10 jun. 2005. mimeo.

[501] Idem, p. 2, mimeo.

[502] COTTA, Sergio. "Para uma revisión de las nociones de Iusnaturalismo y de Derecho Natural". In: MASSINI-CORREAS, Carlos I. (compil). *El Iusnaturalismo Actual*. Buenos Aires: Abeledo-Perrot, 1996, p. 48.

É por tais aspectos que o Direito Positivo não é um mero acontecimento no tempo. Vale dizer,

> o que o Direito seja histórico não significa que, em qualquer parte, se desenvolve de forma reservada no tempo, senão que o caminho deve ter um objetivo totalmente determinado, o caminho do Direito para o Direito Natural. O Direito natural e a historicidade, por tanto, não são inimigos um do outro, a historicidade do Direito lhe conduz a um maior esclarecimento frente ao Direito Natural, com vistas a alcançar o inalcançável, o que é possível justamente aqui e agora: o *Direito jurídico temporal*.[503]

Aqui é possível fazer a junção entre a percepção temporal de Heidegger, que considera o ser como um ser para a morte, numa clara caminhada com o Direito Natural e a sua historicidade, representando a própria historicidade do Direito Positivo. É essa união, se assim se pode chamar este momento, que o livro pretende construir. Com isso, na verdade, se quer sublinhar que a diferença entre essência e existência é ontológica, e não circunstancial.[504] Tal diferença precisa ser percebida para que a pergunta inicial tenha uma resposta satisfatória e continuativa. A modificação proposta envolve a ideologia positivista,[505] não se

---

[503] KAUFMANN, Arthur. *Derecho, Moral e Historicidad*, p. 43.

[504] Idem, p. 41.

[505] É necessário distinguir que a expressão "Direito Positivo" refere-se às fontes do Direito, e quanto a isto não existe o reclamar, pois as formas de expressão vêm aumentando gradativamente. Entretanto, o Positivismo Jurídico, quando se relaciona à ideologia, ou à forma como as fontes do Direito são visualizadas, essa necessita sofrer alterações, para que possa permitir a caminhada conjunta proposta, especialmente aquela que iguala o Direito à Lei; ou que entende ser o Estado o único produtor do Direito. É importante destacar, de acordo com Roberto Alexy "que ao direito positivo pertence não somente o correspondente teor literal das normas, senão também, e essencialmente, a correspondente prática interpretativa. (...) O que seja o direito positivo depende não somente do que haja sido devidamente positivado, senão também do que é eficaz socialmente, tendo em conta, ademais, que o socialmente eficaz pode a sua vez influir nos critérios da positividade válida e formalmente estabelecida" (ALEXY, Robert. "Derecho Injusto, Retroactividad y Principio de Legalidad Penal. La doctrina Del Tribunal Constitucional Federal alemán sobre los homicídios cometidos por los centinelas Del Muro de Berlin. Tradução de A. Daniel Oliver-Lalana". In: *Doxa – Cuadernos de Filosofia del Derecho*, Biblioteca Virtual Miguel de Cervantes, n° 23, 2000, p. 202 e 204, (p. 197-230). Disponível em: http://www.cervantesvirtual.com/portal/DOXA/cuadernos.shtml. Acesso em: 24 nov. 2005). Já a perspectiva do chamado positivismo jurídico, tem a sua compreensão reforçada pela separação entre o Direito e a Moral, "ou entre o Direito 'como é' e o direito 'como deve ser'. O Direito, segundo esta tese, não reproduz nem tem a missão de reproduzir os ditames da moral ou de qualquer outro sistema metajurídico – divino, natural ou racional – de valores ético-políticos, senão que é somente produto de convenções legais não pré-determinadas ontológica nem tão pouco axiologicamente" (FERRAJOLI, Luigi. *Derecho y razón*: Teoria del garantismo penal. Traduzido por Perfecto Andrés Ibáñez e outros. 5. ed. Madrid: Editorial Trotta, 2001, p. 218). Por outro lado, tais características também refletem o "processo de secularização do Direito", que surge com o início da Idade Moderna e ratifica a separação entre o Direito e a Moral. Por outro lado, com o período das codificações e a confirmação dessa separação, assiste-se, gradativamente, o ocaso do Direito Natural. Vale dizer, a cultura jurídica perde o último referencial axiológico externo como fonte de justificação e de limitação do Direito. (Idem, p. 225 e 227). Parece que a proposta de John Finnis vem interferir nesse processo de separação entre o Direito e a Moral, pois ao longo de sua obra é possível verificar que o chamado ponto de vista do Direito é aquele que se sente vinculado moralmente. O ponto de vista do direito é também um ponto de vista moral. É necessário esclarecer que ambos não se confundem, mas o ponto de vista daquele dotado de razoabilidade prática é dirigido a um fim. Portanto, com isso, existe uma preocupação voltada para como "o direito é" e "como ele deveria ser", pois os princípios da lei natural passam a ser

propugna a sua extinção, mas apenas a abertura de um espaço para o surgimento e o respeito aos princípios da lei natural.

Sem entrar na discussão nesse momento, o Direito Natural tem uma pretensão universalista, no sentido de que as suas "prescrições" sejam acessíveis a todos e possam por todos ser conhecidas. Essa perspectiva é projetada pela "dignidade da pessoa humana". Quando Heidegger refere que o *Dasein* é o ente privilegiado que compreende o ser, refere-se a um aspecto bastante peculiar nesse momento: "o homem é digno não porque é livre, senão porque é a origem ontológica do compreender, do pensar, do realizar".[506] Essa é a origem da dignidade do ser humano, a saber, das suas qualidades intrínsecas muito especiais e distintas.

A dignidade do ser humano que o Direito Natural procura resgatar e proteger com todas as suas forças: esse é o objetivo daqui para frente. E, como se verá, a proposta de John Finnis busca fazê-lo com detalhes e especificidades. Tendo tal aspecto como objetivo, torna-se praticamente irrelevante a disputa histórica entre o Direito Positivo e o Direito Natural. Convém, portanto, não esquecer que a dignidade que corresponde a cada pessoa tem origem na

> amplitude e riqueza com que a pessoa participa do ser, a pessoa humana é mais, tem mais ser, que as restantes realidades do Universo; por isso, é mais perfeita e ontologicamente mais boa, já que o bem reside na perfeição ou completude entitativa de cada ente[507]

É na relação entre ser e ente que se abre um espaço para a percepção do Direito Natural, e é esse o espaço privilegiado para o desenvolvimento da dignidade humana. Ela no fundo significa uma característica inerente ao ser humano, que o faz ser titular de direitos, ou seja, a "dignidade deixa de ser um critério diferenciador para ser a característica decisiva de nossa igualdade e a origem de nossos direitos comuns".[508] É nessa raiz que John Finnis constrói a sua proposta sobre os princípios da lei natural e das exigências da razoabilidade prática, que, deixando de lado todas as considerações abstratas e de difícil explicação, parte para uma consideração prática, provocando uma reflexão que pode facilmente ser aplicada à vida de cada um, por intermédio da perspectiva da *phrónesis*. Por outro lado, permite exami-

---

um qualificativo do Direito Positivo. Quer dizer, na medida que se coloca aqueles como um fundamento ético para os resultados interpretativos produzidos dentro deste último, tudo indica que o princípio da secularização sofrerá, ou pelo menos, deverá sofrer, algum abalo e uma necessária revisão.

[506] COTTA, Sergio. "Para uma revisión de las nociones de Iusnaturalismo y de Derecho Natural". In: MASSINI-CORREAS, Carlos I. (compil). *El Iusnaturalismo Actual*, p. 50.

[507] MASSINI-CORREAS, Carlos Ignácio. "Acerca del fundamento de los Derechos Humanos". In: MASSINI-CORREAS, CarlosI. *El Iusnaturalismo Actual*. Buenos Aires: Abeledo-Perrot, 1996, p. 213.

[508] MAULEON, Xabier Etxeberria. "El debate sobre la universalidad de los derechos humanos". In: *La Declaración Universal de Derechos Humanos em su cincuenta aniversario*: um estúdio interdisciplinar. Bilbao: Universidad de Deusto, 1999, p. 330.

nar criticamente a pretensão de autonomia pretendida por Kant, que acabou afastando o seu projeto de toda contribuição que possa advir da autoridade da tradição, recuperada posteriormente de modo especial por Hans-Georg Gadamer.

O que se propugna com tais assertivas é aquilo que Castanheira Neves[509] chama de "direito natural concreto": onde caberia a conjugação do caráter histórico, como "uma normativa realização histórico-socialmente condicionada", abrindo espaço para a sua concretização através da prática jurídica (seja legislativa, jurisprudencial ou consuetudinária). Por outro lado, o Direito Natural não precisaria ser visto como uma outra parte da moeda, da qual a outra pertenceria ao Direito Positivo. Pelo contrário, o Direito Natural serviria como um

> fundamento axiológico-cultural, ético-humano ou crítico-racional" conferindo o sentido de validade e obrigatoriedade de Direito. Haveria, no caso, o Direito, como uma síntese "no mais radical dos sentidos, direito natural ou que os conceitos 'direito' e 'direito natural' são em último termo idênticos, assim como se haveria de afirmar uma unidade radical do direito, e postular mesmo um 'direito natural vigente' que afinal não se distinguiria do que classicamente se considerara "direito positivo".[510]

O trabalho com a proposta de John Finnis poderá encaminhar as idéias para essa linha. Provavelmente seja uma fórmula capaz de propiciar a reconquista da especificidade do jurídico em relação em Direito. Não se trata de uma fórmula mágica, mas de uma tentativa para a reflexão da situação jurídica atual. Fica o convite para o prosseguimento: quem sabe a junção dos princípios da lei natural e a razoabilidade prática + o direito positivo + o substrato da hermenêutica filosófica = a um fundamento ético que responda ao relativismo na nova hermenêutica, além de dar uma substância mais concreta à concepção da pré-estrutura da compreensão. Essa é a tarefa que se segue.

4.2. A LEI NATURAL EM JOHN FINNIS: CONSIDERAÇÕES SOBRE A SUA PROPOSTA

4.2.1. Alguns aspectos sobre os fundamentos do pensamento de John Finnis

A análise da proposta sobre o Direito Natural desenvolvida por John Finnis tem como linha de base a "teoria analítica do Direito" (*analytical jurisprudence*), desenhada por Herbert Hart. Esse é considerado o meio ambiente onde Finnis desenvolve a sua proposta[511] e, segundo ele, a escolha antecedeu a própria pretensão de desenvolver

---

[509] CASTANHEIRA NEVES, António. *A Crise Actual da Filosofia do Direito no contexto da Crise Global da Filosofia*: tópicos para a possibilidade de uma reflexiva reabilitação. Coimbra: Coimbra, 2003, 45-6.

[510] Idem, p. 45.

[511] FINNIS, John Mitchell. *Natural Law and Natural Rights*, p. vi (Preface). FINNIS, John Mitchell. *Ley Natural y Derechos Naturales*, p. 34 (Prefácio).

alguma teoria acerca do Direito Natural. Vale dizer, a escolha pela teoria analítica do Direito veio antes da opção pelo jusnaturalismo. "Assumiu como uma virtude o rigor lingüístico e as dificuldades intrínsecas da tradição analítica".[512]

Finnis reconhece o poder descritivo da teoria analítica, que é destacada em três aspectos pontuais: a) atenção ao fim prático; b) seleção do caso central e do significado focal e c) a seleção do ponto de vista. A concepção inspiradora de conceito de Direito de Finnis parte do pressuposto, como em Hart, de que existem regras secundárias para suprir as lacunas das regras primárias. Por isso, "o direito deve estabelecer sanções e um conteúdo mínimo de regras primárias com o fim de garantir a sobrevivência da sociedade ou de seus membros e para dar-lhes *uma razão prática* para a conformidade com ele".[513] Nessa passagem, já é deixado um forte indício que o ponto de vista que Finnis pretende dar à sua análise sobre o Direito Natural está preocupado com a prática,[514] e mais do que isso, com a razão prática, quer dizer, uma teoria que possa sinalizar um caminho para a ação, seja do individual ou do coletivo. O princípio do raciocínio prático está voltado às necessidades humanas, e que

> deve acomodar dentro de sua consideração – como raciocínio prático nele mesmo deve levar em conta – certas características do nosso mundo. Entre estas características está na realidade a da livre escolha e o significado natural da lei e do raciocínio legal das escolhas como no caráter das exigências além da época do comportamento que as executa.[515]

Interessante observar que Finnis considera a possibilidade da livre escolha como uma característica importante do ser humano, especialmente na execução das escolhas dos meios considerados razoáveis. Outro aspecto que chama a atenção é a temporalidade na medida em que as escolhas devem avaliar a "época do comportamento que as executa". Dito de outro modo, valoriza a época em que a situação ocorre e aquela em que será dada uma decisão, com a aplicação do Direito.

A concepção de Finnis também se utiliza do conceito de caso central como sendo "o estado de coisas a que se refere um conceito teórico segundo seu significado focal".[516] No caso da proposta do autor,

---

[512] SÁNCHEZ, Cristóbal Orrego. "John Finnis. La lucha por el derecho natural". In: *Jornadas Internacionales em Homenaje a John Finnis* – a 25 años de la publicación de Natural Law and Natural Rights, p. 9, *mimeo*.

[513] FINNIS, John Mitchell. *Op. cit.*, p. 41.

[514] A diferença entre o pensamento teórico e o prático são, segundo Finnis, simples questões operacionais: "alguém está pensando praticamente quando está preocupado primariamente em descobrir ou determinar o que fazer, receber, ter ou ser". E é em função disso, que ele refere: "o nosso primário conhecimento do que é bom para nós (ou realmente a realização de nossas potencialidades) é um conhecimento prático". FINNIS, John Mitchell. *Fundamentals of Ethics*. Georgetown: Georgetown University Press, 1983, p. 11-2.

[515] FINNIS, John Mitchell. "Natural Law and Legal Reasoning". In: GEORGE Robert P. (edit.). *Natural Law Theory*: Contemporary Essays. Oxford: Clarendon Press, 1992, p. 137-8.

[516] Idem. *Natural Law and Natural Rights*, p. 10; *Ley Natural y Derechos Naturales*, p. 44.

para desenvolver a sua idéia sobre o Direito Natural é utilizada a fórmula das "formas básicas de bem humano" e também "as exigências da razoabilidade prática". Parece correto dizer que cada uma dessas "categorias" poderia ser denominada de significado focal, onde, em cada um deles, estariam os casos centrais: a vida, o conhecimento, o jogo e outros na primeira categoria; um plano de vida coerente, a igualdade entre as pessoas e os valores, entre outros, na segunda categoria.

O "método" de análise elegido por Finnis se completa com a escolha do ponto de vista. Para tanto, refere: "a filosofia prática é uma reflexão disciplinada e crítica sobre os bens que podem realizar-se na ação humana e sobre as exigências da razoabilidade prática".[517] Com a definição de filosofia prática, Finnis apresenta a metodologia e os bens que ela pretende alcançar, mostrando nitidamente um dos momentos de sua aproximação com Aristóteles (*phrónesis*), que será muito importante, mais adiante, para o desenvolvimento da proposta de Hans-Georg Gadamer.

Uma linha que parece nortear a proposta de John Finnis, e exige o respeito do jurista, é colocada nos seguintes termos:

> em relação ao direito, as coisas mais importantes que o teórico deve conhecer e descrever são coisas que, a juízo do teórico, são importantes desde o ponto de vista *prático* que o direito apresente – as coisas, portanto, que na prática são importantes "atender" ao ordenar os assuntos humanos.[518]

Como se verá, essa preocupação esteve presente na formulação da proposta de John Finnis, a saber, aspectos considerados fundamentais que o direito deve respeitar e levar em consideração, eis que ligados a assuntos humanos. Esse é o ponto de convergência do presente trabalho. Vale dizer: "uma teoria do direito natural pretende ser capaz de identificar condições e princípios de retitude prática, de uma ordem boa e correta entre os homens e na conduta individual".[519] É possível verificar que o autor está pretendendo catalogar os princípios da lei natural como uma preliminar ética ou como uma fórmula ética para uma teoria social. Com isso, está justificada a escolha do tema que Finnis trabalha e, além disso, "este autor parte de problemas internos e muito reais que experimenta a ciência jurídica contemporânea e faz ver a necessidade metodológica de manter uma teoria jusnaturalista".[520] Apesar de todo o modernismo da atualidade, os princípios da lei natural acabam sendo um ponto de chegada seguro para a normatiza-

---

[517] FINNIS, John Mitchell. *Op. cit.*, p. 12; Idem, p. 46.

[518] Idem. *Natural Law and Natural Rights*, p. 16; *Ley Natural y Derechos Naturales*, p. 50.

[519] Idem, p. 18; Idem, p. 51.

[520] GARCÍA-HUIDOBRO, "Retórica de las Teorías Iusnaturalistas: reseña de algunos argumentos". In: CABANILLAS, RENATO Rabbi-Baldi (coord.). *Las Razones Del Derecho Natural*: perspectivas teóricas y metodológicas ante la crisis el positivismo jurídico, p. 102.

ção humana. Além disso, também destacando a importância de John Finnis, Pauline C. Westermann enfatizou:

> depois de muitos, ele disse que o "direito natural" não é uma inarticulada última luta de choro sobre o positivismo legal, mas uma teoria que tem algo como um problema de obrigação, de criação de regras e a formação de custos, a validade da lei e a busca da lei no Estado Moderno.[521]

A formulação de Finnis não está preocupada em contrapor-se ao positivismo jurídico, como acontece com praticamente todas as teorias formuladas até o momento. Pelo contrário, o autor pretende mostrar a importância dos princípios da lei natural para a própria validade da lei criada pelo Poder Legislativo. Para tanto, o ponto de partida é o próprio ser humano e as suas necessidades e carências vividas no seu dia-a-dia.

A idéia desenvolvida em *Natural Law and Natural Rights* pretende escapar do contexto metafísico da maioria das propostas sobre a lei natural, pois ela desvincula a sua proposição de qualquer concepção da natureza. Ela reivindica "que é a utilidade dos atos humanos os quais é uma importante suposição de práticas razoáveis".[522] Esse é o ponto de partida e de distinção de Finnis em relação às demais propostas sobre a existência da lei (ou do Direito) natural.

Dentro desse contexto, Finnis trabalha com a noção do "prático", vale dizer, aquilo que é factível uma preocupação voltada à "decisão e à ação".[523] Destaca-se, com esse aspecto, que a proposta do autor está vinculada ao saber prático. Vale dizer, um saber preocupado com a situação concreta e qual a reação do sujeito envolvido.

Na mesma linha, a razoabilidade prática é entendida como a "razoabilidade ao decidir, ao assumir compromissos, ao eleger e executar projetos, e, em geral, ao atuar".[524] A ação do homem está vinculada, mediante a interferência da razoabilidade prática, aos modos necessários para o desencadeamento da ação. Já a filosofia prática surge como uma forma de justificar, ou refletir disciplinadamente, sobre as realizações humanas e sobre as próprias exigências da razoabilidade prática.[525] Verifica-se, com esses contornos conceituais, que John Finnis absorve as lições de Aristóteles, pois a filosofia prática, apesar de sua preocupação com a ação, acaba sendo catalogada como ciência, e, portanto, como teoria. Ela visa a possibilitar os meios para a concretização da ação, que é a própria prudência.

---

[521] WESTERMANN, Pauline C. *The disintegration of natural law theory*: Aquinas to Finnis. New York: Leiden, 1997, p. 2.

[522] Idem, p. 250.

[523] FINNIS, John Mitchell. *Natural Law and Natural Rights*, p. 12; *Ley Natural y Derechos Naturales*, p. 46.

[524] Idem, ibidem.

[525] Idem, ibidem.

Apesar dessa aparente "confusão" entre teoria e prática, fica destacado que recorrer à razoabilidade prática exige efetivamente a prática:

> Portanto, o caso central do mesmo ponto de vista interno é o ponto de vista de quem não somente apela à razoabilidade prática senão que também são razoáveis praticamente, quer dizer: conseqüentes; atentos a todos os aspectos da potencialidade humana e sua plena realização, e conscientes da limitada possibilidade de medida entre tais aspectos; preocupados por remediar as deficiências e os fracassos, e conscientes das raízes de tais deficiências nos diversos aspectos da personalidade humana e nas condições econômicas e em outras condições materiais da interação social.[526]

A razoabilidade prática exige, em caráter efetivo, a prática,[527] a atuação, a preocupação. Vale dizer, é necessária a presença de uma consciência voltada à decisão, bem como ao enfrentamento de uma eventual deficiência na sua construção. O ponto de vista daquele dotado de razoabilidade prática é dirigido a um fim (*telos*). Emerge, nesse contexto, a noção do homem *phrónimos*, ou seja, titular de prudência, que sabe estabelecer o justo meio, ou o meio-termo nas decisões que toma. Por outro lado, tal passagem também traz à colação a necessidade da experiência para a tomada de decisões. Assim, não será o homem jovem que poderá preencher estes "pré-requisitos", justamente pela pouca vivência. Será, portanto, considerado apto para enfrentar esta situação o *spoudaios*, que é justamente o homem maduro e, portanto, capaz de decidir e refletir sobre a decisão.

É exatamente nesse ponto onde entra a filosofia prática, pois ela dará o suporte teórico para a edificação do fundamento da experiência necessária para a tomada de decisões.[528] Isso se deve pelo fato de que não se trata simplesmente da tomada de uma decisão, mas de uma ação que possa justificar a atitude dentro dos padrões humanamente aceitáveis.

Não se pensa em formular uma doutrina, ou teoria, que seja considerada como um catálogo previamente estipulado sobre o que fazer em cada situação. Para tanto, John Finnis observa:

> A teoria social descritiva não partilha este interesse sobre o que se deve fazer. Porém não pode prescindir em suas descrições dos conceitos considerados apropriados pelos homens de razoabilidade prática para descrever para si mesmos aquilo que estimam digno de fazer e de

---

[526] FINNIS, John Mitchell. *Natural Law and Natural Rights*, p. 15; *Ley Natural y Derechos Naturales*, p. 48-9.

[527] Esta constatação tem origem em Aristóteles: "A origem da ação (sua causa eficiente, e não final) é a escolha, e a origem da escolha está no desejo e no raciocínio dirigido a algum fim. É por isto que a escolha não pode existir sem a razão e o pensamento ou sem uma disposição moral, pois as boas e as más ações não podem existir sem uma combinação de pensamento e caráter. O pensamento por si mesmo, não move coisa alguma, mas somente o pensamento que se dirige a um fim e é prático; (...)" (ARISTÓTELES. *Ética a Nicômacos*, 1139a; 1139b).

[528] "Porém é precisamente um pensamento prático disciplinado e informado (já seja 'teorético', isto é, reflexivo, em seu propósito, ou mais imediatamente dirigido à ação) e que pode proporcionar uma crítica destes conceitos, com o fim de superar os obstáculos que eles apresentam no caminho do pensamento claro sobre o que se deve fazer" (FINNIS, John Mitchell. *Op. cit.*, p. 16; *Op. cit.*, p. 49).

lograr, apesar de todas as contingências, incompreensões e mitos, que se lhes opõe em sua prática.[529]

Isso aponta para a construção de alguns conceitos, ou pelo menos alguns parâmetros de conduta, observados em determinado grupo social, como atitudes, reações e decisões consideradas como integrantes do senso comum.[530] Como já referido, a solução estará em priorizar o ponto de vista prático e buscando conectar a discussão aos acontecimentos cotidianos do ser humano.

A par desse aspecto, Finnis pergunta: "significa isto que a teoria do direito descritiva (e a ciência social como um todo) está sujeita inevitavelmente às concepções e prejuízos que cada teórico possui acerco do que é bom e praticamente razoável?"[531] Aqui existe um ensaio da idéia de pré-compreensão, elemento importante na construção da hermenêutica filosófica. Há um círculo – um ir e vir de estimativas – entre os bens humanos e suas exigências práticas. Verificar-se-á, mais adiante, que se trata do chamado "círculo hermenêutico", onde nunca se parte do zero, isto é, sempre existe o traço de uma tradição ou experiência que cada um traz consigo. Segundo John Finnis, o bem do conhecimento é algo evidente e não necessita ser provado. Por isso,

> o valor da verdade se faz óbvio somente para quem há experimentado o impulso de perguntar, tenha compreendida a conexão entre pergunta e resposta, entende que o conhecimento está constituído por respostas corretas a perguntas determinadas, e adverte a possibilidade de perguntas posteriores e a existência de outros que perguntam e que como ele mesmo poderiam utilizar o benefício de alcançar respostas corretas. Um recém nascido, por exemplo, provavelmente não tenha tido nenhuma destas inclinações, recordações, compreensões e (em resumo) experiências.[532]

No fundo, a questão está voltada à (im)possibilidade de se formular conceitos sobre a razão prática, que em certa medida provém da prática constante dos homens em cada situação da vida. A mencionada experiência – especialmente aquela provinda do perguntar e responder – gera um conhecimento que habilita o ser humano para enfrentar os desafios da vida e responder às suas indagações.

Além disso, tal questão também deixa transparecer a variabilidade da razão prática, dada a sempre condição de existência de duas ou mais

---

[529] FINNIS, John Mitchell. *Natural Law and Natural Rights*, p. 16; *Ley Natural y Derechos Naturales*, p. 49.

[530] É neste aspecto que vai a observação de John Finnis: "Porém o desenvolvimento da moderna teoria do direito sugere, e a reflexão sobre a metodologia de qualquer ciência social confirma, que um teórico não pode proporcionar uma análise e descrição teorética dos fatos sociais a menos que também ele participe na tarefa de valorar, de compreender o que é realmente bom para as pessoas humanas e que exige realmente a racionalidade prática. Uma ciência social, como a teoria sociológica ou analítica do direito, busca descrever, analisar e explicar algum objeto ou matéria. Este objeto está constituído por ações humanas, práticas, hábitos, disposições e pelo discurso humano" (FINNIS, John Mitchell. *Op. cit.*, p. 3; *Op. cit.*, p. 37).

[531] Idem, p. 16-7; Idem, p. 50.

[532] Idem, p. 96.

respostas.[533] Nesse diapasão de circunstâncias, John Finnis apresenta duas perspectivas de resposta: a) positivamente, ou seja, a partir da percepção de como cada sujeito toma determinadas atitudes, dentro de um catálogo pessoalmente elaborado, apesar da possibilidade de algumas posturas aparecerem em mais de um sujeito. Da mesma forma, a teorização sobre este contexto eminentemente prático, estará, inexoravelmente, fadado a múltiplas possibilidades acerca da razão prática e a sua contextualização. b) Negativamente, na concepção de que apesar das diversidades, o teórico deverá esforçar-se para identificar a catalogar determinados assuntos, confrontando-os com os seus próprios e da sua cultura, para formular juízos verdadeiramente razoáveis acerca daquilo que é bom para o homem.[534]

O saber prático poderá provocar, dessa forma, uma modificação nos aspectos considerados relevantes até aquele momento. Isso demonstra a existência de um

> ir e vir entre, por uma parte, as estimações sobre o bem humano e suas exigências práticas e, por outra, as descrições explicativas (empregando todas as convenientes técnicas históricas, experimentais e estatísticas para descobrir todas as interrelações causais relevantes) do contexto humano em que de diversos modos se alcança ou de diversos modos se destrói o bem estar humano.[535]

Evidencia-se, com isso, que apesar da diversidade, a autêntica razoabilidade prática busca identificar uma ou mais ações que surgem repetidamente no desenrolar da vivência humana na sociedade. E é essa riqueza que gera a experiência humana, pois cada um formula a sua.

4.2.2. A historicidade da lei natural a partir de John Finnis

Esse tema desperta um interesse especial no pensamento de Finnis, pois a maioria dos autores apresenta uma longa evolução histórica do Direito Natural, tentando detalhar cada aspecto de variação acerca de sua visualização ao longo do tempo. Inclusive, existe disputa entre os historiadores para especificar o exato início da existência do Direito Natural. No início do presente capítulo, sem a pretensão de ter caráter histórico, sublinharam-se algumas constatações do Direi-

---

[533] Aliás, esta é uma das críticas que John Finnis dirige a Ronald Dworkin, na medida em que este último considera possível a formulação de uma única resposta correta para cada situação da vida.

[534] "Sim, na medida em que não cabe descartar a exigência teorética de que deve fazer-se um juízo de significação e importância se a teoria precisa ser algo mais que um imenso amontoado desprezível de fatos heterônomos descritos com uma multiplicidade de terminologias sem medidas comuns. Não, na medida em que a aquisição disciplinada de um conhecimento correto sobre os assuntos humanos – e portanto sobre o que outros homens têm considerado importante praticamente, e sobre o resultado efetivo de sua preocupação – é uma ajuda importante para o teórico reflexivo e crítico em seu esforço para converter seus próprios 'prejuízos' práticos (e os de sua cultura) em juízos verdadeiramente razoáveis acerca de que é bom e praticamente razoável" (FINNIS, John Mitchell. *Op. cit.*, p. 17; *Op. cit.*, p. 50).

[535] FINNIS, John Mitchell. *Natural Law and Natural Rights*, p. 17; *Ley Natural y Derechos Naturales*, p. 50.

to Natural, a fim de chegar ao pensamento de John Finnis. Tal iniciativa, entretanto, não tinha e não tem o caráter histórico, pois se buscou apenas fazer algumas aproximações para trabalhar com as idéias de Finnis.

No exame da historicidade, do modo como John Finnis a concebe, é necessário distinguir a lei (ou direito) natural e as teorias da lei (ou direito) natural.[536] O que parece acontecer na maioria das vezes são disputas entre teorias, descurando-se do seu próprio conteúdo, e John Finnis vai inverter essa ordem. Indubitavelmente, com Finnis todas estas proposições são jogadas para os princípios da lei natural, substrato fundamental de sua proposta. Esses princípios são considerados como princípios práticos básicos, responsáveis pela indicação das formas básicas de realização humana plena. Portanto, sinalizam os bens que devem ser perseguidos e realizados, como responsáveis pelas conseqüências das ações desencadeadas. Além dos aspectos conteudísticos, os princípios da lei natural também representam aspectos metodológicos básicos da razoabilidade prática, encarregados da distinção do

> pensamento prático correto do incorreto, e que, quando se fazem todos operativos, proporcionam os critérios para distinguir entre atos que são (sempre ou em circunstâncias particulares) razoáveis consideradas todas as coisas (e não simplesmente em relação a um objetivo particular) e atos que são irrazoáveis consideradas todas as coisas, isto é, entre modos de trabalhar que são moralmente reto ou moralmente desviados, fazendo assim possível a formulação de uma série de pautas morais gerais.[537]

Pelos aspectos vistos, torna-se importante examinar quais são os princípios da lei natural. Para tanto, John Finnis refere que existe:

> (i) uma série de princípios práticos básicos que mostram as formas básicas de realização humana plena como bens que se devem perseguir e realizar, e que são usados de uma maneira e outra por qualquer um que reflete acerca do que fazer, não importa quão errôneas sejam suas conclusões; e (ii) uma série de exigências metodológicas básicas da racionalidade prática (sendo esta uma das formas básicas de realização humana plena) que distinguem o pensamento prático correto do incorreto, e que, quando se fazem todas operativas, proporcionam os critérios para distinguir entre atos que são (sempre ou em circunstâncias particulares) razoáveis-consideradas-todas-as-coisas (e não simplesmente em relação-a-um-objetivo-particular) e atos que são irrazoáveis-consideradas-todas-as-coisas, isto é, entre modos de operar que são moralmente retos ou moralmente desviados – fazendo assim possível formular uma série de pautas morais gerais.[538]

Os princípios da lei natural estão preocupados com a realização das formas básicas do bem humano, tais como, o conhecimento, a vida, o jogo, a experiência estética, a amizade, a razoabilidade prática e a religião, como se verá logo em seguida. Nesse sentido, não estão

---

[536] Em outra parte do trabalho, procurar-se-á distinguir "lei" e "direito" natural, a partir de escritos posteriores de John Finnis, pois ele mesmo, ao longo de sua principal obra, parece empregar as duas expressões como se fossem sinônimas.

[537] FINNIS, John Mitchell. *Natural Law and Natural Rights*, p. 23; *Ley Natural y Derechos Naturales*, p. 57.

[538] Idem, ibidem.

voltados a uma justificação teórica, mas a sua relação é com a prática, isto é, com a conduta humana contingente. Procuram motivar a resposta adequada (talvez a mais justa) para uma determinada situação da vida, na medida em que buscam respeitar as mencionadas formas básicas; sendo considerada inadequada (talvez injusta) a decisão que se afasta desses parâmetros, ou desconsidera-os. No fundo, pode-se dizer que o principal objetivo da teoria formulada por Finnis, tendo em conta as observações acima lançadas, "é fornecer princípios que guiam nosso raciocínio em problemas morais, ou seja, uma teoria de práticas aceitáveis".[539]

Segundo John Finnis, os princípios da lei natural estão estruturados a partir das seguintes exigências da razoabilidade prática: um plano de vida coerente; não descartar nenhuma das formas básicas de bem, acima arroladas; a igualdade de tratamento entre as pessoas; a imparcialidade; o equilíbrio; a eficiência; a preponderância do bem comum; respeitar todas as formas básicas de bem em qualquer ato a ser desenvolvido; favorecer e promover o bem comum; cada ser humano deve atuar respeitando a sua própria consciência, que também serão objeto de análise. Pretende-se destacar que a proposta de John Finnis, dentro da proposição de resgatar o aspecto teleológico, sublinha que o Direito (e o plano da hermenêutica) existe para um fim, a saber, procurar determinados bens (que são as formas básicas do bem humano) – que representam a sua dimensão substantiva. A introdução das exigências da razoabilidade prática representa a dimensão metodológica para buscar as referidas formas básicas do bem humano.

Dentro desse conjunto de conteúdo e metodologias, parece que uma das características de um valor básico e de um princípio prático básico pode ser colocada da seguinte forma: "ditos valores e princípios entram em qualquer consideração de boas razões para a ação e em qualquer descrição completa da conduta humana".[540] Busca-se, no fundo, averiguar que o valor é um tipo da categoria do bem, ou seja, "uma forma geral de bem que pode ser participado ou realizado de maneiras indefinidamente variadas em um número indefinido de situações, será útil, para essa situação, reservar a palavra valor".[541]

John Finnis, a partir desse quadro, não pretende formular uma teoria sobre o direito natural, porque, segundo ele, é necessário fazer uma especificação básica: "a distinção entre uma teoria, doutrina ou explicação, e a matéria dessa teoria, doutrina ou explicação".[542] Portan-

---

[539] WESTERMANN, Pauline C. *The disintegration of natural law theory*: Aquinas to Finnis, p. 237.
[540] FINNIS, John Mitchell. *Natural Law and Natural Rights*, p. 59; *Ley Natural y Derechos Naturales*, p. 91.
[541] Idem, p. 61; Idem, p. 93.
[542] Idem, p. 58.

to, o autor não está preocupado em formular uma teoria sobre o Direito Natural, pois esta vai oscilar e sofrer o impacto tempo, pois cada época pretenderá dar a sua explicação para a existência de algum direito que seja superior ou mais importante que o Direito Positivo. John Finnis, pelo contrário, preocupou-se com os princípios daquilo que ele chamou de lei natural. Esses princípios é que não têm história. Seriam ahistóricos. A explicação que o autor dá parece ser coerente, ao menos por enquanto, no sentido de que

> a lei natural não poderia surgir, declinar, ser revivida nem colocar em cena "eternos retornos". Não poderia atribuir-se a ela o mérito das conquistas históricas. Não poderia ser tida como responsável pelos desastres do espírito humano ou pelas atrocidades da prática humana.[543]

Para Finnis, portanto, os princípios da lei natural não estariam sujeitos aos efeitos histórico-temporais. Com isso, deveriam ser distinguidos das teorias e doutrinas que surgem ao longo do tempo e, ao que tudo indica, nem sempre fazem a separação entre a ideologia que está por trás da teoria e o próprio conteúdo defendido, como, por exemplo, a forma de abordagem sobre a lei natural. Contra essa confusão, Finnis se opõe e diz claramente que o seu livro é "sobre a lei natural. Desenvolve e expõe uma teoria da lei natural, porém não versa sobre essa teoria".[544] A rotulação ahistórica de sua proposta implica o afastamento de opiniões sobre a adequação ou não que a lei natural possa ter provocado ao longo do tempo, bem como das suas próprias idéias do que seja a "lei natural". Segundo Finnis, tais aspectos são irrelevantes, "porque nenhuma dessas discussões tem alguma influência real sobre a questão de se existe uma lei natural e, se existe, qual é o seu conteúdo".[545] A preocupação não é doutrinária, mas é de substância e do modo da aplicação dos princípios à vida de cada ser humano, daí o enfoque da razão prática.

O autor chama a atenção para um aspecto importante, a saber, que ele não está preocupado com a natureza humana, pois "as discussões abstratas sobre a mutabilidade ou imutabilidade da natureza humana estão fora de lugar: o argumento deste livro não se apóia, nem ainda que implicitamente, no termo 'natureza humana'". De fato, Finnis enfatiza que o texto "se refere às formas básicas de plena realização humana e às exigências básicas de razoabilidade prática".[546] Quer dizer, em nenhum momento está tentando desenvolver alguma teoria

---

[543] FINNIS, John Mitchell. *Natural Law and Natural Rights*, p. 24; *Ley Natural y Derechos Naturales*, p. 58.

[544] Idem, p. 25: "This is a book about natural law. It expounds or sets out a theory of natural law, but is not *about* that theory"; *Ley Natural y Derechos Naturales*, p. 59.

[545] Idem. *Natural Law and Natural Rights*, p. 25; Idem, ibidem.

[546] FINNIS, John Mitchell. *Natural Law and Natural Rights*, p. 50; *Ley Natural y Derechos Naturales*, p. 82.

sobre a lei natural. Ele apenas está dizendo aquilo que compõe a lei natural e os modos de sua realização prática.

Os argumentos para dizer que os princípios da lei natural não têm história parecem estar amparados na teoria clássica da lei natural, formulada por Aristóteles, a partir daquilo que já disse, ou seja, existem princípios de justiça que são convencionais (criados pelo homem, portanto) e outros que são universais e imutáveis. E o interessante, e é um argumento que vai a favor de Finnis, é que estes princípios da lei natural possibilitam o julgamento da história humana. Agora, é preciso ter cuidado, como, aliás, alerta Cristóbal Orrego Sánchez:

> o direito natural não tem história; porém há uma história da reflexão sobre o direito natural. Não se trata simplesmente de uma história do pensamento, mas da história da humanidade, que se aproxima ou se afasta dos ideais perenes de justiça. É a história daqueles que colocaram a sua inteligência e sua atividade – tantas vezes uma atividade puramente acadêmica – ao serviço desse ideal humano.[547]

Os considerados bens humanos básicos existem desde a primeira aparição do homem, e desde então sempre o acompanharam e não sofrem a alteração pela passagem do tempo. Isso pelo simples fato de que são básicos, ou seja, elementares ao homem, e este não poderá viver e desenvolver o já mencionado conceito de dignidade da pessoa humana sem eles. As exigências da razoabilidade são os meios para a sua implementação. Tais aspectos efetivamente não têm história, pois sempre deverão estar presentes e serem respeitados. O que se sabe que nem sempre ocorreu. A maneira como os princípios da lei natural são recepcionados pela sociedade e por ela respeitados e assegurados a um número maior ou menor de pessoas é que dá origem às teorias sobre a lei natural e elas variam de acordo com diversos interesses que entram em cena a cada momento. Estes aspectos são considerados históricos. Entretanto, o conteúdo – a essência – (princípios da lei natural e as exigências da razoabilidade prática) não muda. Portanto, não tem história. A sua aplicação prática sofre os efeitos do tempo e das circunstâncias, motivando as teorias e as doutrinas, que são históricas.

A lei natural delineada até o momento, é o modo de ser do ser do ente homem, pois "o ser é analógico, e por isso contém mais coisas das que podemos ver nele".[548] Considerando tal característica, "somente se conhece o conhecer pelo ser, e somente se conhece o conhecer os princípios da razão prática através do ser, isto é, os princípios do atuar

---

[547] SÁNCHEZ, Cristóbal Orrego. "John Finnis. La lucha por el derecho natural". In: *Jornadas Internacionales em Homenaje a John Finnis* – a 25 años de la publicación de Natural Law and Natural Rights, p. 2, mimeo.

[548] BEUCHOT, Mauricio. "Naturaleza humana y ley natural como fundamentos de los derechos humanos". In: MASSINI-CORREAS, Carlos I. (Compil.). *El iusnaturalismo actual*. Buenos Aires: Abeledo-Perrot, 1996, p. 18.

se conhecem através dos princípios do ser".[549] E é esse ser que se vela e se desvela que carrega consigo os princípios da lei natural.

4.2.3. As formas básicas do bem humano: a dimensão substantiva da lei natural

Como já visto, o ponto de referência de Finnis é a prática, que é o modo de conhecimento dos princípios que integram a lei natural. A razão prática operacionaliza a ação da seguinte forma: "quando alguém está pensando o que fazer é quando capta quais são as boas razões que tem para atuar".[550] Verifica-se claramente que não se busca uma resposta com caráter absoluto, que seja aplicável em todas as situações. Pelo contrário, em cada momento deverá ser buscada a resposta, a ação.

Assim sendo, os bens humanos básicos[551] não apresentam nada em abstrato, mas despertam em cada ser humano a capacidade para enfrentar "aquela" situação peculiar, a qual dificilmente se repetirá, em função das múltiplas riquezas com que se revestem os acontecimentos humanamente produzidos.[552] Nesse atuar, entra em cena a nossa tradição, que é responsável pelo delineamento dos princípios da lei natural e também das exigências da razoabilidade prática. Corresponde a uma verdadeira herança que nos vem dada e que orienta a nossa ação. Tais aspectos alimentam e justificam a tradição e contextualizam, com isso, a pré-compreensão, ao mesmo tempo em que também são alimentados por estas duas últimas (a tradição e a pré-compreensão). Há, portanto, um movimento de reciprocidade entre este conjunto, o qual deverá ser considerado pelo círculo hermenêutico.

Os bens humanos básicos, que serão estudados a seguir, apresentam três características comuns: a) são evidentes: na medida em que integram a tradição de cada ser humano, que vai percebendo-os a partir da sua vivência e pré-compreensão; b) são incomensuráveis: na

---

[549] BEUCHOT, Mauricio. *Op. cit.*, p. 20.

[550] VILLEGAS, Juan Carlos Suárez. *Hay Obgligación Moral de Obedecer al Derecho?* Madrid: Tecnos, 1996, p. 66.

[551] Os bens humanos básicos ou formas básicas de prosperidade humana correspondem a uma idéia simples: "no raciocínio sobre deveres morais, um deve orientar a si próprio sobre a característica a seguir. Nesse sentido, as necessidades básicas podem ser comparadas a uma bússula. Elas são primeiramente orientadas, sem as quais é impossível explicar tudo". WESTERMANN, Pauline C. *The disintegration of natural law theory*: Aquinas to Finnis, p. 237.

[552] CABANILLAS, Renato Rabbi-Baldi. "El derecho natural como núcleo de racionalidad de la realidad jurídica". In: CABANILLAS, Renato Rabbi-Baldi (coord.). *Las Razones del Derecho Natural*; perspectivas teóricas y metodológicas ante la crisis del positivismo jurídico, p. 23. John Finnis, sobre esse aspecto, refere: "os aspectos básicos do bem estar humano são real e inquestionavelmente bons; porém, depois de tudo, não são formas abstratas, são aspectos analiticamente distinguíveis do bem estar, real ou possível, teu e meu – de indivíduos de carne e osso". FINNIS, John Mitchell. *Natural Law and Natural Rights*, p. 371-2; *Ley Natural y Derechos Naturales*, p. 398.

medida em que não são passíveis de medida;[553] c) não existe hierarquia entre eles. A realização desses bens humanos básicos faz parte de ações racionalmente motivadas, pois visam a "trazer de forma imediata, tanto imediatamente quanto instrumentalmente, algumas necessidades básicas".[554] Dentro desse contexto, Finnis refere que entende a razão como um passo para o terreno da "ação inteligente motivada ultimamente por uma necessidade humana básica".[555] Isso quer dizer que as necessidades básicas promovem no ser humano atitudes racionais para a sua obtenção, pois seria irracional não planejar desta forma. John Finnis é criticado por não ter indicado uma solução para o caso de conflito entre diversos bens humanos básicos ou mesmo para a controvérsia entre valores conclusivos conflitantes.[556] Para evitar arbitrariedades, a alternativa é recorrer às características da *phrónesis*, que poderá ser um auxiliar para responder esta omissão na proposta finnissiana.

Na proposta de John Finnis os bens humanos básicos funcionam apenas como indicadores (bússolas) para o raciocínio moral. Por isso, elas são catalogadas como pré-morais, ou seja,

> desde que estas orientações básicas são anteriores a qualquer consulta mais profunda, elas não contém ainda um "dever", mas, um "é para ser". Este "é para ser" pode nos dar uma ascensão para um "dever", mas não supre o "dever" por si mesmo sem reflexões mais profundas.[557]

Quando na tradição nascem os bens humanos básicos, ou seja, quando as necessidades básicas do humano começam a surgir, não existe nenhum indicativo de quais são os bens que deverão realmente nortear uma escolha correta, isto é, uma decisão razoável. Será a interferência do tempo e da experiência, aliados ao segundo ingrediente da proposta de John Finnis (as exigências metodológicas da razoabilidade prática), que estes bens básicos vão se definindo e ganhando a qualidade de poder fazer parte de uma escolha razoável. Esse guia metodológico são as exigências da razoabilidade prática. Assim, "é seguindo a metodologia exigida que uma característica pode vir a alcançar um julgamento moral sustentável".[558] Tal característica deixa sublinhada a importância que têm os princípios da lei natural –

---

[553] Sobre essa característica, John Finnis e Germain Grisez enfatizam: "nós achamos que as necessidades humanas básicas com aspecto do completo bem-estar das pessoas, aspecto essencialmente não-mensurável e incomensurável. (...) Para nós, a escolha correta é aquela que está de acordo com um amor verdadeiro de todas as necessidades básicas humanas". FINNIS, John Mitchell; GRISEZ, Germain. "The Basic Principles of Natural Law: a Reply to Ralph McInerny". In: FINNIS, John. (edit.). *Natural Law*. Aldershot: Dartmouth Publishing Company Limited. 1991. v. I, p. 348.

[554] Idem. "Natural Law and Legal Reasoning". In: GEORGE Robert P. (edit.). *Natural Law Theory*: Contemporary Essays, p. 134.

[555] Idem, p. 134-5.

[556] A crítica é levantada por WESTERMANN, Pauline C. *The disintegration of natural law theory*, p. 247.

[557] WESTERMANN, Pauline C. *The disintegration of natural law theory*, p. 238.

[558] Idem, p. 238.

representados pelos bens humanos básicos – e as exigências da razoabilidade prática, pois ambos formam um conjunto que será responsável pela razoabilidade ou não de determinada resposta ou decisão.

Nesse contexto, surge uma das críticas à proposta de Finnis: se as sete necessidades básicas não estiverem corretas, nunca se poderá chegar a uma conclusão, mesmo com as justificativas metodológicas. Tal crítica é respondida pela própria argumentação do presente trabalho, pois será a tradição onde o ser humano/intérprete estiver inserido e a sua experiência, que mostrarão a razoabilidade da escolha dos bens humanos básicos em conjunto com os aspectos metodológicos. Vale dizer, o intérprete já está desde sempre inserido e condicionado pelo contexto que o cerca. E isso é suficiente para a escolha acertada, e este conjunto indicará os bens humanos a serem preservados.

Um desses princípios práticos básicos é o conhecimento, que deverá ser desenvolvido, e a sua ignorância, evitada. Um princípio prático básico serve para orientar o desenvolvimento do raciocínio prático, desdobrando-se em inúmeras possibilidades de premissas, além de outros princípios práticos básicos mais específicos. Assim, não se apresenta como um fator restritivo, mas, pelo contrário, prospecta novos horizontes para a atividade humana.[559]

O princípio prático básico de que o conhecimento é bom não necessita ser formulado sob a forma de um silogismo, posto que

> as premissas práticas particulares (como que seria bom ter conhecimento sobre a lei natural) não são comumente adotadas como conclusões de uma seqüência de raciocínio dedutivo a partir do princípio mais geral e básico. Neste sentido, o raciocínio prático é como o raciocínio "teórico", que possui suas próprias hipóteses e princípios básicos e usualmente tácitos.[560]

No caso do saber teórico, talvez o autor estivesse querendo dizer que o ponto de partida sejam as premissas calcadas nos primeiros princípios necessários e imutáveis, segundo a lição de Aristóteles. Já no que tange ao saber prático, supõe-se que existam determinados princípios que o sujeito tome conhecimento pela própria tradição onde se encontra inserido. A referida evidência na existência de alguns aspectos tacitamente obtidos pressupõe a experiência, conforme já examinado anteriormente, inclusive a partir das contribuições de Aristóteles.

De certa forma, Finnis está enfatizando que o jovem sem experiência não terá condições de vislumbrar as várias possibilidades abertas pela construção do conhecimento. Por outro lado, está trazendo uma questão desenvolvida, por exemplo, por Martin Heidegger, quando a verdade é considerada o desocultamento. Vale dizer, a pergunta seguida de resposta, com o acréscimo de outro questionamento, e

---

[559] Neste sentido, FINNIS, John Mitchell. *Natural Law and Natural Rights*, p. 64; *Ley Natural y Derechos Naturales*, p. 95.

[560] Idem, ibidem.

assim sucessivamente, pode ser um mecanismo de trazer à luz aquilo que foi velado ou escondido. No caso, isso estaria ocorrendo com o caráter evidente dos princípios relativos à razão teórica.

Tudo indica que a proposta de John Finnis é trazer à constatação, portanto, corporificando o desocultamento, que

> os princípios da racionalidade teórica não são demonstráveis, pois se pressupõem ou se desdobram em qualquer coisa que nós aceitaríamos como demonstração. Não descrevem o mundo. Porém, todavia, não podem verificar-se abrindo os olhos e observando, são óbvios – obviamente válidos – para qualquer que tenha a experiência de averiguar questões de fato ou de pensamento teórico (incluindo o histórico e o filosófico); não tem necessidade de demonstração.[561]

O acesso aos princípios que compõem a razão teórica ocorre mediante a experiência, fundada na força da tradição (a pré-estrutura da compreensão ou da pré-compreensão, segundo Heidegger e Gadamer). Esses princípios,

> são objetivos; sua validade não é matéria de convenção, nem é relativa aos propósitos individuais de ninguém. Negá-los pode ter significado, pois não são princípios de lógica aos que seja necessário adequar-se se algum deve significar algo. Porém desafiá-los equivale a excluir-se a si mesmo da busca do conhecimento, e negá-los é tão abertamente irrazoável como os demais.[562]

Finnis está defendendo que os princípios que integram a razão teórica são universais e necessários, sendo que a verdade vale para todos e é conhecida por todos.[563] Isso, portanto, não é necessário demonstrar, já que todos têm acesso ao conhecimento destes princípios.

A partir desse momento, Finnis estabelece o imbricamento entre a razão teórica e a razão prática, quando afirma: "sob todos estes aspectos, os princípios da razoabilidade teórica são evidentes. E é sob estes aspectos que sustentamos que é evidente o princípio prático básico de que o conhecimento é um bem que deve buscar-se".[564]

Da mesma forma como os princípios da razão teórica são indemonstráveis, haverá princípios básicos da razão prática que apresentam o mesmo caráter. Isso ocorre com os primeiros princípios básicos da razão prática ligados à lei natural. O seu conhecimento caracteriza a *"synderesis"*, que representa a nossa disposição natural a conhecer os primeiros princípios práticos, ou o hábito do intelecto que contém os

---

[561] FINNIS, John Mitchell. *Natural Law and Natural Rights*, p. 64-5; *Ley Natural y Derechos Naturales*, p. 96.

[562] Idem, p. 68; Idem, p. 100.

[563] Neste passo, John Finnis é nitidamente influenciado pela classificação entre a "ratio speculativa" e a "ratio practica", desenvolvida por Santo Tomás de Aquino. Para tanto, TOMÁS DE AQUINO. *Suma Teológica*. Traduzido por Alexandre Corrêa. 2. ed. Porto Alegre: Sulina, I-II, q. XC, artigo I, 1980. v. IX. E, do mesmo autor, *Escritos políticos de Santo Tomás de Aquino*. Traduzido por Francisco Benjamin de Souza Neto. Petrópolis: Vozes, 1997, p. 80-1.

[564] FINNIS, John Mitchell. *Natural Law and Natural Rights*, p. 68; *Ley Natural y Derechos Naturales*, p. 100.

preceitos da lei natural, os quais são os primeiros princípios das ações humanas.[565]

Pelo exposto, é necessário tomar cautela para não concluir que esses princípios sejam validados pelo simples ingresso do sentimento de certeza a respeito. Isto caracterizaria um entendimento equivocado.

> Pelo contrário, eles mesmos são os critérios por meio dos quais discriminamos entre sentimentos, e desconsideramos alguns dos nossos sentimentos (incluindo sentimentos de certeza), não importando a sua intensidade, como irracionais ou injustificados, enganosos ou ilusórios.[566]

No fundo, Finnis quer destacar a existência de princípios práticos indemonstráveis, porém evidentes, e que informam o nosso raciocínio prático. Nesse ponto, como se verá mais adiante, verificam-se que alguns postulados de John Finnis se aproximam de Heidegger e Gadamer, especialmente no tocante à tradição.

Além do conhecimento, John Finnis aponta outras formas básicas de bem humano. Continuando a enumeração iniciada, o autor aponta a vida como o primeiro valor básico, estritamente relacionado com a preservação do homem. A vida deverá ser entendida no seu caráter lato, pois abrange a saúde física e mental, além da ausência de dor, que possa ser o indicativo de algum problema no organismo humano, incluindo qualquer outra iniciativa voltada à sua preservação ou multiplicação.[567]

Finnis destaca a importância da vida como um bem básico, pois viabiliza "que indefinidamente muitos seres podem participar em diversas maneiras, indo além de muitos objetivos ou propósitos que qualquer um poderia enfrentar".[568] Dito de outro modo, a vida é considerada o bem básico que possibilita a concretização de todos os outros bens ou necessidades humanas básicas.

Outro valor básico arrolado por John Finnis é o jogo. Apesar da possibilidade de outros enfoques, é correto dizer que antropologicamente o jogo faz parte da cultura humana. Nessa categoria, torna-se irrelevante como o jogo é desenvolvido, pois "a realização pode ser solitária ou social, intelectual ou física, extenuante ou relaxante, altamente estruturada ou relativamente informal, convencional ou 'ad hoc' quanto à sua forma (...)".[569] O próprio desenvolvimento do valor básico da vida e do conhecimento, em última análise, é exteriorizado por intermédio do jogo, posto que viver em sociedade é um jogo. A ação e a decisão são formas de jogo. Por isso, não está equivocado dizer que o

---

[565] Conforme nota contida em Idem, p. 77; Idem, p. 108.

[566] Idem, p. 69; Idem, p. 100.

[567] FINNIS, John Mitchell. *Natural Law and Natural Rights*, p. 86; *Ley Natural y Derechos Naturales*, p. 117-8.

[568] Idem. "Natural Law and Legal Reasoning". In: GEORGE Robert P. (edit.). *Natural Law Theory*: Contemporary Essays, p. 134.

[569] Idem. *Natural Law and Natural Rights*; *Ley Natural y Derechos Naturales*, p. 119.

phrónimos, em verdade, é um jogador, a partir do momento em que delibera sobre as atitudes necessárias para a obtenção do justo meio.

O autor encontra aqui um aspecto já desenvolvido por Heidegger, a saber, "o jogo da vida". Quer dizer, é na interface entre os homens, o mundo e a sua existência fática que se processa o jogo, dando condições para o desenvolvimento da idéia de "ser-no-mundo" e do "ser-com-o-mundo".

Uma outra forma básica de bem humano é a experiência estética, vale dizer, a busca do belo, do contorno externo. Algumas formas de jogo são a expressão da estética, como por exemplo, o baile, o canto e a encenação. Esse aspecto, com uma peculiaridade própria, permite a experiência dissociada da relação social, posto que é possível apreciar e usufruir o belo nas manifestações da natureza. Por outro lado, a experiência estética não pressupõe necessariamente a ação, já que a beleza poderá ser uma simples apreciação interna e individual.[570] A percepção do belo também é uma qualidade humana, pois o homem busca-o e aprimora-o exatamente para tornar mais agradável o desenvolvimento do "jogo da vida".

John Finnis aponta ainda, como um bem humano básico, a sociabilidade. Aqui é tomado em consideração que o homem, desde os primórdios e a partir de pequenos grupos até grandes reuniões de pessoas, tem vivido, como regra geral, em sociedade. Essa característica lança um desafio: a possibilidade da convivência pacífica, dentro de determinados limites de respeito mútuo e harmonia. A sociabilidade surge no contexto humano a partir da expressão da amizade. Essa, no entanto, gera um novo e delicado compromisso: "a amizade implica atuar pelos propósitos do amigo, pelo bem estar do próprio amigo".[571]

Os variados vínculos de sociabilidade, inspirados e prospectados pelos laços da amizade, fazem emergir a noção de comunidade, como uma forma de relação unificante entre seres humanos. Essa espécie de unificação (no sentido de convergência para algo comum) move-se pela "unidade ou ordem que nós introduzimos nas próprias ações e disposições mediante a inteligente deliberação e eleição".[572] Tendo estes aspectos como pano de fundo, evidencia-se que a compreensão do significado de comunidade para o bem-estar individual e a razoabilidade prática exigem formas intensas de relacionamento, cuja autêntica fonte será a amizade de verdadeiros amigos.

John Finnis, ao examinar a amizade, alinha várias características:

---

[570] FINNIS, John Mitchell. *Natural Law and Natural Rights; Ley Natural y Derechos Naturales*, p. 119.

[571] Idem, p. 88.

[572] Idem, p. 138; Idem, p. 168.

A é amigo de B quando (i) A atua (ou está disposto a atuar) pelo bem estar de B, em favor de B, enquanto (ii) B atua (ou está disposto a atuar) pelo bem estar de A, em favor de A, (iii) cada um deles sabe da atividade e da boa disposição do outro e que o outro por sua vez também o sabe, e (iv) cada um deles coordena (ao menos parte de) sua atividade com a atividade do outro de tal modo que existe um compartir, uma comunidade, uma correspondência mútua, e uma reciprocidade não somente de conhecimento senão também de atividade.[573]

As teias formadas pelas relações de amizade são as responsáveis pela estruturação da comunidade. As relações pessoais vertidas em amizade formam o sustentáculo da sociedade e do seu desenvolvimento.

Pelo visto, a amizade consiste numa dialética, na medida em que ter um amigo representa uma forma básica de bem, isto é, se "A" tem um amigo, "B", tal aspecto é forma básica de bem-estar para "A". E a lição maior parece ser: "O valor intrínseco de ter um amigo verdadeiro não consiste precisamente nos serviços que o amigo pode prestar, nem precisamente no prazer que o amigo pode dar, senão no estado de coisas mesmo que chamamos amizade".[574]

Assim sendo, o verdadeiro vínculo da amizade poderá reforçar os laços deixados pelas diversas exigências da razoabilidade que serão estudadas mais adiante. Isso fica evidente, porque a amizade é a forma de comunidade humana mais solidária, embora não seja a mais organizada ou elaborada. Tal aspecto sublinha o valor do conteúdo em detrimento da forma.

Os aspectos vistos acerca da amizade permitem dizer que a pessoa não pertence ao campo do objetivo. Com isso, o esquema sujeito-objeto – que já provocou tanta polêmica – não poderá ser relacionado à pessoa para validar qualquer espécie de conhecimento. E isso se dá porque a pessoa, capaz de desenvolver os lanços de amizade, não é nem objeto e nem sujeito, pois "o conceito de pessoa é relacional, dinâmico e histórico. Pessoa não é estado, senão acontecimento; pessoa é ato". Essa mesma situação vale para o Direito, pois ele não é "uma reserva de normas, o direito acontece nas 'relações' pessoais, de modo que se não acontece ali, haverá leis, porém não direito. O direito acontece no ato".[575] Tal parece ser um aspecto que precisa ser valorado por ocasião do trabalho da hermenêutica, não se trata de um objeto, mas de uma pessoa, que tem capacidade para estabelecer os mais ricos vínculos sociais.

A razoabilidade prática é apontada como um outro bem humano básico. O objetivo desse bem humano é a utilização adequada da

---

[573] FINNIS, John Mitchell. *Natural Law and Natural Rights*, p. 142; *Ley Natural y Derechos Naturales*, p. 172.

[574] Idem, ibidem.

[575] KAUFMANN, Arthur. "El Renacimiento del Derecho Natural de la Posguerra y lo que fue del Él. Tradução de Alejandra Guardia Clausi". In: CABANILLAS, Renato Rabbi-Baldi (coord.). *Las Razones del Derecho Natural*; perspectivas teóricas y metodológicas ante la crisis del positivismo jurídico. Buenos Aires: Editorial Ábaco de Rodolfo Depalma, 2000, p. 249.

inteligência humana, vinculada ao raciocínio prático com vistas a determinada ação e a obtenção do seu resultado.

Dito de modo negativo, isto implica se tenha uma medida de liberdade efetiva; de modo positivo, implica se busque introduzir uma ordem inteligente e razoável nas próprias ações, hábitos e atitudes práticas.[576]

A referida ordem poderá ser enfocada pelo aspecto interno e/ou pelo aspecto externo. No tocante ao aspecto interno, refere-se a um esforço para a organização e disciplina das emoções, a fim de obter uma harmonia e paz mental. Por outro lado, o aspecto externo refere-se à tomada de decisões que representem "realizações genuínas de suas próprias valorações, preferências, esperanças e autodeterminações livremente ordenadas".[577] A razoabilidade prática pode ser considerada como uma "coluna vertebral que permite que todos os valores básicos sejam sustentados sob uma estrutura",[578] quer dizer, a estrutura da pessoa, que permite justamente realizá-la como acontecimento ou como ato (Kaufmann).

É importante destacar que o princípio fundamental da razoabilidade pode ser assim delineado: "tome como premissa pelo menos uma das razões básicas para a ação e siga para o ponto que você de alguma forme trouxe sobre a instantaneidade daquela necessidade em ação. Não aja sem objetivo".[579] É necessária a identificação dos bens básicos, pois eles servirão de rumo na escolha e na ação das razões, a fim de buscar a sua satisfação.

Um outro bem humano básico está vinculado à religião. Neste caso, a humanidade vincula-se ao transcendental, manifestado mediante a crença em Deus e o seu poder divino. Na medida em que se buscam analisar o ser humano e a sua forma de ação e comportamento, a consideração acerca das forças sobre-humanas e os reflexos que poderão provocar sobre a prática cotidiana do homem, poderão reforçar a preocupação com o conteúdo, em detrimento da forma. Trata-se, no entanto, de um bem humano muito peculiar, pois dependente de uma série de fatores pessoais, especialmente aqueles vinculados à fé e à espiritualidade.

Finnis alerta que esta lista de bens humanos básicos não é exaustiva. Haja vista que

> existem inumeráveis aspectos da auto-determinação e da auto-realização humanas além dos sete aspectos básicos que foram enumerados. Porém estes outros aspectos, como a coragem, a generosidade, a moderação, a amabilidade, e assim sucessivamente, não são eles mesmos

---

[576] FINNIS, John Mitchell. *Natural Law and Natural Rights*, p. 88; *Ley Natural y Derechos Naturales*, p. 119.

[577] Idem, p. 89; Idem, p. 120.

[578] VILLEGAS, Juan Carlos Suárez. *Hay Obgligación Moral de Obedecer al Derecho?*, p. 77.

[579] FINNIS, John Mitchell. "Natural Law and Legal Reasoning". In: GEORGE Robert P. (edit.). *Natural Law Theory*: Contemporary Essays, p. 137.

valores básicos; mas são maneiras (não meios, senão modos) de buscar os valores básicos, e capacitam (a algum indivíduo, ou grupo, ou cultura) a um homem para buscá-los.[580]

Os aspectos enumerados, embora não sejam classificados como meios, podem ser considerados como instrumentos importantes para a concretização dos bens humanos básicos. Assim, cada ser humano desenvolve com intensidade própria os bens humanos básicos, e isto ocorre justamente porque os modos apresentados por Finnis também não são uniformes, mas dependem de características pessoais de cada um.

Deve ser lançado um alerta no sentido de inexistir uma hierarquia entre os sete valores básicos apresentados. Isto significa dizer que todos são igualmente considerados como bens básicos do ser humano. Assim, parece ser razoavelmente importante centrar a atenção em qualquer um deles, de acordo com as circunstâncias que o homem está vivenciando em determinado momento.

O desenvolvimento dos referidos princípios básicos faz parte da própria caminhada social do homem. De certa forma, são uma junção entre ações externas e internas, que visam à realização plena do ser humano. Entretanto, pelos contornos examinados, fica sublinhado que nenhum deles é conclusivo, sendo que sempre é possível aperfeiçoar as ações. Interessante observar

> que os princípios práticos que se prescrevem a cada um participar nessas formas básicas de bem, através de decisões praticamente inteligentes e de ações livres que fazem de cada um a pessoa que é e que deve ser, tem sido chamados na tradição filosófica ocidental de primeiros princípios da lei natural, porque ditam-nos as noções fundamentais de tudo o que alguém pode razoavelmente querer fazer, ter e ser.[581]

Os primeiros princípios da lei natural são, assim, o arcabouço de sustentação para a razoabilidade prática, na medida em que favorecem o fundamento da ação humana e justificam as decisões que tomamos em cada caso concreto. Por outro lado, na medida em que as diversas formas básicas de bem são variáveis de pessoa a pessoa, indicam o seu caráter contingente e não-universal.

Além dessa característica, o próprio John Finnis adverte que as diversas formas básicas de bem que foram objeto de análise não é exaustiva, deixando a entender a possibilidade de outras formas ou variações das mesmas. Apesar disso, tudo indica que uma das formas básicas não poderá ser olvidada, a saber, a razoabilidade prática. Isso ocorre porque, mediante o bem da razoabilidade prática, se dá forma "à própria participação nos outros bens básicos, orientando os próprios compromissos, a seleção de projetos e aquilo que se faz ao colocá-los em prática".[582]

---

[580] FINNIS, John Mitchell. *Natural Law and Natural Rights*, p. 90-1; *Ley Natural y Derechos Naturales*, p. 121-2.

[581] Idem, p. 97; Idem, p. 127.

[582] FINNIS, John Mitchell, p. 101; Idem, p. 132.

A aplicação dos mencionados bens humanos básicos não adquire, apesar de sua importância, força moral. Assim, a forma como serão aplicados é justamente definido ou especificado pela razoabilidade prática. Isso quer dizer que inexistem umas razões razoavelmente preferíveis, que estariam indicando a eleição de uma determinada ação. Entretanto, parece que a ação será contra a razão quando vise a prejudicar alguma das formas básicas de bem humano,[583] que são, portanto, um indicador flexível do caminho a seguir e da decisão em cada fato concreto da vida.

4.2.4. As exigências básicas da razoabilidade prática: a dimensão metodológica da lei natural

A perspectiva ditada pela razoabilidade prática estará vinculada e preocupada com a questão relativa ao tempo e à experiência, destacando-se a importância do passado, como um forte contribuinte para a edificação da tradição e da contextualização da pré-compreensão, servindo como ingrediente (elemento formador para ambas) e a sua própria configuração final.

Pode-se dizer que a primeira tarefa da razoabilidade prática é mostrar como uma ação se torna praticamente inteligível, ou seja, razoável. Para tanto, é preciso identificar as razões da ação, isto é, "uma razão para uma ação é qualquer que confira inteligibilidade à ação. Tal teoria deve identificar quais razões para a ação existem e vêm caracterizar completamente a natureza desta razão".[584] As motivações da ação serão um indicativo para a verificação da razoabilidade ou não de determinada ação. A segunda tarefa da razoabilidade prática é dar subsídios para que a escolha e a ação não sejam criticadas posteriormente de irrazoáveis, ou seja, mostrar aos agentes de quais são as condições de escolha praticamente significantes, para que o resultado seja razoável. A terceira parte da configuração da razoabilidade prática é justamente identificar um conjunto de bens humanos básicos e complementá-los com um conjunto de padrões que possam fazer a ação completamente racional.[585]

---

[583] Esta é a concepção de John Finnis quando assevera: "A ação é imoral quando vai contra a razão. Agora a eleição da ação será contra a razão si existe 'uma' razão que vá contra a realização desta ação e não há uma razão racionalmente preferível para realizá-la. Entre as diferentes razões possíveis contra uma eleição, uma pode ser a seguinte: que a opção implique o propósito de prejudicar ou impedir alguma determinação de um bem humano básico (não-instrumental ou intrínseco), algum aspecto irredutível do bem estar de uma pessoa humana tais como a vida do corpo, o conhecimento da verdade, a harmonia com as demais pessoas e outras do mesmo estilo. Entretanto, em qualquer situação em que tal ação possa ser elegida, nenhuma 'razão' para elegê-la pode ser racionalmente preferível à razão 'contrária' dessa eleição" (FINNIS, John Mitchell. "Aristóteles, Santo Tomás y los absolutos morales". In: MASSINI-CORREAS, Carlos I. (Comp.). *El iusnaturalismo actual*. Buenos Aires: Abeledo-Perrot, 1996, p. 91).

[584] MURPHY, Mark C. *Natural Law and Practical Rationality*. New York: Cambridge University Press, 2001, p. 1.

[585] MURPHY, Mark C. *Natural Law and Practical Rationality*, p. 2-3.

A problemática de se saber como uma decisão é considerada razoavelmente prática, pode ainda ser inspirada nas sugestões de Aristóteles: ele exigia dois requisitos indispensáveis para a construção da resposta à questão formulada, quais sejam, a experiência e inteligência, além de um desejo de razoabilidade mais forte que os desejos que poderiam arrastá-la. Sublinham-se, com isso, as características já examinadas anteriormente em Aristóteles, onde foi possível vislumbrar que a experiência de vida, aliada à educação e ao desenvolvimento de determinados hábitos, é fundamental para o ser humano eleger as condutas e ações consideradas razoavelmente corretas.[586]

Apesar do ensinamento de Aristóteles, de que o homem prudente deve pautar a sua ação pelo justo meio, surge uma dúvida: como pode, em cada situação, ser estabelecido o meio-termo, para a caracterização da virtude? Como já visto, Aristóteles desenvolveu a investigação voltada ao estabelecimento do conteúdo da razoabilidade prática. As suas reflexões são fundamentais para a identificação de várias exigências de métodos no raciocínio prático. Os diversos métodos (exigências de razoabilidade prática) a seguir apontados também não poderão ser dispostos hierarquicamente, valendo aqui a mesma advertência lançada por ocasião de estudos das diversas formas básicas de bem: cada uma das exigências de método é importante e deve receber a atenção com intensidade semelhante. Isto se torna evidente, pois "cada uma destas exigências se refere ao que cada um deve fazer, pensar ou ser, se pretende participar no valor básico da razoabilidade prática".[587]

A observação das exigências que serão objeto de estudo torna viável a aproximação da caracterização do *phrónimos* especificado por Aristóteles. Haja vista que "são exigências de razoabilidade ou sabedoria prática, e não viver no nível delas é irracional".[588] As exigências de método no raciocínio prático são importantes para o ser humano, eis

---

[586] Tal possibilidade surge numa outra passagem, além das já citadas, em Aristóteles: "(...) mas sendo as coisas como são, apesar de as palavras parecerem ter o poder de encorajar e estimular os jovens de espírito generoso, e, diante de uma nobreza inata de caráter de um amor autêntico ao que é nobilitante, ser capazes de torná-los suscetíveis à excelência moral, elas são impotentes para incitar a maioria das pessoas à prática da excelência moral. (...) Alguns estudiosos pensam que a natureza nos fez bons, outros que nos tornamos bons pelo hábito, outros pela instrução. (...) mas que a alma de quem aprende deve primeiro ser cultivada por meio de hábitos que induzam quem aprende a gostar e a desgostar acertadamente, à semelhança da terra que deve nutrir a semente. Realmente, as pessoas que vivem ao sabor de suas próprias emoções não ouvem as palavras que podem persuadi-las, e se as ouvem não as entendem. (...) Mas é difícil proporcionar desde a adolescência uma preparação certa para a prática da excelência moral se os jovens não são criados sob leis certas; de fato, viver moderadamente e resolutamente não é agradável para a maioria das pessoas, especialmente quando se trata de jovens. Por esta razão sua educação e suas ocupações devem ser reguladas por lei, pois elas não serão penosas se se tiverem tornados habituais" (ARISTÓTELES. *Ética a Nicômacos*, 1179b).

[587] FINNIS, John Mitchell. *Natural Law and Natural Rights*, p. 101; *Ley Natural y Derechos Naturales*, p. 133.

[588] FINNIS, John Mitchell. *Op. cit.*

que justificam o seu envolvimento nos demais bens humanos básicos já examinados.

As vantagens da obtenção deste nível poderão ser resumidas da seguinte forma: a caracterização do *spoudaios*, ou seja, o homem maduro, favorece o chamado "viver-bem" em relação ao seu titular e, a não ser que as condições sejam muito adversas, podemos dizer que possui a *eudaimonia*, que pode ser considerada como a vida feliz, a saber, a plena realização ou bem-estar. Disto resulta que, quanto mais o homem participa e favorece as formas básicas de bem, aumenta a possibilidade de desenvolvimento integral do ser. Isso se encontra vinculado a um singelo aspecto: "as formas básicas de bem são oportunidades de ser",[589] são oportunidades de manifestação do modo de ser do ente homem.

Segundo John Finnis, as exigências básicas de razoabilidade prática "expressam 'o método da lei natural' para elaborar a 'lei natural' (moral) a partir dos primeiros 'princípios da lei natural'".[590] Assim sendo, os aspectos que serão objeto de análise justificam as coisas que se devem fazer, ou evitar, para que possam ser consideradas moralmente valiosas.

Pelos aspectos vistos, cabe o alerta de Finnis:

> a razoabilidade prática, por tanto, não necessita ser considerada como se fosse, em último termo, uma forma de auto-perfeição. Essa não é a sua significação definitiva. Tampouco são suas exigências, por outro lado, puros imperativos categóricos; elas crescem em força prática em virtude da explicação mais básica que pode proporcionar-se sobre elas – que são o que se necessita para participar no jogo de Deus.[591] A razoabilidade prática é o sinal mais visível de presença da tradição, seja na sua constituição no interior de cada um, seja na sua força no exercício e resolução da prática. Parece que é dela que Aristóteles está falando quando se refere à experiência e inteligência que o *phrónimos* possui e que o capacita a, empregando a *phrónesis*, tomar a decisão que representa o justo meio.

Além disso, não podemos considerar a razoabilidade prática nos mesmos moldes dos imperativos categóricos de Kant, dado que, afastados da tradição e dos acontecimentos do dia-a-dia, acabam correspondendo a uma ação que se apresenta objetivamente necessária nela mesma, sem relação com um fim diferente dela mesma. Pelo visto, a razoabilidade prática, como a espinha dorsal que sustenta os bens humanos básicos, não poderá ser aprisionada nesse modelo, pois com isso estaria se afastando da prática, que é justamente o ponto de vista priorizado por Finnis.

Vincular a razoabilidade prática ao jogo com Deus, como pretende Finnis, não poderá ser aceitável, pois estaríamos resvalando para o campo da metafísica. De fato, a maioria das discussões sobre teorias ou

---

[589] FINNIS, John Mitchell. Op. cit., p. 103; Idem, p. 134.

[590] Idem. *Natural Law and Natural Rights*, p. 103; *Ley Natural y Derechos Naturales*, p. 134.

[591] Idem, p. 409-10; Idem, p. 433.

a própria lei natural acaba indo para esse lado, quando busca amparo na vontade de Deus, na natureza ou mesmo na mera racionalidade do ser humano. Portanto, nesse particular, como já dito, a razoabilidade prática, assim como todas as considerações sobre os bens humanos básicos e as exigências da razoabilidade prática, são oriundas da tradição, caracterizando um modo de ser do ente homem. É nessa direção que caminha a proposta do livro, pois a tradição, nos moldes e com a importância destacada pela hermenêutica filosófica, serve exatamente para justificar todos os aspectos vistos acerca da lei natural de John Finnis. É isso que será apresentado mais adiante. Existe uma proximidade entre a tradição e a lingüística, por isso a interferência da hermenêutica, explicada por Gadamer da seguinte forma:

> A tradição lingüística é tradição no sentido autêntico da palavra, o que quer dizer que não é simplesmente um resíduo que se tenha tornado necessário investigar e interpretar na sua qualidade de relíquia do passado. O que chega a nós pelo caminho da tradição lingüística não é o que ficou, mas algo que se transmite, isto é, ele nos diz – seja sob a forma de tradição oral, onde vivem o mito, a lenda, os usos e costumes, seja sob a forma da tradição escrita, cujos signos estão destinados imediatamente a qualquer leitor que esteja em condições de os ler.[592]

Entretanto, de plano, já deixamos registrado que nesse particular a tese se afasta de Finnis e aproxima-se do contexto da tradição ensinado por Heidegger e Gadamer. Especialmente valorizando este último e os seus aportes é que será amarrada à questão sobre a lei natural, a sua justificativa e a forma de chegada até nós. Quer dizer, os princípios da lei natural e as exigências da razoabilidade prática não dependem da participação no jogo de Deus (Finnis), mas estão amarrados à tradição que os justifica, alimenta e é alimentada a cada instante; sendo este o contexto onde o intérprete desde sempre se encontra.

Para que o *phrónimos* possa alcançar a realização adequada, ou a melhor possível, dos bens humanos básicos exigirá o chamado plano de vida racional que busca atingir e atender às características genéricas dos desejos e necessidades humanas e seu ciclo de ocorrência. Além disso, os planos devem ser adequados às

> exigências das capacidades e habilidades humanas, suas tendências de maturação e desenvolvimento, e à melhor maneira de treiná-las e educá-las para este ou aquele propósito. Além disso, postularei um princípio básico de motivação, que chamarei de princípio aristotélico. Finalmente, os fatos genéricos da interdependência social devem ser considerados.[593]

Esses aspectos relativos a um plano de vida inspiraram John Finnis para a primeira exigência básica da razoabilidade prática, que foi denominada de plano de vida coerente. Cada indivíduo deve ter um conjunto de propósitos e orientações, organizados com determinado

---

[592] GADAMER, Hans-Georg. *Verdade e método*: traços fundamentais de uma hermenêutica filosófica, p. 567-8.

[593] RAWLS, John. *Uma teoria da justiça*. Traduzido por Almiro Pisetta e Lenita M. R. Esteves. São Paulo: Martins Fontes, 1997, p. 470.

grau de harmonia, passíveis de serem concretizados. Não se trata de planos imaginários e sem possibilidade de realização, mas de compromissos efetivos.[594]

Essa primeira exigência da razoabilidade prática sugere que a vida do homem deve estar norteada por um projeto, alicerçado nas vivências pessoais passadas e presentes, mas lançando as vistas para o futuro. Vale dizer, é irracional que o ser humano apenas pense no imediato, esquecendo-se de amarrar cada momento, como um contínuo caminhar de cada um no contexto social.[595]

O referido plano de vida, apesar de sua pensada coerência, poderá ser objeto de reformas ou revisões, onde se abandonam velhos projetos e se elegem novos. Os bens humanos estão integrados e interagem com o plano de vida desenvolvido por cada ser humano, justificando, portanto, alterações no decorrer de sua execução ou a partir do momento em que um novo plano é traçado, especialmente para atender a algum bem humano básico que necessite, naquele momento, uma maior atenção.

Dentro deste contexto, o plano de vida de uma pessoa é racional apenas se:

> (1) é um dos planos consistentes com os princípios da escolha racional quando aplicados a todas as características relevantes de sua situação, e (2) é o plano que, dentre os que satisfazem essa condição, seria escolhido por ela com racionalidade deliberativa plena, ou seja, com plena consciência dos fatos relevantes e após uma cuidadosa consideração das conseqüências.[596]

O plano de vida racional assim delineado implica responsabilidade do ser humano, que deverá ser considerada tanto no momento de estipular as metas, como na projeção dos resultados das ações desencadeadas. Nesse particular, emerge um aspecto característico: como as pessoas não são iguais, os planos eleitos por cada uma também sofrem variações. Isto destaca a pessoalidade das escolhas, vinculadas a uma série de contornos individuais, marcados pela chamada experiência de vida, e que pode ser chamada de pré-compreensão, profundamente influenciada pela tradição onde o sujeito está imerso.

Quando se mencionava anteriormente que o homem busca o bem, e que este representa a felicidade, estava-se pensando "que o bem de uma pessoa é determinado pelo que é para ela o mais racional plano de vida, dadas circunstâncias razoavelmente favoráveis".[597] A razoabili-

---

[594] FINNIS, John Mitchell. *Natural Law and Natural Rights*, p. 103; *Ley Natural y Derechos Naturales*, p. 134.

[595] "Um plano de vida é um conjunto harmonioso de propósitos e dedicações (*commitment*) com os quais alguém se envolve para fazer algo com sua vida, e não uma simples sucessão desconexa de ações" (VILLEGAS, Juan Carlos Suárez. *Hay Obligación Moral de Obedecer al Derecho?*, p. 79).

[596] RAWLS, John. *Uma teoria da justiça*, p. 451.

[597] Idem, p. 437-8.

dade introduzida nesse contexto indica que o plano de vida coerente não está ligado apenas a uma concepção individual. Pelo contrário, deverá ser traçado com vistas ao coletivo, do qual o individual faz parte.

Uma segunda exigência pretende destacar que todos os valores humanos básicos são importantes. Assim, não deverão ser descartados arbitrariamente. Surge, neste momento, a interdependência com a primeira exigência básica, posto que um plano racional de vida serve exatamente para incluir e valorizar todos os bens humanos básicos. Dessa feita, pode-se dizer que o compromisso com um plano de vida

> será racional somente se se baseia na valorização de cada uma de suas próprias capacidades, circunstâncias e inclusive seus gostos. Será irrazoável se se baseia na desvalorização de qualquer das formas básicas de excelência humana, ou se se baseia numa sobrevalorização desses bens meramente derivados, complementares ou instrumentais como a riqueza ou as "oportunidades" ou desses bens meramente secundários e condicionadamente valiosos como a reputação ou o prazer.[598]

O plano de vida deverá ter condições de envolver todas as formas básicas de bem, objetivando a consecução de metas que possam auxiliar no desenvolvimento da excelência moral. Neste passo, a proposta de John Finnis está amarrada ao pensamento de Aristóteles, que já foi examinado. Isso não quer dizer que todas as formas de bem devem ser perseguidas sempre da mesma forma e intensidade. Eventual e temporariamente, algumas delas poderão ser preteridas, em nome de uma maior valorização de outras. Tal oscilação integra a própria característica pessoal do plano racional e coerente de vida.

Os mencionados bens humanos básicos podem e devem ser buscados por todos, sem qualquer forma de discriminação. Parece que é isto que John Finnis quer dizer ao apresentar a terceira exigência da razoabilidade prática, por ele chamada de "nenhuma preferência arbitrária entre as pessoas".[599] Sob esse aspecto, é necessário observar que se busca inicialmente o próprio bem-estar, o qual reclamará a minha atenção, preocupação e esforço. Mas qual a justificativa para esta perspectiva? John Finnis alerta que isto não significa uma sobrevalorização do meu bem-estar em detrimento do dos outros.

> A única razão para que eu prefira o meu bem estar é que só através de minha participação nos bens básicos, uma participação que se determina por si mesma e se realiza a si mesma, posso fazer o que a razoabilidade sugere e exige, visando favorecer e realizar as formas de bem humano indicadas pelos primeiros princípios da razão prática.[600]

Não se pode dizer que tal concepção esteja vinculada ao egoísmo, mas alicerçada no aspecto que a soma do bem-estar dos indivíduos é fator para o bem-estar geral.

---

598 FINNIS, John Mitchell. *Natural Law and Natural Rights*, p. 105; *Ley Natural y Derechos Naturales*, p. 136.

599 Idem, p. 106; Idem, p. 137.

600 Idem, p. 107; Idem, p. 137-8.

Para a construção de uma justificativa desse ponto, John Finnis recorre novamente à teoria proposta por John Rawls. Este último parte de uma estratégia contratualista, a partir de uma situação original definida adequadamente, objetivando a implementação dos princípios primordiais da justiça. "Esses princípios são aqueles que pessoas racionais preocupadas em promover seus interesses aceitariam nessa posição de igualdade, para determinar os termos básicos de sua associação".[601] A busca da justiça, como um ideal comum, parece ser a justificativa para a associação das pessoas, respeitando-se as suas circunstâncias pessoais, e a conjugação de conhecimentos e interesses, dentro das variadas alternativas disponíveis. Tal aspecto evidencia que haverá limites para as buscas pessoais, dada a existência de outras pessoas. Assim, "o melhor possível para cada homem é que todos os outros o acompanhem na promoção de sua concepção de bem, independentemente do que venha a ser essa concepção".[602]

Rawls, para esse contexto, fala de uma posição original que

> é definida de modo a ser um *status quo* no qual qualquer consenso atingido é justo. É um estado de coisas no qual as partes são igualmente representadas como pessoas dignas, e o resultado não é condicionado por contingências arbitrárias ou pelo equilíbrio relativo das forças sociais. Assim, a justiça como eqüidade é capaz de usar a idéia da justiça procedimental pura desde o início.[603]

A postura assim delineada fará com que o ser humano faça opções e saiba investir na plena realização dos bens humanos básicos. Para tanto, torna-se necessária a eleição de estratégias e procedimentos que favoreçam a concretização dos resultados necessários para o grupo social.

Para tanto, exige-se que a pessoa seja racional, vale dizer, tenha

> um conjunto de preferências entre as opções que estão a seu dispor. Ela classifica essas opções de acordo com a sua efetividade em promover seus propósitos; segue o plano que satisfará uma quantidade maior de seus desejos, e que tem as maiores probabilidades de ser implementado com sucesso. A suposição especial que faço é que um indivíduo racional não é acometido pela inveja. Ele não está disposto a aceitar uma perda para si mesmo apenas para que os outros também obtenham menos. Não fica desanimado por saber ou perceber que os outros têm uma quantidade de bens sociais primários é maior que a sua.[604]

No fundo, esta proposta está lançando uma perspectiva idealista. Verifica-se, além disso, uma clara oposição entre a teoria contratualista de Thomas Hobbes e John Rawls. Sem entrar nessa discussão, parece certo que as pessoas, pelo menos em sua grande maioria, não têm esta disposição racional, desprendida e completamente dedicada aos outros. Fica sublinhada, no entanto, a extrema complexidade da construção

---

[601] RAWLS, John. *Uma teoria da justiça*, p. 128.
[602] Idem, ibidem.
[603] Idem, p. 129.
[604] Idem, p. 154.

desta exigência da razoabilidade prática. Apesar disto, a teoria proposta não fica invalidada. Apenas deverá sofrer uma leitura compatível, ou seja, cada ser humano deverá traçar o seu plano de vida, tentando, dentro dos devidos limites de possibilidade, estipular metas que possam reduzir a discriminação para níveis humanamente aceitáveis.

Uma quarta exigência da razoabilidade prática pode ser catalogada como a imparcialidade. Dessa forma, procura-se compatibilizar a existência de várias pessoas vivendo, num mesmo grupo, com planos de vida nem sempre uniformes. Finnis pretende, com este aspecto, mostrar que o ser humano, apesar dos planos estipulados, deve ser capaz de alterá-los e adequá-los em decorrência de acontecimentos que envolvam as demais pessoas do grupo social.

A imparcialidade é ligada a uma quinta exigência básica que John Finnis chama de equilíbrio. A razoabilidade prática sugere ao homem o desenvolvimento da capacidade de procurar evitar os extremos. Trata-se da busca pelo justo meio, definido por Aristóteles.

É simplesmente a exigência de que uma vez assumidos compromissos gerais o sujeito não deve abandoná-los apressadamente (pois reagir assim significaria, no caso extremo, que alguém nunca conseguiria participar realmente em algum dos valores básicos).[605]

A deliberação acerca das ações que comporão o plano de vida do ser humano, como já visto, representa uma realidade que envolve projeção e programação. Assim, na medida em que procura conciliá-la com o plano dos demais integrantes do grupo social, deverá perseverar-se na sua consecução. Tal perspectiva também aponta para uma eventual necessidade de revisar o plano inicialmente traçado, adaptando-o às sempre novas possibilidades que surgem ao longo da caminhada. Segundo Finnis, esta

> criatividade e desenvolvimento mostra que uma pessoa, ou uma sociedade, está realmente vivendo no plano de um princípio prático, não meramente no plano das regras convencionais de conduta, de experiência, de método, etc., cujo real atrativo não apela à razão senão à complacência infraracional do hábito, do mero impulso à conformidade, etc.[606]

A necessidade da busca do equilíbrio abre a discussão para uma outra exigência da razoabilidade prática, qual seja, a relevância das conseqüências: a eficiência, dentro do razoável. Propõe-se, nesse momento, que as ações do ser humano sejam avaliadas, tomando em consideração a adequação para seu propósito, por sua utilidade, por suas conseqüências. Enfim, deveriam ser julgadas tendo em vista a sua efetividade.

Surge, com essa exigência, a questão das opções entre diversas possibilidades: o bem humano sempre deve ser preferido. Além disso,

---

[605] FINNIS, John Mitchell. *Natural Law and Natural Rights*, p. 110; *Ley Natural y Derechos Naturales*, p. 140-1.

[606] Idem, ibidem; Idem, p. 141.

> quando há que fazer uma escolha é razoável preferir os bens humanos básicos (como a vida) aos bens meramente instrumentais (como a propriedade). Quando o dano é inevitável (...) isto é, o dano menor antes que o maior a um e mesmo bem básico em um e mesmo caso. (...) Quando uma pessoa ou uma sociedade criou uma hierarquia pessoal ou social de orientações e de normas práticas, através de uma eleição razoável de compromissos, se pode em muitos casos medir razoavelmente os benefícios e as desvantagens das alternativas. (...) Para um nível amplo de preferências e de necessidades, é razoável para um indivíduo ou uma sociedade procurar maximizar a satisfação dessas preferências ou necessidades.[607]

Busca-se aqui um equilíbrio entre os meios eleitos para a obtenção dos fins planejados inicialmente. Novamente surge a idéia da harmonia e do equilíbrio, a fim de controlar os extremos, que devem ser evitados. Aqui o *phronimos*, tal como concebido por Aristóteles, será capaz de operacionalizar esta equação.

A discussão acerca da eficiência, apesar das escolhas antes alinhavadas, chama a atenção para a seguinte constatação: "Não pode expressar-se nenhum significado determinado para o termo 'bem' que permita realizar alguma medição ou cálculo para resolver aquelas questões básicas da razão prática que chamamos questões 'morais'".[608]

Torna-se difícil escolher determinado bem humano básico se todos foram considerados importantes e fundamentais para o homem. Não obstante, em cada momento estaremos fazendo cálculos e projeções, a fim de prevermos qual será a conseqüência da ação a ser desencadeada, pela escolha do bem humano.

John Finnis apresenta uma sétima exigência da razoabilidade prática, mediante a qual pretende defender o respeito a todo valor básico em todo ato. Este aspecto poderá ser formulado de diversos modos. Um deles refere que o homem não deverá desencadear uma ou mais ações que venham a prejudicar ou impedir a realização da participação em uma ou mais das formas básicas de bem humano. Isso ocorre, pois "os valores básicos, e os princípios práticos que os expressam, são as únicas orientações que temos. Cada um é objetivamente básico, primário, que não pode ser medido com os outros no tocante à sua importância objetiva".[609] Apesar disso, as escolhas que cada um faz ao longo do desenvolvimento e da implementação do seu plano racional/coerente de vida, fatalmente acabará priorizando alguns bens básicos em decorrência da desvalorização dos outros. Isso faz parte de qualquer plano prático que envolve a vida humana.

Não podemos esconder que todos os princípios práticos básicos
> ordenam que uma forma de bem deve ser buscada e realizada; e cada um deles se refere não apenas a todas as nossas eleições de grande envergadura relativas a orientações e compromissos gerais,

---

[607] FINNIS, John Mitchell. Op. cit., p. 111; Idem, p. 141-2.
[608] Idem, p. 115; Idem, p. 144.
[609] Idem, p. 119; Idem, p. 149.

não somente a todas as nossas eleições de mediana envergadura relativas a projetos, senão também a toda eleição e a cada uma das eleições de um ato que em si mesmo é um ato completo.[610]

A oitava exigência básica da razoabilidade prática circunscreve-se ao favorecimento e promoção do bem comum das próprias comunidades. O bem comum

> se refere ao fator ou conjunto de fatores que, presentes como considerações no raciocínio prático de uma pessoa, dariam um sentido a, ou uma razão para, sua colaboração com outros e dariam a si mesmo, desde o ponto de vista dos outros, uma razão para sua colaboração entre eles mesmos e com essa pessoa.[611]

O bem comum representa iniciativas que visam ao bem-estar pessoal individual e coletivo,[612] ou seja, buscam a concretização e o respeito aos bens humanos básicos. Ressalte-se que cada um dos bens humanos estudados pode ser considerado como bem comum, na medida em que admitem a participação de um incontável número de pessoas, nas mais variadas formas de possibilidades ou ocasiões. Além disso, há uma outra concepção de bem comum que acompanha a teoria proposta por John Finnis:

> Um conjunto de condições que capacita aos membros de uma comunidade para alcançar por si mesmos objetivos razoáveis, ou para realizar razoavelmente por si mesmos o valor (ou os valores), pelos quais eles tem razão para colaborar mutuamente (positiva e/ou negativamente) numa comunidade.[613]

Historicamente, essa noção pode ser localizada, de modo exemplificativo, em Aristóteles, quando diz:

> A observação nos mostra que cada Estado é uma comunidade estabelecida com alguma boa finalidade, uma vez que todos sempre agem de modo a obter o que acham bom. Mas, se todas as comunidades almejam o bem, o Estado ou comunidade política, que é a forma mais elevada de comunidade e engloba tudo o mais, objetiva o bem nas maiores proporções e excelência possíveis.[614]

Parece que neste momento a idéia de bem comum associa-se à própria justificativa da formação da sociedade civil. E o próprio John Finnis recentemente estabeleceu, utilizando a idéia de bem comum, a diferença entre o *imperium* da razão individual e o *imperium* do governante político: o primeiro é colocado em ação para escolher o objeto dentro da instância desejável de um bem básico; já o segundo "é normalmente obrigatório por ser transparente para o bem comum, assim, a obrigação em geral não pode ser bem entendida a menos que e

---

610 FINNIS, John Mitchell. Op. cit., p. 121; Idem, p. 150-1.
611 FINNIS, John Mitchell. *Natural Law and Natural Rights*, p. 154; *Ley Natural y Derechos Naturales*, p. 183.
612 "O que a referência aos direitos aporta neste esboço é simplesmente uma expressão enfática do que está implícito no termo 'bem comum', a saber, que o bem estar de todos e de cada um, em cada um de seus aspectos básicos, deve ser considerado e favorecido em todo momento pelos responsáveis de coordenar a vida comum" (Idem, p. 214; Idem, p. 243).
613 Idem, p. 155; Idem, p. 184.
614 ARISTÓTELES. *Política*. Traduzido por Therezinha Monteiro Deutsch e Baby Abrão. São Paulo: Nova Cultural, 1999. (Coleção Os Pensadores), Livro I, 1, 1.

até que alguém compreenda esse tipo de bem comum que é conseqüência de e é iluminado pela reciprocidade da amizade".[615] No fundo, a idéia de bem comum está vinculada à concretização do individual, mas sendo de responsabilidade do coletivo. Há um poder (*imperium*) em ambas – individual e coletiva – mas este último deverá desenvolver as condições que viabilizem o acesso àquele.

Com essa preocupação de John Finnis, também fica clara a possibilidade de compatibilização da sua tese com o Estado Democrático de Direito, pois, no fundo, os bens humanos básicos são justamente aqueles inseridos no texto da Constituição brasileira de 1988, catalogada como social, dirigente e compromissória. Vale dizer, a proposta de Finnis servirá para consolidar tais características, na medida em que aponta para uma série de bens humanos básicos, que representam exatamente a dignidade da pessoa humana, que é alçada a uma das pilastras da República brasileira. Por outro lado, as exigências de razoabilidade prática poderão servir como um meio (caminho) para a implementação na prática das promessas da modernidade, que estão inscritas no citado texto constitucional. Assim, a proposta de Finnis é uma alavanca poderosa para a construção do efetivo Estado Democrático de Direito, pois luta para o respeito a direitos fundamentais de qualquer ser humano. Com isso, Finnis e a sua proposta de lei natural deverão ser levados em consideração, para que a Constituição não sonegue mais a aplicação dos direitos fundamentais.[616]

Não se pode esquecer que o texto da Constituição não existe enquanto tal, independente de sua interpretação, já que é apenas um ente. Sabe-se que o ente enquanto ente não é acessível. É por isso que Lenio Luiz Streck assevera: "o texto da Constituição só pode ser entendido a partir de sua aplicação. Entender sem aplicação não é entender. A *applicatio* é a norma(tização) do texto constitucional. A Constituição será, assim, o resultado de sua interpretação, (...)". Além do mais, especialmente num Estado Democrático de Direito

> toda interpretação é sempre uma interpretação constitucional, mesmo que o intérprete disso não se dê conta. É impossível ao jurista abstrair a pré-compreensão (adequada ou inadequada, autêntica ou inautêntica) que possui acerca do que significa a Constituição. A Constituição faz parte do mundo vivido do intérprete (com diferentes intensidades, é evidente; por isso, a pré-compreensão é condição de possibilidade da compreensão).[617]

---

[615] FINNIS, John Mitchell. *Observaciones del Profesor John Finnis para las Jornadas a 25 años de la publicación de Ley Natural y Derechos Naturales*. Evento realizado em 09 e 10 de junho de 2005, na Universidad Austral, Buenos Aires. mimeo, p. 4, mimeo.

[616] Nesse sentido, STRECK, Lenio Luiz. *Jurisdição constitucional e hermenêutica*: uma nova crítica do Direito, 2004, p. 14-5.

[617] STRECK, Lenio Luiz. "Da Interpretação de Textos à Concretização de Direitos – A incindibilidade entre interpretar e Aplicar a partir da Diferença Ontológica *(Ontologische Differentz)* entre Texto e Norma". In: ROCHA, Leonel Severo; STRECK, Lenio Luiz (org.). *Anuário do Programa de Pós-Graduação em Direito da Unisinos – Mestrado e Doutorado*, passim.

Como o objetivo do livro é comprovar que os princípios da lei natural e as exigências da razoabilidade prática desenvolvidos por John Finnis fazem parte e justificam a pré-compreensão do intérprete, estará aberto o caminho para o seu ingresso no círculo hermenêutico e, portanto, reforçar os objetivos preconizados pelo Estado Democrático de Direito.

Ao se estudar a contextualização do bem comum, emerge um aspecto peculiar: a sua caracterização caminha lado a lado com a idéia de justiça. Isso ocorre, pois um dos elementos da justiça é a alteridade, na medida em que se trata de uma relação não-pessoal, mas intersubjetiva. Assim, é correto dizer que "as exigências da justiça são as implicações concretas da exigência básica da razoabilidade prática segundo a qual deve-se favorecer e promover o bem comum de suas próprias comunidades".[618] Resta evidenciada a questão interpessoal da justiça e da noção de bem comum. Trata-se de uma busca a ser empreendida pelo indivíduo associado aos seus semelhantes.

Examinando-se mais detalhadamente os elementos que integram o conceito de justiça (a alteridade, o dever e a igualdade[619]), os aspectos individual e coletivo destacados por John Finnis ficam mais evidente. Além disso, o bem comum "implica uma referência a critérios de conveniência ou adequação em relação com os aspectos básicos da plena realização humana",[620] que necessariamente estarão vinculados a outros seres humanos integrantes do grupo social.

A partir do momento em que se traz à colação as relações intersubjetivas (que podem ser interindividuais ou transindividuais, dependendo dos direitos que estão em jogo), surgem inevitavelmente as dificuldades do ser humano em trabalhar com o outro. Para a racionalização destes relacionamentos, John Finnis considera importante o papel da autoridade:

> (...) é verdade que quanto maior seja a inteligência e a habilidade dos membros de um grupo, e quanto maior seja seu compromisso e dedicação aos objetivos comuns e ao bem comum, mais autoridade e regulação pode ser necessária, para possibilitar a esse grupo alcançar seu objetivo comum, seu bem comum.[621]

A presença da autoridade, auxiliando na tomada de decisões que envolvam questões comuns, é fundamental para a obtenção dos aspectos que integram a realização do bem comum. Disso pode-se concluir

> que a autoridade se deriva exclusivamente das necessidades de bem comum, o uso da autoridade por um governante está radicalmente viciado se ele utiliza suas oportunidades para

---

[618] FINNIS, John Mitchell. *Natural Law and Natural Rights*, p. 164; *Ley Natural y Derechos Naturales*, p. 194.

[619] Ver, neste sentido, a lição de FINNIS, John Mitchell. Idem, p. 161-4; Idem, p. 191-4.

[620] Idem, p. 164; Idem, p. 194.

[621] Idem, p. 231; Idem, p. 261.

adotar disposições pelas quais não almeja o bem comum senão em benefício seu ou de seus amigos, seu partido, sua facção, ou movido por malícia contra alguma pessoa ou grupo.[622]

A partir do momento em que o exercício da autoridade é limitado e condicionado pelo "império do Direito", existe grande propensão para o desenvolvimento das condições integrantes do bem comum, como o atendimento às necessidades básicas do homem para viver dignamente. Tal perspectiva

> é um aspecto importante da justiça comutativa que exige tratar as pessoas como titulares da dignidade de dirigir-se a si mesmas, e da justiça distributiva que exige proporcionar a todos uma igual oportunidade de compreender e de cumprir a lei.[623]

A questão acerca da justiça aponta para uma reflexão sobre a sua representação como uma qualidade do caráter, que expressa uma vontade prática de favorecer e promover o bem comum da sociedade. Parece que esta também era uma das idéias sobre justiça aceita por Aristóteles: "(...) A justiça é a disposição da alma graças à qual as pessoas se dispõem a fazer o que é justo, a agir justamente e a desejar o que é justo. (...)".[624]

Nessa passagem emerge a interface da justiça com a noção de bem comum, pois se trata de uma prática, da ação do sujeito, voltada à concretização do bem-estar pessoal e coletivo. Vale dizer, não há uma proposta exclusivamente individualista, dado que os efeitos deverão ser projetados para o próximo (a idéia de alteridade).

Ao se falar em termos de justiça distributiva – na perspectiva aristotélica – busca-se o favorecimento do bem-estar de todos os membros de uma comunidade. Isto implica a colaboração efetiva entre os membros do grupo e uma coordenação dos recursos disponíveis e daqueles que poderão ser gerados. Este conjunto de condições de colaboração, tendo em vista o aumento do bem-estar, ou da criação de oportunidades para a sua geração, que possa atingir todo o grupo de pessoas de uma ou mais comunidades trata-se, na prática, da concretização do bem comum.

Pelo visto,

> o bem comum é fundamentalmente o bem dos indivíduos (um aspecto de cujo bem é a amizade na comunidade). O bem comum, que é o objeto de toda justiça e que toda vida razoável em comunidade deve respeitar e favorecer, não deve ser confundido com o acervo comum, ou com as empresas comuns, que são alguns dos meios para realizar o bem comum.[625]

A prática dos atos da justiça, ou seja, do estabelecimento do justo (*díkaion*), está voltada à concretização dos ingredientes do bem comum. Embora se possa dizer que a justiça é uma disposição da alma, é possível

---

[622] Ver, neste sentido, a lição de FINNIS, John Mitchell. *Op. cit.*, p. 352; Idem, p. 380.

[623] Idem. *Natural Law and Natural Rights*, p. 353; *Ley Natural y Derechos Naturales*, p. 381.

[624] ARISTÓTELES. *Ética a Nicômacos*, 1129a; 1130a.

[625] FINNIS, John Mitchell. *Natural Law and Natural Rights*, p. 168; *Ley Natural y Derechos Naturales*, p. 197-8.

abrir espaço para dizer que a razoabilidade prática é exatamente um caminho para o aprimoramento desta condição. Haja vista que

> a integridade interior do caráter e a autenticidade exterior na ação são aspectos do bem básico da razoabilidade prática, como o são a liberdade a respeito do automatismo do hábito e a liberdade sobre a sujeição aos impulsos e compulsões desordenados.[626]

Já na justiça corretiva, com a interferência da igualdade simples ou absoluta, são estabelecidas as relações entre os particulares, disciplinando notadamente as operações e aproximações de troca. A sua principal função é literalmente corrigir as desigualdades que surgem entre os indivíduos. John Finnis observa que as relações de justiça corretiva (ou comutativa, denominação adaptada por São Tomás de Aquino) poderão envolver indivíduos determinados, ou vários indivíduos genericamente determinados (como o dever de cuidado para não causar danos), ou vários indivíduos genericamente indeterminados (como os prejuízos causados pela poluição), ou um indivíduo pode ter deveres de justiça comutativa a respeito das autoridades que governam a sua comunidade ou, por último, as pessoas que desempenham a autoridade pública têm deveres de justiça comutativa em relação aos governados (os integrantes da sociedade).[627]

Após a análise da exigência básica da razoabilidade prática chamada de bem comum, passa-se ao estudo da nona exigência: cada indivíduo deve atuar de acordo com a sua própria consciência. A atuação racional exigirá um comprometimento interno do sujeito, de tal modo que a exteriorização de uma prática esteja em consonância com a sua consciência. Como o ser humano é passível de equívocos, esta nona exigência também trabalha com a possibilidade de o homem tomar decisões irracionais, dada a falta ou a falha dos juízos de consciência, ou seja, juízos práticos particulares. Desta forma, vale observar o alerta de John Finnis:

> A razoabilidade prática não é simplesmente um mecanismo para produzir juízos corretos, senão um aspecto da plenitude de ser pessoal, que deve ser respeitado (como todos os outros aspectos) em todo ato individual como no geral – quaisquer que sejam as conseqüências.[628]

O que as exigências da razoabilidade prática estão pretendendo construir são as condições para o agir prático do sujeito moral não-perfeito. Admitem-se os erros e as reavaliações, exatamente como parte integrante e fundamental do ser humano racional, e como expressão da razoabilidade prática, que não vislumbra "a única resposta correta", mas a resposta adequada à situação, respeitadas as suas características peculiares.

---

[626] FINNIS, John Mitchell. Op. cit., p. 198.
[627] Idem, p. 183-4; Idem, p. 212-3.
[628] Idem, p. 126; Idem, p. 155.

O estudo das diversas exigências básicas da razoabilidade prática demonstra que cada uma delas desempenha um papel importante dentro de uma decisão racional, gerando os seguintes argumentos, exemplificativamente enumerados:

1. A harmonia entre propósitos/ o reconhecimento de bens/ a ausência de arbitrariedade entre pessoas/ o desprendimento sobre as realizações particulares do bem/ a fidelidade aos compromissos/ a eficiência na esfera técnica/ o respeito por cada valor básico ao atuar/ a comunidade/ a autenticidade para seguir a própria razão (...) são (todos) aspectos do verdadeiro bem básico da liberdade e da razão;
2. Que a harmonia entre propósitos, ou (...), em tais e quais circunstâncias pode ser conseguida/ realizada/ expressada/ etc. Somente (ou melhor, ou de maneira mais adequada) (não) realizando o ato moralmente proibido; portanto.
3. O ato moralmente proibido (não) deve/ (não) tem que/ (não) deve (...) ser realizado.[629]

O que o autor propõe não está circunscrito a um catálogo ou roteiro obrigatório para o raciocínio prático. Pelo contrário, trata-se de uma seqüência que cada ser humano poderá adaptar de acordo com as circunstâncias das ações desenvolvidas e as próprias características pessoais (morais). É na articulação das diversas exigências básicas que o homem traz à tona a característica da prudência, elegendo as diversas possibilidades para a construção do seu plano de vida.

A partir desse cenário, é possível afirmar que

a razão pela qual há eleições moralmente significativas é, precisamente, porque "antes do juízo moral" não existe um método racional de identificação das razões para as opções alternativas como racionalmente superiores ou inferiores. Porque as concreções dos bens humanos básicos, concreções consideradas precisamente como razões para o juízo e a ação moral, são impossíveis de serem medidos um em relação às outras. E isto não deve surpreender, porque essas concreções não são outra coisa que aspectos das pessoas humanas, presentes e futuras, e as pessoas humanas não podem ser sopesadas.[630]

Não é viável o estabelecimento prévio da aplicação das exigências da razoabilidade prática, pois ela depende da avaliação dos bens humanos básicos envolvidos, a partir das características da pessoa que deve desencadear determinada ação e dos contornos específicos da situação fática. Isto se deve, ainda segundo Finnis, dada a reflexividade da livre eleição em si mesma, sendo desaconselhável o critério que elege o mal menor. Apesar disso, ao se trazer à discussão os bens humanos básicos da vida, da verdade e da harmonia interpessoal, surgem várias razões "para fomentar e respeitar a comunidade, não somente aos níveis das relações conjugais ou de vizinhança imediata, senão ao nível da política, do Estado". Vale observar, por outro lado, que os bens humanos básicos podem ser considerados "como razões finalizadamente abertas para a ação – como devem ser todas as razões para a ação".[631]

---

[629] FINNIS, John Mitchell. Op. cit., p. 126; Idem, p. 155.
[630] Idem. "Aristóteles, Santo Tomás y los absolutos morales". In: MASSINI-CORREAS, Carlos I. (Comp.). El iusnaturalismo actual. p. 92.
[631] Idem, p. 94.

Estes são os princípios da lei natural e da razoabilidade prática que John Finnis levanta no lugar das tantas teorias sobre a lei natural que já foram apresentadas. Abre-se uma discussão sobre tais aspectos, que, com certeza, poderá ser esclarecida e melhorada com as contribuições hermenêuticas de Heidegger e Gadamer. Não se trata de nenhuma teoria ou doutrina sobre a lei natural, mas apenas a constatação daquilo que a lei natural pode representar para cada ser humano, na construção do seu viver fático. Essa foi a sua preocupação.

4.2.5. Algumas idéias de John Finnis revistas ou melhor explicitadas pelo próprio autor

Ao longo de sua obra *Natural Law and Natural Rights*, John Finnis dá a entender que "direito natural" e "lei natural" são expressões com significado equivalente. A própria análise desenvolvida até o momento, incorreu nesse mesmo pensamento, algumas inadvertidamente; outras, levadas pelo próprio autor.

Entretanto, o próprio Finnis, num momento posterior, enfrentou essa situação, sem dar tanta atenção, e sem nenhum objetivo de efetuar alguma correção anterior:

> é preciso, é claro, distinguir entre lei natural e direito natural , se este último termo é compreendido (como o é às vezes, mas nem sempre, em Tomás de Aquino) como uma referência ao *ius* romano, designando o conjunto das relações entre duas ou mais pessoas a propósito de uma questão qualquer. A distinção consiste simplesmente em dizer que a *lei natural* é, como tal, o conjunto das razões (de princípios) que justificam a afirmação desse *direito natural*. Este, por sua vez, não é outro senão a lei natural em sua aplicação a esta ou aquela classe de pessoas e de questões específicas.[632]

Depreende-se dessa concepção que a lei natural é a responsável pelo fornecimento dos princípios que justificarão a aplicação prática. Portanto, tem um lastro mais amplo. Já a aplicação prática da lei natural dá origem ao direito natural.

Quando referimos "lei natural" surge a dúvida sobre o conteúdo e a extensão dos termos "lei" e "natural". John Finnis, a esse respeito, esclarece que o termo "lei" não significa o mesmo que os comandos ou as ordens oriundas de uma autoridade superior, quando facilmente poderia ser confundida com a idéia de lei para o positivismo jurídico. Pelo contrário, a concepção de "lei" aqui empregada "remete aos critérios da boa escolha, a critérios que são normativos (ou seja, racionalmente compulsórios e 'obrigatórios') por serem verdadeiros, e não é razoável escolher de outra maneira senão segundo esses critérios".[633] Embora se possa dizer que esses critérios também sejam

---

[632] FINNIS, John Mitchell. "Lei natural. Por que chamar de 'lei'? Por que dizê-la 'natural'?" Traduzido por Magda Lopes. In: CANTO-SPERBER, Monique (org.). *Dicionário de ética e filosofia moral*. São Leopoldo: Unisinos, 2003. v. II, p. 40.

[633] Idem, p. 37.

obrigatórios, até para justificar racional e aceitavelmente uma determinada decisão, a força dessa ordem é diferente, dado que oriunda da tradição e não dependente do voluntarismo de qualquer espécie de autoridade.

Já o termo "natural" pode apresentar um ou mais dos seguintes sentidos:

> a) Os critérios, sejam princípios ou normas, têm a sua validade remetida para um aspecto anterior à positivação, ou seja, "eles valem antes de ser estabelecidos por uma decisão individual, uma convenção ou uma escolha coletivas".[634] Aí surge a questão relativa à motivação da lei natural, quer dizer, não depende da vontade do homem: a sua justificação, embora possa ser racional, não se encontra ligada à vontade humana, mas ao conjunto de fatos que acompanham o homem na formação da tradição, na linha defendida pela hermenêutica filosófica.
>
> b) Na medida em que os critérios da "lei natural" não dependem, para existir, das providências da positivação, são alçados ao papel de premissa de avaliação ou análise crítica das regras do direito positivo, bem como do trabalho da sua compreensão/interpretação/aplicação. Tudo indica que os critérios fornecidos pela lei natural servem de elemento motivador do conteúdo das normas positivas. Isso demonstra a necessidade do seu respeito e cumprimento.
>
> c) Os critérios informadores da lei natural obedecem às "exigências da razoabilidade prática, de sorte que aquele que recusa aceitá-los como critérios de julgamento se encontra em erro".[635] Embora exista muita resistência em aceitar os postulados da lei natural, justamente pela ausência de sua expressão escrita, a necessidade de resguardar os interesses maiores do ser humano, exige o respeito a estes critérios na construção das decisões, onde surge o trabalho e o resultado da hermenêutica jurídica.
>
> d) "A adesão a tais critérios tende sistematicamente a favorecer o desenvolvimento do ser humano, a realização dos indivíduos e das comunidades humanas".[636] Pelo visto, a partir do momento em que valorizarmos os critérios definidos pela lei natural, estar-se-á trilhando um caminho para o efetivo desenvolvimento de normas que sejam capazes de atender às necessidades do ser humano, bem como respeitar as suas características peculiares.

Apesar dessas questões distintivas, Finnis, insistiu, em outro momento, na inexistência de distinção entre lei natural e direito natural:

> Com efeito, a maior complicação na semântica do *ius* é que também tem um significado distinto lei (e, por tanto, leis – *iura* –). Aquino usa *ius* freqüentemente com este último significado. Certamente, também tem outra palavra para designar a lei: *lex*. Alguns comentaristas do século XX pensaram que Aquinas sustentava uma distinção de significado entre *ius*, usado neste sentido, e *lex*. Porém, aquele não tinha nenhum interesse em fazer semelhante distinção e não há um ensinamento oculto que possa encontrar-se sob a superfície de suas discussões sobre *ius* e *lex* (ou em alguma outra parte de sua obra). As muitas passagens em que usa *ius* e *lex* trocadas provam isto com clareza, assim como também o desenvolvimento de seus argumentos em muitas outras passagens em que um ou outro termo é usado.[637]

Nessa longa passagem, Finnis nada mais faz do que ratificar a situação de que a "lei natural" e "direito natural" poderão ser empregados sem problema nenhum e de modo indistinto. Apesar disso, o Professor Santiago Legarre considera isso uma *conflation*, que repre-

---

[634] FINNIS, John Mitchell. *Op. cit.*

[635] Idem, ibidem.

[636] Idem, ibidem.

[637] Idem. *Aquinas*: moral, political, and legal theory, p. 134.

senta um termo em inglês que corresponde à fusão (ou confusão, se preferirmos) de dois termos que deveriam ter permanecido separados.[638] E a distinção inicia com outros dois conceitos: "o bem natural" e o "justo natural", ou seja, a lei natural corresponde ao primeiro, e o direito natural está vinculado ao segundo. Nesse contexto, o que se deve fazer, consideradas todas as coisas, não é o justo em si, que representa o direito natural. Pelo contrário, o que se deve fazer consideradas todas as coisas é indicado pela lei natural. Ela "que manda, compreende e abrange não somente situações regidas pela justiça (natural) senão também outras: obrigações morais auto-referentes e obrigações morais nas que, se bem que há alteridade, não há justiça em sentido estrito".[639] Como já referido, o âmbito de abrangência da lei natural é muito maior do que a do direito natural. Já foi dito anteriormente que o valor é um tipo da categoria de bem. Assim, seria possível fazer uma relação entre gênero e espécie, onde o valor seria a espécie, e o bem, o gênero. Nesse sentido, poder-se-ia dizer que a lei natural é o gênero (bem natural), e o direito natural, uma espécie de valor (justo natural). Além do mais, o bem é a categoria fundamental do raciocínio prático; portanto, deve ser considerado em todas as coisas.[640]

A par dos aspectos vistos, alguns autores (como Carlos Ignácio Massini Correas, Rodolfo Luis Vigo e Santiago Legarre) referem que Finnis está desenvolvendo o chamado "jusnaturalismo normativista", pois o seu olhar se aproxima dos sistemas normativos, e suas preocupações passam a ser algumas noções-chave para estes sistemas, tais como, "a autoridade, obrigação, direito subjetivo e, também, a justiça. E porque a justiça lhe interessa, passa a averiguar quais são as conexões das normas positivas com as normas morais naturais".[641] Trata-se, portanto, de um jusnaturalismo impregnado com conteúdos concretamente realizáveis, como já visto, capazes de servir de parâmetro ético para os resultados da

---

[638] LEGARRE, Santiago. "John Finnis. La lucha por el verdadero derecho natural". In: *Jornadas Internacionales em Homenaje a John Finnis* – a 25 años de la publicación de Natural Law and Natural Rights, na Universidad Austral, Buenos Aires, 09 e 10 jun. 2005. mimeo, p. 1, mimeo.

[639] Idem, p. 2, mimeo.

[640] No mesmo sentido do Professor Santiago Legarre, Thomas Hobbes também considera importante distinguir *jus* e *lex*. Isso porque "o Direito consiste na liberdade de fazer ou de omitir, ao passo que a lei determina ou obriga a uma dessas duas coisas". Tal distinção aplicada à lei natural e ao direito natural, resulta no seguinte aspecto: "uma *lei de natureza (lex naturalis)* é um preceito ou regra geral, estabelecido pela razão, mediante o qual se proíbe a um homem fazer tudo o que possa destruir sua vida ou privá-lo dos meios necessários para preservá-la, ou omitir aquilo que pense poder contribuir melhor para preservá-la". Já "o direito de natureza, a que os autores geralmentente chamam *jus naturale*, é a liberdade que cada homem possui de usar seu próprio poder, da maneira que quiser, para a preservação de sua própria natureza, ou seja, de sua vida; e conseqüentemente de fazer tudo aquilo que seu próprio julgamento e razão lhe indiquem como meios adequados a esse fim". HOBBES, Thomas. *Leviatã ou Matéria, Forma e Poder de um Estado Eclesiástico e Civil*. Traduzido por João Paulo Monteiro e Maria Beatriz Nizza da Silva. São Paulo: Nova Cultural, 1999, p. 113.

[641] LEGARRE, Santiago. *Op. cit.*, p. 8, mimeo.

hermenêutica jurídica e justificar o conteúdo da pré-compreensão. Não são aspectos que dependem do poder de alguma autoridade, mas são desenvolvidos e aperfeiçoados pelos efeitos da tradição.

Em documento datado de 29 de maio de 2005, John Finnis faz uma série de considerações sobre a sua obra, intitulado "Observaciones del Profesor John Finnis para las *Jornadas a 25 años de la publicación de* Ley Natural y Derechos Naturales". Este texto foi apresentado nas Jornadas Internacionales em Homenaje a John Finnis, realizadas nos dias 9 e 10 de junho de 2005, na Universidade Austral, em Buenos Aires. O autor aponta uma lacuna na sua obra, por ele descrita da seguinte forma:

> Os requerimentos básicos da razoabilidade prática são articulados sem a integridade e inteligibilidade com que devem ser entendidos como implicações ou especificações do princípio moral principal de que alguém deve permanecer aberto em todo o atuar próprio ao desenvolvimento, em todos os bens básicos, em todas as pessoas humanas e comunidades, quer dizer, o princípio de amar ao próximo como a si mesmo.[642]

Nessa complementação, Finnis deixa bem claro que a formulação dos seus princípios da lei natural estão dirigidas ao ser humano, que, com sentimento, desenvolve a sua vida na sociedade. Sublinha, também, que os bens humanos básicos e as exigências da razoabilidade prática devem ser visualizados como um conjunto, que precisa ser articulado, a fim de propiciar um desenvolvimento e um tratamento como humano ao ser humano. Essa articulação será implementada por um sentimento próprio do ser humano. Vale dizer, é um elo muito mais forte do que o poder coercitivo de qualquer norma jurídica.

Merece destaque ainda o significado atribuído por John Finnis a "valor": "o aspecto inferior que cada particular objetivo tem em seu próprio interesse, desejos atrativos, escolha e recursos e assim é (ou é considerado ser) uma coisa boa".[643] O valor está relacionado, portanto, a uma espécie de catálogo de prioridades que cada ser humano elege para que os fins possam ser alcançados. A perspectiva de valor integra a razão prática, desde que "formula um querer, mas faz o querer mais que uma urgência cega por referir seu objetivo, (...)".[644] Não se trata, assim, de uma mera escala de prioridades, urgentemente organizadas, mas uma escolha pensada e estruturada tendo em vista o objetivo pretendido.

Outro aspecto que Finnis explica está relacionado à questão da ética ou também uma necessidade moral que deve participar das necessidades básicas do ser e das exigências da razoabilidade prática, "eu formalmente declarei uma relação entre necessidade e estar e entre

---

[642] FINNIS, John Mitchell. *Observaciones del Profesor John Finnis para las Jornadas a 25 años de la publicación de Ley Natural y Derechos Naturais*, p. 2, mimeo.

[643] Idem. "Natural Law and the 'is' – 'Ought' question: na invitation to Professor Veath". In: FINNIS, John Mitchell (edit.). *Natural Law*. Aldershot – Dartmouth Publishing Company Limited. 1991. v. I, p. 313.

[644] Idem, ibidem.

ética e natureza humana".[645] O contexto da ética, ou da preocupação moral, perpassa toda a formulação de John Finnis. Tal aspecto também é peculiar ao presente livro, pois as contribuições de John Finnis são indicadas para servirem de justificativa ética para o resultado da hermenêutica de cunho filosófico. E o próprio Finnis ratifica tal posicionamento, amparado em Aristóteles:

> Cada um desses requerimentos afeta o que deve ser feito, ou pensado, se um é participativo nos valores de razões práticas. Alguém que vive de forma intensa esses requerimentos é desse modo *phronimos* de Aristóteles; ele tem sabedoria, e a falta de viver intensamente é irracional. Mas, em segundo lugar as razões práticas são um aspecto básico do bem estar humano e possuem uma participação em todos os outros aspectos básicos do bem estar humano.[646]

A influência aristotélica é bem nítida, pois deixa bem claro que o *phronimos* é o ser humano que sabe agir racionalmente e tem condições de visualizar todas as formas básicas de bem humano, de tal modo a conciliá-las harmonicamente.

Finnis faz uma crítica ao Professor Henry Veatch, pois segundo ele, as razões práticas é que determinam como a necessidade pode ser alcançada mais adequadamente. Ainda segundo o citado professor, "os aspectos básicos das necessidades humanas são identificados somente por razão teórica e que a razão prática fica limitada a identificar significados nos fins que as razões práticas identificaram". Finnis levanta objeções contra essa forma de entendimento, uma vez que, segundo ele, a partir da tese de São Tomás de Aquino, "só existe uma razão humana, somente um potencial intelectual humano ou faculdade, e que as diferenças entre razão especulativa e razão prática são diferenças entre operações intelectuais com diferentes propósitos". A crítica de John Finnis é no sentido de que aquilo que deve ser feito, por ser vantajoso ter, fazer e ser, está assentado exclusivamente em pensamentos práticos. "Nossa primária compreensão das necessidades humanas, satisfação humana, e o que é incumbente a um ser humano é a prática".[647] Finnis reforça o seu ponto de vista de análise, que é o prático. Isto quer dizer que a escolha pela ação é independente de qualquer conhecimento teórico, haja vista que o rumo é dado pela experiência, pela vivência anterior, pela prática já apreciada, ou seja, pela tradição onde se está inserido.

A defesa do ponto de vista prático aparece em outro momento, quando Finnis diz que o pensamento é um dos princípios do pensamento prático.

> Este princípio requer que o conhecimento deva ser perseguido. Mas no princípio prático que o conhecimento é um bem a ser buscado, "bem" é entendido praticamente na luz do primeiro princípio prático "bem é para ser feito e buscado". Se "o conhecimento é um bem para o homem"

---
[645] FINNIS, John Mitchell. *Op. cit.*, p. 316.
[646] Idem, ibidem.
[647] Idem, p. 319.

fosse entendido teoricamente, simplesmente como a verdade da antropologia metafísica, então ele não teria mais implicação normativa do que "o conhecimento é um bem para anjos" tem implicações práticas para nós.[648]

O conhecimento é um dos bens humanos básicos onde a prática é mais necessária, pois não é possível cultivá-lo simplesmente numa perspectiva especulativa. Ele é o próprio exercício da prática, sob pena de não existir, ou se representar apenas uma manifestação metafísica, sem nenhum sentido humano.

4.2.6. Ronald Dworkin, John Finnis e a "única resposta correta"

Dworkin pretende, com as suas colocações, fazer uma crítica ao positivismo. Assim, antes de verificar de que modo Dworkin e Finnis se encontram, torna-se necessário explicitar alguns pontos, não exaustivamente, da pretensão de Dworkin.

As principais características do positivismo jurídico podem ser assim elencadas: a) o direito representa um conjunto de regras que permite à comunidade conhecer previamente aquilo que é proibido ou considerado punível; b) esse conjunto de regras é considerado completo, pois caso ocorra alguma situação não prevista, ela não poderá ser decidida mediante a aplicação do Direito. Nesse caso, o juiz deverá usar a discricionariedade, aplicando uma outra solução para o caso; c) a chamada obrigação jurídica depende da existência de uma regra jurídica válida. "Na ausência de uma regra legal válida não há obrigação jurídica. Segue-se daí que quando o juiz decide um caso exercendo sua discricionariedade, ele não está impondo uma obrigação jurídica ao caso".[649]

Quando os juízes agem dentro da linha da discricionariedade, incorrem em três problemas, que acabam sendo as principais críticas de Dworkin: a) os juízes não são eleitos pelo povo, afetando o princípio que a sociedade deve ser governada por indivíduos eleitos pela maioria e com responsabilidade frente à sociedade; b) se o juiz legislar, acabará impondo uma obrigação para a parte processual perdedora que inexistia no momento da produção do evento, ou seja, outorgará o efeito retroativo à nova norma;[650] c) essa postura acaba contradizendo a linguagem dos juristas, pois o cidadão vai ao Poder Judiciário não requerer a criação de um direito, mas apenas que se reconheça um direito previamente especificado.[651]

---

[648] FINNIS, John Mitchell; GRISEZ, Germain. "The Basic Principles of Natural Law: a Reply to Ralph McInerny". In: FINNIS, John. (edit.). *Natural Law*, p. 343.

[649] DWORKIN, Ronald. "É o Direito um sistema de regras?" Traduzido por Wladimir Barreto Lisboa. In: *Estudos Jurídicos*. São Leopoldo: Unisinos, v. 34, n. 92, p. 119-58, 2001, p. 120-1; DWORKIN, R.M. "Is Law a System of Rules?" In: *The Philosophy of Law*. Oxford: Oxford University Press, 1977, p. 38-9.

[650] Idem. *Los Derechos en Serio*. Traduzido por Marta Guastavino. Buenos Aires: Planeta-Agostini, 1993, p. 150.

[651] VIGO, Rodolfo Luis. *Interpretação Jurídica*: do modelo juspositivista-legalista do Século XIX às novas perspectivas. Traduzido por Susana Elena Dalle Mura. São Paulo: RT, 2005, p. 66.

A perspectiva de Dworkin é mostrar que em alguns casos os advogados raciocinam ou apresentam a demanda sobre direitos e obrigações, especialmente nos "casos difíceis", utilizando normativas que não são regras, "mas operam diferentemente como princípios, diretrizes públicas (*policies*) e outros tipos de padrões".[652] O autor pretende mostrar que existe Direito além das regras; e, justamente nestas outras normas jurídicas, deverá ser buscada a solução, sem recorrer ao poder da discricionariedade judicial.

Tal é o delineamento do chamado "caso difícil" (*hard case*), que pode ocorrer "quando um determinado litígio não se pode subsumir claramente em uma norma jurídica, estabelecida previamente por uma instituição".[653] Dito de outro modo, "um caso é difícil se existe incerteza, seja porque existem várias normas que determinam sentenças distintas – porque as normas são contraditórias – seja porque não existe norma exatamente aplicável".[654] Dessa forma, o juiz tende a encontrar dificuldades para aplicar as normas legais na solução de um conflito de interesses, quando as mesmas não contemplam a controvérsia, que é o caso das lacunas; ou, pelo contrário, quando existem várias soluções, possibilitadas pela norma jurídica aplicável.

Mesmo nesses "casos difíceis", o juiz deve alcançar o direito de que a parte é titular, sem inventar direitos novos, com caráter retroativo. Por esse argumento, parece justificável uma idéia lançada em outra obra de Ronald Dworkin: "os tribunais são as capitais do império do direito, e os juízes são seus príncipes, porém não seus videntes e profetas".[655] A teoria de Dworkin, ao que tudo indica, não se presta a desenvolver um arsenal mecânico para resolver os "casos difíceis". Pelo contrário, pretende fazer a crítica ao positivismo jurídico que lança mão do poder discricionário do juiz, a fim de apresentar uma solução jurídica, através da criação de uma norma que inexistia no momento em que o fato ocorreu na sociedade.[656]

Não se trata de obter qualquer resposta, Dworkin defende que nestes "casos difíceis"[657] é possível obter uma única resposta certa, sem

---

[652] DWORKIN, Ronald. "É o Direito um sistema de regras?" Traduzido por Wladimir Barreto Lisboa. In: *Estudos Jurídicos*, p. 43.
[653] Idem. *Los Derechos en Serio*, p. 146.
[654] CALSAMIGLIA, A. Prólogo em DWORKIN, Ronald. *Los Derechos en Serio*, p. 13.
[655] DWORKIN, Ronald. *O Império do Direito*. Traduzido por Jefferson Luiz Camargo. São Paulo: Martins Fontes, 1999, p. 486.
[656] Sobre o assunto consultar, também, ENGELMANN, Wilson. *Crítica ao Positivismo Jurídico*: Princípios, Regras e o Conceito de Direito. Porto Alegre: Fabris, 2001, especialmente, p. 125 e ss.
[657] É importante destacar que hermeneuticamente não existe a distinção entre casos fáceis (*easy cases*) e casos difíceis (*hard cases*). Haja vista que todos deverão passar pelo processo da interpretação, utilizando-se das contribuições oriundas do círculo hermenêutico. Na verdade os chamados casos fáceis seriam aqueles cuja solução adviesse do mero argumento "subsuntivo", ou de raciocínios "dedutivos". É por isso que esta distinção é metafísica, "porque, em um primeiro momento, antes da distinção – que tem caráter causal-explicativo – já há um compreen-

a necessidade de se buscar subsídios no sentimento subjetivo de juiz. Esta única resposta correta poderia ser construída através da utilização da interpretação das normas, "na medida em que se buscariam, a partir das mesmas, os princípios ou políticas que melhor agasalhassem as pretensões das partes".[658] Essa idéia justifica a noção conceitual que Dworkin tem do Direito: "o direito é um conceito interpretativo. Os juízes deveriam decidir o que é o direito ao interpretar a prática de outros juízes quando decidem o que é o direito".[659] Assim sendo, a tese da discricionariedade judicial é refutada, pois, no entender de Dworkin, o material jurídico composto pela reunião de normas, diretrizes e princípios é suficiente para dar uma única resposta certa ao problema delineado, especialmente na solução dos "casos difíceis". Com isso, o autor pretende deixar sublinhado que o "Direito é antes uma questão de interpretação que de criação".[660]

Apesar da pretensão de Dworkin, a proposta não parece ser tão simples como inicialmente planejada, pois para colocá-la em prática precisa de um juiz muito especial chamado Hércules, "de capacidade e paciência, que aceita o direito como integridade, dotado de habilidade, erudição e perspicácia sobre-humanas".[661] Portanto, a construção da única resposta correta depende de uma capacidade muito grande, talvez não encontrada em um juiz humano. Como Dworkin não reconhece ao juiz a possibilidade de criação jurídica, deposita uma confiança cognitiva ilimitada em seus juízes, "no sentido de que, a partir da totalidade coerente do direito, corresponde-lhes descobrir a resposta correta que têm de dar ao conflito".[662] A pretensão dworkiniana é que o "juiz deve tomar decisões criativas, tomar esta decisão antes de iniciar em uma nova direção. Ver as atitudes que juízes anteriores tomaram em casos semelhantes, para partilhar atitudes que tomaram

---

der antecipador, pré-compreensão, de caráter existencial, em que se enraízam estes dois elementos de caráter epistemológico" (STRECK, Lenio Luiz. "Da Interpretação de Textos à Concretização de Direitos – A incindibilidade entre interpretar e Aplicar a partir da Diferença Ontológica (*Ontologische Differentz*) entre Texto e Norma". In: ROCHA, Leonel Severo; STRECK, Lenio Luiz (org.). *Anuário do Programa de Pós-Graduação em Direito da Unisinos – Mestrado e Doutorado, passim.*). A avaliação se o caso é fácil ou difícil já faz parte do próprio processo que se instala com a pré-compreensão. Assim, não há como pretender dar tratamento diferente, se ambos partem de um mesmo pressuposto, que é a pré-compreensão. De mais a mais, fácil ou difícil, será sempre aquele caso, e como tal com as suas singularidades, que jamais poderão ser reproduzidas integralmente no outro caso novo futuro.

[658] CHUEIRI, Vera Karam de. "A Dimensão Jurídico-Ética da Razão: O Liberalismo Jurídico de Dworkin". In: ROCHA, Leonel Severo (org.). *Paradoxos da Auto-Observação*. Percursos da Teoria Jurídica Contemporânea. Curitiba: JM, 1997, p. 173.

[659] DWORKIN, Ronald. *O Império do Direito*, p. 488.

[660] Idem. *Uma Questão de Princípio*. Traduzido por Luís Carlos Borges. São Paulo: Martins Fontes, 2000, p. VII (Introdução).

[661] Idem. *Los Derechos en Serio*, p. 177.

[662] VIGO, Rodolfo Luis. *Interpretação Jurídica*: do modelo juspositivista-legalista do Século XIX às novas perspectivas, p. 67.

em coletividade, e ver as possibilidades de um sistema judiciário correto".[663]

Segundo Dworkin, tais direcionamentos deveriam ser observados no julgamento que o naturalismo deveria aplicar aos "casos difíceis", "interpretando a estrutura política da comunidade, tentando encontrar a melhor justificativa dos princípios da política moral, para a estrutura como inteira, das mais profundas regras constitucionais".[664] De certa forma, o autor entende que o naturalismo (talvez aquilo que está sendo chamado de princípios da lei natural) deve responder às questões que as regras positivadas não respondem ou têm respostas não satisfatórias. Como mencionado, a resposta a tais questões não se desenha de modo tão simples como Dworkin imagina, pois apenas o juiz imaginário Hércules seria capaz de dar uma resposta que estivesse baseada numa justificativa que envolvesse o sistema jurídico como um todo. Além do mais, ele reconhece que o juiz humano não tem estas condições, pois somente atende uma justificativa parcial da lei. Parece que Dworkin imaginou o juiz Hércules, a fim de servir de modelo aos demais, "para enfatizar que um juiz deveria considerar a lei que estudou em um sistema maior, sendo sempre relevante para expandir a investigação alcançada que ele discordaria".[665] No fundo, Dworkin joga a responsabilidade para o juiz, mas dele desconfia, pois imagina que deveria ter capacidades maiores do que aquelas apresentadas. Com isso, coloca em risco a sua pretensão de crítica ao positivismo jurídico, transformando-se num adepto dessa corrente doutrinária do Direito.

Um encontro inicial entre Finnis e Dworkin acontece no próprio livro *Natural Law and Natural Rights* onde fica evidente a diferença de abordagem entre ambos. Como já referido, Finnis, segue a teoria geral do direito descritiva e analítica de Hart. Já Dworkin tem outra perspectiva: a teoria que ele expõe tem a função de justificar as regras, no sentido de proporcionar uma base para o dever judicial, incluindo os critérios que os juízes empregariam para solucionar os chamados casos difíceis. Numa longa nota lançada em seu livro, Finnis reconhece que o debate entre Hart, Raz e Dworkin não produziria nenhum efeito:

> porque Dworkin não busca reconhecer que o interesse teórico deles não é, como é o seu, identificar um "teste para o direito" fundamental para identificar (inclusive nos casos difíceis mais debatidos) onde se encontra realmente o dever jurídico (moral e político) de um juiz numa comunidade dada em um certo tempo. (...) De modo que a de Dworkin é fundamentalmente uma teoria normativa do direito, que oferece orientação ao juiz enquanto a seu dever judicial; a deles

---

[663] DWORKIN, Ronald. " 'Natural' Law Revisited". In: FINNIS, John Mitchell (edit.). *Natural Law*. Aldershot: Dartmouth Publishin Company Limited. 1991. v. II, p. 190-1.

[664] Idem, p. 187.

[665] Idem, ibidem.

é uma teoria descritiva, oferecida aos historiadores para que possa escrever-se com discernimento uma história dos sistemas jurídicos.[666]

Existe uma diferença de enfoque: em Finnis – a partir da sua origem em Hart – busca-se uma teoria descritiva do que deve acontecer, desde uma perspectiva da razão prática. Já Dworkin vai diretamente informando critérios aos juízes, que devem ser adotados no julgamento dos casos concretos, incluindo aqueles considerados difíceis.

Um outro momento[667] de encontro entre Finnis e Dworkin acontece a partir da circunstância em que o primeiro pretende formular "uma teoria completa da razoabilidade jurídica". Para tanto, distingue quatro ordens da realidade, cuja inspiração vem de São Tomás de Aquino: teórico, lógico, prático e poiético.

Segundo Massini Correas, existe uma distinção particular, no âmbito da teoria jurídica, entre a terceira ordem (existencial, moral) e a quarta ordem (cultural, técnico). A interface entre essas duas pode ser assim delineada: a técnica é relevante para a concretização da maioria das escolhas moralmente significativas; e, por outro lado, nenhuma técnica cultural poderá ser colocada a dispor do ser humano sem a interferência moral. Dworkin procura resolver uma tensão existente entre o raciocínio jurídico com as suas particularidades técnicas e o caráter de ato moral que participa na manifestação da justiça ou injustiça. A parte técnica é a responsável pela harmonização do material jurídico existente e que está à disposição do juiz para a solução dos casos concretos, incluindo os difíceis. Já a racionalidade moral é considerada por Dworkin com a "justificación", que se apresenta fundamental especialmente na construção da única resposta correta.

Apesar disso, Finnis rebate a alternativa de existir "uma única resposta correta" nos "casos difíceis", dada a possibilidade de ajuste ou adequação do material existente, mostrando-se incoerente a busca de "uma única resposta correta". Ocorre uma espécie de incomensurabilidade entre as razões que servem de abono para uma resposta e também para outra. Por isso, não se pode pensar em aplicar ao caso concreto a melhor solução, porque poderão existir várias. E essa alternativa de escolha, não possibilita a afirmação da existência de "uma única resposta correta".[668]

---

[666] FINNIS, John Mitchell. *Natural Law and Natural Rights*, p. 21; *Ley Natural y Derechos Naturales*, p. 54-5.

[667] Os argumentos são buscados em texto elaborado por MASSINI-CORREAS, Carlos Ignácio. 'Dworkin, Finnis y la "única respuesta correcta". In: *Jornadas Internacionales em Homenaje a John Finnis* – a 25 años de la publicación de Natural Law and Natural Rights, na Universidad Austral, Buenos Aires, 09 e 10 jun. 2005. mimeo.

[668] MASSINI-CORREAS, Carlos Ignácio. Dworkin, Finnis y la "única respuesta correcta". In: *Jornadas Internacionales em Homenaje a John Finnis* – a 25 años de la publicación de Natural Law and Natural Rights, p. 7, mimeo.

A crítica de Finnis contra Dworkin continua, na medida em que o primeiro refere que inexiste um juiz imaginário com os poderes "sobrenaturais" que o segundo pretende ter à sua disposição para "procurar sensivelmente por uma resposta excepcionalmente correta para um caso difícil. (...), a busca para uma resposta correta é praticamente incoerente e inconsciente, da mesma maneira que uma busca para a novela inglesa que é 'a mais romântica e a mais curta'".[669]

Um outro momento da crítica de Finnis a Dworkin pode ser encontrado no texto intitulado *On Reason and Authority in "Law's Empire"*. Neste, Finnis inicia criticando a figura do juiz Hércules, necessário à resolução dos "casos difíceis" para o surgimento da "única resposta correta": "Hércules não está tentando alcançar o que ele acredita que é o melhor resultado substantivo, mas encontrar a melhor justificativa que ele pode de um evento legislativo passado".[670] John Finnis tenta mostrar que o resultado dado pelo juiz Hércules é, na verdade, uma busca histórica na legislação que estava em vigor no momento em que o fato ocorreu. Assim, não se trata de uma verdadeira contribuição – embora limitada – da participação do juiz. O que decide um "caso difícil", segundo Finnis, são as próprias convicções morais do juiz. Entretanto, para que a pretensão da "integridade" efetivamente ficasse mais clara e evidente, o juiz deveria utilizar os critérios estimados pela sociedade.[671]

Finnis, ao criticar a pretensão hercúlea de Dworkin, está fazendo uma crítica à filosofia da consciência, que parece estar sinalizado na pretensão desse último. Portanto, Finnis critica Dworkin pelo estabelecimento da relação sujeito-objeto, como se aquele pudesse subjugar este. Tal postura deverá ser evitada, pois se corre o risco de dar um passo para o passado, resgatando um paradigma que deverá ser superado.

A tarefa da atividade interpretativa, segundo John Finnis, é buscar a melhor resposta possível. Assim, é importante procurar "boas respostas, e evitar as ruins, mas não sonhar com as que são 'melhores'".[672] Aqui se verifica a opinião de Finnis sobre a "única resposta correta": é um sonho. Ele justifica a sua repulsa à pretensão de encontrar esta resposta com os seguintes argumentos: inicialmente, a recusa pela "única resposta correta" não está vinculada ao ceticismo interno ou externo, mas pelo fato de que as melhores respostas sempre estão

---

[669] FINNIS, John Mitchell. "Natural Law and Legal Reasoning". In: GEORGE Robert P. (edit.). *Natural Law Theory*: Contemporary Essays, p. 142-3.

[670] Idem. "On Reason and Authority in Law's Empire". In: FINNIS, John Mitchell. (edit.). *Natural Law*. Aldershot: Dartmouth Publishing Company Limited. 1991. v. II, p. 219.

[671] Idem, p. 220.

[672] Idem, p. 225.

disponíveis a questões práticas. Aqui fica destacado o ponto de vista defendido pelo autor. Quer dizer, é a razão prática que ditará a melhor resposta, mas não a única resposta. Além disso, repetindo a sua recusa de um juiz como Hércules, Finnis refére que "não poderia justificavelmente querer precisão única para sua resposta a um caso difícil".[673] O que Finnis reclama é a exigência de precisão quase matemática para a construção da "única resposta correta", o que, no caso do Direito e das relações sociais, é praticamente impossível. Será a situação concreta, isto é, na prática, que orientará e fornecerá os critérios para o julgamento e a construção da resposta mais adequada.

A perspectiva da "única resposta correta" é considerada confusa por Finnis, pois em um "caso difícil", no sistema legal da *Common Law*, "não haverá resposta que, porque exclusivamente certo, deveria ser descrito como 'a lei que governa o caso'". Isso ocorre, pois, como se verá a seguir, a própria configuração exata de um "caso difícil" é uma tarefa não muito fácil, pois as diversas respostas encontradas para determinado caso poderão ter escalas de classificação diferentes, de acordo com os critérios disponíveis em cada momento ou sistema jurídico.[674]

A discussão sobre o verdadeiro significado de "caso difícil" e também da "única resposta correta", corre o risco de produzir um círculo, talvez até vicioso, pois um caso de acordo com as suas variações poderá ser difícil numa situação e não em outra, com uma pequena alteração na sua estrutura. Ao mesmo tempo, a "única resposta correta" também é algo muito instável, seja em função da complexidade da situação, seja pela ambigüidade ou vagueza dos textos legais inicialmente aplicáveis, seja, ainda, pela gravidade das conseqüências que implica cada possibilidade de solução.[675]

Como o ponto de vista de Finnis é o prático, deve ser dentro dessa perspectiva que ele vai desenhar as suas críticas e, eventualmente, apontar algumas alternativas. Sem dúvida, deverão ser aplicadas as possibilidades da razoabilidade prática, que consiste, em último aspecto, buscar a adoção da melhor solução, isto é, daquela que é mais justa tendo em vista aquele caso concreto. Entra aqui, necessariamente, a consideração da *phrónesis* aristotélica, onde se verifica que a razão prática não logra buscar uma solução exata (como parece querer transmitir a expressão a "única resposta correta"),

---

[673] FINNIS, John Mitchell. *Op. cit.*, p. 225-6.

[674] Idem. "On Reason and Authority in Law's Empire". In: FINNIS, John Mitchell. (edit.). *Natural Law*, p. 226 e 230.

[675] Neste sentido as observações de MASSINI-CORREAS, Carlos Ignácio. 'Dworkin, Finnis y la "única respuesta correcta". In: *Jornadas Internacionales em Homenaje a John Finnis* – a 25 años de la publicación de Natural Law and Natural Rights, p. 11, mimeo.

porque nem as exigências fundamentais da pessoa se acham já definitivamente concluídas, nem existe um ordenamento completo e coerente que permite sua simples aplicação. Por isso, se a razão "valora", "pondera", "compara", ela, não pode senão chegar, num imprescindível horizonte argumentativo, à *melhor solução possível* que ofereça ao caso sob estudo.[676]

É dentro dessas linhas que deverá ser buscada uma resposta para o caso concreto. Por se tratar de uma investida prática, não se pode perder de vista que o prático não se refere "somente à realização de atos tecnicamente úteis, senão a realização de atos moralmente qualificados".[677] Resta claro, com tal assertiva, que a decisão prática envolve a opção pela alternativa que resulta melhor no caso concreto, sendo, portanto, a mais justa, pois resolve em particular o problema lançado. Nestas circunstâncias, esta há de ser a única resposta para aquele caso. Isso somente poderá ser levado adiante "na medida em que a razão perceba uma solução prática como a melhor e a vontade a escolha como objeto de seu querer".[678]

De qualquer modo, examinando a situação sob a ótica de Finnis, fica claro que a "única resposta correta" não se pode aceitar, pois não é possível estabelecer uma superioridade de um dos bens básicos sobre o outro, pois, como já dito, todos eles possuem o mesmo valor hierárquico. Cabe observar, ainda, que o Direito é uma ordem prática que tem uma técnica; entretanto, a técnica não poderá ser o aspecto exclusivo. Com isso, é necessário levar em consideração a justiça, entendida como virtude ética, que dá sentido para a ordenação do Direito em relação ao bem comum da sociedade completa: seja em relação a ela, enquanto conjunto, seja em relação ao indivíduo, na concretização dos bens humanos. Esse cenário produz uma diversificada gama de dimensões e reflexos sobre a noção de bem comum, enquanto constituídas e participadas por uma constante referência à justiça.[679]

O interessante é que disso se segue e serve como alerta tanto para Finnis quanto para Dworkin, no sentido de que o conhecimento e a atividade jurídicos são revestidos de caráter ético, que auxilia na construção de vários objetos culturais, tais como: instituições, sistemas de normas, organizações burocráticas, conjuntos de procedimentos, entre outros. "Intrinsecamente subordinados à realização efetiva de um fim ético por meio de uma atividade que, por ordenar-se a esse fim,

---

[676] CABANILLAS, Renato Rabbi-Baldi. "El derecho natural como núcleo de racionalidad de la realidad jurídica". In: CABANILLAS, Renato Rabbi-Baldi (coord.). *Las Razones del Derecho Natural*; perspectivas teóricas y metodológicas ante la crisis del positivismo jurídico, p. 29.

[677] MILLÁN-PUELLES, Antonio. *Ética y Realismo*. Madrid: Ediciones Rialp, 1996, p. 20.

[678] MASSINI-CORREAS, Carlos Ignácio. 'Dworkin, Finnis y la "única respuesta correcta". In: *Jornadas Internacionales em Homenaje a John Finnis* – a 25 años de la publicación de Natural Law and Natural Rights, p. 18, mimeo.

[679] Idem, p. 24, mimeo. FINNIS, John Mitchell. *Nature and Natural Law in Contemporary Philosophical and Theological Debates*: Some Observations. Oxford, 2002, p. 9, mimeo.

adquire caráter prático-moral. É por isso que a orientação jurídica não poderá separar-se da razoabilidade moral".[680]

O que Finnis parece que quer dizer a Dworkin é que, em qualquer situação, a resposta dada ao caso concreto, seja ele difícil ou não, não poderá ser carregada de alternativas que visem apenas ao lado emocional ou ao mero cumprimento de um dever de dar uma decisão. Pelo contrário, o que se verifica na integralidade desse conjunto é que a resposta deverá ser amarrada aos bens humanos básicos, mediante o emprego metodológico das exigências da razoabilidade prática, iluminada pela justiça. De qualquer modo, a decisão deverá estar marcada por uma preocupação ética, que transcendente a mera questão técnico-jurídica. Respeitados tais contornos, a resposta será correta e justa.

4.2.7. A lei injusta e a única (a melhor?) resposta correta: esse é um (verdadeiro) modelo de "caso difícil"?

A preocupação com a razoabilidade prática, especialmente vinculada à realização dos bens humanos básicos, traz à discussão a chamada "lei injusta" (*unjust law*). Quer dizer, é injusta a lei que contraria tais princípios práticos básicos e também as exigências metodológicas básicas da razoabilidade prática. A par disso, emergem três questionamentos: a) quando uma lei é injusta? b) Qual a sua força obrigatória? c) Como dar uma resposta correta frente à lei injusta?

Finnis apresenta uma séria de tipos de leis injustas, as quais poderão ser classificadas em dois grandes grupos: num primeiro grupo, estão aquelas que são injustas com base num critério formal (da sua própria constituição); num segundo grupo, estão aquelas leis injustas sob o ponto de vista substancial. A primeira forma de gerar uma lei injusta é aquela produzida contra o respeito ao bem comum, que é o principal norte da criação de um texto legal. A injustiça da lei poderá também surgir quando as funções atribuídas a cada um dos poderes do Estado são invertidas, caracterizando o excesso no exercício de suas atribuições.[681]

O exercício da autoridade encontra-se limitado e condicionado ao bem comum. Segundo Finnis, a justiça comutativa exige que as pessoas sejam tratadas com dignidade em igualdade de condições; já a justiça distributiva abre a exigência de que todos sejam tratados igualmente perante a lei. Com isso, qualquer desrespeito a essas duas configurações da justiça caracteriza um abuso e uma injustiça.[682] O quarto tipo de

---

[680] MASSINI-CORREAS, Carlos Ignácio. 'Dworkin, Finnis y la "única respuesta correcta". In: *Jornadas Internacionales em Homenaje a John Finnis* – a 25 años de la publicación de Natural Law and Natural Rights, p. 24-5, mimeo.

[681] FINNIS, John Mitchell. *Natural Law and Natural Rights*, p. 352-3; *Ley Natural y Derechos Naturales*, p. 380-1.

[682] Idem, p. 353; Idem, p. 381.

injustiça, que se inscreve no ponto de vista substancial, ocorre, no entender de Finnis, quando é concedido algum direito a alguém ou a uma classe que não tem direito a ele. Além disso, a injustiça poderá ser caracterizada quando nega a alguém o respeito a um

> direito humano cujo exercício, nas circunstâncias, é possível, consistente com as exigências razoáveis de ordem pública, saúde pública, etc., e compatível com o correto exercício tanto de outros direitos humanos como dos mesmos direitos humanos por outras pessoas.[683]

Caracterizados os modos de configuração da lei injusta, resta saber sobre a sua obrigatoriedade. Num contexto de fontes do Direito, onde a lei ocupa o lugar mais importante, parece que existe uma obrigação de cumprir a lei. Assim, quanto ao cumprimento de uma lei considerada injusta, abrem-se quatro possibilidades: a) a primeira, mais radical, refere que a lei deverá ser cumprida, e a inobservância poderá ser alvo de uma sanção; b) A segunda situação é visualizada a partir do próprio sistema jurídico, trata-se de uma "obrigação jurídica em sentido intrasistemático ('obrigação jurídica em sentido estrito') no qual a premissa prática de que a obediência à lei é socialmente necessária é um princípio estrutural separado do resto da razoabilidade prática".[684] Não se trata de uma simples visão lógica da noção de sistema, mas Finnis entende esse aspecto pelo lado da segurança e da previsibilidade, como sendo uma questão de justiça e de direitos humanos. Entretanto, critica a observância fechada do sistema jurídico, ou seja, considerado apenas no seu significado normativo, pois deverá estar aberto ao fluxo da razoabilidade prática, com base "no qual pode julgar-se que uma disposição válida segundo os critérios formais de validade do sistema, é, ou possa chegar a ser, injusta e, por tanto, depois de tudo, total ou parcialmente inaplicável".[685]

Um terceiro aspecto refere que a "obrigação jurídica em sentido moral (isto é, a obrigação moral que presumivelmente se segue da obrigação jurídica em sentido jurídico ou intrasistemático)".[686] Finnis pretende trazer à discussão de que no fundo existe um dever moral de obedecer às normas jurídicas. Tudo leva a crer que o autor visa discutir a temática em vários territórios, que às vezes são separados, como a teoria do direito, a filosofia política e a ética. Portanto,

> alguém não compreenderá bem estes problemas e princípios intrínsecos a menos que se dê conta da medida em que a linguagem com que alguém formula para si mesmo, e os conceitos que alguém não faz próprios, são a sua vez os símbolos e conceitos de uma determinada cultura humana, uma cultura que se tem elaborado em seus tribunais de justiça e nas suas escolas de direito, tanto como em qualquer outro lugar.[687]

---

[683] FINNIS, John Mitchell. *Op. cit.*, p. 353-4; Idem, p. 381.
[684] Idem, p. 354; *Ley Natural y Derechos Naturales*, p. 380-1, Idem, p. 382.
[685] Idem, Ibidem; Idem, p. 383.
[686] Idem, Ibidem; Idem, p. 382.
[687] Idem, p. 358; Idem, p. 385.

O autor deixa assentado que o exame da lei injusta poderá ser operacionalizado sob diversos ângulos e matérias. A discussão envolve, necessariamente, a compreensão, de que as características do sistema jurídico contribuem para a constatação da razoabilidade prática ao criar, manter e obedecer à lei; nesse conjunto emerge uma conexão com a justiça e mais, que "os juristas estão justificados para pensar certos princípios de justiça como princípios de legalidade". Ao se considerar tal aspecto para avaliar uma norma juridicamente válida, possibilita alguma razão, embora não conclusiva, "para tratá-la como moralmente obrigatória ou para considerar moralmente permissível atuar de acordo com ela".[688]

Por fim, John Finnis enumera mais um argumento que pudesse justificar o cumprimento de uma lei injusta: "obrigação moral que não deriva do caráter jurídico do estabelecimento-da-obrigação senão de alguma fonte 'colateral'".[689] Na versão de Finnis, o governante tem o direito de dar orientação e criar normas moralmente obrigatórias e que deverão ser cumpridas. Entretanto, quando as ordens dadas infringem alguns princípios fundamentais, como, por exemplo, são ordenadas atitudes que não deveriam fazer-se ou quando determina uma carga (seja tributária, talvez) a alguns integrantes da sociedade, em detrimento dos demais, tais normas não criam nenhuma obrigação moral para o seu cumprimento. Por isso, Finnis é categórico em afirmar:

> que para o fim de julgar as próprias obrigações jurídicas em sentido moral, alguém está facultado para deixar de lado as leis que são "injustas" em qualquer das formas mencionadas. Tais leis carecem da autoridade moral que em outros casos lhes vem simplesmente de sua origem, ou fonte formal.[690]

Na proposta de Finnis, portanto, uma lei injusta não deveria ser cumprida, cabendo à autoridade responsável a sua revogação. Nesse particular, o autor segue especialmente a São Tomás de Aquino, para quem *lex injusta non est lex*, ou seja, "uma lei injusta não é lei", mas um "ato violento" ou uma "corrupção de lei".[691] Tal posicionamento de Finnis, inspirado em São Tomás de Aquino, parte do pressuposto de que "a primeira coisa que chama a atenção da razão prática, que é orientada através da ação, é o bem comum". Tal aspecto está em sintonia com a própria definição de lei de São Tomás de Aquino, aceito por Finnis: "a lei não é nada além de um regulamento de razões diretas em relação ao bem comum, promulgado por um indivíduo que tem responsabilidade pela comunidade". A partir disso, são formuladas algumas condições de avaliação de requisitos da lei, o que se poderia

---

[688] FINNIS, John Mitchell. *Op. cit.*, p. 358-9; Idem, p. 386.
[689] Idem. *Natural Law and Natural Rights*, p. 354; *Ley Natural y Derechos Naturales*, p. 382.
[690] Idem, p. 360; Idem, p. 387.
[691] Ver a interpretação de Finnis sobre estas passagens: Idem, p. 363-4; Idem, p. 390-1.

dizer, a lei para ser justa deve apresentar: "a direção da razão; o objetivo do bem comum; a promulgação pelo governo, o pertencer a uma comunidade completa; pessoas que as restringem de certas atitudes; ter poder de coerção e pretensão à obediência".[692]

Bem diferente é o comportamento determinado pelo positivismo jurídico, especialmente o legalista, onde esta questão não merece muita discussão, pois um de seus representantes – John Austin – entende que a existência da lei é uma coisa, os seus méritos ou defeitos é outra coisa bem diferente. O que importa é a obediência ao modelo instituído pela lei, que por tal característica é justo.[693]

A lei injusta representa o verdadeiro caso difícil.[694] Nenhum dos autores – nem Dworkin e nem Finnis – vislumbram essa situação. Quer dizer, a publicação de uma lei com os problemas levantados por Finnis coloca o juiz numa situação peculiar: segundo Dworkin, ele tem a obrigação de aplicar o Direito vigente, apesar da sua injustiça – que pode ter surgido no momento de sua elaboração ou de seu confronto

---

[692] As citações são oriundas de KRETZMANN, Norman. "Lex iniusta non est lex. Laws on Trial in Aquina's Court of Conscience". In: FINNIS, John Mitchell. *Natural Law*. Aldershot: Dartmouth Publishing Company Limited. 1991. v. II, p. 120-3.

[693] KRETZMANN, Norman. Op. cit., p. 118.

[694] No caso da lei injusta, parece que é preciosa a reflexão sobre a "Fórmula de Radbruch", onde esse autor – logo após a Segunda Guerra Mundial, a partir das atrocidades cometidas pelos nazistas, em nome da característica do positivismo de que "lei é lei" – passa a entender que "em caso de um conflito entre a segurança jurídica e a justiça, a preferência deve ser dada à regra do Direito positivo mesmo quando a lei é injusta, a menos que a violação da justiça alcance um grau tão intolerável que a regra torna-se na verdade ausência de Direito" (RADBRUCH, Gustav. *Introdução à Ciência do Direito*. Traduzido por Vera Barkow. São Paulo: Martins Fontes, 1999, p. XI). Diferentemente de Finnis, Radbruch entende que a lei deve ser obedecida apesar de ser injusta, com exceção dada apenas ao caso desse cumprimento ser absolutamente intolerável ao ser humano. Tais aspectos também estão representados nos chamados "Cinco minutos de filosofia do Direito", surgidos em 1945, e dirigidos aos estudantes de Heidelberg. (Nesse sentido, RADBRUCH, Gustav. *Filosofia do Direito*. Traduzido por L. Cabral de Moncada. 6. ed. rev. e acrescida dos últimos pensamentos do autor. Coimbra: Armênio Amado – Editor, Sucessor, 1997, p. 415-8). Robert Alexy, ao comentar a referida "fórmula", entende que se trata de uma "expressão de um conceito não positivista do direito. Segundo este conceito, o que seja o direito vem determinado não somente pela positividade válida e formalmente estabelecida e pela eficácia social, senão também por seu conteúdo [de justiça material]. O que tem de especial a Fórmula de Radbruch é que postula uma conexão necessária entre direito e moral, porém sem pretender uma unificação total entre ambos". Essa perspectiva da "Fórmula de Radbruch" é comentada por Alexy a partir da análise dos homicídos cometidos pelos guardas do Muro de Berlin, na medida em que deveriam impedir o cruzamento da linha de fronteira. Segundo Alexy, o Tribunal Constitucional Federal deu concretude à "Fórmula de Radbruch" através dos direitos humanos. E outro aspecto importante, é que "com a aplicação da 'Fórmula de Radbruch', portanto, não se altera retroativamente a situação jurídica, senão que somente se constata como era esta no momento dos fatos" (ALEXY, Robert. "Derecho Injusto, Retroactividad y Principio de Legalidad Penal. La doctrina del Tribunal Constitucional Federal alemán sobre los homicídios cometidos por los centinelas del Muro de Berlin. Tradução de A. Daniel Oliver-Lalana". In: *Doxa – Cuadernos de Filosofia del Derecho*). Dentro dessa linha, verifica-se que a moral é corretiva para Alexy. No caso do presente livro, poder-se-ia dizer que os princípios da lei natural e as exigências da razoabilidade prática são *qualificativos* do Direito Positivo e que, portanto, deverão ingressar na sua interpretação, dando-lhe uma base ética que sustente os seus resultados.

com o caso concreto. Se ele constata a injustiça, o dever permanece? Aí parece que surge a verdadeira dificuldade do caso, pois temos uma situação fática concreta e uma lei aplicável. Entretanto, esta é injusta, independente do motivo. Como ao juiz não cabe criar, mas apenas interpretar o direito vigente, terá um grande problema pela frente.

Por outro lado, Finnis admite a possibilidade da única resposta correta nos casos difíceis, mas também silencia quanto à lei injusta. Embora, ele seja mais direto, e diga que uma lei injusta não deverá ser aplicada, resolvendo de plano a questão. Finnis caracteriza um sistema jurídico, como modo de concretizar o "império do direito", mediante o atendimento de alguns itens: as regras devem ser sempre prospectivas e não retroativas; as normas devem ser possíveis de cumprir; devem ser promulgadas, claras e coerentes entre si, entre outras.[695]

Na ocorrência de um caso difícil, a exigir uma resposta correta (ou mais adequada) parece que Dworkin esquece a questão relativa às leis injustas. Estas representam os verdadeiros "casos difíceis" e cuja construção da "única resposta correta" seja a tarefa mais complexa exigindo efetivamente um juiz com as características de Hércules. Já Finnis, discute a questão da lei injusta e sem mencionar expressamente, deve considerá-la uma situação de difícil resolução. No entanto, ele a encara e diz que, nesse caso, a lei considerada injusta não deverá ser aplicada, cabendo à autoridade competente a sua revogação.

De qualquer forma, parece que a solução poderá ser buscada junto à hermenêutica jurídica, especialmente aquela de viés filosófico – que será examinada a seguir, pois muitas vezes a injustiça de uma lei poderá ser solucionada mediante a tarefa da interpretação. A consideração dos princípios da lei natural e das exigências metodológicas da razoabilidade prática, enriquecidas com as possibilidades das contribuições hermenêuticas de Heidegger e Gadamer, será a solução para o enfrentamento da lei injusta. Tal característica poderá surgir exatamente pelo emprego dos métodos tradicionais de interpretação, que apresentam sérias limitações, especialmente na ocorrência desses "casos difíceis".

Portanto, Dworkin parece que precisa refletir sobre a questão da "lei injusta", pois a sua existência provoca o verdadeiro "caso difícil", considerando o modo como visualiza o papel do juiz e a sua interpretação.

É claro que essa questão poderá ser enfrentada via controle de constitucionalidade, onde a limitação criativa de Dworkin imposta ao juiz poderia buscar uma alternativa. Apesar dessa possibilidade, Dworkin pretende que o juiz, ao decidir "casos difíceis" faça um

---

[695] FINNIS, John Mitchell. *Natural Law and Natural Rights*, p. 270; *Ley Natural y Derechos Naturales*, p. 299.

trabalho coletivo pensado a partir do "romance em cadeia" (*chain novel*), isto é,

> quando os juízes examinam e decidem casos do *Common Law*, ou seja, quando nenhuma lei ocupa posição central na questão jurídica e o argumento gira em torno de quais regras ou princípios de Direito "subjazem" a decisão de outros juízes, no passado, sobre matéria semelhante. (...) Ao decidir o novo caso, cada juiz deve considerar-se como parceiro de um complexo empreendimento em cadeia, do qual essas inúmeras decisões, estruturas, convenções e práticas são a história; é seu trabalho continuar essa história no futuro por meio do que ele faz agora.[696]

Dworkin pretende que o juiz, ao decidir um "caso difícil", ingressando aí também a questão constitucional, tome em consideração o passado, ou seja, como casos semelhantes foram resolvidos, devendo aplicar tais subsídios no presente, mas com os olhos postos no futuro. Haja vista que a sua decisão poderá ser seguida, na formação da cadeia, por uma decisão posterior. Para que essa tarefa possa alcançar o resultado adequado, a decisão deverá tomar em conta dois parâmetros: "deve ajustar-se a essa prática e demonstrar sua finalidade ou valor". Vale dizer, Dworkin pretende dizer que o juiz não perca de vista que

> o Direito é um empreendimento político, cuja finalidade geral, se é que tem alguma, é coordenar o esforço social e individual, ou resolver disputas sociais e individuais, ou assegurar a justiça entre os cidadãos e entre eles e seu governo, ou alguma combinação dessas alternativas.[697]

Verifica-se, portanto, que a solução de Dworkin para resolver os "casos difíceis" na construção da "única resposta correta", parte desses dois aspectos, os quais servem como indicadores para a atividade do juiz.

Já Finnis, em caso semelhante, simplesmente entende que a lei não deve ser aplicada, apontando para a necessidade de buscar-se outra forma de resolver a situação concreta.

---

[696] DWORKIN, Ronald. *Uma Questão de Princípio*, p. 237-8.

[697] Idem, p. 239.

5. Hermenêutica Tradicional *"vs"* Hermenêutica de cunho Filosófico: as Perspectivas Projetadas por Heidegger e Gadamer

5.1. A PREVALÊNCIA DA HERMENÊUTICA DE CUNHO OBJETIVISTA: A DICOTOMIA SUJEITO-OBJETO

O pano de fundo assim delineado servirá de base para a crítica da forma tradicional de encarar a hermenêutica jurídica. De certo modo, os seus pressupostos são forjados especialmente a partir do Iluminismo. Sem dúvida, pode-se dizer que a força propulsora que motivou a expansão do Século XVIII está vinculada à razão. Embora se deva sublinhar que a primazia da razão já surge no Século XV, com o Renascimento, e mais tarde na modernidade (Séculos XVI e XVII), principalmente com Descartes. Ela "é o ponto de encontro e o centro de expansão do século, a expressão de todos os seus desejos, de todos os seus esforços, de seu querer e de suas realizações".[698] Mas não é apenas isso, pois a crença, ou uma verdadeira fé, na razão é a sua concepção de unidade e imutabilidade. Vale dizer, "a razão é uma e idêntica para todo o indivíduo-pensante, para toda a nação, toda a época, toda a cultura".[699] A idéia central, portanto, não está no contingente, na individualidade de cada situação produzida pela vida, mas na formalização de regras capacitadas a suprir necessidades de múltiplas perspectivas fáticas.

Dentre vários pensadores de destaque deste período histórico, cita-se a marcante contribuição de Leibniz, que, trabalhando com o princípio de continuidade, pretendeu dizer: "unidade 'na' multiplicidade, ser 'no' devir, constância 'na' mudança".[700] Surge com isso a

---
[698] CASSIRER, Ernst. *A filosofia do iluminismo*. Traduzido por Álvaro Cabral. Campinas: UNICAMP, 1992, p. 22.
[699] Idem, p. 23.
[700] Idem, p. 53.

perspectiva de recusa ou alteração de situações já constituídas. Em uma idéia: a eternização dos conceitos. O objetivo dessa empreitada é a busca de verdades eternas, "exprimindo as relações universais e necessárias entre as idéias, entre o sujeito e o predicado do julgamento. As verdades de fato, as simples verdades 'contingentes', não se integram nesse modelo lógico".[701] Surgem, com isso, as raízes de um conceitualismo desligado da prática, uma nítida distinção entre teoria e prática, provocando reflexos bastante graves em relação ao Direito, que é separado do mundo dos fatos.

É por isso que Leibniz defendeu a idéia, a partir dos postulados fundamentados por Hugo Grotius, do Direito completamente desvinculado da experiência, associando-se a definições, não aos fatos, mas às provas estritamente racionais. Grotius, valorizando a interpretação histórico-filológica, não busca a reconstrução da intenção do autor ou de seu texto, "mas a conformidade racional do assunto por ele apresentado, o que quer dizer: a correspondência do discurso daquele que está sendo interpretado com a visão do intérprete, fundada sobre sentenças eternas da razão universal".[702] Fica destacada a desnecessidade da interpretação individual, pois o pensamento racional organizado de acordo com as regras do espírito sempre designa as coisas como elas são em si.[703] O resultado já está concebido previamente, limitando o trabalho da interpretação:

> uma vez sabendo quais as regularidades que estruturam o discurso da racionalidade universal – pois ele segue um "cálculo" ou um *"mos geometricus"* – não há dificuldades fundamentais no estabelecimento de cânones que conduzem a interpretação material; e esses sistemas canônicos encontram-se em grande número nas teorias da interpretação do Iluminismo.[704]

A interpretação do Direito estava equiparada a uma operação matemática, de tal modo que o resultado poderia ser obtido previamente, com sua aplicação automática aos fatos da vida, sem considerar as suas características peculiares. A resolução de um caso da vida era equiparada à organização de uma fórmula matemática; o aspecto humano do Direito estava ligado ao formalismo de uma simples operação matemática.

A perigosa concepção acerca do Direito também atinge a justiça, pois ambos encerram a idéia de um acordo, de uma proporcionalidade e harmonia, que continuaria válida mesmo que nunca viesse a encontrar sua realização concreta num determinado caso, mesmo que não houvesse ninguém para exercer a justiça e ninguém a cujo respeito ela tivesse que ser exercida.[705]

---

[701] CASSIRER, Ernst. *A filosofia do iluminismo*, p. 53-4.

[702] FRANK, Manfred. "Introdução do Editor". In: SCHLEIERMACHER, Friedrich Daniel Ernest. *Hermenêutica e Crítica*. Traduzido por Aloísio Ruedell. Ijuí: UNIJUÍ, 2005. v. I, p. 21.

[703] Idem, ibidem.

[704] Idem, p. 23.

[705] CASSIRER, Ernst. *A filosofia do iluminismo*, p. 319.

Além de marcar uma clara separação entre o Direito e a Justiça, também afastava os dois da sua estreita relação com o contexto social. Uma decisão já estava pronta, mesmo que não viesse a ser aplicada, o cálculo do princípio da proporcionalidade encontrava-se matematicamente estabelecido, mas completamente desconectado com os contornos reais do fato.

Estes ideais apresentados por Leibniz representam os pontos centrais da consolidação do positivismo jurídico, calcado em dois valores fundamentais: a segurança e a previsibilidade. Para atingir esses dois valores, era necessário limitar a hermenêutica à formulação de conceitos gerais, esquecendo-se das particularidades de cada situação concreta. Construía-se, assim, o "mundo jurídico" descolado do mundo da vida, da realidade fática. "A interpretação, nesse contexto, embora não admitida, continua a ser um processo de reprodução do sentido, uma vez que a atribuição de sentido e a interpretação são tratadas separadamente".[706] Essa separação é fruto da forma em que se concebe – dentro desse paradigma, que é chamado de filosofia da consciência – a tarefa hermenêutica, a saber, a interpretação é separada da aplicação, pois a teoria é desconectada da prática. Vale dizer, como se a vida viesse com um manual de instrução, e as coisas acontecessem sempre do mesmo modo. Isso tudo ainda é reflexo da inspiração iluminista, onde claramente o Direito pretendia ser equiparado às ciências da natureza, como uma ciência exata ou precisa.[707]

Castanheira Neves resume a concepção tradicional da interpretação jurídica, ao referir que o objeto de trabalho (equiparado a algo que o intérprete se debruçasse para estudar) era o "texto normativo-prescritivo das fontes jurídicas", quer dizer, não era qualquer norma jurídica, mas aquela formalmente prescrita pela autoridade competente. Segundo o mestre português, destacam-se três postulados metódicos: a) o postulado da pura racionalidade: a razão prática estava completamente fora dos projetos, a preocupação era exclusivamente voltada à razão teórica; b) o postulado da neutralidade teórica: a teoria completamente afastada da prática; c) o postulado da objetividade: "o sentido ou a significação de um enunciado traduzir-se-ia sempre numa certa relação entre os sinais lingüísticos e os objetos do mundo ou as coisas do mundo". Aqui fica bem marcada a característica do positivismo jurídico, pois a norma jurídica não apresenta sinais expressivos, mas apenas constitutivos. Portanto, apenas nela é que deverá ser procurado o

---

[706] STRECK, Lenio Luiz. "Hermenêutica (jurídica): compreendemos porque interpretamos ou interpretamos porque compreendemos? Uma resposta a partir do Ontological Turn" p. 223-71. In: ROCHA, Leonel Severo; STRECK, Lenio Luiz (org.). *Anuário do Programa de Pós-Graduação em Direito-Mestrado e Doutorado 2003*. São Leopoldo: Unisinos, 2003, p. 225.

[707] Como observa MAMAN, Jeannette Antonios. *Fenomenologia existencial do direito* – Crítica do pensamento jurídico brasileiro. 2. ed. São Paulo: Quartier Latin, 2003, p. 96.

conteúdo significativo, e ela tem a função de fornecê-lo integralmente. Dito de outro modo, "a significação é constituída exclusivamente *pelo* texto e que só *no* texto, no seu conteúdo significativo, deve ser procurada".[708]

A concepção hermenêutica assim caracterizada apresenta a dicotomia clara entre sujeito e objeto, como se aquele dominasse este, dentro de conceitos previamente dados, que aguardavam a mera reprodução. Esse domínio do objeto pelo sujeito também foi destacado na proposta de Kant, na sua revolução copernicana, como já visto.

As raízes desse objetivismo, embora se possa fazer um bosquejo histórico muito mais profundo, projetam-se, na visão do autor deste livro, especialmente a partir de Schleiermacher e Betti. Portanto, esse será o foco dado para a contextuliazação histórica da perspectiva entre sujeito e objeto. Existe consciência de que a matéria é mais ampla; entretanto, para fins de estruturação do estudo, optou-se pelo recorte e pela eleição dos dois referidos autores.

Schleiermacher (1768-1834) – como teólogo, filólogo e filósofo alemão – começa a sua reflexão a partir do problema da hermenêutica protestante e na do Iluminismo.[709] Com esse filósofo alemão, a interpretação perde o seu caráter pedagógico, porque não se ajuda mais na compreensão do outro. A hermenêutica é alçada à autonomia de um método, com o total afastamento da questão do conteúdo, pois a hermenêutica é a arte de evitar o mal-entendido. O que marca bem nitidamente a questão do sujeito e do objeto foi captado por Gadamer da seguinte forma: "o que se deve compreender, na realidade, não é uma idéia, enquanto um momento vital, mas enquanto uma verdade".[710] A interpretação não busca dar vida às idéias que inspiraram o autor da palavra ou do texto, mas simplesmente vai buscar a verdade, o que se equivaleria à resposta prévia para aquela situação. E é por isso que Schleiermacher refere: "deve-se compreender tão bem e melhor que o escritor".[711] O autor do texto é apenas um ponto de partida, pois o autor separa a compreensão da interpretação. De tal modo que "o ato da compreensão é a realização re-construtiva de uma produção". Quer dizer, não se compreende o texto do autor para aprender com ele e quem sabe melhorá-lo. Pelo contrário, busca-se reconstruí-lo. Assim, Gadamer alerta:

---

[708] CASTANHEIRA NEVES, António. *Metodologia Jurídica*: problemas fundamentais. Coimbra: Coimbra, 1993, p. 85, 92-4 e 96.

[709] Segundo constatação de FRANK, Manfred. "Introdução do Editor". In: SCHLEIERMACHER, Friedrich Daniel Ernest. *Hermenêutica e Crítica*, p. 25.

[710] GADAMER, Hans-Georg. *Verdade e método*: traços fundamentais de uma hermenêutica filosófica, p. 290.

[711] SCHLEIERMACHER, Friedrich D. E. *Hermenêutica*: Arte e Técnica da interpretação. Traduzido por Celso Reni Braida. Bragança Paulista: Universitária São Francisco, 2003, p. 69.

essa melhor compreensão, que caracteriza o intérprete face ao autor, não se refere, por exemplo, à compreensão das coisas de que fala o texto, mas meramente à compreensão do texto, isto é, do que o autor teve em mente e ao que deu expressão.[712]

No fundo, o que Schleiermacher destaca é que a interpretação deve ir buscar a *mens legislatoris*, porque visa a descobrir aquilo que o autor tinha em mente ao escrever determinado texto. Nessa busca, Scheiermacher apresenta a tarefa da hermenêutica como uma hermenêutica universal. Essa tarefa é desenvolvida por intermédio da língua que ele apresenta como um "universal singular":

> ela somente existe enquanto sistema universal mediante acordos de seus falantes, acordos em princípio revogáveis, e altera seu sentido geral em todo ato de fala e a cada instante, à medida que, pelo menos para essa inovação semântica, for possível a irrupção no repertório gramatical, como sempre acontece nas conversações.[713]

A língua acaba sendo a responsável, na sua individualidade, pela construção da universalidade hermenêutica. Nesse contexto, a hermenêutica é alçada à categoria de método, mas sem qualquer preocupação com o conteúdo. Scheiermacher trabalhava com dois métodos principais: a interpretação gramatical e a interpretação psicológica. O principal objetivo do método gramatical "é, então, conforme o pressuposto conhecimento do significado, encontrar para cada caso dado o verdadeiro uso que o autor tinha em mente, evitando tanto os falsos como também o muito e o pouco".[714] É interessante que o método gramatical procura descobrir tudo o que o autor do texto pretendia ter dito, a verdade significava atingir a integralidade do pensamento, ou seja, nem o muito e nem o pouco. Integrada ao método gramatical aparecia o interesse pela história, que poderia auxiliar a identificar a verdadeira intenção do autor.[715]

Já a interpretação psicológica trabalhava num outro sentido, mas visando a complementar o método gramatical, pois o objeto era identificar a unidade "pelo qual o autor é posto em movimento para se comunicar".[716] Para implementar o trabalho da interpretação, Scheiermacher desenvolveu cânones, que podem ser equiparados a verdadeiros métodos ou técnicas de interpretação, com o intuito de obter a verdadeira interpretação.[717] Dito de outro modo, está bem caracteriza-

---

[712] GADAMER, Hans-Georg. *Op. cit.*, p. 299.

[713] FRANK, Manfred. "Introdução do Editor". In: SCHLEIERMACHER, Friedrich Daniel Ernest. *Hermenêutica e Crítica*, p. 53.

[714] SCHLEIERMACHER, Friedrich D. E. *Hermenêutica*: Arte e Técnica da interpretação, p. 79.

[715] Neste sentido, ROBLES, Guillermo Gabino Vázquez. "Revisión Filosófica de las Escuelas de Interpretação Jurídica". In: *Logos*, México, n. 94, p. 63-91, jan.-abr. 2004. v. XXXII, p. 67.

[716] SCHLEIERMACHER, Friedrich D. E. *Hermenêutica e Crítica*. Traduzido por Aloísio Ruedell. Ijuí: UNIJUÍ, 2005. v. I, p. 199.

[717] A seguir são apresentados alguns dos cânones desenvolvidos por Scheiermacher: 1) "Tudo que, num determinado discurso, ainda necessita de uma definição mais acurada somente pode ser definido a partir do âmbito da linguagem comum ao autor e ao seu público originário". 2) "O sentido de cada termo em determinada passagem precisa ser definido segundo sua composição

da a hermenêutica em fatias, primeiro um método e depois o outro, com a nítida impressão de que cada um pudesse dar a sua contribuição dissociada do outro método: "primeiro a interpretação gramatical, depois a técnica. Gramatical sempre, porque obviamente no final tudo o que é pressuposto e tudo o que se encontra é linguagem".[718]

No Século XX, trilhando o mesmo caminho do objetivismo, talvez um pouco mais brando do que Schleiermacher, surge a obra de Emilio Betti (1890-1968). A obra de Betti nasce exatamente quando estão sendo discutidas as questões centradas na objetividade e na subjetividade, verdade e certeza e interpretação como método e interpretação como compreensão. Apesar desse clima, o autor se mostrava "reacionário", pois sua vontade estava centrada na oposição às recentes formas de hermenêutica subjetivista e relativista. O que ele buscava, na verdade, era "reabilitar a idéia de uma hermenêutica fortemente vinculada a padrões científicos e capazes de garantir a objetividade de interpretações científico-espirituais".[719]

Para Emilio Betti, o ato da interpretação buscava conhecer a manifestação do pensamento, a fim de integrá-la e realizá-la nas relações da vida. Para tanto, é necessário ir mais longe do que o simples senso originário da norma, pois ela "longe de exaurir-se na sua formulação original, tem vida atual num ordenamento onde faz parte, integrando a vida social".[720] Apesar da sinalização que aparenta mostrar que o autor vai mais além do mero texto legal, tal não ocorre. Considera importante o caráter criativo da interpretação, mas faz um alerta: "não se trata de uma criação autônoma, originária e livre, mas de um recriar subordinado, derivado, vinculado a uma objetividade irredutível: aquela do preceito da interpretação, enquadrando na ordem jurídica da qual faz parte".[721] A norma é considerada um objeto, a partir do qual o intérprete (sujeito) realiza a sua atividade, mas limitada ao já preceituado, portanto é criatividade sem criação. E, além disso, o trabalho interpretativo sempre deveria ser realizado com vistas ao ordenamento jurídico como um todo.

---

com os que o rodeiam". 3) "Se a interpretação precisa ser desenvolvida sob a suposição do mesmo conhecimento lingüístico do que aquela por meio da qual este conhecimento se constitui, então, no contexto de uma palavra, mediante emprego de passagens paralelas, precisa ser demarcado um determinado setor da língua". 4) "A última meta da interpretação psicológica (técnica) também não é outra coisa do que o começo desenvolvido, ou seja, ver o todo da ação em suas partes e, novamente em cada parte, o assunto como aquilo que move e a forma como a natureza movida pelo assunto". 5) "Antes do início da interpretação psicológica (técnica), precisa estar estabelecida a maneira como o objeto e a linguagem eram dados ao autor, e o que se pode saber de outra forma de seu estilo peculiar". SCHLEIERMACHER, Friedrich Daniel Ernest. *Op. cit.*, p. 123 e ss.

[718] SCHLEIERMACHER, Friedrich D. E. *Hermenêutica*: Arte e Técnica da interpretação, p. 69.

[719] GRONDIN, Jean. *Introdução à hermenêutica filosófica*, p. 209-10.

[720] BETTI, Emilio. *Interpretazione della legge e degli atti giuridici* (Teoria Generale e Dogmática). Milão: Dott. A. Giuffrè, 1949, p. 17.

[721] Idem, p. 48 e 50.

Outro aspecto que será objeto de crítica posterior, especialmente por Gadamer, é a separação entre a compreensão e a aplicação, as duas não têm relação entre si, justamente para preservar a objetividade e o controle do processo de interpretação. "A aplicação ocorreria exclusivamente em formas específicas de interpretação, como as da Teologia e da Jurisprudência, cujo fundamento deve constituir uma compreensão epistemológica".[722] O sujeito-intérprete não deveria ter liberdade para criar, porque no fundo Betti buscava preservar uma autonomia do texto, "que garantiria o encontro do sentido originário e a intenção do autor".[723] Com isso, pensava em se ressuscitar as velhas *mens legis* e *mens legislatoris*, como se fossem partículas espirituais que estivessem ao dispor do intérprete, bastando a ele a sua descoberta.

Nesse cenário, a linguagem aparece como uma informação que está lastreada no paradigma da subjetividade, da consciência. É necessário superar a postura objetivante no trato da linguagem:

> a linguagem não é simplesmente um objeto presente que está diante de nós, mas todo pensar já se movimenta no seio da linguagem, ou seja, se articula numa abertura, num espaço lingüisticamente mediado, no qual se abrem para nós perspectivas para a experiência do mundo e das coisas.[724]

O equívoco da forma objetivante de visualizar a situação está em esquecer que "o intérprete, ao interpretar, somente o faz ou pode fazê-lo a partir dos pré-juízos oriundos da tradição, na qual está jogado".[725] E, além disso, não poderá haver a concepção de que o sujeito domina o objeto, pois o intérprete deverá se dar conta de que apenas poderá apropriá-lo lingüisticamente. Vale dizer: "a compreensão deste 'objeto' somente pode ser feita mediante as condições proporcionadas pelo seu horizonte de sentido, ou seja, esse algo somente pode ser compreendido como linguagem, a qual ele já tem e nela está mergulhado".[726] Tais aspectos demonstram a incapacidade da perspectiva subsuntiva que a interpretação toma dentro do positivismo jurídico.

A teoria da subsunção parte da existência de universais, no caso a lei, que seria colocada na premissa maior, onde a premissa menor é o

---

[722] GRONDIN, Jean. *Introdução à hermenêutica filosófica*, p. 211.

[723] STRECK, Lenio Luiz. *Hermenêutica Jurídica e(m) Crise*: uma exploração hermenêutica da construção do Direito, p. 265.

[724] OLIVEIRA, Manfredo Araújo de. *Reviravolta Lingüístico-Pragmática na filosofia contemporânea*. 2. ed. São Paulo: Loyola, 2001, p. 205-6.

[725] STRECK, Lenio Luiz. *Op. cit.*, p. 264.

[726] Idem, ibidem. Manfredo Araújo de Oliveira refere: "Essa abertura não é obra da subjetividade, antes estamos nela inseridos: só onde existe linguagem o ente pode revelar-se como ente". *Reviravolta Lingüístico-Pragmática na filosofia contemporânea*, p. 206. Ernildo Stein também sublinha que "a filosofia hoje reconhece claramente que não há conhecimento de objetos no mundo sem que tenhamos uma relação significativa com o mundo ou com o mundo que nos envolve e nos carrega". STEIN, Ernildo. *Diferença e Metafísica*: ensaios sobre a desconstrução, p. 61.

fato, deduzindo-se, daí – com caráter meramente lógico – uma solução – com traços particulares.[727] A lei estaria capacitada para resolver qualquer situação apresentada pela vida. O sistema jurídico, ao adotar o modelo subsuntivo, acredita na ausência de lacunas. Dito de outro modo, "os conceitos jurídicos universais de grau mais elevado são compreendidos como algo previamente dado, existente em si". Com isso, "Direito e realidade, norma e recorte normatizado da realidade são justapostos 'em si' sem se relacionar, (...) não necessitam um do outro e só se encontram no caminho de uma subsunção da hipótese legal a uma premissa maior normativa".[728] A tarefa da hermenêutica, de cunho mecânico, era apenas reproduzir um sentido já previamente dado pelo texto da lei, independente do contexto.

Com isso, há uma clara sinalização para o esquecimento do ser do ente, produzindo um saber metodologicamente impedido de todo alcance ontológico e axiológico.[729] "Um tal saber não é de nenhuma ajuda quando se trata de dirigir a vida humana".[730] Toda essa construção do modelo tradicional da hermenêutica esqueceu as contribuições de Aristóteles lançadas a partir do saber prudencial – formado dentro das perspectivas teórica e prática. A neutralidade axiológica da postura tradicional não deixa muitas alternativas à ação humana, pois coloca-a na condição de "um fenômeno entre outros, cientificamente determinável e tecnicamente passível de construção ou, ao contrário, a de ser uma ilha de indeterminação e arbítrio".[731] Como visto, Kant tentou resgatar a concepção acerca da razão prática, mas sem conectá-la com a realidade da experiência. Entretanto, essa proposta também corre alguns riscos, que são inerentes ao mundo moderno,

> um mundo, no sentido rigoroso do termo, "imprudente", onde a proliferação dos meios, conseqüência do progresso científico, torna paradoxalmente cada vez mais difícil a previsão das conseqüências e, por conseguinte, incerta a realização adequada dos fins, mesmo os mais morais.[732]

Tais riscos inerentes à modernidade abrem o espaço necessário para a inserção dos princípios da lei natural e as exigências metodológicas da razoabilidade prática de John Finnis, não no sentido de limitar a proliferação dos meios, mas para tornar o seu desenvolvimento

---

[727] Ver, sobre esse tema, SCHAPP, Jan. *Problemas fundamentais da metodologia jurídica*. Traduzido por Ernildo Stein. Porto Alegre: Fabris, 1985, p. 13 e ss.

[728] MÜLLER, Friedrich. *Métodos de trabalho do direito constitucional*. Traduzido por Peter Naumann. 2. ed. São Paulo: Max Limonad, 2000, p. 41-2.

[729] A expressão "axiológico" aqui querendo indicar a questão relativa ao conteúdo, especialmente do Direito Natural, por meio dos bens humanos básicos e das exigências da razoabilidade prática. Tudo isso, com certeza, não cabe nesta forma de vislumbrar o Direito.

[730] AUBENQUE, Pierre. *A Prudência em Aristóteles*, p. 340-1.

[731] Idem, p. 341.

[732] Idem, p. 342.

baseado nestes princípios éticos, além das interfaces com a filosofia hermenêutica de Heidegger e a hermenêutica filosófica de Gadamer.

Um dos primeiros passos para tais alternativas é a diferença entre texto e norma, compreendendo esta última como algo "mais do que um enunciado de linguagem que está no papel, a sua 'aplicação' não pode esgotar-se somente na interpretação, na interpretação do texto". Dito de outro modo, a tarefa da hermenêutica é muito mais do que isso, pois "trata-se da concretização, referida ao caso, dos dados fornecidos pelo programa da norma, pelo âmbito da norma e pelas peculiaridades do conjunto de fatos".[733] É esse conjunto de aspectos, numa perspectiva de reciprocidade relacional, que a hermenêutica tradicional não consegue perceber e com a qual não sabe trabalhar.

A diferença entre texto e norma mostra justamente que lei e Direito não significam a mesma coisa. Muitas vezes é esquecida a seguinte situação:

> a lei deve valer pela realidade; a realidade, porém, é infinitamente multiforme e muda continuamente. A lei deve se concretizar constantemente na situação histórica que está à sua volta, somente no caso e mediante o caso advém compreensível que coisa a lei em substância entende.[734]

Kaufmann se refere justamente à diferença entre texto e norma, pois o texto é produzido para valer em determinada realidade. Entretanto, esta muda, e muda cada vez mais rápido. Portanto, a interpretação – ao produzir a norma – deverá levar isto em consideração, para avaliar a substância que o texto legal carrega consigo. Assim, Kaufmann considera uma ilusão pensar que o ato da aplicação do Direito seja circunscrito simplesmente a uma subsunção do caso jurídico à norma. Nesse instante, ele se aproxima de Heidegger e Gadamer, quando refere que "o ponto central da nova hermenêutica filosófica, é que ela tem consciência que um texto lingüístico deve ser compreendido sempre desde uma pré-compreensão ou de um pré-juízo".[735]

Aqui fica bem demarcada a questão da relação entre sujeito e objeto, pois o texto será compreendido com a participação daquilo que o intérprete já traz consigo e naquilo em que ele se encontra inserido desde sempre. E isto não dá para separar. Essa operação (se isto pode ser chamado assim) quer justamente destacar que as circunstâncias da vida sempre são inovadoras e desafiam a criatividade do jurista "em conseqüência disso a pessoa com o seu pré-juízo, persuasão, interesse, situação (individual ou coletivo) entra sempre e necessariamente no processo do compreender".[736]

---

[733] Ver, sobre isso, MÜLLER, Friedrich. *Métodos de trabalho do direito constitucional*, p. 42.

[734] KAUFMANN, Arthur. "Dal giusnaturalismo e dal positivismo giurido all'ermeneutica". In: *Rivista Internazionale di Filosofia Del Diritto*, n. 4, p. 712-22, out.-dez. 1973, p. 719.

[735] Idem, p. 720.

[736] KAUFMANN, Arthur. *Op. cit.*, p. 722.

É necessário sublinhar que isso não ocorre apenas com a compreensão, mas tal aproximação estará presente também na interpretação e na aplicação. Essa concepção que a hermenêutica propõe quer mostrar que "enquanto compreender, o intérprete e o texto estão incluídos no processo histórico da linguagem e da cultura em cujo marco eles interpretam algo de maneira determinada e, por conseguinte, ao mesmo tempo o ajuízam (*beurteilen*)".[737] A compreensão traz ao intérprete uma contribuição histórico-cultural, onde ele está inserido, e que condiciona a sua atividade.

É necessário, portanto, desvencilhar-se das amarras da filosofia da consciência, como se a subjetividade pudesse "dominar" o objeto. É necessário operacionalizar a passagem da filosofia da consciência para o paradigma da linguagem. Vale dizer os sinais lingüísticos, que serviam apenas como instrumentos de transporte de conceitos, adquirem um novo papel. Dito de outro modo, a linguagem deixa de ser uma terceira coisa, localizada entre o sujeito e objeto, para converter-se em condição de possibilidade para o acontecer hermenêutico.

Na proposta da hermenêutica sob a influência da filosofia, não há dependência de método ou procedimento, como defendia a hermenêutica tradicional. Isso porque ela não é normativa, mas trabalha com a atribuição de sentido; "é expressão do modo-de-ser-no-mundo, a partir da pré-compreensão do intérprete. Essa pré-compreensão é produto da relação intersubjetiva (sujeito-sujeito) que o intérprete tem no mundo".[738]

A hermenêutica de Heidegger aponta claramente para o caráter filosófico,[739] com a valorização das contribuições dos gregos, que

---

[737] BÖHLER, Dietrich. "Philosophische Hermeneutik und Hermeneutische Methode". In: FUHRMANN, Manfred e outros (org.). *Text und Applikation*: Theologie, Jurisprudenz und Literatur-Wissenschaft im Hermeneutischen Gespräch. München: Wilhelm Fink Verlag, 1981, p. 488. Segundo Böhler "com o desdobramento dessa igualdade de espécie supera-se para as ciências da cultura a perspectiva da cisão entre sujeito e objeto que, desde Descartes, seria a única segundo a qual se concebeu de modo geral a relação de uma ciência com seu objeto – e supera-se justamente com o argumento: o texto e o intérprete são sempre e necessariamente históricos. Por isso a produção de textos e sua interpretação podem ser concebidas nos mesmos conceitos. Ambas são processos de igual estrutura da descoberta de sentido do *Dasein* histórico dentro do marco de um 'mundo'" (Idem, p. 488-9).

[738] STRECK, Lenio Luiz. "Hermenêutica (jurídica): compreendemos porque interpretamos ou interpretamos porque compreendemos? Uma resposta a partir do Ontological Turn" p. 223-71. In: ROCHA, Leonel Severo; STRECK, Lenio Luiz (org.). *Anuário do Programa de Pós-Graduação em Direito-Mestrado e Doutorado 2003*, p. 237.

[739] É importante sublinhar que "tradicionalmente, o termo hermenêutica designava a doutrina ou a técnica da interpretação. A adoção desse conceito por parte de Heidegger generalizava e dramatizava a significação que possue a interpretação para a existência humana. O ser humano é um ente que, constantemente, deve 'interpretar-se' e explicar-se a seu mundo e a si mesmo. Não se encontra nesse mundo como observador neutro, senão que está implicado em todo acontecer de maneira atormentadora. (...) Para Heidegger, a hermenêutica entendida como filosofia não é outra coisa que a execução conseqüente do esclarecimento de si mesma de uma hermenêutica que toda existência pratica por princípio. (...) O decisivo é que se chega a discernir porque uma

sofreram uma releitura.[740] Com esta iniciativa, a hermenêutica sofre uma mudança de rota, pois deixa de ser metodológico-científica para ser ontológica, mostrando uma clara aproximação e interferência recíproca entre o ser e o tempo, podendo dizer-se que tempo é o nome do ser. É por isso que a principal obra de Heidegger – *Ser e Tempo* – aponta para a "radical temporalidade de todo o ser e para destruir a ilusão de qualquer apoio supratemporal".[741]

Vale observar que, originariamente, o termo hermenêutica estava relacionado à doutrina ou técnica de interpretação, ou o chamado "ofício de interpretar".[742] No entanto, com Heidegger, este conceito é generalizado para uma significação que abrange a existência humana. A partir deste momento, tomando-se como referência que o ser humano é um ente que constantemente deve interpretar-se, além de explicar o seu mundo a si mesmo, chega-se à conclusão de que o mesmo não é um observador neutro, excluído do acontecer. Pelo contrário, estará, necessariamente, implicado em todo acontecer.[743] Verificando-se a trajetória percorrida até o momento, já é possível fazer a seguinte associação: quando se fala na "existência humana", cabe ligar com os bens humanos básicos de John Finnis, que, como já visto, correspondem exatamente à vida do ser humano, isto é, o que ele faz e como se relaciona com os demais membros do grupo social. E essa vivência, corporificada pelos bens humanos básicos, fará parte do acontecer em que o homem está inserido, e onde ele não representa apenas um espectador passivo, mediante as exigências metodológicas da razoabilidade prática. Isso quer dizer, estas são os meios para colocar em prática aqueles.

---

filosofia hermenêutica, quer dizer uma filosofia que aponta à possibilidade do ser humano de entender-se a si mesmo (...)".GRONDIN, Jean. *Hans-Georg Gadamer*. Una biografia. Traduzido por Ângela Ackermann Pilári, Roberto Bernet e Eva Martín-Mora. Barcelona: Herder, 2000, p. 18 e 27.

[740] É o que refere Luiz Rohden: "O 'hermeneutic turn' protagonizado por Heidegger significou, de certo modo, uma volta à filosofia grega para sanar as limitações da razão moderna, pois, na retomada de Aristóteles e dos pré-socráticos, tentou fundamentar a ontologia e a metafísica a partir da relação entre ser e tempo". ROHDEN, Luiz. *Hermenêutica filosófica*: entre a linguagem da experiência e a experiência da linguagem. São Leopoldo: Unisinos, 2003, p. 74.

[741] GRONDIN, Jean. *Hans-Georg Gadamer*. Una biografia, p. 18.

[742] Vale observar que as raízes da palavra "hermenêutica" estão vinculadas ao verbo grego *hermeneuein*, geralmente traduzido como "interpretar", e no substantivo *hermeneia*, que quer dizer interpretação. Grondin refere a existência de três orientações para o verbo grego *hermeneuein*: "expressar (dizer, falar), expor (interpretar, explicar) e traduzir (ser intérprete)". Torna-se relevante sublinhar que a palavra hermenêutica está vinculada ao deus grego Hermes, e este era considerado um deus mediador. (GRONDIN, Jean. *Introdução à hermenêutica filosófica*, p. 52 e 55; PALMER, Richard E. *Hermenêutica*. Traduzido por Maria Luísa Ribeiro Ferreira. Lisboa: Edições 70, 1996, p. 23-41.) Isso talvez justificaria a caracterização de hermenêutica como uma atividade mediadora, onde entra o intérprete, a sua pré-compreensão e o texto, numa constante atividade de interlocução de atribuição de sentido à realidade.

[743] GRONDIN, Jean. *Hans-Georg Gadamer*. Uma biografia, p. 18.

A hermenêutica que surge para dar conta desse novo cenário é chamada de filosofia hermenêutica por Martin Heidegger e hermenêutica filosófica por Hans-Georg Gadamer. A filosofia hermenêutica em Heidegger surge como um espaço destinado à atribuição de sentido. "Qualquer dado que se possa levantar se dá neste espaço e, a partir daí, também, toda a determinação de significado será dada".[744]

É por isso que, quando Heidegger propõe a chamada ontologia fundamental, sublinha:

> Ontologia e fenomenologia não são duas disciplinas diferentes da filosofia ao lado de outras. (...) A filosofia é uma ontologia fenomenológica e universal que parte da hermenêutica do *Dasein*, o qual, enquanto analítica da existência, amarra o fio de todo questionamento filosófico no lugar de onde ele brota e para onde retorna.[745]

A filosofia hermenêutica centra a sua atenção sobre o *Dasein*, ente privilegiado que compreende o ser, preocupada em captar as possibilidades do seu caráter existencial.

Dentro desse contexto, é relevante observar que Heidegger propõe a ontologia como "hermenêutica da faticidade":

> volta-se com a própria fenomenologia para a hermenêutica da faticidade e dá origem a uma Filosofia Hermenêutica. Assim, Heidegger substitui a reflexão pela interpretação do sentido do ser do *Dasein*. Em lugar da questão da validade, é posta a pergunta pelo ser, pelo sentido do ser.[746]

Gadamer vai inaugurar a chamada hermenêutica filosófica, investigando um caminho inverso daquele percorrido por Heidegger, ou seja, a "ontologia da pré-estrutura do compreender" heideggeriano é substituída pela "historicidade do compreender". Segundo Ernildo Stein, a hermenêutica em Heidegger carrega um sentido meramente adjetivo, porque a faticidade é apresentada como um elemento constitutivo do *Dasein*, "em que ele já sempre se compreende e compreende o ser, fazendo parte da ontologia fundamental". Na verdade, em Heidegger a fenomenologia é que é hermenêutica, sem autonomia como uma área de conhecimento. "Ela especifica um procedimento – a fenomenologia – que se dirige a uma estrutura ontológica que deve ser mostrada".[747] O tratamento hermenêutico é dado por intermédio da fenomenologia, que vislumbra na ontologia a projeção do *Dasein*.

Como Gadamer faz a inversão, a hermenêutica passa a ser substantiva, com autonomia de área de conhecimento, posto "constituída pela experiência hermenêutica do sentido", pois a linguagem é eleita "como horizonte e faz da faticidade o elemento gerador da historicidade do sentido".[748] Vale dizer, Gadamer com essa escolha, não tem mais

---

[744] STEIN, Ernildo. *Diferença e Metafísica*: ensaios sobre a desconstrução, p. 60.

[745] HEIDEGGER, Martin. *Ser e Tempo*. 12. ed. Parte I, § 7, p. 69.

[746] STEIN, Ernildo. *Nas proximidades da antropologia*: ensaios e conferências filosóficas, p. 67.

[747] Idem. "Da Fenomenologia Hermenêutica à Hermenêutica Filosófica". In: *Veritas*, Porto Alegre, v. 47, n. 1, p. 21-34, mar. 2002, p. 29-30.

[748] Idem, p. 30 e 32.

a ontologia fundamental como uma finalidade. Mas no fundo, tudo indica que Gadamer buscou inspiração em Heidegger I (analítica existencial) e em Heidegger II (na história do ser).[749]

5.2. A DIFERENÇA ONTOLÓGICA COMO CONDIÇÃO DE POSSIBILIDADE PARA O "ACONTECER" DA HERMENÊUTICA DE VIÉS FILOSÓFICO

A proposta da filosofia hermenêutica de Heidegger está voltada à "existência, sendo a verdade a verdade do enunciado. (...) Verdade ôntica e ontológica sempre se referem, de maneira diferente, ao ente em seu ser e ao ser do ente".[750] Essa diferença ontológica é uma das marcas características da proposta heideggeriana. Dito de outro modo, a diferença ontológica representa a 'verdade ôntica", quando se refere ao ente no seu ser e à "verdade ontológica", quando a ligação é com o ser do ente.

Logo nas primeiras páginas de *Ser e Tempo*, Heidegger já deixa expressa a sua preocupação com o ser e a diferença ontológica:

> O "ser" é o conceito evidente por si mesmo. Em todo conhecimento, proposição ou comportamento com o ente e em todo relacionamento consigo mesmo, faz-se uso do "ser" e, nesse uso, compreende-se a palavra "sem mais". Todo mundo compreende: "o céu *é* azul", "eu *sou* feliz", etc. Mas essa compreensão comum demonstra apenas a incompreensão. Revela que um enigma já está sempre inserido *a priori* em todo ater-se e ser para o ente, como ente. Esse fato de vivermos sempre numa compreensão do ser e o sentido do ser estar, ao mesmo tempo, envolto em obscuridades demonstra a necessidade de princípio de se repetir a questão sobre o sentido do "ser".[751]

Quando Heidegger anuncia a existência de um "enigma", provavelmente está se referindo à diferença ontológica. Vale dizer, a compreensão do ser e da sua diferença em relação ao ente parecem algo tão evidente, mas uma lição não esclarecida. Por tal motivo, o autor insiste em retornar a ela e refere expressamente: "o ser dos entes não 'é' em si mesmo um outro ente".[752] Aqui está a chave principal da diferença ontológica, pois "ser" e "ente" não são a mesma coisa e como tal devem ser tratados.

Para deixar bem marcada essa situação, Heidegger, inclusive, se assim podemos chamar, ensina o caminho ou a postura para que o ente se dê conta da diferença em relação ao seu próprio ser:

> Ora, visualizar, compreender, escolher, aceder a são atitudes constitutivas do questionamento e, ao mesmo tempo, modos de ser de um determinado ente, *daquele* ente que nós mesmos, os

---
[749] STEIN, Ernildo. *Op. cit.*, p. 33.
[750] STRECK, Lenio Luiz. *Hermenêutica Jurídica e(m) Crise*: uma exploração hermenêutica da construção do Direito, p. 196-7.
[751] HEIDEGGER, Martin. *Ser e Tempo*. 12. ed. Parte I, p. 29-30.
[752] Idem, p. 32.

que questionam, sempre somos. Elaborar a questão do ser significa, portanto, tornar transparente um ente – o que questiona – em seu ser. Como modo de *ser* de um ente, o questionamento dessa questão se acha essencialmente determinado pelo que nela se questiona – pelo ser.[753]

A própria questão do esquecimento do ser está imbricada nessa questão levantada por Heidegger, pois na medida em que o ser se esconde (ou que dele nos esquecemos), o próprio ente precisa dar-se conta da sua existência[754] e distingui-la de si. Ernildo Stein apresenta isso como algo incontornável, ou seja, "o fato de que, em toda parte, já no ente, é pensado e dito o ser".[755] Heidegger alerta para o fato de que o ente como ente é inacessível e isto é incontornável. Cabe ao pensamento, portanto, esta grande tarefa de mostrar tal situação. Por outro lado, a ciência precisa aceitar a limitação do "incontornável como o inacessível" que representa a diferença ontológica. "Aprender a guardar (proteger) essa diferença é o que preserva a ciência da total objetificação, o que somente resulta da destruição, desconstrução e superação da metafísica, que entificou o ser e assim encobriu a diferença, sobretudo na modernidade".[756] O desvelamento do ser significa dar o substrato para a diferença ontológica, explicitando que o ser é sempre o ser de um ente.

A objetificação do ser decorre justamente do seu esquecimento, pois no ente sempre é dito e pensado o ser. E é por isso que Heidegger vai interpretar o ser a partir da temporalidade, ou seja, "o tempo se revela como o horizonte do ser. (...) O que o ser significa terá de ser determinado a partir do horizonte do tempo. A estrutura da temporalidade aparece assim como a determinação ontológica da subjetividade. (...) O próprio ser é tempo".[757] A diferença ontológica precisa ser projetada no horizonte do tempo, pois é aí que ela se torna possível. Essa clareira do ser onde a diferença poderá ser pensada e projetada se dá através do ente privilegiado que compreende o ser, ou seja, o *Dasein*.

---

[753] HEIDEGGER, Martin. Op. cit., p. 33.

[754] Lorenzo Carnelli chama a atenção sobre a diferença entre "conduta" e "existência": "a existência enquanto existência, difere essencialmente da conduta. Como o ser do ser-no-Mundo, *Dasein*, a existência informante da conduta é também um plano exclusivo (se pode falar-se aqui de planos), anterior ao Mundo em que se elabora a conduta humana: toda conduta e, portanto, a conduta do Direito, conduta intersubjetiva. No entanto, a conduta e a existência originária se complementam reciprocamente: vivem unidas como 'as duas caras de uma moeda'. Não há vida humana sem conduta, como não há conduta sem vida vivente; sem existência, que é, como dizemos, sendo. (...) A existência é condição necessária do conhecer. Esta auto-compreensão se cumpre existencialmente. É também um modo característico do *Dasein*. Consiste numa relação deste último com seu próprio ser, fundamento da relação com os outros seres. E, assim, porque me compreendo, posso compreender os demais". CARNELLI, Lorenzo. *Tempo y Derecho*, p. 36 e 69.

[755] STEIN, Ernildo. *Diferença e Metafísica*: ensaios sobre a desconstrução, p. 92.

[756] Idem, p. 96-7.

[757] GADAMER, Hans-Georg. *Verdade e método*: traços fundamentais de uma hermenêutica filosófica, p. 389.

Embora não se saiba expressamente, a diferença entre o ser e o ente está no *Dasein* e em sua existência. Nesse contexto, "existência significa, de certa maneira, 'ser na efetivação dessa diferença'". Como essa diferença faz parte da existência, permitindo a distinção entre ser e ente, é que

> o ser se torna tema de um compreender (*Logos*). (...) A efetuação expressa e a formação da diferença (*Unterschied*) ontológica tampouco são, por conseguinte, na medida em que se fundam na existência do *Dasein*, algo arbitrário e acidental, e sim um comportamento fundamental do *Dasein* no qual se constitui a ontologia.[758]

A estruturação da diferença ontológica integra a própria composição do *Dasein*, na qual sempre já se encontra inserido, como um modo peculiar de manifestação do seu ser e da contextualização do seu sentido. E tal sentido apenas é possível porque no *Dasein* se manifesta o *Logos* (a palavra), e ele será responsável pela compreensão da diferença que se instala entre o ser e o seu ente. É desse aspecto que fala Ernildo Stein, quando enfatiza: "o homem é o hermeneuta, o mensageiro do ser, mas somente comunica sua mensagem enquanto o ser lhe comunicou. O homem manifesta a diferença ontológica, mas, somente o pode à medida que a diferença radica na sua faticidade".[759] A diferença entre ser e ente surge no próprio viver de fato de cada dia do *ser-aí*. É nessa atitude fática que movimenta a diferença ontológica e abre o horizonte temporal para a sua interrogação e compreensão.

A diferença ontológica é inspirada, quem sabe motivada, pela própria manifestação do ser – ao velar-se e desvelar-se. Isso acaba gerando uma "relação hermenêutica entre homem e ser", configurando "um círculo hermenêutico ontológico. A dimensão formal do círculo hermenêutico tem seu sentido nessa relação hermenêutica instalada na circularidade fática do ser-aí".[760]

Hans-Georg Gadamer inspira-se na filosofia hermenêutica de Heidegger, especialmente na história do ser, a qual este levou para além dos limites metodológicos vigentes sobre "a compreensão como método específico das ciências do espírito, [tematizando] a compreensão como um constitutivo fundamental do ser histórico".[761] Tal perspectiva, Gadamer deixa claro na seguinte passagem: "minha intenção verdadeira, porém, foi e é uma intenção filosófica: O que está em questão não é o que nós fazemos, o que nós deveríamos fazer, mas o que, ultrapassando nosso querer e fazer, nos sobrevém, ou nos

---

[758] HEIDEGGER, Martin. *Die Grundprobleme der Phänomenologie*. Frankfurt am Main: Vittorio Klostermann, 1975, Band 24, p. 454-5.

[759] STEIN, Ernildo. *Compreensão e Finitude*: Estrutura e movimento da interrogação heideggeriana. Ijuí: UNIJUÍ, 2001, p. 278.

[760] Idem, p. 279.

[761] OLIVEIRA, Manfredo Araújo de. *Reviravolta Lingüístico-Pragmática na filosofia contemporânea*, p. 225.

acontece".[762] Fica evidente que o homem está lançado num acontecer histórico, antecipando-lhe a própria concepção do seu ser no seu agir.

Outra fonte de inspiração gadameriana está alicerçada na analítica temporal da existência do *Dasein* desenvolvida por Heidegger, pois "a compreensão não é um modo de ser, entre outros modos de comportamento do sujeito, mas o modo de ser do *Dasein*". Dentro desse contexto, Gadamer reconhece: "o conceito 'hermenêutica' foi empregado, aqui, nesse sentido. Ele designa a mobilidade fundamental do *Dasein*, a qual perfaz sua finitude e historicidade, e a partir daí abrange o todo de sua experiência de mundo".[763] O *Dasein* como o ente privilegiado que compreende o ser é trabalhado por Gadamer dentro de uma perspectiva histórica – onde a pré-compreensão dirige a compreensão do ser – projetada numa finitude própria do gênero homem. Portanto, convém destacar: "não é finito por não ser ao mesmo tempo todas as demais línguas, mas porque é linguagem".[764]

A proximidade de Heidegger e Gadamer surge num desses momentos, pois aquele observa: "somos, antes de tudo, na linguagem e pela linguagem. Não é necessário um caminho para a linguagem. Um caminho para a linguagem é até mesmo impossível, uma vez que já estamos no lugar para o qual o caminho deveria nos conduzir". E complementando essa afirmação, Heidegger arremata: "A linguagem foi chamada de a 'casa do ser'. Ela abriga o que é vigente à medida que o brilho do seu aparecer se mantém confiado ao mostrar apropriante do dizer".[765] A linguagem acaba sendo a responsável pela compreensão da diferença ontológica, na medida em que o ser e o ente se distinguem e se aproximam ao mesmo tempo no horizonte da temporalidade.

Gadamer reforça a importância da linguagem, ao sublinhar: "o ser que pode ser compreendido é linguagem".[766] Vale dizer, a linguagem[767] insere-se como horizonte, fazendo da faticidade "o elemento gerador da historicidade do sentido". Com isso, Gadamer pretende uma hermenêutica filosófica onde está ausente a pretensão

> que a Filosofia como ontologia (hermenêutica da faticidade) fundamental (analítica existencial) apresenta como finalidade. Ela pretende apenas delimitar uma verdade de caráter muito

---

[762] GADAMER, Hans-Georg. *Verdade e método*: traços fundamentais de uma hermenêutica filosófica, p. 14 (Prefácio à 2ª edição).

[763] Idem, p. 16.

[764] Idem, p. 663.

[765] HEIDEGGER, Martin. *A Caminho da Linguagem*. Traduzido por Márcia Sá Cavalcante Schuback. Petrópolis: Vozes, 2003, p. 191-2 e 215.

[766] GADAMER, Hans-Georg. *Op. cit.*, p. 687.

[767] Segundo Ernildo Stein, "é o tratamento filosófico da linguagem que está em questão quando falarmos das questões da hermenêutica, ou da hermenêutica filosófica. Trata-se de falar do mundo e de nos darmos conta de que não podemos falar do mundo a não ser falando da linguagem". (STEIN, Ernildo. *Aproximações sobre hermenêutica*. Porto Alegre: EDIPUCRS, 1996, p. 14).

particular na Arte, na História e na Linguagem e que corresponde ao campo da experiência hermenêutica do sentido.[768]

A relação do homem com o mundo, e o cuidado que aquele tem com este, viabiliza-se por intermédio do diálogo. Assim, parece correto dizer que "a nova hermenêutica se apresenta como um diálogo entre o mundo do intérprete e o que esconde o texto". Com a projeção filosófica a que a hermenêutica jurídica é submetida, inevitavelmente aproxima o Direito da experiência do real, não sendo mais admitido trabalhar a compreensão e a interpretação dissociadas da aplicação, como se cada uma delas pudesse ser uma fatia independente.[769] Pelo contrário, com Heidegger, ao trabalhar a hermenêutica como fenomenologia, tratou de aproximar a experiência da interpretação dos fatos, tal como eles se apresentam, ou seja, com o mundo real da vida, dos fatos. Gadamer, da mesma forma ao combater a forma tradicional da hermenêutica de conceber a sua atuação fatiada e descolada da aplicação, enveredou por um caminho semelhante.

Na medida da valorização do compreender-interpretar-aplicar, Gadamer deixa muito clara a importância do diálogo como o ponto central da proposta hermenêutica. Dito de outra maneira, o diálogo expressa o verdadeiro compreender a partir do momento em que escutamos o outro, demonstrando claramente a preocupação com a alteridade. Por isso, a incapacidade do método para trabalhar com essa realidade: "os métodos são sempre bons como instrumentos. Só que devemos saber onde utilizá-los com aproveitamento! A esterilidade metodológica é um fenômeno universalmente conhecido".[770]

Para o desenvolvimento dessa proposta hermenêutica, será fundamental "o conceito aristotélico da prudência (*phrónesis*) [que] serve para pôr em dúvida o ideal de evidência que governa os resultados de um ego transcendental separado do mundo cotidiano".[771] A prudência pretende destacar que o agir humano é organizado por "regras" oriundas da prática, da ação, isto é, da aplicação do conhecimento humano aos fatos da vida. Resultando daí, do mesmo modo, uma crítica à postura apresentada por Kant, que pretende justamente formular regras, sem espelhar-se na inspiração fornecida pela experiência da vida.

A valorização da filosofia prática servirá para criticar a filosofia da consciência e a severidade metodológica das ciências modernas, espe-

---

[768] STEIN, Ernildo. *Nas proximidades da antropologia*: ensaios e conferências filosóficas, p. 68-9.

[769] Sobre isso consultar: HERNÁNDEZ-LARGO, Antonio Osuna. *Hermenéutica Jurídica*: En torno a la Hermenéutica de Hans-Georg Gadamer. Valladolid: Secretariado de Publicaciones, 1992, p. 117.

[770] DUTT, Carsten. *Em conversación com Hans-Georg Gadamer*: Hermenêutica, Estética, Filosofia Práctica, p. 31.

[771] HEIDEGGER, Martin. *Interpretaciones fenomenológicas sobre Aristóteles*: Indicación de la situación hermenéutica, p. 17. (prólogo do tradutor).

cialmente a "asséptica ordem matemática que a consciência cartesiano-husserliana impõe à realidade".[772] A incorporação do viver fático e do horizonte da historicidade, mediados pela linguagem, são campo fértil à prudência, para mostrar que o resultado da interpretação sempre ocorre na construção do círculo hermenêutico, onde a compreensão já vem antecipada pela pré-compreensão. Deve-se ter clareza de que a pretensão de Heidegger não foi ética, mas estritamente ontológica. Apesar disso, considera-se válida a questão ética, especialmente a partir do momento em que o viver fático é mostrado como o conjunto dos bens humanos básicos e às exigências metodológicas da razoabilidade prática. Isso ocorre, pois entende que "a filosofia trata o problema do ser da vida fática".[773] Assim, tudo indica que o seu foco não é a individualidade, mas sim o modo de ser da vida humana em geral. Entretanto, a preocupação ética também não está centrada exclusivamente na perspectiva individual, senão que trabalha com apontamentos que interessam à coletividade humana. Com isso, a verdadeira forma de enfrentar as limitações e resistências do paradigma da filosofia da consciência está na (re)valorização da prudência, como um saber prático mediante a sua conjugação com as contribuições de John Finnis.

5.3. A HERMENÊUTICA DE MARTIN HEIDEGGER COMO UM MEIO DE ACESSAR O VIVER FÁTICO DO ENTE HOMEM

Heidegger, ao desenvolver a chamada hermenêutica da faticidade, pensa em privilegiar "a existência humana como um ente caracterizado pela preocupação por seu próprio ser, por seu próprio e limitado futuro e, com isso, por sua ineludível mortalidade".[774] A tarefa da hermenêutica, enquanto vinculada à fenomenologia, estará voltada às relações cotidianas do ente homem, jogado no seu existir, mostrando claramente a sua relação com a finitude do seu tempo. Desta forma, ao apresentar a hermenêutica enquanto interpretação que a faticidade faz de si mesma, Heidegger refere o seu significado originário: "determinada unidade na realização do comunicar, isto é, do interpretar que leva ao encontro, visão, manuseio e conceito da faticidade".[775] A faticidade nesse contexto é o "existir em sua ocasionalidade".[776] Não existe entre a hermenêutica e a faticidade a relação de um objeto e o objeto apreendido; pelo contrário, a aproximação que se estabelece

---
[772] HEIDEGGER, Martin. *Op. cit.*, p. 18.
[773] Referência do próprio HEIDEGGER, Martin. *Op. cit.*, p. 46.
[774] GRONDIN, Jean. *Hans-Georg Gadamer*. Uma biografia, p. 18.
[775] HEIDEGGER, Martin. *Ontología*: Hermenéutica de la Facticidad, p. 32-3.
[776] Idem, p. 49.

entre ambos é que a hermenêutica pode ser considerada um meio para revelar e acessar o viver fático do ente homem.

Poder-se-ia dizer, então, que o viver fático referido está em consonância com os bens humanos básicos apresentados por John Finnis, isto é, eles são o próprio viver fático, enquanto as exigências metodológicas da razoabilidade podem ser equiparadas ao meio, hermeneuticamente mediado, para acessar o próprio viver fático na sua existência mortal. O conjunto, por sua vez, representa a justificativa ética para a produção e a ingerência dos resultados da hermenêutica na existência humana.

O *hermeneutic turn* protagonizado por Heidegger, pretendeu justamente mostrar o caráter histórico e finito do ente homem, que também serviu, igualmente, mais tarde, para que Gadamer fundamentasse a sua hermenêutica filosófica. O interessante é que a hermenêutica da faticidade quis alertar para o caráter mortal do homem, que não é absoluto e que, por isso, precisa compreender a si mesmo dentro deste contexto. É por isso que a hermenêutica da faticidade "trata de um outro compreender, daquilo que a vida mesma oferece e é para ser compreendido. Trata-se de uma outra lógica, não-apodíctica,[777] mas dá verossimilhança, da existência, do finito, do histórico tecido com o metafísico(...)".[778] Essa proposta pretende trabalhar com o possível e o realizável pelos humanos, que, no fundo, é a concretização da vida, ou seja, dos chamados bens humanos básicos. Portanto, Heidegger com a sua virada ontológica, pretendeu mostrar algo muito simples, mas que, por ser simples e talvez até óbvio, era velado, ou propositalmente esquecido. De fato, o *hermeneutic turn* – que foi o tema explicitado pela hermenêutica da faticidade – "consiste no fato de cada *Dasein* compreender-se a partir do seu mundo circundante (*Umwelt*) e sua vida diária, e articular-se na forma lingüística na qual se move".[779]

É por tudo isto que o projeto hermenêutico de Heidegger está atento a essa contigência do acontecer humano, que corresponde ao ser vivo cotidiano, de modo que a própria existência é hermenêutica. Tal conclusão vincula-se, como mencionado, à idéia de que a faticidade representa o "caráter de ser de nosso existir próprio".[780] Para dar conta deste desafio, Heidegger adverte que:

---

[777] No capítulo referente a Kant, verificou-se que ele emprega o método apodítico exatamente em relação ao 'imperativo categórico', que declara uma ação objetivamente necessária nela mesma. Vale dizer, expressa um juízo necessariamente verdadeiro. É importante verificar que aqui Heidegger se afasta de Kant, pois aquele está trabalhando na hermenêutica da faticidade justamente para trazer à realidade a vida e a sua existência, que não cabem sempre exatamente dentro dos ditames do imperativo categórico, e não podem ser sempre considerados necessariamente verdadeiros, pois operam com o ocasionalidade humana.

[778] ROHDEN, Luiz. *Hermenêutica filosófica*: entre a linguagem da experiência e a experiência da linguagem, p. 71.

[779] Idem, p. 72.

[780] HEIDEGGER, Martin. *Ontología*: Hermenéutica de la Facticidad, p. 25.

A hermenêutica tem a tarefa de fazer o existir próprio de cada momento acessível em seu caráter de ser ao existir mesmo, de comunicá-lo, de tratar de esclarecer essa alienação de si mesmo de que está afetado o existir. Na hermenêutica se configura para o existir uma possibilidade de chegar a entender-se e de ser esse entender.[781]

O que fica destacado nessa pretensão heideggeriana que a existência precisa ficar vigilante à própria existência, para não se esquecer do seu exercício constante na vida fática. Dito de outro modo, "a essência do *Dasein* está em sua existência".[782] Com essa passagem, Heidegger quer sublinhar alguns aspectos: as características que poderão ser extraídas deste ente não simplesmente dadas por outro ente que possui determinada configuração. Isso quer dizer, que aqui está sendo rechaçado o necessário e o absoluto, pois "as características constitutivas do *Dasein* são sempre modos possíveis de ser e somente isso".[783] O *Dasein* representa o comportamento do ser e isso nunca é igual. A par disso, é correto dizer: o exercício (a prática) dos bens humanos básicos, mediante as exigências da razoabilidade prática, variam de ser humano para ser humano. Portanto, não há como existir um *Dasein* padrão, que possa servir de modelo,[784] por mais exemplar que seja a sua conduta.

O sentido formal da constituição existencial do *Dasein* é assim descrito por Heidegger: "O *Dasein* se determina como ente sempre a partir de uma possibilidade que ele é e, de algum modo, isso também significa que ele se compreende em seu ser".[785] O próprio *Dasein* compreende o seu ser, de tal modo que já projeta as suas possibilidades de existência concreta, e essas são exclusivas, porque são dele. A análise não poderá dar-se pelas diferenças de um modo peculiar de ser, comparativamente. Pelo contrário, a indiferença é a marca principal:

> esta indiferença da cotidianidade do *Dasein* não é um *nada negativo* mas um caráter fenomenal positivo deste ente. É a partir deste modo de ser e com vistas a este modo de ser que todo e qualquer existir é assim como é. Denominamos esta indiferença cotidiana do *Dasein* de *medianidade*.[786]

Tudo leva a crer que esta "cotidianidade mediana" seja a própria especificação da faticidade. No fundo, é um repetir diário – cotidiano – de certos comportamentos, determinadas formas de existir, as quais como não são absolutas e iguais em todos os entes, acabam sendo percebidas pelo aspecto mediano, ou seja, em alguns os comportamen-

---

[781] HEIDEGGER, Martin. Op. cit., p. 33.

[782] Idem. *Ser e Tempo*. 12. ed. Parte I, p. 77.

[783] Idem. 12. ed. Parte I, p. 78.

[784] Heidegger constata isso: "o *Dasein* nunca poderá ser apreendido ontologicamente como caso ou exemplar de um gênero de entes simplesmente dados. O *Dasein* se constitui pelo caráter de ser meu, segundo este ou aquele modo de ser. De alguma maneira sempre já se decidiu de que modo o *Dasein* é sempre meu. O ente, em cujo ser, isto é, sendo, está em jogo o próprio ser, relaciona-se e comporta-se com o seu ser, como a sua possibilidade mais própria. O *Dasein* é sempre a sua possibilidade". Idem, ibidem.

[785] Idem, p. 79.

[786] Idem, ibidem.

tos se aproximam e em outros eles se afastam. O modo de ser de cada *Dasein* se projeta em seu existir com características peculiares, embora algumas possam estar repetidas. E é isso que John Finnis quer destacar com a sua proposta de lei natural: não se trata de algo absoluto, imposto, igual para todos, oriundo de uma autoridade com poder coercitivo. Pelo contrário, constitui-se de um conjunto de princípios que servem para nortear e viabilizar a atribuição de sentido ao viver fático do ente homem, legados pela sua própria tradição.

É isso que Heidegger enfatiza ao conceituar "faticidade":

> o caráter fatual do fato do *Dasein* em que, como tal, cada *Dasein* sempre é. (...) O conceito de faticidade abriga em si um ser-no-mundo de um ente "intramundano", de maneira que este ente possa ser compreendido como algo que, em seu "destino", está ligado ao ser daquele ente que lhe vem ao encontro dentro de seu próprio mundo.[787]

Como não existe ser sem ente, cada ser vai de encontro ao seu *Dasein* e com ele realiza o viver fático em cada uma de suas circunstâncias, nas quais ambos estão imersos. O ser de cada *Dasein* corresponde ao fato singular que, unido aos demais acontecimentos que se projetam sobre ambos, formam a faticidade que caracteriza a movimentação do mundo. A faticidade se apresenta com o "caráter ontológico do *Dasein* assumido na existência, embora, desde o início, reprimido".[788] Com a hermenêutica, surge a possibilidade do homem acessar e compreender a sua própria existência. Assim, a hermenêutica é uma espécie de caminho que acessa esse entendimento do viver fático de cada momento. Quando se diz que o caráter ontológico aparece reprimido no *Dasein* significa apontar para o próprio esquecimento do ser. Com isso, e Heidegger alerta, pensa-se o ente, mas o ser fica esquecido, talvez "reprimido". Assim, o filósofo de Messkirch[789] sempre chamou a atenção de que na verdade se pensava o ser através do ente, e o ser efetivamente era esquecido. Pensava-se no ente, como se ele fosse o ser, e Heidegger buscou separar tais aspectos apontando a diferença ontológica.

É por isso que a hermenêutica não poderá partir de uma representação objetiva do mundo, como se fosse mera abstração ou uma construção artificial. O mundo pode ser projetado, como visto em Kant, pelo chamado "jogo da vida", que nada mais é do que o viver fático de cada ente. Com isso, para dar conta do "jogo da vida" é necessária a presença da hermenêutica, que o tornará possível. Haja vista que

> a hermenêutica entendida como filosofia não é outra coisa que a execução conseqüente do esclarecimento de si mesma de uma hermenêutica que toda existência pratica por princípio; porém, desde um ponto de vista crítico, isto significa expulsar a existência de suas tranqüilizadoras concepções de si mesma.[790]

---

[787] HEIDEGGER, Martin. *Ser e Tempo*. 12. ed. Parte I, p. 94.
[788] Idem, p. 189.
[789] Localidade onde nasceu Martin Heidegger em 26 de setembro de 1889.
[790] GRONDIN, Jean. *Hans-Georg Gadamer*. Una biografia, p. 19.

Assim, a filosofia hermenêutica de Heidegger não parte do pressuposto de que existe um objeto inanimado e acabado que é colocado diante do intérprete, esperando pela sua iniciativa interpretativa. A concepção origina-se de outro ângulo, ou seja, parte justamente de fatos produzidos pelo próprio homem que buscam ser compreendidos e interpretados como fatos peculiares, inseridos na sua vivência cotidiana. Assim, não se trata de fatos estáticos, mas essencialmente dinâmicos. Desta feita, a hermenêutica não poderá ser um simples método, pois caso seja esta a visão, estará incapacitada para dar conta das diversas possibilidades projetadas pela vida do ente homem.[791]

Com esse quadro, resta evidenciado que em *Ser e Tempo* Heidegger faz uso da hermenêutica não naquela perspectiva de regras de interpretação e nem faz qualquer menção à própria interpretação. "Refere-se à tentativa de se determinar a essência da interpretação a partir do hermenêutico".[792] O hermenêutico referido por Heidegger está circunscrito ao próprio existir do *Dasein* nas circunstâncias que envolvem a sua faticidade. Ernildo Stein refere que esse hermenêutico corresponde ao "elemento ontológico da compreensão, enquanto ela radica na própria existencialidade da existência. O ser-aí e, em si mesmo, hermenêutico, enquanto nele reside uma pré-compreensão, fundamento de toda posterior hermenêutica".[793] A interpretação se funda existencialmente na compreensão, sendo que nesta o *Dasein* projeta o seu ser para possibilidades. Tomando-se estes aspectos como referência, Heidegger dirá que "interpretar não é tomar conhecimento de que se compreendeu, mas elaborar as possibilidades projetadas na compreensão".[794] A compreensão projeta várias possibilidades, a partir das múltiplas interfaces geradas pelo *Dasein*, as quais serão elaboradas pela interpretação. Aí se encontra a dificuldade da única interpretação, ou da única resposta correta frente a determinado caso concreto.[795] Essas possibilidades projetadas pela compreensão têm origem no mundo circundante:

> De início e na maior parte das vezes, o "Dasein" se compreende a partir do que vem ao encontro no mundo circundante e daquilo de que se ocupa numa circunvisão. (...) A compreensão significa o projetar-se em cada possibilidade de ser-no-mundo, isto é, existir como essa possibilidade.[796]

---

[791] É por isso que Heidegger ensina: "a vida fática se move em todo momento num determinado estado de interpretação herdado, revisado ou elaborado de novo". (HEIDEGGER, Martin. *Interpretaciones fenomenológicas sobre Aristóteles*, p. 37).

[792] Idem. "De uma conversa sobre a linguagem entre um japonês e um pensador". Traduzido por Emmanuel Carneiro Leão. In: *A Caminho da Linguagem*. Petrópolis: Vozes, 2003, p. 80.

[793] STEIN, Ernildo. *Compreensão e Finitude*: Estrutura e movimento da interrogação heideggeriana, p. 187-8.

[794] HEIDEGGER, Martin. *Ser e Tempo*. 12. ed. Parte I, § 32, p. 204.

[795] Como já visto, Dworkin também enfrenta algumas dificuldades para a construção da "única resposta correta", pois, para tanto, necessita de um juiz com as características de Hércules. Portanto, parece que é uma tarefa humanamente impossível, dadas as variadas das possibilidades geradas pelo viver fático do *Dasein*.

[796] HEIDEGGER, Martin. *Op. cit.* 10. ed. Parte II, § 75, p. 193.

É o conjunto das situações que envolvem o homem que condicionam as possibilidades geradas na compreensão, apontando para a peculiar relação existente entre esta e a interpretação. O existir do *Dasein* já fornece os subsídios (a partir daquilo que estudaremos a seguir) para a composição da pré-estrutura da compreensão, representando o aspecto posterior do resultado hermenêutico. Em *Ser e Tempo*, a hermenêutica recebe quatro sentidos:[797] 1) que pode ser chamado de sentido originário, que aquele onde a fenomenologia do *Dasein* é hermenêutica como o "ofício de interpretar"; 2) na medida em que avança a investigação ontológica, a hermenêutica do *Dasein* torna-se "no sentido de elaboração das condições de possibilidade de toda investigação ontológica". Aqui a fenomenologia do *Dasein* é a própria hermenêutica; 3) como o *Dasein* apresenta uma relação ontológica que se destaca de qualquer outro ente, surge o sentido primário do ponto de vista filosófico, ou seja, "o sentido de uma analítica da existencialidade da existência"; 4) a hermenêutica também está vinculada com a historicidade do *Dasein*, abrindo possibilidade para que se possa falar numa espécie de história fatual (da faticidade). Assim sendo, "radica na hermenêutica do *Dasein*, a metodologia das ciências históricas do espírito só pode receber a denominação de hermenêutica em sentido derivado". O que se evidencia nesses quatro sentidos é que Heidegger experimente uma mudança na concepção da fenomenologia, enquanto hermenêutica. Segundo Ernildo Stein, isto caracterizaria a mudança ou a viravolta ou, ainda, o segundo Heidegger, onde "o ser toma preponderância". Para tanto, a fenomenologia hermenêutica parece que fica oculta nas discussões sobre "as relações entre ser e homem. (...) A dimensão hermenêutica do homem é um dom do ser".[798] Apesar das mudanças, a hermenêutica continua sendo uma dimensão importante, e Heidegger, ao explicar a mudança, afirma:

> deixei uma posição anterior, não por trocá-la por outra, mas porque a posição de antes era apenas um passo numa caminhada. No pensamento, o que permanece é o caminho. E os caminhos do pensamento guardam consigo o mistério de podermos caminhá-los para frente e para trás, trazem até o mistério de o caminho para trás nos levar para frente.[799]

A hermenêutica somente é possível mediante a associação da comunicação com o pensamento, que nos faz ir para frente e para trás. É nessa perspectiva existencial do ente homem, ontologicamente organizado, que se faz possível atribuir sentido àquilo que está no mundo ao seu redor. Para tanto, é necessário sublinhar que "a linguagem é,

---

[797] Nessa procura serviu a luz emprestada por STEIN, Ernildo. *Compreensão e Finitude*: Estrutura e movimento da interrogação heideggeriana, p. 188. Os quatro sentidos estão explicitados em HEIDEGGER, Martin. *Op. cit.* 12. ed. Parte I, p. 68-9.

[798] STEIN, Ernildo. *Compreensão e Finitude*: Estrutura e movimento da interrogação heideggeriana, p. 188-9 e 192-3.

[799] HEIDEGGER, Martin. "De uma conversa sobre a linguagem entre um japonês e um pensador". Traduzido por Emmanuel Carneiro Leão. In: *A Caminho da Linguagem*, p. 80-1.

portanto, o que prevalece e carrega a referência do homem com a duplicidade entre ser e ente. A linguagem decide a referência hermenêutica".[800] A diferença ontológica é percebida pelo homem justamente por esta carga hermenêutica que a linguagem possibilita. É por isso que Heidegger refere que "o homem escuta essa mensagem em sendo homem"; portanto, é essa característica do gênero humano, que exsurge a existencialidade do *Dasein*. Entretanto, a linguagem e a respectiva carga hermenêutica não são simplesmente descobertas ao acaso. Pelo contrário, e aí vale a observação de Heidegger: "o mensageiro já deve vir da mensagem. Por outro lado, também já deve ter ido até a mensagem".[801] O mundo circundante faz com o que o homem seja um ser de linguagem e saiba escutar o seu significado, pois já estão previamente carregadas de existencialidade, cujo sentido apenas precisa ser desvendado em cada situação. E nisso, em grande parte, o que está em jogo é a chamada pré-estrutura da compreensão.

5.4. A PRÉ-ESTRUTURA DA COMPREENSÃO E AS SUAS INTERFACES COM A TEMPORALIDADE

O *Dasein*, como um ente privilegiado que compreende o ser, capta as suas possibilidades a partir do contexto do mundo onde vive. Não se trata de algo, portanto, de que já é portador, mas uma característica que o faz ser um elemento do ser-no-mundo, permitido-lhe a estrutura para compreender o que está à sua volta. Tal movimento inicia-se, inevitavelmente, com a chamada pré-compreensão, viabilizadora de todo esse projeto humano. Por tais contornos, sobre a compreensão é correto afirmar:

> A compreensão é o poder de captar as possibilidades que cada um tem de ser, no contexto do mundo vital em que cada um de nós existe. (...) A compreensão não se concebe como algo que se possua mas antes como um modo ou elemento do ser-no-mundo. Não é uma entidade no mundo, antes é a estrutura do ser que torna possível o exercício atual da compreensão a um nível empírico. A compreensão é a base de toda a interpretação; é contemporânea da nossa existência e está presente em todo o ato de interpretação.[802]

Estaria neste aspecto exposta a chamada pré-estrutura da compreensão, onde cada homem está lançado. Significa dizer, por outro lado, que o ente homem se encontra inserido num determinado contexto, ou seja, o seu mundo circundante, que será responsável pelas percepções dos aspectos que vêm ao seu encontro, justificando a sua compreensão das situações vividas. A pré-compreensão pode ser apresentada como um modo de ser que possibilita a antecipação do sentido daquilo que se compreende, "uma expectativa de sentido

---
[800] HEIDEGGER, Martin. *Op. cit.*, p. 97.
[801] Idem, p. 117.
[802] PALMER, Richard E. *Hermenêutica*, p. 135-6.

determinada pela relação do intérprete com a coisa no contexto de determinada situação".[803] Tudo indica que a compreensão somente poderá ser operacionalizada mediante a intermediação da pré-compreensão, como um ponto de referência inicial para a atribuição do sentido. Por isso, "a antecipação da compreensão, a pré-compreensão, dá conta da determinação histórica e situacional do fenômeno da compreensão".[804] A tradição do intérprete será a grande responsável pela configuração de sua pré-compreensão. Portanto, os princípios da lei natural pretendem justamente inserir-se nesse conjunto, apresentando, de modo concreto, que eles são os integrantes que compõem a tradição e, por via de conseqüência, a pré-compreensão.

Tudo isso não acontece diante do ser humano como se fosse uma revelação divina, ou uma mera percepção racional. Pelo contrário, isso apenas demonstra que o ente já está sempre inserido nessa tradição, que o envolve e o acolhe. E aí está a justificação dos princípios e exigências da lei natural, eles não descem por um canal divino, mas já são sempre vivenciados pelo ente homem, como integrantes de sua estrutura existencial. Vale dizer,

> o ser-linguagem em que estamos imersos (nós mesmos e as coisas) faz, sim, que no compreender nós já sejamos sempre orientados por condicionamentos de tipo lingüístico-cultural; há uma *pré-compreensão* das coisas, que antecipa o nosso conhecimento da realidade. Este pré-compreender, se de um lado nos obriga a pôr em séria discussão a idéia de um conhecimento "neutro", "objetivo" das coisas, de outro, no entanto, é aquilo que nos *ajuda* a conhecer a realidade, já que nos predispõe para ela.[805]

A pré-compreensão é a responsável pela antecipação do sentido das coisas que nos circundam no mundo. Entre a compreensão, como parte integrante do processo de interpretação, e a pré-compreensão estabelece-se a configuração de um círculo. Dito de outro modo, sempre existe um procedimento prévio já conhecido que se projeta sobre a compreensão e vice-versa. Essa relação circular pode ser descrita, como o faz Heidegger, para responder à seguinte questão: "Mas o que é e como é uma obra de arte? O que a arte seja, tem de apreender-se a partir da obra. O que seja a obra, só o podemos experienciar a partir da essência da arte. Qualquer um nota com facilidade que nos movemos em círculo".[806] Esse movimento deverá ser desenvolvido para que se saiba efetivamente atribuir o sentido mais adequado a uma obra de arte. E esse movimento deverá ser aprendido se quisermos efetivamente desenvolver a hermenêutica filosófica. Já

---

[803] LAMEGO, José. *Hermenêutica e Jurisprudência*: análise de uma "recepção". Lisboa: Fragmentos, 1990, p. 134-5.

[804] Idem, p. 135.

[805] D'AGOSTINI, Franca. *Analíticos e Continentais*: Guia à filosofia dos últimos trinta anos, p. 399-400.

[806] HEIDEGGER, Martin. *A Origem da Obra de Arte*. Traduzido por Maria da Conceição Costa. Lisboa: Edições 70, 1991, p. 12.

que do contrário, continuaremos utilizando os velhos métodos de interpretação, mas dizendo que estamos "operando" com as contribuições da hermenêutica filosófica.

É por isso que, quando Heidegger refere-se à idéia de sentido, enfatiza tratar-se do

> contexto no qual se mantém a possibilidade de compreensão de alguma coisa, sem que ele mesmo seja explicitado ou, tematicamente, visualizado. Sentido significa a perspectiva do projeto primordial a partir do qual alguma coisa pode ser concebida em sua possibilidade como aquilo que ela é.[807]

Esta concepção acerca do sentido é que sustenta a compreensão, que acaba sendo a condição de possibilidade de toda interpretação. "Na compreensão o *Dasein* joga o seu ser para possibilidades. (...) O projetar da compreensão possui a possibilidade de se elaborar em formas".[808] A partir daí, Heidegger chega a distinguir a interpretação da compreensão:

> Chamamos de interpretação essa elaboração. Nela a compreensão se apropria do que compreende. Na interpretação, a compreensão se torna ela mesma e não outra coisa. A interpretação se funda existencialmente na compreensão e não vice-versa.[809]

A compreensão, iluminada pela pré-compreensão, projeta várias possibilidades. E o interessante é que Heidegger refere que à interpretação cabe justamente elaborar as diversas formas que são apresentadas pela compreensão. Nesse sentido, geralmente a interpretação é apresentada como aquele momento em que houve a compreensão. Heidegger dirá que não. A interpretação representa uma elaboração de formas e sentidos projetados pela compreensão e já inseridos desde sempre na estrutura da pré-compreensão.

Este projetar da interpretação mediante a constatação das possibilidades irradiadas através da compreensão encontra-se ancorado em três aspectos fundamentais: a "posição prévia", a "visão prévia" e a "concepção prévia". Ao interpretarmos certa situação, já projetamos um determinado entendimento formado a partir do mundo circundante. Isso é a posição prévia (*Vorhabe*). Este entendimento expresso na visão prévia também se apresenta como um modo de visualizar o conjunto onde aquela compreensão está inserida. Aí surge o que Heidegger chama de visão prévia (*Vorsicht*), ou seja, aqui ocorre o "recorte" do "que foi assumido na posição prévia, segundo uma possibilidade determinada de interpretação".[810] Essa posição e visão prévias acabam justificando determinada tomada de posição num determinado sentido, dando origem à chamada concepção prévia *(Vorgriff)*.[811] A "concepção prévia"

---

[807] HEIDEGGER, Martin. *Ser e Tempo*. 10. ed. Parte II, § 65, p. 117-8.
[808] Idem. 12. ed. Parte I, p. 204.
[809] Idem, ibidem.
[810] Idem. 12. ed. Parte I, p. 207.
[811] Idem. *Ser e Tempo*. 12. ed. Parte II, § 32, p. 206-7.

viabiliza a interpretação daquilo que está ao meu redor, ou seja, das coisas e dos conceitos que estão à minha disposição.

Amparado nestas constatações, Heidegger sublinha que a interpretação não poderá ser considerada como um mecanismo que atribuirá qualquer sentido a um determinado acontecimento. Vale dizer, como se a situação se apresentasse despida de sentido, e a interpretação apresentaria uma "capa de sentido". Pelo contrário,

> ela não lança, por assim dizer, um "significado" sobre a nudez de algo simplesmente dado, nem cola sobre ele um valor. O que acontece é que, no que vem ao encontro dentro do mundo como tal, a compreensão já abriu uma conjuntura que a interpretação expõe.[812]

Verifica-se, com isso, que, ao projetarmos uma determinada interpretação, sempre estamos manifestando algo que já veio ao nosso encontro, formado a partir da experiência vivida no mundo lançado ao nosso redor.

Este surgir de "algo como algo" não é arbitrário, e nem poderá sofrer uma atitude de provocar o surgimento forçado de um determinado sentido.[813] Heidegger – ao defender que a ontologia somente é possível como fenomenologia e, além disso, a encarar a fenomenologia do *Dasein* como hermenêutica – busca justamente desenvolver possibilidades para que as coisas se manifestem como são, sem a interferência dos nossos interesses. Deste modo, parece correto dizer "que a interpretação não se fundamenta na consciência humana e nas categorias humanas, mas sim na manifestação da coisa com que deparamos, da realidade que vem ao nosso encontro".[814] Nesse contexto, abre-se o espaço para a inserção das contribuições de John Finnis sobre a Lei Natural. Vale dizer, é a tradição que carrega ao nosso encontro os princípios da lei natural e das exigências da razoabilidade prática.

Para dar conta disso, Heidegger lembra: "temos de percorrer o círculo. O que não é nem um expediente ante a dificuldade, nem uma imperfeição. Seguir este caminho é que é a força, e permanecer nele constitui a festa do pensamento, admitindo que o pensamento é um ofício (Handwerk)".[815] Como o percorrer do caminho é algo humana-

---

[812] HEIDEGGER, Martin. Op. cit., p. 206.

[813] Isso decorre da constatação de que "não há uma coisa em geral, mas apenas estas coisas singulares e as singulares, antes de mais, são "esta coisa". Cada coisa é esta coisa e nenhuma outra. (...) Poder-se-ia, então, dizer: o fato de duas coisas exatamente iguais não poderem mais ser diferenciadas não prova ainda que, afinal, não sejam diferentes. Mas, uma vez aceite que duas coisas singulares sejam absolutamente idênticas, cada uma das agulhas de abeto ocupa um lugar diferente; e se elas tivessem de ocupar o mesmo lugar, isso só aconteceria em momentos diferentes do tempo. Lugar e momento-de-tempo fazem que coisas absolutamente iguais sejam, cada uma delas, esta coisa, quer dizer, coisas diferentes". Idem. *Que é uma Coisa? Doutrina de Kant dos Princípios Transcendentais*, p. 25-6. Esse surgir da coisa como aquela coisa somente é possível mediante a interpretação. Não há, portanto, uma coisa prévia, antes do empreendimento da tarefa hermenêutica.

[814] PALMER, Richard E. *Hermenêutica*, p. 132-3.

[815] Idem, p. 12.

mente realizado, e a atribuição de sentido não é alguma operação matematicamente construída, é correto dizer que "a hermenêutica não pretende descrever objetivamente o ser ou a linguagem, mas se limita a interpretá-lo, isto é, a dar-lhe uma imagem fatalmente incompleta".[816] Essa constatação já serve de resposta àqueles que pretendem levantar o relativismo contra os resultados da hermenêutica. Se nem mesmo o positivismo jurídico conseguiu apresentar uma única resposta, porque a hermenêutica filosófica deveria apresentá-la? A relação do homem com o mundo e vice-versa onde entra a atribuição hermenêutica do sentido não está objetivamente delimitada. Assim, realmente a resposta sempre será incompleta. Dito de outro modo, a resposta sempre poderá ser diferente, mas com fundamentação e justificativa.

Todos esses aspectos sustentam a noção do "círculo hermenêutico", onde a estrutura prévia da compreensão projeta as várias possibilidades de compreensão, que serão dimensionadas e avaliadas pela interpretação:

> Se, porém, a interpretação já sempre se movimenta no já compreendido e dele se deve alimentar, como poderá produzir resultados científicos sem se mover num círculo, sobretudo se a compreensão pressuposta se articula no conhecimento comum de homem e mundo.[817]

Essa estrutura circular não deverá ser visualizada como um espaço limitador da interpretação, mas, pelo contrário, como uma

> possibilidade positiva do conhecimento mais originário que, de certo, só pode ser apreendida de modo autêntico se a interpretação tiver compreendido que sua primeira, única e última tarefa é de não se deixar guiar, na posição prévia, visão prévia e concepção prévia, por conceitos ingênuos e "chutes". [818]

O arcabouço projetado no círculo hermenêutico aproxima as estruturas prévias da compreensão do intérprete e do texto interpretado, mostrando claramente que a vivência e os modos de pensar daquele, serão decisivas para trabalhar com este.

O referido círculo de atuação hermenêutica encontra-se inevitavelmente ligado "à estrutura do sentido, cujo fenômeno tem suas raízes na constituição existencial do 'Dasein', enquanto compreensão que interpreta. O ente em que está em jogo seu próprio ser como ser-no-mundo possui uma estrutura de círculo ontológico". Desse modo, é correto afirmar que "toda interpretação se funda na compreensão. O sentido é o que se articula como tal na interpretação e que, na compreensão, já se prelineou como possibilidade de articulação".[819] O intérprete, como ser-no-mundo, acaba trazendo à tona todos os ele-

---

[816] D'AGOSTINI, Franca. *Analíticos e Continentais*: Guia à filosofia dos últimos trinta anos, p. 401.
[817] HEIDEGGER, Martin. *Ser e Tempo*. 12. ed. Parte I, p. § 32, p. 209.
[818] Idem, p. 210.
[819] HEIDEGGER, Martin. Op. cit., §§ 32-3, p. 210-1.

mentos que compõem a faticidade do seu ser, explicitando o seu modo de ser no mundo.

Ao trazer para o contexto do círculo hermenêutico o viver fático do intérprete, Heidegger chama a atenção para a necessidade do esclarecimento da situação hermenêutica, onde os pré-conceitos do intérprete sejam deixados para um segundo plano, a fim de possibilitar o surgimento dos principais aspectos do texto interpretado. Isso significa que o mundo circundante, tanto do intérprete como do texto interpretado, deverá ser preservado, sem que um exerça autonomia sobre o outro. Portanto, para evitar "chutes" e conceitos populares, é necessário "um reflexivo realçar da pré-estrutura pessoal, que ponha a caminho um verdadeiro diálogo entre duas posições específicas, ou seja, com as coisas e com o pensamento alheio".[820] Quer dizer, Heidegger está referindo que cada resultado hermenêutico deverá ser eticamente justificado. Portanto, o intérprete deverá "concentrar o esforço em saltar, originária e integralmente, para dentro desse 'círculo' a fim de assegurar, ao ponto de partida da análise do *Dasein*, uma visão plena do ser em círculo do *Dasein*".[821] O ingresso no círculo será o responsável pela adequada conclusão do trabalho hermenêutico. E, além disso, o ingresso no círculo permite ter uma visualização mais abrangente das contribuições da tradição, fundamentais para o resultado da interpretação.

A proposta heideggeriana do círculo hermenêutico é sustentada pela preocupação sobre o tempo,[822] considerado como "o ponto de partida do qual o *Dasein* sempre compreende e interpreta implicitamente o ser. Por isso, deve-se mostrar e esclarecer, de modo genuíno, o tempo como horizonte de toda compreensão e interpretação do ser".[823] Este entendimento pressupõe, necessariamente, "uma explicitação originária do tempo enquanto horizonte da compreensão do ser a partir da temporalidade, como ser do 'Dasein', que se perfaz no movimento de compreensão do ser".[824] A temporalidade (temporal + idade = a idade do tempo) surge como a forma de expressão da faticidade do ser do ser-aí, demonstrando como o viver do ser do ente poderá justificar as diversas possibilidades apresentadas pelo processo da compreen-

---

[820] GRONDIN, Jean. *Introdução à hermenêutica filosófica*, p. 165-6.

[821] HEIDEGGER, Martin. *Ser e Tempo*. 10. ed. Parte II, p. 109.

[822] Essa preocupação de Heidegger fica destacada na seguinte passagem: "O que queremos dizer com tempo na experiência e compreensão naturais? Embora constantemente contemos com o tempo ou o levemos em conta, sem medi-lo expressamente com o relógio, e estejamos entregues a ele como a mais cotidiana das coisas, seja porque estamos perdidos nele ou premidos por ele – embora o tempo nos seja tão familiar como poucas outras coisas em nosso *Dasein*, ele se torna estranho e enigmático para nós quando tentamos esclarecê-lo mesmo que seja apenas nos limites da razoabilidade cotidiana". Idem. *Die Grundprobleme der Phänomenologie*, p. 324-5.

[823] Idem. *Ser e Tempo*. 12. ed. Parte I, § 5, p. 45.

[824] Ibidem.

são. De certo modo, poderá ser dito que a temporalidade apresenta-se como um fenômeno importante da faticidade, que expressa um demorar-se, vislumbrando todas as possibilidades de compreensão de um determinado fenômeno, a fim de dar sentido a algo como algo.[825]

O tempo em Heidegger não é considerado como uma sucessão de "agoras",[826] completamente desconectados e sem sentido:

> O tempo não é uma multiplicidade de agoras justapostos (aneinandergeschobene Jetzt), porque cada agora já não mais é em cada agora e porque faz parte do tempo a notável extensão, em ambos os lados, para dentro do não-ser. O agora não está associado (zugeordnet) a um ponto fixo como ponto e, portanto, não pode fazer parte dele, pois é, segundo sua essência, princípio e fim. No agora como tal já se encontra a remissão ao não-mais e ao ainda-não.[827]

Heidegger demonstra com essa referência, que o tempo não seja uma mera organização de "agoras", pois efetivamente o "agora" é um momento, mas não significa que seja, exatamente, presente, passado ou futuro. É apenas um momento. E poderá ser um momento, em qualquer um desses três tempos.

Heidegger traz à discussão a definição de tempo de Aristóteles, como sendo

> um contado no movimento na medida em que este é visto no horizonte do anterior e posterior. (...) Aristóteles caracteriza o tempo primordialmente como uma *seqüência de agoras*, sendo que é necessário levar em consideração que os agoras não são partes a partir das quais se monta a totalidade do tempo.[828]

Tudo leva a crer que a noção vulgar de tempo – aquela que se manifesta inicial e explicitamente no uso do relógio – coloca justamente o tempo como uma conjugação de agoras, como se fosse um mero encadeamento. Aristóteles, pelo contrário, separa os agoras, de tal modo que correspondem a um movimento contado em partes separadas, pois refere à existência de uma relação entre o anterior e o posterior, o que é diferente da sua simples conjugação ou seqüência.

Como a relação de tempo é fundamental para o desenvolvimento do círculo hermenêutico, Heidegger enfatiza: "denominamos o tempo de tempo do mundo porque tem o caráter da significatividade, que não é levado em consideração na definição aristotélica de tempo e em geral na determinação tradicional de tempo".[829] A significatividade do tempo já dá um sinal de sua inserção dentro do círculo hermenêutico, pois

---

[825] HEIDEGGER, Martin. *Ontología*: Hermenéutica de la Facticidad, p. 51 e 112.

[826] "Com a palavra 'tempo', porém, já não significamos a sucessão da seqüência de agoras. De acordo com isso espaço-de-tempo também não significa mais apenas a distância entre dois pontos de agoras do tempo calculado, distância que assinalamos quando, por exemplo, verificamos: No espaço de tempo de 50 anos, aconteceram tais e tais coisas. Espaço-de-tempo designa agora o aberto, que se ilumina no recíproco-alcançar-se de futuro, passado e presente". Idem. "Tempo e Ser". In: *O fim da filosofia ou a questão do pensamento*. Traduzido por Ernildo Stein. São Paulo: Duas Cidades, 1972, p. 54.

[827] Idem. *Die Grundprobleme der Phänomenologie*, p. 351.

[828] Idem, p. 349 e 362.

[829] HEIDEGGER, Martin. Idem. *Op. cit.*, p. 370.

a relação pré-compreensção, compreensção, interpretação e aplicação nada mais é do que a atribuição de sentido, o que pode ser significado, aos movimentos do tempo da tradição de determinado ente, bem como a sua imersão dentro desse contexto temporal. Ao lado da significatividade, Heidegger também traz um outro atributo para o tempo, a saber, a sua databilidade:

> cada agora é enunciado em uma atualização de algo na unidade com um atendimento e uma fixação. Quando digo "agora", sempre digo junto de forma não expressa "agora, quando isto e aquilo". Quando digo "então", sempre quero dizer "então quando". (...) Denominamos esta estrutura referencial do agora como "agora-quando", do "naquela altura", do "naquela altura como naquela altura-quando" e do então como então-quando de databilidade.[830]

Tudo indica que a junção do passado, do presente e do futuro, numa criativa relação de reciprocidade, acaba recebendo a atribuição de um significado em um determinado momento histórico, o qual vem ao encontro do intérprete. Essa circunstância é muito peculiar, pois o ser vislumbra na temporalidade a sua condição de possibilidade de compreensão, ou seja, "o ser é entendido e apreendido a partir do tempo".[831] E é por isso que Heidegger menciona que ser é tempo.

O futuro é apresentado como o "porvir" (*Zukunft*), isto é, como "o advento em que o *Dasein* vem a si em seu poder-ser mais próprio. É a antecipação que torna o *Dasein* propriamente porvindouro, de tal maneira que a própria antecipação só é possível na medida em que o *Dasein*, enquanto ente, sempre já vem a si, ou seja, em seu ser, é e está por vir".[832] O futuro, neste contexto, significa uma constante antecipação do próprio sentido que vem ao encontro do ser do ente na sua vida cotidiana, que forma o mundo circundante do homem. O futuro é o próprio ser interpelado pela realidade, aquilo que vai ao seu encontro. Quer dizer, a interpelação do ser humano pelos princípios e exigências da lei natural viabiliza a especificação do futuro.

O passado, por sua vez, é apresentado como "o vigor de ter sido" (*Gewesenheit*), ou seja, algo que já se consumou, mas ainda continua produzindo efeitos. Nesse aspecto, ingressa a importância da pré-estrutura da compreensão, que é responsável por trazer de volta algo que já foi. Com isso, o projetar da pré-estrutura da compreensão, ao trazer as experiências já vividas, acaba justificando o porvir. Este representa exatamente a antecipação das possibilidades que a pré-estrutura da compreensão colocará à disposição da compreensão e da interpretação.[833] Aí ingressam novamente os princípios da lei natural e as

---

[830] HEIDEGGER, Martin. Idem. *Die Grundprobleme der Phänomenologie*, p. 370.

[831] Idem, p. 380.

[832] Idem. *Ser e Tempo*. 10. ed. Parte II, § 65, p. 119.

[833] "A antecipação da possibilidade mais própria e extrema é o vir de volta, pela compreensão, ao vigor de ter sido em seu sentido mais próprio. O 'Dasein' só pode ser o vigor de ter sido na medida em que é e está por-vir. O vigor de ter sido surge, de certo modo, do porvir". HEIDEGGER, Martin. *Ontología*: Hermenéutica de la Facticidad, p. 120.

exigências da razoabilidade prática, como responsáveis pela contextualização do conteúdo da pré-compreensão, forjados pela força da tradição.

O presente é chamado de "atualidade" (*gegenwart*), no sentido de deixar vir ao encontro do homem as possibilidades de ação onde se encontra inserido. É no presente que os bens humanos básicos, através das exigências metodológicas da razoabilidade prática, se encontram com o ser do ente especificando e qualificando a sua existência. A junção destes três momentos é apresentada da seguinte forma por Heidegger: "o vigor de ter sido surge do porvir de tal maneira que o porvir do ter sido (melhor, em vigor) deixa vir-a-si a atualidade".[834] O passado e o futuro apresentam-se especialmente relacionados, pois sempre somos interpelados pela realidade circundante: esta olha para trás, ao mesmo tempo em que projeta as possibilidades da pré-estrutura da compreensão lançadas no porvir. Por outro lado, o presente parece ser o "palco" onde o passado é atualizado para ser jogado para frente, para o futuro. Aí estaria a definição de temporalidade, como sendo o "fenômeno unificador do porvir que atualiza o vigor de ter sido".[835]

O filósofo resume estes três momentos da seguinte forma:

> Então – e com isso chegamos à determinação mais central do mundo e da temporalidade – os êxtases da temporalidade (futuro, vigor de ter sido, presente) não são simplesmente arrebatamentos para (...), não são arrebatamentos, por assim dizer, para dentro do nada, mas têm como arrebatamentos para (...), em virtude de seu respectivo caráter extático, um horizonte predeterminado a partir do modo de arrebatamento, isto é, a partir do modo do futuro, do vigor de ter sido e do presente, e que faz parte do próprio êxtase.[836]

O futuro, o vigor de ter sido e o presente não são simplesmente arrancados numa conjugação forçada para a configuração do tempo. Pelo contrário, existe um horizonte de sentido que alinha estes três tempos, de tal modo que possa haver harmonia na sua comunicação e na sua inter-relação com o ser do ente homem. É por isso que a compreensão do ser não pode ser projetada a partir de um ente simplesmente dado, pois ele está vinculado ao sentido projetado pela temporalidade.

A relação entre a temporalidade e a historicidade corresponde à "análise da historicidade do *Dasein* [e] busca mostrar que esse ente não é 'temporal' porque 'se encontra na história' mas, ao contrário, que ele só existe e só pode existir historicamente porque, no fundo de seu ser, é temporal".[837] A temporalidade surge como condição de possibilidade para a existência histórica do homem. O enlace do presente, do vigor

---

[834] HEIDEGGER, Martin. Op. cit., p. 120.
[835] Idem, ibidem.
[836] Idem. *Die Grundprobleme der Phänomenologie*, p. 428-9.
[837] HEIDEGGER, Martin. *Ser e Tempo*. 10. ed. Parte II, § 72, p. 181.

de ter sido e do futuro – típica representação da temporalidade – justifica um acontecer que se chama de historicidade, que aponta para "a constituição ontológica do 'acontecer' próprio do *Dasein* como tal".[838] A historicidade, dessa forma, aponta para uma característica peculiar: o *Dasein* sempre é o passado que acontece a partir do futuro, na medida em que aquele projeta as possibilidades que serão captadas pela compreensão. Assim, o futuro sempre é formado a partir da tradição, pois a compreensão funda-se na sua pré-estrutura: "essa compreensão lhe abre e regula as possibilidades de seu ser. Seu próprio passado, e isso diz sempre o passado de sua 'geração', não segue mas precede o *Dasein*, antecipando-lhe os passos".[839]

A historicidade, portanto, é o acontecer existencial do homem – que gera a experiência, que é o substrato da *phrónesis* – apontando para a finitude das possibilidades projetadas pelo encontro do vigor de ter sido e do futuro no presente, corporificado no viver fático do ser humano, que nada mais é do que a realização dos bens humanos básicos mediante as exigências da razoabilidade prática. Dentro dessa perspectiva ocorre a movimentação da compreensão. Por isso, "compreender não significa mais um comportamento do pensamento humano dentre outros que se pode disciplinar metodologicamente, conformando assim a um procedimento científico, mas perfaz a mobilidade de fundo da existência humana".[840] A proposta hermenêutica de Heidegger pretendeu sublinhar o caráter existencial do ente homem, enfatizando o seu caráter de mobilidade e finitude. Esses aspectos também estarão presentes na projeção do ato de compreender.

Na proposta da filosofia hermenêutica de Heidegger, como o homem é um ser-no-mundo, a linguagem passa a ocupar um lugar de destaque, pois é alçada à categoria de condição de possibilidade do próprio mundo, isto é, a linguagem como constituinte do mundo e do saber. Tal ocorre

<blockquote>porque é pela linguagem e somente por ela que podemos ter mundo e chegar a esse mundo. Sem linguagem não há mundo, enquanto mundo. Não há coisa alguma onde falta a pá-lavra. Somente quando se encontra a pá-lavra para a coisa é que a coisa é uma coisa.[841]</blockquote>

Para a interpretação dessa linguagem, com o seu caráter fundante da própria existência do mundo, não podemos pensar numa hermenêutica ligada aos métodos que buscam a única verdade ou certeza. A existência do homem não é sempre igual, mas contingente. Com essa particularidade a hermenêutica deverá trabalhar na busca da melhor

---

[838] HEIDEGGER, Martin. Op. cit. 12. ed. Parte I, § 6, p. 48.

[839] Idem, p. 48.

[840] GADAMER, Hans-Georg. *Verdade e método*: complementos e índice, p. 125.

[841] STRECK, Lenio Luiz. *Jurisdição constitucional e hermenêutica*: uma nova crítica do Direito, 2002, p. 175-6.

resposta tendo em vista as peculiaridades do caso concreto e os princípios da lei natural.

5.5. A HERMENÊUTICA FILOSÓFICA GADAMERIANA E A IMPORTÂNCIA DA TRADIÇÃO

Seguindo os caminhos percorridos por Martin Heidegger, Gadamer[842] intenta aperfeiçoar estas idéias, dando-lhes contornos próprios. De certo modo, a proposta gadameriana aparece numa passagem do prefácio à segunda edição de *Verdade e Método*, quando refere que a sua idéia não é formular uma teoria geral da interpretação, tal como havia pensado Emilio Betti. Pelo contrário, a sua pretensão era "procurar o comum de todas as maneiras de compreender e mostrar que a compreensão jamais é um comportamento subjetivo frente a um 'objeto' dado, mas frente à história efeitual, e isto significa, pertence ao ser daquilo que é compreendido".[843] Gadamer não pretende associar o sujeito e o objeto mediante a tarefa da compreensão, mas mostrar que esta é um reflexo dos efeitos da história da vivência do homem. Nesse sentido, Gadamer enfatiza que manteve o conceito de hermenêutica do jovem Heidegger, com a exclusão da pretensão de método, mas como uma valorização da "teoria da experiência real, que é o pensamento".[844] Ele deixa clara a sua oposição ao método, pois pretende destacar um componente – a experiência real – que provavelmente não cabe dentro dos estreitos e limitados espaços metodológicos.

Na principal obra de Gadamer – *Verdade e Método* – surge claramente a sua oposição e crítica ao apego exarado ao método. O autor procura mostrar exatamente o inverso, ou seja, o método não pode ser visto como uma espécie de caminho para a verdade. O que ocorre, e muitas vezes não nos damos conta, "a verdade zomba do homem metódico". E, dentro desse contexto não metódico, a compreensão surge como um modo de ser do homem. Dessa forma, "a hermenêutica não se define enquanto disciplina geral, enquanto auxiliar das humanidades, mas sim como tentativa filosófica que avalia a compreensão, como processo ontológico – o processo ontológico – do homem".[845] Na medida em que se trabalha com o processo de compreensão das situações que envolvem o humano, não poderá haver a submissão a um método, pois estas nem sempre cabem dentro dos estritos contornos

---

[842] Hans-Georg Gadamer nasceu no dia 11 de fevereiro de 1900, na cidade Marburgo, Alemanha; faleceu no dia 13 de março de 2002, em Heidelberg.

[843] GADAMER, Hans-Georg. *Verdade e método*: traços fundamentais de uma hermenêutica filosófica, p. 18-9.

[844] Idem, p. 25.

[845] PALMER, Richard E. *Hermenêutica*, p. 168.

deste. Há, com isso, por parte de Gadamer uma crítica ao caráter mecanicista do pensamento. Vale dizer, a técnica não consegue captar a riqueza do conhecimento produzido pela inteligência humana.

O filósofo parte do pressuposto de que a verdade surge como a revelação da tradição, onde já estamos desde sempre inseridos. Por isso, Gadamer alerta:

> a hermenêutica que se vai desenvolver aqui não é, por isso, uma doutrina de métodos das ciências do espírito, mas a tentativa de um acordo sobre o que são na verdade as ciências do espírito, para além de sua auto-consciência metódica, e o que as vincula ao conjunto da nossa experiência do mundo.[846]

A pretensão da hermenêutica filosófica de Gadamer pretende justamente examinar a experiência humana no mundo para, a partir dela, formular determinados aspectos que pudessem auxiliar as ciências do espírito. Talvez junto com essa repulsa à importância até então atribuída ao método – em meio ao paradigma do método científico em geral – surge também um caminho para uma "transformação da filosofia", que pode ser chamada de forma fenomenológica de pensamento, tal fenômeno "se aproveita das discrepâncias entre o conceito moderno de método e a experiência pré-científica de vida (*Leben*) e de mundo (*Welt*)".[847] No desenvolvimento dessa fenomenologia, estão presentes duas vertentes: "a fenomenologia do 'mundo da vida'" – com a fase tardia de Husserl (que não será objeto de estudo) e a "fenomenologia hermenêutica" de Heidegger – já examinada – e que foi o ponto de partida para Gadamer desenvolver a sua obra *Verdade e Método*, que serve de "contraponto à filosofia orientada metodologicamente".[848]

As propostas de Gadamer encontram-se circunscritas ao seguinte aspecto: sempre chegamos tarde quando submetemos algo a um método: "na medida em que compreendemos, estamos incluídos num acontecer da verdade e quando queremos saber o que temos que crer, parece-nos que chegamos demasiado tarde".[849] O acontecer da verdade, a atribuição de sentido dado ao texto frente às múltiplas facetas do

---

[846] GADAMER, Hans-Georg. *Verdade e método*: traços fundamentais de uma hermenêutica filosófica, p. 34.

[847] APEL, Karl-Otto. *Transformação da Filosofia I*: Filosofia Analítica, Semiótica, Hermenêutica. Traduzido por Paulo Astor Soethe. São Paulo: Loyola, 2000, p. 27.

[848] Idem, ibidem.

[849] GADAMER, Hans-Georg. *Verdade e método*: traços fundamentais de uma hermenêutica filosófica, p. 708. Sobre isso Jean Grondin observa: "É uma verdadeira máxima da hermenêutica, porém algo tão extraordinário que resiste em receber essa catalogação, quer dizer da finitude humana. A provocação da obra consiste no fato de que uma teoria do entender nunca pode pretender segurar definitivamente seu 'objeto'. Porque, segundo a tese básica do livro, sempre chegamos demasiado tarde quando tratamos de compreender e submeter a um método aquilo que realmente entendemos. O entender mesmo não se pode fundamentar do todo, posto que é o fundamento, o solo em que estamos". GRONDIN, Jean. *Hans-Georg Gadamer. Una biografia*, p. 375-6.

caso concreto,[850] ocorre particularmente. Assim, é incabível pretender condicioná-la ao caminho predeterminado pelo método. Não podemos esquecer que "a consciência hermenêutica tem sua consumação não na certeza metodológica sobre si mesma, mas na pronta disposição à experiência que caracteriza o homem experimentado face ao que está preso dogmaticamente".[851]

A experiência deste homem que quer escapar da prometida certeza metodológica busca resgatar e valorizar a conceito positivo de preconceito. Com o Iluminismo e nos demais períodos históricos já referidos, ao ser colocada em evidência a razão, o conceito de preconceito foi denegrido, na medida em que se passou a aceitá-lo em duas categorias: os preconceitos de autoridade, que buscam crer na superioridade do outro de forma cega e acrítica; e os preconceitos por precipitação, que levam a equívocos, pois gerados sem a devida reflexão.

> A precipitação é a verdadeira fonte de equívocos que induz ao erro no uso da própria razão. A autoridade, pelo contrário, é a culpada de que nós não façamos uso da própria razão. A distinção se baseia, portanto, numa oposição excludente de autoridade e razão. O que é digno de se combater é a falsa e prévia aceitação do antigo, das autoridades.[852]

O que Gadamer pretende mostrar é que os preconceitos de um ser humano representam a realidade histórica de seu ser. E, com isso, aponta para a existência de preconceitos legítimos os quais, gerados pela mediação do conhecimento, fazem com que o intérprete se confronte com a sua tradição e procura aplicá-la criticamente a si mesmo. É a partir daí que fala em preconceitos verdadeiros, que sustentam a nossa compreensão, e em preconceitos falsos que provocam mal-entendidos. A proposta de filósofo é apresentar os preconceitos com base no conhecimento e não na autoridade e sua obediência cega. A tradição, nesse contexto, acaba sendo uma forma de autoridade. Durante muito tempo foi privilegiava a autoridade como superioridade inquestionável, sem um verdadeiro lastro de sustentação. Tal aspecto acabava ocultando a importância da tradição, que foi objeto de resgate por Gadamer.[853]

---

[850] "A desconfiança de Gadamer não se dirige nunca contra a ciência mesma, porque esta seria uma necessidade, senão contra à fascinação, o deslumbramento e o atordoamento que provoca sua divinização. O metodicamente controlável somente abrange uma ínfima parte de nossa experiência de vida. Por outro lado, o universo do estar um com o outro e do tratar-se, do reproduzível e transmissível graças à linguagem, do amor, a simpatia e a antipatia, tudo isso segue estando em boa medida fora do alcance do controle metodológico". Idem, p. 376-7.

[851] GADAMER, Hans-Georg. Op. cit., p. 533.

[852] Idem, p. 416-7.

[853] Sobre isso Gadamer enfatiza: "Pode-se mostrar que originalmente o conceito de preconceito ultrapassa o sentido que lhe damos à primeira vista. Os preconceitos não são necessariamente injustificados e errôneos, de modo a distorcer a verdade. Na realidade, o fato de os preconceitos, no sentido literal da palavra, constituírem a orientação prévia de toda nossa capacidade de experiência é constitutivo da historicidade de nossa existência. São antecipações de nossa abertura para o mundo, que se tornam condições para que possamos experimentar qualquer coisa, para que aquilo que nos vem ao encontro possa nos dizer algo. De certo, isso não significa

Para o filósofo de Marburgo existem dois aspectos que justificam a reabilitação do preconceito, a fim diminuir ou eliminar o caráter negativo que ele apresentou durante muito tempo: a) a eliminação dos preconceitos não é possível. Assim, existirão os positivos e os negativos. O que não se pode pretender é ficar sem eles, pois, nesse caso, o homem se torna sua vítima e prisioneiro; ou, o que é mais perigoso, é tornar-se vítima do preconceito mais devastador, ou seja, o da neutralidade, o presumir não ter preconceitos. b) Os preconceitos representam uma função bem definida: "são, na realidade, as condições do nosso encontro com a realidade, são o pré-julgar e o pré-ver que orientam o nosso juízo e o nosso olhar".[854] O correto é reconhecer a existência de preconceitos, que fazem parte da história e da tradição de cada ser humano. Quando fundados no conhecimento, apresentam-se como um poderoso aliado no desenvolvimento do trabalho hermenêutico. Esse era o ponto que Gadamer pretendia resgatar, ou seja, se o preconceito ingressa no círculo hermenêutico, não poderá ser o preconceito falso ou aquele simplesmente baseado na autoridade. Pelo contrário, deverá ser o preconceito formado a partir da experiência concreta de cada ente homem, a partir dos contributos da tradição onde ele se encontra inserido. E, seguindo a linha do trabalho, aqueles lastreados nos princípios da lei natural e nas exigências da razoabilidade prática.

A referência à tradição pretende remeter a reflexão para um objeto que está vinculado "à racionalidade da tradição que continua *porque* se acreditou e cujo fundamento segue sendo a base de todo projeto racional e de toda fundamentação racional".[855] É essa tradição que Gadamer acredita poder reabilitar, ou seja, um "objeto" que efetivamente mereça o respeito, sem vinculação à autoridade imposta e preconceituosa, mas algo que vem ao encontro do ente homem e lhe interpela, merecendo a sua atenção e respeito. Cabe aqui uma referência aos princípios e exigências da lei natural, que exatamente se enquadram nessa pretensão do filósofo de Marburgo. No caso da lei natural, aplica-se perfeitamente o seguinte processo: "a tradição é a autoridade que se faz anônima, que em princípio pode compreender-se, e que é compreendida sempre porquanto o processo de sua transmissão se perpetua".[856] Pelos aspectos já vistos, especialmente os argumentos trazidos a partir de John Finnis, verifica-se que os princípios e as exigências da lei natural se perpetuam e se transmitem como uma genuína tradição a qual também viabiliza a sua compreensão.

---

que estejamos cercados por um muro de preconceitos, e que somente permitiríamos o acesso a quem mostrasse seu passaporte, contendo a seguinte inscrição: aqui não se diz nada de novo". GADAMER, Hans-Georg. *Verdade e método*: complementos e índice, p. 261.

[854] D'AGOSTINI, Franca. *Analíticos e Continentais*: Guia à filosofia dos últimos trinta anos, p. 414.

[855] GRONDIN, Jean. *Introducción a Gadamer*, p. 154.

[856] Idem, p. 155.

A linguagem surge como um elo que aproxima o sujeito cognoscente/intérprete, a realidade histórica – formadora da tradição – e as ações humanas onde a compreensão irá interferir. O trabalho do intérprete nunca parte do zero, pois sempre estarão em jogo as características pessoais, formadoras da sua tradição, expressas nos princípios e nas exigências da razoabilidade prática propostas por John Finnis.

Gadamer, ao enfatizar a importância da tradição e da história, aponta para um dado relevante: a consciência que o homem atual tem da sua história e dos elementos que a compõem. "Entendemos por consciência histórica o privilégio do homem moderno de ter plena consciência da historicidade de todo presente e da relatividade de toda opinião".[857] O homem, ao tomar decisões calcadas em pressupostos oriundos do seu contexto histórico, de certa forma está consciente da importância desta valorização, na medida em que a projeção do futuro encontra-se umbilicalmente vinculado ao passado e ao presente.

Esta concepção aponta para um aspecto elementar na hermenêutica filosófica: o intérprete pertence ao objeto a ser interpretado. Vale dizer, "aquele que busca compreender algo já traz consigo uma antecipação que o liga com o que busca compreender, um consenso de base".[858] Quer dizer, quando digo que vou compreender algo, já compreendi, já ocorreu uma antecipação de sentido, oriundo do contexto histórico de onde provenho.[859]

É por isso que Gadamer alerta na Introdução do seu *Verdade e Método*:

Entender e interpretar os textos não é somente um empenho da ciência, já que pertence claramente ao todo da experiência do homem no mundo. Na sua origem, o fenômeno hermenêutico não é, de forma alguma, um problema de método. (...) Ao se compreender a tradição não se compreende apenas textos, mas também se adquirem juízos e se reconhecem verdades.[860]

A verdade, nesse contexto, surge como uma espécie de revelação da tradição, onde já estamos desde sempre inseridos. É a esta tradição, sendo permitido vir à tona, que se pode creditar o efetivo papel da compreensão dentro da hermenêutica filosófica.[861]

---

[857] GADAMER, Hans-Georg. "Esboço dos fundamentos de uma hermenêutica". In: FRUCHON, Pierre (org.). *O Problema da Consciência Histórica*, p. 17.

[858] Idem, p. 367-8.

[859] É por isso que "a interpretação surge como o comportamento reflexivo diante da tradição, pois a consciência não aceita cegamente a voz que vem do passado" (como acontecia a partir de uma construção calcada no método), "mas recoloca-a no contexto em que ela se originou, a fim de ver o significado e o valor relativos que lhe são próprios" (GADAMER, Hans-Georg. "Esboço dos fundamentos de uma hermenêutica". In: FRUCHON, Pierre (org.). *Op. cit.*, p. 18-9).

[860] GADAMER, Hans-Georg. *Verdade e método*: traços fundamentais de uma hermenêutica filosófica, p. 31.

[861] Lenio Luiz Streck, sobre esta particularidade, comenta a lição de Heidegger: "É a situação hermenêutica que permite determinar o sentido do ser do ser-aí. No seu saber-ser, o ser-aí está, pois confiado à sua capacidade (possibilidade) de se re-encontrar nas suas possibilidades. A compreensão é, enfim, aduz Heidegger, o ser existencial do saber-ser inalienável do próprio 'Dasein', de tal modo que este ser (a compreensão) revela por si mesmo como está a respeito do seu ser consigo mesmo. Ou seja, no 'Dasein' reside uma pré-compreensão. O 'Dasein' é hermenêutico; o poder-ser-do-'Dasein' reside na compreensão. Por isso, Heidegger vai dizer que

Assim, Gadamer defende que a "consciência hermenêutica terá de incluir também a consciência histórica". Vale dizer, a hermenêutica gadameriana não privilegia os próprios preconceitos, mas aqueles calcados na alteridade do texto a ser compreendido-interpretado. Tal realidade – composta pela contribuição de John Finnis – nos interpela desde sempre e serve como o marco inicial do processo de compreensão. Com isso, parece inconcebível a "compreensão que seja livre de todo preconceito, por mais que a vontade do nosso conhecimento tenha de estar sempre dirigida, no sentido de escapar ao conjunto dos nossos preconceitos".[862] O mérito de Gadamer foi dar-se conta de que os preconceitos são formados pelo próprio contexto histórico onde estamos inseridos e do qual sofremos as influências, pois "não é a história que pertence a nós mas nós é que a ela pertencemos. Muito antes de que nós compreendamos a nós mesmos da reflexão, já estamos nos compreendendo de uma maneira auto-evidente na família, na sociedade e no Estado em que vivemos".[863]

Isso demonstra claramente que a compreensão somente será possível se o intérprete estiver disposto a colocar em jogo os seus próprios preconceitos. Dito de outro modo, ele não deverá pretender impor os seus preconceitos, pois é esta a atitude que Gadamer combate, dada a caracterização da autoridade, como obediência. Mas, pelo contrário, o intérprete deverá estar aberto a ouvir o outro, no caso o texto, com o intuito do conhecimento, ou seja, a abertura para o aprendizado oriundo da tradição ou da soma de interpretações anteriores.[864]

A partir desse contexto, Gadamer desenha a verdadeira tarefa da hermenêutica:

> Não é desenvolver um procedimento da compreensão, mas esclarecer as condições sob as quais surge compreensão. Mas essas condições não têm todas o modo de ser de um 'procedimento' ou de um método de tal modo que quem compreende poderia aplicá-las por si mesmo – essas condições têm de estar dadas.[865]

A compreensão será a responsável pela distinção entre os preconceitos verdadeiros dos falsos que o intérprete possui e aqueles que vêm ao seu encontro. Nesse particular, surge a importância do tempo e o seu significado para a compreensão. É a experiência, onde o intérprete encontra-se jogado, o aspecto peculiar de tempo que será fundamental

---

o mensageiro já deve vir com a mensagem; mas ele também já deve ter ido em direção a ela" (STRECK, Lenio Luiz. *Hermenêutica Jurídica e(m) Crise*: uma exploração hermenêutica da construção do Direito, p. 191).
[862] STRECK, Lenio Luiz. *Hermenêutica Jurídica e(m) Crise*: uma exploração hermenêutica da construção do Direito, p. 709.
[863] Ibidem, p. 415-6.
[864] KUSCH, Martin. *Linguagem como cálculo versus linguagem como meio universal*: Um estudo sobre Husserl, Heidegger e Gadamer. Traduzido por Dankwart Bernsmüller. São Leopoldo: Unisinos, 2001, p. 257; GADAMER, Hans-Georg. *Verdade e método*: complementos e índice, p. 132.
[865] Idem. *Verdade e método*: traços fundamentais de uma hermenêutica filosófica, p. 442.

para a construção do processo de compreensão. Assim, Gadamer refere o efetivo significado da chamada "distância temporal" para o desenvolvimento da compreensão:

> O tempo não é um precipício que devamos transpor para recuperarmos o passado; é, na realidade, o solo que mantém o devir e onde o presente cria raízes. (...) Trata-se, na verdade, de considerar a "distância temporal" como fundamento de uma possibilidade positiva e produtiva de compreensão. Não é uma distância a percorrer, mas uma continuidade viva de elementos que se acumulam formando a tradição, isto é, uma luz à qual tudo o que trazemos conosco de nosso passado, tudo o que nos é transmitido faz a sua aparição.[866]

Resta sublinhada a importância do passado para a construção da compreensão, que na sua constituição procura resgatar os caminhos anteriormente percorridos, que formam a sua condição de possibilidade. Este passado é o responsável pela delimitação dos preconceitos, alimentando-os e condicionando-os.

Além disso, somente poderemos compreender o presente mediante os legados oriundos do passado. Gadamer justamente quer mostrar que os fatos que compõem o passado não formam um conjunto que se torna objeto da consciência. Pelo contrário, é uma bagagem na qual nos movemos e participamos, e não a recebemos acabada. "A tradição não se coloca, pois, contra nós; ela é algo em que nos situamos e pelo qual existimos; em grande parte é um meio tão transparente que nos é invisível – tão invisível como a água o é para o peixe".[867] É por isso que Gadamer afirma que nós pertencemos à história, estamos imersos na tradição e dela buscamos subsídios para a compreensão do mundo circundante.

A referida "distância temporal" também ocorre entre o intérprete e o texto interpretado. O texto está originalmente concebido em determinado momento histórico, a saber, o texto forma parte do todo da tradição. É por isso que Gadamer entende que o verdadeiro sentido de um texto também será determinado pela situação histórica (a sua tradição) do intérprete. Desse modo,

> o sentido de um texto supera seu autor não ocasionalmente, mas sempre. Por isso a compreensão não é nunca um comportamento somente reprodutivo, mas é, por sua vez, sempre produtivo. (...), quando se logra compreender, compreende-se de um modo diferente.[868]

O encontro da tradição do intérprete e do texto interpretado não prova sempre a mesma compreensão. Com isso, não se poderá conceber o trabalho da hermenêutica como reprodutivo, pois aquele momento já passou. Ele deverá ser produtivo, na medida em que se trata de um novo encontro, de uma nova aproximação de tradições. É necessário observar uma outra faceta da distância temporal, pois o que deve

---

[866] GADAMER, Hans-Georg. "Esboço dos fundamentos de uma hermenêutica". In: FRUCHON, Pierre (org.). O Problema da Consciência Histórica, p. 67-8.
[867] PALMER, Richard E. Hermenêutica, p. 180.
[868] GADAMER, Hans-Georg. Verdade e método, p. 443-4.

preocupar realmente é "a distância entre a necessária generalidade da norma e a singularidade de cada 'caso' concreto. Superá-la, ou melhor, mediá-la, é tarefa da 'concretização' da norma, onde será necessário o contributo produtivo de complementação do Direito".[869] Como se verá, o círculo hermenêutico apresenta-se como uma alternativa adequada para fazer a mediação entre o texto com o conteúdo geral e as características peculiares de cada situação da vida.

O filósofo de Marburgo enfatiza, ainda, que

> o tempo já não é mais, primariamente, um abismo a ser transposto porque divide e distancia, mas é, na verdade, o fudamento que sustenta o acontecer, onde a atualidade finca suas raízes. A distância do tempo não é, por conseguinte, algo que tenha de ser superado. (...) Na verdade trata-se de reconhecer a distância de tempo como uma possibilidade positiva e produtiva do compreender.[870]

O tempo justamente favorece a construção da experiência, a aquisição de alternativas para enfrentar as situações concretas da vida. A *phrónesis* também requer a repetição de várias experiências, ou seja, a própria vivência, um dar-se conta de que o homem está inserido num contexto histórico, que em última análise forma a tradição de cada sujeito.[871]

Dessa feita, pode-se dizer:

> os intérpretes dependem da tradição, porque todos os seus interesses com relação a certas questões e respostas a determinado texto são pré-delineados pela "história de efetuação (Wirkungsgeschichte)" como a soma de interpretações anteriores e/ou do impacto geral da tradição.[872]

Quando se fala em tradição, também ingressam na cena as interpretações precedentes sobre o texto em estudo. Essas acabam sendo inseridas no contexto da tradição, pois atingem o intérprete. É aí que ingressam os princípios e as exigências metodológicas da lei natural, que são responsáveis pelo refinamento do contexto do conteúdo da tradição.

A consideração dos princípios e das exigências da razoabilidade prática da lei natural servem para justificar a própria formação da tradição do intérprete e do texto interpretado, ou seja, são o seu arcabouço formador. Entretanto, a sua consideração não almeja a autoperfeição e nem que sejam considerados meros imperativos categóricos, desvinculados da prática e condutores morais abstratos. A sua valorização servirá para a visualização dos componentes do contexto

---

[869] LARENZ, Karl. *Metodologia da ciência do direito*. Traduzido por José Lamego. 3. ed. Lisboa: Fundação Calouste Gulbenkian, 1997, p. 295.

[870] GADAMER, Hans-Georg. *Op. cit.*, p. 445.

[871] "A 'phrónesis', a racionalidade prática, se dirige ao viável em cada caso e tem a estrutura de um concluir inquiridos e reflexivo, além de ser um deliberar consigo mesmo, um aconselhar-se em assuntos próprios" (GUTIÉRREZ, Carlos B. "Del circulo al dialogo. El comprender de Heidegger a Gadamer". In: *Revista do Programa de Pós-Graduação em Filosofia da Universidade do Vale do Rio dos Sinos*, São Leopoldo: Unisinos, v. 3, n. 4, p. 19-39, jan.-jun. 2002, p. 35).

[872] KUSCH, Martin. *Linguagem como cálculo versus linguagem como meio universal*: Um estudo sobre Husserl, Heidegger e Gadamer, p. 257.

histórico onde cada ser humano vê forjada a sua pré-compreensão. Ela é formada e formadora dos mencionados princípios da lei natural e exigências da razoabilidade prática.

É necessário não ignorar, como alerta Lenio Luiz Streck, que,

> o exercício da transcendência, onde não apenas somos, mas percebemos que somos (*Dasein*) e somos aquilo que nos tornamos através da tradição (pré-juízos que abarcam a faticidade e historicidade de nosso ser-no-mundo, no interior do qual não se separa o Direito da sociedade, isto porque o ser é sempre um ser de um ente e o ente só é no seu ser, sendo o Direito entendido como a sociedade em movimento), e o sentido vem antecipado (círculo hermenêutico) por uma posição (*Vorhabe*), um ver prévio (*Vorsich*) e um pré-conceito (*Vorgriff*), isso porque, conforme ensina Heidegger, o ente somente pode ser descoberto seja pelo caminho da percepção, seja por qualquer outro caminho de acesso, quando o ser do ente já está revelado.[873]

Esse contexto gerado pela tradição, onde o ser humano busca as bases para a sustentação dos seus pré-juízos encontra-se alicerçado na sua história como *Dasein*, que vem justificada e constituída pelos princípios da lei natural, nos moldes estudados a partir de John Finnis. Estes sustentam o seu modo de ser, ou seja, são os responsáveis pela sustentação material da faticidade e da historicidade onde o ser-aí está inserido (ou jogado).

5.6. O CÍRCULO HERMENÊUTICO COMO LUGAR PRIVILEGIADO PARA A PROJEÇÃO DA FUSÃO DE HORIZONTES

A atribuição de sentido, como resultado do trabalho do intérprete, ocorre dentro do chamado círculo hermenêutico. Esta circularidade é vislumbrada numa espécie de espiral hermenêutica,[874] onde a compreensão sempre é precedida pela pré-compreensão. Esse movimento também sofre eventualmente algumas paradas. Quando isso ocorre, esqueço que: "compreender um texto significa sempre aplicá-lo a nós próprios, e saber que, embora se tenha de compreendê-lo em cada caso de uma maneira diferente, continua sendo o mesmo texto que, a cada vez, se nos apresenta de modo diferente".[875] É nesse contexto que a interpretação deverá ser renovada a cada caso concreto, pois a conjuntura fática e o mundo que está em volta dele não serão mais os mesmos que animaram a interpretação anterior.

Por tais aspectos, a hermenêutica desenvolvida por Gadamer entende ser

> impossível reproduzir um sentido. O aporte produtivo do intérprete forma parte inexoravelmente do sentido da compreensão. (...) o ato de interpretar implica uma produção de um novo texto,

---

[873] STRECK, Lenio Luiz. *Jurisdição constitucional e hermenêutica*: uma nova crítica do Direito, 2002, p. 216.

[874] Idem, p. 195-6.

[875] Idem, p. 579.

mediante a adição de sentido que o intérprete lhe dá. (...) Gadamer acentua que a interpretação da lei é uma tarefa criativa.[876]

É por isso que a hermenêutica gadameriana aposta no caráter produtivo e criativo da interpretação, pois "a norma, não existe já, nem é criada 'livremente', senão que é em todas as partes reintegrada em qualidade de regra partindo da adequação efetiva ao caso e do programa até então reconhecido".[877] Trata-se aqui da diferença entre texto e norma. A norma existirá somente a partir do processo hermenêutico que se realiza a cada nova situação em confronto com o texto legal já existente. Até porque não podemos esquecer que "que as normas legais são simplesmente modelos ou 'formas representativas' para um preceito cujo conteúdo o juiz deve determinar".[878]

A imagem do círculo hermenêutico, onde justamente se expulsa a reprodução – dado o respeito aos contornos de cada situação – não deverá ser pensada como se a compreensão retorne simplesmente ao seu ponto de partida. Pelo contrário, ela será capaz de avançar para um novo patamar à compreensão do texto. Tal situação provoca:

> um movimento antecipatório da compreensão, suja condição ontológica é o círculo hermenêutico. (...) Por isso, as condições de possibilidade para que o intérprete possa compreender um texto implicam uma pré-compreensão (seus pré-juízos) acerca da totalidade (que a sua linguagem lhe possibilita) do sistema jurídico-político-social.[879]

O desenvolvimento do círculo hermenêutico, a partir da pré-compreensão definida pela tradição, indica um "processo de olhar para a frente e para trás que precisa repetir-se inúmeras vezes, mormente quando se tenha apenas contemplado uma parte do texto global – por exemplo, uma só frase ou parágrafo".[880] O círculo hermenêutico será alimentado constantemente pela tradição do intérprete e do texto,[881] a partir da experiência de vida gerada pelos princípios da lei natural e as suas exigências metodológicas de razoabilidade prática. A par disso, o filósofo entende que

---

[876] STRECK, Lenio Luiz. *Jurisdição constitucional e hermenêutica: op. cit.*, p. 204-8.

[877] ESSER, Josef. *Principio y Norma em la Elaboración Jurisprudencial del Derecho Privado*. Traduzido por Eduardo Valentí Fiol. Barcelona: Bosch Casa Editorial, 1961, p. 108.

[878] Idem, p. 325-6.

[879] STRECK, Lenio Luiz. "A hermenêutica e a tarefa da construção de uma crítica do direito a partir da ontologia fundamental". In: *Revista do Programa de Pós-Graduação em Filosofia da Universidade do Vale do Rio dos Sinos*. São Leopoldo: Unisinos, v. 3, n. 4, p. 255-95, jan.-jun. 2002, p. 109.

[880] LARENZ, Karl. *Metodologia da ciência do direito*, p. 287.

[881] A questão do "círculo hermenêutico" não apresenta apenas uma "relação formal entre a antecipação do todo e a construção das partes, correspondentes à regra de 'decompor e recompor' que nos era ensinada nos cursos de latim – relação que de fato constitui a estrutura circular da compreensão de textos. Ora, o círculo hermenêutico é um círculo rico em conteúdo que reúne o intérprete e seu texto numa unidade interior a uma totalidade em movimento. A compreensão implica sempre uma pré-compreensão que, por sua vez, é prefigurada por uma tradição determinada em que vive o intérprete e que modela os seus preconceitos". GADAMER, Hans-Georg. "Esboço dos fundamentos de uma hermenêutica". In: FRUCHON, Pierre (org.). *O Problema da Consciência Histórica*, p. 13.

o intérprete não pretende outra coisa que compreender esse geral, o texto, isto é, compreender o que diz a tradição e o que faz sentido e o significado do texto. E para compreender isso ele não deve querer ignorar a si mesmo e a situação hermenêutica concreta, na qual se encontra. Está obrigado a relacionar o texto com essa situação, se é que quer entender algo nele.[882]

A questão relativa à pré-compreensão faz parte de um processo de aprendizagem, que ocorre no início do compreender, quando existe ainda uma vaga projeção de sentido, "que acorre a inserir-se numa primeira perspectiva, ainda fugidia. O intérprete está munido de uma 'pré-compreensão', com que acede ao texto".[883] Quer dizer, o trabalho hermenêutico pretendido tanto por Heidegger, quanto por Gadamer, pressupõe que o sujeito esteja disposto a aprender a realizar a tarefa interpretativa de modo diferente. Mais trabalhoso talvez. Entretanto, com possibilidades de êxito muito maiores do que aqueles proporcionados pela simples repetição metódica de algumas máximas, como se fossem representantes metafísicas.

A pré-compreensão não faz parte apenas do conteúdo jurídico. Nela ingressa muito mais, pois pode ser considerada "um sistema de vínculos existenciais com o mundo".[884] Vale dizer, ela é composta por todos os aspectos que circundam o intérprete, especialmente os princípios e as exigências da lei natural, que são o substrato da constituição ontológica do ente homem. Portanto, convém não olvidar: "a pré-compreensão, na base da questão do ordenamento atual, é mais do que uma simples condição do compreender, é a promessa por um compreender, que pode ser utilizada como fundamento para a decisão".[885]

O processamento do círculo hermenêutico – onde a compreensão vem antecedida pela pré-compreensão, enlaçando-se na interpretação e na aplicação – é permeado e possibilitado pela linguagem. Onde fica claro que somente poderemos conceber o ser do ente homem a partir das possibilidades projetadas pela linguagem. A linguagem aponta para a totalidade do mundo onde ocorre a experiência da tradição. Entretanto, alerta Gadamer, "a tradição não é simplesmente um acontecer que se pode conhecer e dominar pela experiência, mas é linguagem, isto é, fala por si mesma, como faz um tu".[886] A linguagem surge como a condição de possibilidade de toda experiência hermenêutica, ou seja, "é o *medium* universal em que se realiza a própria compreensão. A forma de realização da compreensão é a interpretação".[887] Nesse

---

[882] GADAMER, Hans-Georg. Verdade e método: traços fundamentais de uma hermenêutica filosófica, p. 482.

[883] LARENZ, Karl. *Metodologia da ciência do direito*, p. 288.

[884] FORNARI, Aníbal. "Tradición, Autoridad y Educación em la Razón Crítica. Alternativa y Proyección actual de la Hermenêutica: Rorty-Del Noce-Gadamer". In: *Rivista Aquinas*, p. 410.

[885] ESSER, Josef. *Precomprensione e scelta del método nel processo di individuazione del diritto*: Fondamenti di razionalità nella prassi decisionale del giudice. Traduzido por Salvatore Patti e Giuseppe Zaccaria. [s.l.]: Scuola di perfezionamento in diritto civile dell'Università di Camerino, 1983, p. 135.

[886] GADAMER, Hans-Georg. *Op. cit.*, p. 528.

[887] Idem. *Verdade e método*: traços fundamentais de uma hermenêutica filosófica, p. 566.

contexto, será correto dizer que a linguagem forma pontes que ligam os homens entre si, favorecendo o desenvolvimento da experiência hermenêutica.

As ligações que a linguagem propicia também deixam transparecer um indício muito significativo: a finitude humana. Vale dizer, "não simplesmente porque há uma multiplicidade de linguagens, mas porque ela se forma permanentemente enquanto traz à fala sua experiência de mundo. A linguagem é, assim, o evento da finitude do homem".[888] Essa possibilidade está acessível à totalidade do ente homem, fazendo justamente a chamada ponte entre ele, como ser histórico-finito, e o mundo, e vice-versa.[889]

Existe uma relação muito próxima entre linguagem e mundo, pois, segundo Gadamer, "o mundo é mundo pela linguagem e a linguagem só tem sentido porque nela se representa o mundo".[890] Isso demonstra uma relação paritária entre ambos, mas sem submissão de um em face do outro. A reflexão gadameriana também possibilita as seguintes afirmativas: a linguagem não é concebida como uma simples conjugação de signos, que simplesmente representaria uma realidade dotada de inteligibilidade própria. E, além disso, não viabiliza que a linguagem atribua livremente qualquer sentido a uma realidade, sem a interferência da inteligência do ser humano.[891]

As diversas possibilidades viabilizadas pela relação entre o homem, o mundo e a linguagem demonstram que a tarefa interpretativa não é uma atividade simples. Se a formulação lingüística fosse unívoca e claramente formulada, considerando o problema em que deve ser vinculada, não haveria maiores dificuldades. Em verdade, não existe essa formulação de significado único e muito menos uma regra de formulação definitiva, que não revelasse uma nova variante ou um novo modelo de solução, a cada novo caso concreto.[892]

As aproximações operacionalizadas através do círculo hermenêutico, Gadamer chama de "fusão de horizontes": "o intérprete e o texto possuem cada qual seu próprio 'horizonte' e todo compreender representa uma fusão desses horizontes".[893] Para a sua corporificação, deveremos evitar uma "assimilação precipitada do passado com as próprias expectativas de sentido". É necessário que muitas vezes sejamos

---

[888] OLIVEIRA, Manfredo Araújo de. *Reviravolta Lingüístico-Pragmática na filosofia contemporânea*, p. 240.

[889] Idem, ibidem.

[890] GADAMER, Hans-Georg. *Op. cit.*, p. 643.

[891] SILVA, Rui Sampaio da. "Gadamer e a Herança Heideggeriana". In: *Revista Portuguesa de Filosofia*, Braga, v. 56, n. 3-4, p. 521-41, jul.-dez 2000, p. 535.

[892] ESSER, Josef. *Precomprensione e scelta del método nel processo di individuazione del diritto*: Fondamenti di razionalità nella prassi decisionale del giudice, p. 134.

[893] GADAMER, Hans-Georg. *Verdade e método*: complementos e índice, p. 132.

testados na absorção de nossa tradição, de modo que "estamos obrigados a pôr à prova constantemente todos os nossos preconceitos. Parte dessa prova é o encontro com o passado e a compreensão da tradição da qual nós mesmos procedemos". A história do sujeito cognoscente participa da compreensão por ele realizada, não há um corte, com o intuito de excluir a pré-compreensão do intérprete. Pelo contrário, ela tem especial importância na construção do trabalho hermenêutico. Desta forma, "compreender é sempre o processo de fusão desses horizontes presumivelmente dados por si mesmos". A fusão de horizontes, portanto, é o meio articulador onde o novo e o velho se encontram, num constante valorizar da tradição, favorecendo o crescimento de ambos, "sem que um e outro cheguem a se destacar explicitamente por si mesmos".[894] A tradição, responsável pela estrutura da pré-compreensão, acaba sendo o resultado de um processo de aprendizagem ao qual estamos submetidos ao longo de nossa vivência.[895]

Na medida em que tratamos da hermenêutica jurídica, não poderemos interpretar o texto com a perspectiva histórica, mas ela deverá ser implementada com vistas à sua validade jurídica. Não obstante, apesar disso, é importante ter presente que, como estamos tratando do processo de compreensão, que se constrói a partir da fusão de horizontes, o texto "tem de ser compreendido em cada instante, isto é, em cada situação concreta de uma maneira nova e distinta".[896] É preciso também olhar para o não-dito; considerar que a linguagem não consegue atingir explicitamente todo o pretendido. Esse compreender tem um significado especial para representar um "ato hermenêutico" e parece que este aspecto não poderá ser negligenciado: na relação sujeito-sujeito deve haver um "acordo mútuo" acerca de algo – "em que se deposita confiança no outro quanto à verdade ou à correta decisão normativa de questões práticas", o que não pode ser

> substituída por uma objetivação descritiva ou mesmo explanativa de seus atos psíquicos ou de seu comportamento. Portanto, também as regras metódicas de uma hermenêutica como doutrina da "interpretação" precisam ser entendidas a partir do contexto de um acordo mútuo.[897]

Karl-Otto Apel chama a atenção para um detalhe muito importante, que estará presente justamente no momento da formulação da decisão a ser aplicada ao caso concreto: ele fala num "acordo mútuo" que deverá ocorrer entre o intérprete, o texto e a situação concreta. No presente caso, os princípios e as exigências da razoabilidade prática de John Finnis são justamente um contexto que servirá para mediar,

---

[894] Ibidem, p. 456-7.
[895] Esta idéia é adaptada a partir de ESSER, Josef. *Op. cit.*, p. 10.
[896] GADAMER, Hans-Georg. *Op. cit.*, p. 461.
[897] APEL, Karl-Otto. *Transformação da Filosofia I*: Filosofia Analítica, Semiótica, Hermenêutica, p. 32.

concretizar e justificar o "acordo mútuo". Isso ocorre porque "o compreender as ações humanas deve implicar, ao contrário do elucidar dos acontecimentos naturais, uma reivindicação normativa de justificação".[898] Portanto, pretende-se mostrar que a lei natural poderá suprir esta "lacuna" no pensamento de Gadamer, que não explicita adequadamente o contexto do conteúdo da tradição e nem a justificação da resposta dada à situação concreta, em forma de decisão. Isso tem provocado a crítica do relativismo da hermenêutica filosófica.

A referida preocupação também está ligada ao fato de que "a hermenêutica alude e concentra-se também sobre o incompreensível (*Unverständliches*), ou seja, o não-dito-(ainda), que por este é provocado ou pelo incompreendido e levado ao caminho do perguntar e compreender". Dessa forma, Gadamer lança um desafio que, de certa maneira, incomoda àqueles que pretendem a certeza e a segurança da atividade hermenêutica:

> "o que no dito está sendo não dito". Nesse processo não ocorre um domínio prévio, mas se procura responder ao desafio que sempre se renova, a "algo incompreensível, surpreendentemente diferente, estranho, obscuro – e talvez profundo, que nós precisaríamos compreender".[899]

A compreensão, projetada a partir da chamada "fusão de horizontes", com vistas à interpretação e aplicação aos fatos da vida que nunca acontecem com os mesmos contornos, deverá estar apta a dar conta deste não-dito.[900] Vale dizer, o projetar da vida lança os seus desafios e a sua historicidade ao encontro dos textos das normas jurídicas, exigindo a necessária flexibilidade e abertura para buscar sempre novas soluções, aos sempre inéditos contornos estabelecidos pela vida do homem, a qual não vem com um roteiro de instruções previamente definidas e programadas.

A partir dessa necessidade, Gadamer vai criticar a hermenêutica realizada em fatias, ou seja, primeiro compreende, para depois, num segundo momento, interpretar e, apenas num terceiro estágio, encontrar-se-ia a aplicação. Assim sendo, "a interpretação não é um ato posterior e oportunamente complementar à compreensão, porém, compreender é sempre interpretar, e, por conseguinte, a interpretação é a

---

[898] APEL, Karl-Otto. *Transformação da Filosofia I*: op. cit., p. 38.

[899] ROHDEN, Luiz. *Hermenêutica filosófica*: entre a linguagem da experiência e a experiência da linguagem, p. 70.

[900] Esta questão acerca do não-dito faz parte da tarefa da hermenêutica, a partir do contexto planejado pela linguagem: "a hermenêutica toma por fundamento o fato de que a linguagem nos remete tanto para além dela mesma como para além da expressividade que ela apresenta. Não se esgota no que diz, ou seja, no que nela vem à fala. A dimensão hermenêutica aqui entreaberta significa certamente uma limitação do caráter objetivador do que pensamos e comunicamos. A expressão de linguagem não é simplesmente imprecisa, algo que precisa ser melhorado, mas justamente o que, realizando suas possibilidades, permanece sempre e necessariamente aquém do que evoca e comunica". GADAMER, Hans-Georg. *Verdade e método*: complementos e índice, p. 209-10.

forma explícita da compreensão". Apresentando-se estes dois momentos num contexto conjugado e praticamente unitário, Gadamer vai dizer que a aplicação deverá ser inserida entre a compreensão e a interpretação: "na compreensão, sempre ocorre algo como uma aplicação do texto a ser compreendido, à situação atual do intérprete". Ocorre, assim, um processo unitário, entre a compreensão, a interpretação e a aplicação.[901] "A aplicação é um momento do processo hermenêutico, tão essencial e integrante como a compreensão e a interpretação".[902] Dito assim, fica evidente que já na compreensão e interpretação de um texto deverá haver preocupação com a sua aplicação. Isto significa dizer que as especificidades do caso concreto já deverão ser mensuradas desde aquele momento. Em suma, "a aplicação é um momento do próprio compreender",[903] ou seja, forma-se um conjunto integrado pela pré-compreensão, compreensão, interpretação e aplicação que é chamado de "círculo hermenêutico".

A criatividade que se espera projetada no círculo hermenêutico e do qual deve irradiar pressupõe uma criação do intérprete (notadamente do magistrado), visualizando de forma sistemática o ordenamento jurídico, que "adote ante a sociedade uma postura bastante crítica para superar o sistematismo legal incompatível com a nova necessidade do ordenamento".[904] A proposta hermenêutica esboçada até o momento exigirá uma postura crítica, que esteja interessada em ir um pouco mais além da mera reprodução do texto legal. A cada situação, deverá haver um novo ingresso no círculo hermenêutico, a fim de construir uma solução que seja adequada para "aquele" caso, e especialmente para ele.

Sabe-se que o Direito trabalha para a construção de uma decisão objetivamente justa em senso geral e que esteja de acordo com o ordenamento jurídico. Nesse sentido, o resultado da hermenêutica gera uma série de expectativas. Portanto, poder-se-ia dizer que a fusão de horizontes, do qual fala Gadamer, quando irradia os resultados por meio do desencadeamento do círculo hermenêutico, gera um "horizonte de expectativa", em torno do qual se aplica o Direito. É importante destacar, que

> esse horizonte de expectativa não é subjetivo, mas geral, ele representa a compreensão jurídica do grupo social inteiro, com o qual o juiz, na sua interpretação, se deve confrontar. Tal confronto

---

[901] Segundo Gadamer, na velha tradição hermenêutica o problema hermenêutico era dividido em três fatias. Tratava-se, no caso, das *subtilitas*. Vale dizer, a *subtilitas intelligendi*, relacionada à compreensão; a *subtilitas explicandi*, que buscava trabalhar com a interpretação e a *subtilitas applicandi*, vinculada à aplicação. Idem. *Verdade e método*: traços fundamentais de uma hermenêutica filosófica, p. 459.

[902] Idem, p. 459-60.

[903] GADAMER, Hans-Georg. *Verdade e método*: traços fundamentais de uma hermenêutica filosófica, p. 20.

[904] ESSER, Josef. *Principio y Norma em la Elaboración Jurisprudencial del Derecho Privado*, p. 310.

não vai acrescentar "a posteriori", ao ato de individualização do Direito, senão determina, pelo contrário, a direção e o curso, em relação ao consenso social que se deve atender por uma decisão razoável.[905]

Esse "horizonte de expectativa" do qual fala Josef Esser vem complementar o "acordo mútuo", referido por Karl-Otto Apel, ou seja, o resultado do círculo hermenêutico deverá estar assentado em uma série de aspectos, incluindo o consenso social, a tradição, os valores da sociedade e, especialmente, os princípios da lei natural – nos moldes desenhados por John Finnis – que respondem às expectativas do grupo social e darão o respectivo suporte de razoabilidade à decisão interpretativa. Tais características não serão acrescentadas posteriormente à decisão. Pelo contrário, elas já existem, e nós nos movemos nelas, e mais, elas vêm ao nosso encontro. Portanto, o ato de interpretação deverá dar-se conta de tudo isso, ao atribuir o sentido a determinado texto. Dito de outro modo, o resultado da interpretação apenas será razoável e legítimo se respeitar todo esse conjunto, que dará a necessária respeitabilidade à decisão do caso concreto.

É preciso ter em conta que a busca dos bens humanos básicos estará lastreada por um plano de vida coerente, mediante a adequada valorização dos valores elegidos e das pessoas envolvidas com o sujeito, com o comportamento ético e solidário inspirado na realização do bem comum. É dentro desse conjunto que, em última análise, se expressa a existência finita do ente homem, onde deveremos basear aquilo que é possível querer, desejar, bem como realizar com nossa própria ação. Todas estas questões encontram-se direcionadas para esta realização prática. Portanto, não se trata de uma mera busca autônoma e abstrata de normas como pretendia Kant, desvinculadas da experiência e dos acontecimentos que circundam cada ser humano. Com isso, deve-se reconhecer, segundo Gadamer, que

> a afirmação de que o princípio é a facticidade só requer a explicação de seu significado no âmbito de uma teoria da ciência. (...) O que significa "fato", nesse contexto, não é a facticidade dos fatos estranhos, dos quais pensamos ter dado conta à medida que aprendemos a explicá-los. Trata-se da factualidade das crenças, valorações, usos partilhados por todos nós; é o paradigma de tudo que constitui nosso sistema de vida. A palavra grega que designa o paradigma dessas factualidades é o conhecido termo "ethos", o ser que se consegue com o exercício e o hábito.[906]

Volta-se aqui justamente a Aristóteles, ao ser reexaminada a *phrónesis* como uma virtude que se aprende pela experiência de vida. Vale dizer, a interferência do exercício e do hábito são responsáveis pelo desenvolvimento das exigências da razoabilidade prática. Exatamente no ponto em que o ser humano, constituído pela natureza, mas

---

[905] ESSER, Josef. *Precomprensione e scelta del método nel processo di individuazione del diritto*: Fondamenti di razionalità nella prassi decisionale del giudice, p. 136.

[906] GADAMER, Hans-Georg. *Verdade e método*: complementos e índice, p. 376.

com a interferência de sua percepção, é capaz de moldar-se num sujeito em condições de olhar ao seu redor e perceber que o saber traz consigo uma tarefa infinita, dentro de uma humana finita possibilidade de desenvolvimento. Essa constatação está em sintonia com Gadamer:

> fundamenta-a dizendo que a compreensão e o entendimento não significam primária e originalmente um procedimento ensinado metodologicamente, mas uma forma de realização da vida social humana, que em última formalização representa uma comunidade de diálogo. Nada pode ser excluído dessa comunidade de diálogo, nenhuma experiência de mundo.[907]

A linguagem e o diálogo querem mostrar que as experiências de vida não poderão ser ensinadas, mas simplesmente vividas, sob a inspiração das formas básicas de bem, desenvolvidas por John Finnis. E, por outro lado, esse aprendizado humano não poderá ser aprisionado dentro de uma perspectiva metodológica, pois, se isso ocorresse, estaríamos impedindo o seu crescimento e aprimoramento, dada a imensa variedade de formas que a vida social projeta e experimenta.

No projeto gadameriano, portanto, a linguagem e o diálogo serão responsáveis pelo estabelecimento do "meio termo", ou até de um "justo meio", entre o vigor de ter sido e o presente, olhando para o futuro.[908] O importante é que nesse projeto a linguagem não é uma terceira coisa que se coloca entre o sujeito e o objeto, mas a própria condição de possibilidade para a experiência hermenêutica. É nesse cenário que Gadamer afirma: "o ser que pode ser compreendido é linguagem. (...) Aquilo como o que algo se apresenta a si mesmo faz parte de seu próprio ser".[909] O próprio ser se manifesta enquanto linguagem. Por isso ela é tão importante, pois é por seu intermédio que se apresenta o ser do ente homem. Em tal situação, "o ser que pode ser compreendido não se limita à busca e ao significado de frases protocolares, mas em ser-com-outro que caracteriza o nosso ser-no-mundo".[910] O ser que pode ser compreendido enquanto linguagem não está preocupado com a mera significação lingüística, mas no estabelecer relações consigo mesmo e também com o outro, ou seja, com o mundo onde está mergulhado. Isso significa dizer que "o ser é a vida, o movimento circular de uma identidade que produz e habita a sua exteriorização sem se separar dela mesma, que engendra o seu outro sem jamais cessar de aí se reconhecer e se encontrar".[911] A linguagem, portanto, é a responsável por todo o projeto hermenêutico desenvolvi-

---

[907] GADAMER, Hans-Georg. *Verdade e método*, p. 297.

[908] Idem. "Esboço dos fundamentos de uma hermenêutica". In: FRUCHON, Pierre (org.). *O Problema da Consciência Histórica*, p. 14.

[909] Idem. *Verdade e método*: traços fundamentais de uma hermenêutica filosófica, p. 687.

[910] ROHDEN, Luiz. "'Ser que pode ser compreendido é linguagem": A Ontologia Hermenêutica de Hans-Georg Gadamer". In: *Revista Portuguesa de Filosofia*, Braga, v. 56, n. 3-4, p. 543-57, jul.-dez. 2000, p. 549.

[911] Idem, p. 550.

do por Gadamer, é ela que nos faz ser o ser que somos e termos o mundo onde vivemos e no qual podemos experimentar a maravilhosa experiência do atribuir sentido às coisas.

Toda essa riqueza possibilitada pela linguagem, tomando-se em consideração aquilo que não é dito, fará com que Gadamer se afaste da pretensão da "única resposta correta" projetada por Dworkin. E isso ocorre porque

> o caso concreto é irrepetível, a resposta é, simplesmente, uma (correta ou não), para aquele caso. A única resposta acarretaria uma totalidade, em que aquilo que sempre fica de fora de nossa compreensão seria eliminado. O que sobra, o não dito, o ainda-não-compreendido, é o que pode gerar, na próxima resposta um caso idêntico, uma resposta diferente da anterior.[912]

Nesse sentido, e tomando em consideração os princípios da lei natural, não se poderá falar na "única resposta correta", pois teremos apenas a resposta adequada para aquele caso concreto, com as suas peculiaridades.

---

[912] STRECK, Lenio Luiz. "Da Interpretação de Textos à Concretização de Direitos – A incindibilidade entre interpretar e Aplicar a partir da Diferença Ontológica *(Ontologische Differentz)* entre Texto e Norma". In: ROCHA, Leonel Severo; STRECK, Lenio Luiz (org.). *Anuário do Programa de Pós-Graduação em Direito da Unisinos – Mestrado e Doutorado*, passim.

6. Novos Rumos da Razoabilidade Prática: os Princípios da Lei Natural como Justificativa Ética da Espiral Hermenêutica

6.1. OS PRINCÍPIOS DA LEI NATURAL "VS" O RELATIVISMO DO RESULTADO DA HERMENÊUTICA JURÍDICA: A IMPORTÂNCIA DA RAZOABILIDADE PRÁTICA

Aristóteles estava preocupado na realização do bem, ou seja, alcançar a vida boa. Para tanto, seria necessário colocar em ação o primeiro princípio prático "fazer o bem e evitar o mal". Esse é o cenário especial para o surgimento daquilo que já foi preconizado por Aristóteles: "toda arte e toda indagação, assim como toda ação e todo propósito, visam a algum bem; por isto foi dito acertadamente que o bem é aquilo a que todas as coisas visam".[913] O referido bem visado pela prática (a ação) é o resultado obtido por intermédio da hermenêutica filosófica. Assim, resta evidente que o resultado não depende apenas da ética, mas envolve também a ontologia. Vale dizer: "aquilo que algum ser anseia é determinado por ele ou por sua essência. Essa é a origem do anseio de todos os tipos de seres que se compõem de matéria e de forma. Eles são variáveis e podem mover-se ou ser movidos".[914]

O filósofo de Marburgo, ao estudar o saber ético, enfatizou a importância do conselho que cada pessoa busca consigo mesmo, já que não se trata de um saber revestido de caráter prévio:

> a relação entre meio e fim não aparece aqui nos moldes daquilo que se pode dispor com anterioridade dos meios idôneos, e isso pela razão de que o saber do fim idôneo não é, por sua vez, mero objeto de um saber. Não existe uma determinação prévia daquilo em que a vida no seu todo está orientada.[915]

Aí está a raiz da crítica ao método e ao objetivo do saber prévio desconectado com as características ditadas por cada situação, no

---
[913] ARISTÓTELES. *Ética a Nicômacos*, 1094a.
[914] GÜNTHER, Klaus. *Teoria da Argumentação no Direito e na Moral*: Justificação e Aplicação, p. 256.
[915] GADAMER, Hans-Georg. *Verdade e método*: traços fundamentais de uma hermenêutica filosófica, p. 477.

momento específico do acontecer. Portanto, os princípios da lei natural e as exigências metodológicas da lei natural – nos termos propostos por John Finnis – podem corresponder a este aconselhamento prudente referido por Gadamer.

A lei natural, da forma como foi apresentada, corresponde ao modo de ser do ente homem. Assim, o tempo, no conjunto formado com a tradição, é considerado a luz que provoca o seu desvelamento na construção do seu significado. A lei natural acaba justificando a materialidade da relação que se estabelece entre o ser, o ente e o tempo, formando a verdadeira essência do primeiro. Quando Heidegger fala da questão do pensamento, refere a preocupação para aquilo que ainda interessa pensar. Com isso, abre espaço para a lei natural e os seus princípios e exigências de razoabilidade prática, como a expressão do modo de ser do ente homem.

Dentro da linha do que já foi apresentado, ficou sublinhado que a lei natural está vinculada à tradição onde cada ente homem está inserido. Assim, ela é o seu referencial e a sua sustentação, tanto do conteúdo, quanto de sua autoridade. Com isso, destaca-se que a pré-compreensão, que se baseia na tradição, tem nos princípios da lei natural e nas exigências da razoabilidade prática a contextualização do seu conteúdo. Por isso, não há como comparar os princípios da lei natural – sem entrar no mérito se eles são regras ou normas – do tipo daquelas que integram o direito positivo e são aclamadas como a única fonte pelo positivismo jurídico. Nesse sentido, a tradição não deve ser considerada um mero acatamento de um compacto indiferente de determinadas condutas. Pelo contrário, e isto parece ser o mais importante, a tradição "não vive senão da liberdade que se reinicia enquanto tal e em seu sentido segundo a lei do signo e do acontecimento. (...) Ademais, o autêntico valor de cada tradição, em seu núcleo essencial, consiste em outorgar um sentido básico de sensatez à razão".[916] Com tal perspectiva, verifica-se claramente que as contribuições de John Finnis vinculam-se à tradição, pois elas encontram na liberdade o elemento básico para a construção da razoabilidade.

O método fenomenológico que serve para sustentar a perspectiva hermenêutica procura apossar-se de tudo o que é legado pela tradição através da linguagem. Não se trata, como se verificou, de uma análise teórica sobre o ser, mas, pelo contrário, procura trabalhar com

> a *práxis* humana, como existência e faticidade, (...). O método fenomenológico, enquanto método hermenêutico-lingüístico, não se desliga da existência concreta, nem da carga pré-onto-lógica que na existência já vem sempre antecipada. É isso que lhe dá como característica uma inelutável circularidade, (...).[917]

---

[916] FORNARI, Aníbal. "Tradición, Autoridad y Educación em la Razón Crítica. Alternativa y Proyección actual de la Hermenêutica: Rorty-Del Noce-Gadamer". In: *Rivista Aquinas*, p. 414-5.

[917] STEIN, Ernildo. "Introdução ao Método Fenomenológico Heideggeriano". In: *Sobre a Essência do Fundamento*, p. 88.

Com tal perspectiva, será possível penetrar e desvelar os princípios da lei natural, com uma base prática, vinculada ao "Sorge" que o homem deve ter consigo mesmo. Vale dizer, é a linguagem que fala a tradição, a viabilizadora hermenêutica dos princípios da lei natural, os quais, como visto, não se inscrevem num sistema fechado e abstrato, mas integram o movimento da vida de cada ente homem.

Tais aspectos vieram responder às críticas que a hermenêutica filosófica sofre, no tocante ao relativismo de suas respostas para cada situação concreta. Gadamer desenvolve a chamada "lógica da pergunta e da resposta", onde é possível encontrar uma passagem bem singela que deixa clara uma sinalização aos que pretendem defender que com a hermenêutica filosófica vale qualquer resposta: "(...) Com isso não se abrem as portas a qualquer arbitrariedade na interpretação, mas simplesmente se põe a descoberto o que sempre ocorre".[918] A resposta e a pergunta estão relacionadas, possibilitando alterações de sentido na medida em que as perguntas são formuladas. Entretanto, como destacou o filósofo, a resposta nunca é arbitrária, o que significaria instaurar um "vale tudo ou qualquer coisa". A resposta varia de acordo com a pergunta e vice-versa, deixando bem claro que a mudança no contexto provoca alterações, que não poderão deixar de ser percebidas pela intérprete, sob pena de realizar a mera reprodução de algo já produzido anteriormente. Por tudo o que já disse, não é permitida a arbitrariedade, pois está em jogo uma série de fatores que a impedem, uma vez que justificam a resposta dada.

Heidegger também é enfático em repelir a idéia de um relativismo na hermenêutica, pois refere que a interpretação "(...) não lança, por assim dizer, um 'significado' sobre a nudez de algo simplesmente dado, nem cola sobre ele um valor (...)". Existe, isso sim, uma atribuição de sentido, que representa uma "(...) perspectiva em função da qual se estrutura o projeto pela posição prévia, visão prévia e concepção prévia. É a partir dela que algo se torna compreensível como algo".[919] A atribuição de sentido de algo como algo depende de uma série de aspectos que se encontram na fusão de horizontes. É aí que nasce o sentido de algo, respeitando as peculiaridades do contexto onde a situação fática está colocada, ou seja, a conjugação da situação hermenêutica, a tradição e os preconceitos (entendendo-se esses últimos, no sentido resgatado por Gadamer).

Segundo Lenio Luiz Streck, o processo interpretativo tem os seus limites, o que significa que "não se pode dizer qualquer coisa sobre qualquer coisa!". Aqueles que acusam a hermenêutica filosófica de

---
[918] GADAMER, Hans-Georg. *Verdade e método*: traços fundamentais de uma hermenêutica filosófica, p. 550.

[919] HEIDEGGER, Martin. *Ser e Tempo*. 12. ed. Parte I, p. 206 e 208.

relativismo buscam, na verdade um método, pois estão preocupados com a segurança e a previsibilidade tão prometidos pelos positivistas. E é aí que o citado autor pergunta: "estaria a interpretação do Direito condenada a um 'decisionismo irracionalista' ou a uma espécie de 'direito alternativo tardio'?".[920] Pelo já dito, especialmente a partir de Heidegger e Gadamer, a resposta é negativa. A construção hermenêutica sempre estará lastreada em uma série de fatores que impedem qualquer resposta, pois sempre será uma interpretação que respeita a conclusão que advém do círculo hermenêutico, com a justificativa oriunda dos princípios da lei natural e das exigências da razoabilidade prática, trazidas até o interprete, ou seja, até o seu horizonte, pela tradição da qual ele mesmo faz parte. Quer dizer, "interpretar torna-se a senha de uma reabertura em novas bases, além do idealismo e além do 'objetivismo' científico, do problema da verdade e da possibilidade mesma da filosofia".[921] É nisso que se deve apostar, pois a hermenêutica filosófica, com a proposta até aqui apresentada, é uma grande oportunidade do Direito recuperar a sua especificidade e se libertar de muitos cânones defendidos pelo positivismo jurídico.

A discussão sobre o relativismo levanta uma questão: o que significa a afirmação de relativismo em relação a algum ponto de vista? Jean Grondim refere que constantemente compreendemos alguma situação de modo diverso, inexistindo uma verdade de caráter absoluto. A cada nova tentativa de compreensão pode surgir uma verdade, que poderá ser discutida posteriormente. Isso ocorre por que o relativismo "comumente [é] entendido como a concepção segundo a qual determinada coisa, ou mesmo qualquer coisa, é exatamente como qualquer outra".[922] Segundo o autor, esse ponto de vista dificilmente poderá ser defendido, aspecto que gera dúvida sobre a existência de um relativismo, especialmente em relação à hermenêutica. O que existe é apenas um fantasma de relativismo, levantado por todos aqueles que são temerosos quanto aos (bons) resultados que o emprego da hermenêutica filosófica pode proporcionar, temendo, igualmente, a derrubada do mito da certeza e segurança que o positivismo jurídico promete. No fundo, somos seres de constituição hermenêutica, porque temos a palavra que nos faz criar vínculos com os demais e o mundo e a capacidade de refletir sobre ela (a palavra) e o seu sentido.[923]

Com essa constatação, fica abalada a pretensão de relativismo dos resultados da hermenêutica filosófica. Além disso, estamos numa

---

[920] STRECK, Lenio Luiz. *Hermenêutica Jurídica e(m) Crise*: uma exploração hermenêutica da construção do Direito, p. 313.

[921] D'AGOSTINI, Franca. *Analíticos e Continentais*: Guia à filosofia dos últimos trinta anos, p. 404.

[922] GRONDIN, Jean. *Introdução à hermenêutica filosófica*, p. 230.

[923] Idem, p. 231 e 234.

época em que a busca por uma resposta correta não é mais aceitável, dada a contingência das situações que a vida concreta provoca.

> Nesta situação surge um problema completamente novo, e que é o que com conceitos escolásticos chamaríamos o problema da contingência. Isso significa que, ao invés do que ocorria numa olhada sobre o mundo grego, não são agora unicamente as diferentes ordens em sua regularidade e em sua força configuradora os que exercem seu influxo sobre esse mundo que nós experimentamos, ordens que se convertem assim em objeto de nosso conhecer pensante. Agora se trata precisamente do caráter incompreensível do único.[924]

Aqui está em jogo exatamente o viver fático de que fala Heidegger, o qual evidentemente não pode se submeter ao único. E essa é uma resposta ao relativismo, se existente, que busca o único, o absoluto. A hermenêutica da faticidade quer justamente mostrar que ela (a faticidade) se interpreta a si mesma, especialmente quando se refere que o viver fático é representado pelos princípios da lei natural e pelas exigências metodológicas da razoabilidade prática. Esse conjunto forma o viver fático e ele se interpreta, dentro do círculo hermenêutico, a cada momento. Por isso, o único é incompreensível e faz com que seja desmontado um dos cânones defendidos pelo positivismo jurídico, ou seja, a certeza da resposta, mediante a objetificação da realidade. A constatação de Gadamer aponta para mais uma situação: o dar-se-conta depende da tradição. Aí está o medo daqueles que lançam a crítica do relativismo contra a hermenêutica filosófica, pois o dar-se-conta não precisa de método, pois ele simplesmente se dá. E mais, o dar-se-conta da tradição significa justamente acordar para o existir da faticidade onde o ente homem está imerso.

Quem havia percebido esse aspecto do incompreensível do único foi Aristóteles, como já dito, quando referia que "a experiência é sempre comprovação de multiplicidade, de diferença, de variedade, de mobilidade, de fluidez".[925] A realidade da vida, ou seja, o viver fático não é estanque, pois ele tem vida e movimento.[926] Tal aspecto se alinha com Gadamer, mas é negado por aqueles que estão presos à hermenêutica tradicional, ligada ao positivismo jurídico. Nela a realidade é visualizada de forma completamente oposta àquela acima descrita, pois o "mundo dos fatos" é separado do "mundo do Direito". No fundo, é essa experiência da faticidade que não permite e nem aceita mais uma única resposta igual e sempre.

---

[924] GADAMER, Hans-Georg. "La Idea de la filosofia práctica". In: *El Giro Hermenéutico*, p. 202.

[925] BERTI, Enrico. *Aristóteles no século XX*, p. 322.

[926] A partir dos aspectos apontados por Aristóteles, pode-se dizer que o primeiro momento da deliberação é a experiência, na formação da *phrónesis*: "a deliberação supõe uma análise, um intercâmbio de pontos de vista, uma ponderação dos pró e os contra, acerca dos diferentes meios possíveis de conduzir eficazmente à realização de um fim na ordem humana". MASSINI, Carlos Ignácio. *La Prudencia Jurídica*: Introduccion a la Gnoseologia del Derecho. Buenos Aires: Abeledo-Perrot, 1982, p. 59.

Para dar conta desses desafios, a hermenêutica também precisará buscar alternativas capazes de atender às contingências fáticas que não aceitam o único ou a única resposta: num primeiro momento, para se fazer entender e mostrar a seriedade das suas conclusões e num segundo, para justificar as escolhas e as decisões. Portanto, lembrando o início do presente trabalho, com o intuito de buscar os fundamentos da razão prática, foram apresentados dois modelos: um deles, a partir de Aristóteles e, o outro, apoiado em Kant. Ao mesmo tempo, foi possível conferir a estrutura da ética pensada por cada filósofo. Assim, torna-se necessário eleger um modelo ético que sustente a razoabilidade prática ou a *phrónesis*, para, com o auxílio dos princípios da lei natural, se possa justificar os resultados da hermenêutica de cunho filosófico e contextualizar a pré-compreensão. Para tanto, a partir de um texto de Hans-Georg Gadamer intitulado *Über die Möglichkeit Einer Philosophischen Ethik* (*Sobre a possibilidade de uma ética filosófica*) buscar-se-á verificar as peculiaridades de cada modelo, elegendo aquele que melhor responde à hipótese inicialmente levantada.

O formalismo ético de Kant está assentado no caráter incondicionado do dever, vinculado ao imperativo categórico, que representa toda a compromissividade do dever-ser da sua lei moral. Mesmo que esse propósito, o imperativo categórico, não deixa claro como se "possa tornar efetiva uma determinação da nossa vontade". Kant parece que se esqueceu de um detalhe:

> além da ordem dos fenômenos, onde só existe a relação de causa e efeito, existe ainda uma outra ordem inteligível à qual pertencemos não como seres sensoriais, mas como seres racionais, e dentro da qual se concebe com razão o ponto de vista da liberdade, a autolegislação por meio da razão. O fato de nós devermos é uma certeza não-condicionada da razão prática que não contradiz a razão teórica. A liberdade não é impossível teoricamente, e ela é praticamente necessária.[927]

A perspectiva do imperativo categórico parte do pressuposto de que cada ser humano cumpra efetivamente o seu dever, formando a sua vontade a cada momento simplesmente por dever, a fim de ser considerado moralmente valioso. Entretanto, como ser racional, o homem traz consigo a liberdade de agir e de muitas vezes tomar decisões que escapam ao controle do comando do imperativo. Com tais aspectos, verifica-se que a proposta de Kant não se ajusta à proposta da hermenêutica jurídica de cunho filosófico e muito menos para enfrentar as contingências da vida concreta, pois ele se afasta dela, para construir abstratamente um ideal *a priori*.

De outra parte, desde Aristóteles o pragmatismo filosófico era denominado de ética e se caracterizava por ser um conhecimento prático. Interessante que preponderava o seguinte ponto de vista: "não

---
[927] GADAMER, Hans-Georg. "Über die Möglichkeit Einer Philosophischen Ethik". In: *Kleine Schriften I* – Philosophie – Hermeneutik. Tübingen: J.C.B.Mohr (Paul Siebeck), 1967, p. 182.

apenas queremos saber o que é a virtude, mas queremos sabê-lo para nos tornarmos bons".[928] Nesse contexto, o *ethos* não parte justamente, na formação da virtude, de um aprendizado teórico. Pelo contrário, estava vinculado ao modo como cada pessoa era modelada previamente com a intervenção da educação. Aristóteles vislumbra no papel da *phrónesis* um saber moral que se projeta como

> um modo do próprio ser moral que, em correspondência com isso, não pode ser substituído pela concretização inteira daquilo que ele chama de *ethos*. O saber moral reconhece o aconselhável ou conveniente, aquilo que uma situação exige, e reconhece este conveniente com base em uma reflexão que relaciona a situação concreta com aquilo que se considera em geral como certo e correto.[929]

Parece que nessa concepção do saber moral Aristóteles consegue sintetizar o prático e o teórico, pois permite ao ser humano escolher a resposta adequada para a situação da vida que se apresenta. Tal possibilidade se realiza com a "mediação entre *logos* e *ethos*, entre subjetividade do saber e substancialidade do ser. O saber moral não se completa nos conceitos gerais de coragem, justiça, etc., mas na aplicação concreta que determina o conveniente aqui e agora à luz deste saber".[930] O saber moral, e aí a sua vinculação com a *phrónesis*, não se preocupa com a regra geral, teoricamente formalizada. Pelo contrário, trata-se de uma conjugação entre o ser e o saber se operacionalizam de modo a corresponder à decisão moralmente aceita, que se deixa visualizar frente à aplicação ao caso concreto. No fundo, tudo indica que Aristóteles também já estava planejando a solução na forma de um círculo. Dito de outro modo o *logos* e o *ethos* se entrelaçavam a partir da experiência que o sujeito tinha construído, para definir qual a melhor alternativa para ser aplicada concretamente.

A par de tais características, fica evidenciado que a proposta de Aristóteles tem mais condições de alinhar-se, por intermédio da *phrónesis*,[931] para trabalhar com a hermenêutica filosófica e os princípios da lei natural.

Nessa linha de idéias, é importante observar a relevância histórica que representou a reabilitação da filosofia prática. De certo modo, essa reabilitação foi preparada indiretamente pelo jovem Heidegger, por

---

[928] GADAMER, Hans-Georg. Op. cit., p. 179.

[929] Idem. "Über die Möglichkeit Einer Philosophischen Ethik". In: *Kleine Schriften I* – Philosophie – Hermeneutik, p. 186.

[930] Idem, p. 187.

[931] Segundo Carlos Ignácio Massini, a prudência é considerada uma potenciação da inteligência, ao estilo das demais virtudes intelectuais. Entretanto, a prudência se diferenciará das demais pelo seu objeto: "o conhecimento do que é bom moralmente para o homem e deve por tanto ser buscado e daquilo que deve ser evitado. Por isso, pode afirmar-se que a prudência é, no pensamento de Aristóteles, uma virtude intelectual, concretamente do intelecto prático, que tem por objeto estabelecer e prescrever o que é reto no obrar propriamente humano". MASSINI, Carlos Ignácio. *La Prudencia Jurídica*: Introduccion a la Gnoseologia del Derecho, p. 33-4.

intermédio dos cursos que ministrou sobre Aristóteles. Ele ministrou aulas em Fribourg (1919-1923) e em Marburg (1923-1928). Essas aulas foram assistidas, entre outros, por Hans-Georg Gadamer. As aulas desenvolvidas por Heidegger tinham como linha "uma interpretação de Aristóteles", envolvendo uma "hermenêutica da faticidade" e uma "analítica da existência". Com essa iniciativa, também voltou a receber destaque o saber prático ou a *phrónesis*, empregado por Gadamer, na esteira de Heidegger, como uma característica da compreensão.[932]

O saber fronético,[933] como já visto anteriormente, está preocupado com os meios, e não com os fins. Essa situação está vinculada à perspectiva clássica onde foi forjada, onde os fins já estavam previamente dados. No presente caso, e Franco Volpi levanta as seguintes objeções a esse saber aplicado à hermenêutica: no mundo atual sobram meios e faltam fins, ou seja, indicações sobre o que fazer. E, além disso, tal situação acabaria gerando uma falta de objetividade para a própria hermenêutica filosófica. Franco Volpi entende que o quadro aristotélico (a classificação da parte irracional e racional da alma e a divisão entre as virtudes morais e as virtudes intelectuais) não existe mais e, por isso, a *phrónesis* acaba perdendo o seu significado moral.[934] Tais dificuldades ou objeções poderão ser resolvidas no âmbito da hermenêutica jurídica de cunho filosófico, mediante a (re)valorização dos princípios da lei natural e das suas exigências de razoabilidade prática. Nesses aspectos, teremos uma segura preocupação com os fins. Já que esses não são mais previamente dados, recebem a atribuição de sentido dentro do círculo hermenêutico, a fim de servirem como fins e justificativas para o agir humano e o resultado da interpretação. Vale dizer, as exigências metodológicas da razoabilidade prática são os meios, e os princípios da lei natural são os fins a se alcançar, com a intermediação atualizada da *phrónesis*.

Para corresponder ao "horizonte de expectativa" que se cria a partir do "incompreensível do único", a *phrónesis* será uma alternativa viável, especialmente quando vinculada aos princípios da lei natural e às exigências metodológicas da razoabilidade prática, no contexto da hermenêutica de cunho filosófico. É justamente o saber prático da *phrónesis* que poderá ser a alternativa para a contingência da atualidade, pois ela sempre consiste num "ainda buscar, ainda aconselhar-se consigo mesmo, ainda procurar descobrir como se deve fazer". Vale dizer, ela corresponde a uma "capacidade de refletir sensatamente

---

[932] Conforme constatação de VOLPI, Franco. "Filosofia Prática". Traduzido por Magda Lopes. In: CANTO-SPERBER, Monique. *Dicionário de Ética e Filosofia Moral*. São Leopoldo: Unisinos, 2003. v. I, p. 643-4.
[933] Expressão cunhada por Idem, p. 647.
[934] Idem, ibidem.

sobre o que é útil para a gente – a saber, útil para o próprio existir (...). A capacidade de refletir é, neste caso, a única capacidade, porque não existe saber previamente disponível a respeito do que é bom para a própria existência".[935] Não pode haver dúvidas quanto à relação meio e fim pela utilização da *phrónesis*, desde que ela seja iluminada pela tradição dos princípios da lei natural (os bens humanos básicos) e as exigências da razoabilidade prática, nos moldes apresentados por John Finnis. Isso mostra claramente que são impossíveis as produções prévias e técnicas de sentido, porque a contigência da vida concreta sempre remete para algo ainda por descobrir, ou algo que ainda deve ser feito.

Embora o saber prático renova a cada nova situação a resposta, Gadamer entende que nem por isso a *phrónesis* é a-histórica. Pelo contrário,

> o conhecimento do bom sempre novo nesse horizonte é, ele próprio, eminentemente histórico. (...), a capacidade de avaliar corretamente o particular e respectivo em termos de sua utilidade e de encontrar os caminhos certos cresce com a e a partir da experiência de vida. Ora, isso quer dizer: a partir de um conhecimento prévio incrementado.[936]

A característica essencial da *phrónesis* não sofre o curso da história, no sentido de ser uma virtude que responde e dá subsídios para a escolha de meios adequados para enfrentar determinada situação concreta (o fim = a concretização dos bens humanos básicos). Essa característica também já foi apontada, a partir de John Finnis, em relação à lei natural. Ela será responsável pela perspectiva de fim aliada à escolha do meio encontrado com o saber fronético, com a intermediação da hermenêutica de cunho filosófico. No entanto, assim como também já foi afirmado em relação aos princípios da lei natural, o exercício da *phrónesis* (a sua aplicação em determinado caso concreto) varia ou pode sofrer alterações em cada situação concreta da vida.

Além do mais, e aí parece que está a indicação bastante acentuada daquilo que se pretende – onde se junta um conhecimento prévio incrementado tanto do exercício da *phrónesis* quanto da constatação e aplicação da lei natural e as exigências da razoabilidade prática – ou seja, a contextualização da pré-compreensão. Dito de forma mais clara, é na conjugação da tradição, da experiência, forjando a formatação da pré-compreensão, alinhado ao ingresso dos bens humanos básicos e das exigências da razoabilidade prática, que se estará apto a dar uma resposta ao pretenso relativismo e também atender ao 'incompreensível do único', característica marcante da época presente, que exige, também, o atendimento e o respeito "às exigências concretas emanadas de cada situação".[937] A partir daí não se poderá mais dizer que a

---

[935] GADAMER, Hans-Georg. "Praktisches Wissen". In: *Gesammelte Werke*, p. 241.

[936] Idem, p. 242.

[937] GÜNTHER, Klaus. *Teoria da Argumentação no Direito e na Moral*: Justificação e Aplicação, p. 92-3.

pré-compreensão é um ingrediente da hermenêutica filosófica que não está adequadamente explicitada, pois com a introdução das idéias de John Finnis, será possível contextualizá-la concretamente, bem como justificar as decisões interpretativas advindas do círculo hermenêutico.

Com isso, será possível desenvolver alternativas com flexibilidade suficiente para vislumbrar uma proposta possível que se abre em cada caso, em todo existir prático. Tais aspectos conferem o respaldo ético às respostas elaboradas, bem como a todo o desenvolvimento do processo hermenêutico. Desta feita, mesmo – como afirmou Franco Volpi que o quadro desenhado por Aristóteles não exista mais – com a dificuldade de encontrar uma justificativa na virtude e também na ética para a utilização da *phrónesis*, ainda existe uma alternativa viável: o novo contorno apresentado acima, especialmente com a inclusão das contribuições de John Finnis, possibilitará uma construção que tenha um fundo de sustentação ligado à ética e não se reduza a utilização atual da *phrónesis* "a um hábil cálculo do útil e do vantajoso" e nem haveria espaço para transformá-la numa "ideologia de um relativismo cultural moderado do tipo conservador".[938] Portanto, as contribuições de John Finnis poderão outorgar à *phrónesis* uma nova linha de participação (como já referido), mediante um respaldo ético suficiente para, em conjunto, sustentar a proposta do presente trabalho, sem cair nas dificuldades apontadas por Franco Volpi.

6.2. A CONSCIÊNCIA HERMENÊUTICA FRENTE À CONSTATAÇÃO DOS PRINCÍPIOS DA LEI NATURAL PROPOSTA POR JOHN FINNIS

A consciência hermenêutica, na linha trabalhada até o momento, exige o trabalho com o círculo hermenêutico, onde ocorre uma espécie de conexão entre a formulação do problema e a resposta. Tudo precisa iniciar com a compreensão do texto (o qual não necessita ser um texto de lei) que está em análise, onde são trazidos à tona todos os pré-conceitos e todo o conjunto da pré-compreensão. O objetivo buscado é a justa solução. Esse círculo aplicativo trabalha com a antecipação dos possíveis resultados advindos da interpretação do texto, a fim de ser elaborada a respectiva norma aplicável ao caso concreto. Não há um método previamente estabelecido para trabalhar com a pré-compreensão, que vai interrogar e confrontar o significado do texto com a problemática do caso.[939]

---

[938] VOLPI, Franco. "Filosofia Prática". Traduzido por Magda Lopes. In: CANTO-SPERBER, Monique. *Dicionário de Ética e Filosofia Moral*, p. 647.

[939] Adaptação das idéias de ESSER, Josef. *Precomprensione e scelta del método nel processo di individuazione del diritto*: Fondamenti di razionalità nella prassi decisionale del giudice, p. 133 e 135.

Com isso surge uma das características essenciais da hermenêutica de cunho filosófico: ela sempre trabalha na perspectiva de produzir, e não de reproduzir. Assim, do mesmo modo, o intérprete não é um mero espectador do acontecer do círculo hermenêutico, senão que tem um papel que Arthur Kaufmann chama de "conformador ativo".[940] O intérprete tem uma participação ativa na formação do resultado que emerge do círculo hermenêutico, donde se pode dizer que é uma formação conjunta do sentido que é atribuído ao texto. De fato, ocorre uma

"tensão constitutiva" que existe entre o texto e o sentido que se constrói através da sua aplicação aos casos concretos que a Hermenêutica sublinha e hoje a metodologia jurídica genericamente reconhece, como importando a superação da divisão estrita entre "norma abstrata" e "aplicação concreta".[941]

O autor se refere a uma outra questão importante destacada pela matriz hermenêutica adotada neste trabalho, ou seja, a diferença entre texto e norma. Vale dizer, é preciso dar-se conta de que não existe texto sem norma, pois esta é justamente o resultado hermenêutico daquele no momento de sua aplicação. Especificando melhor: "não há separação entre texto e norma", pelo simples fato de que não pode haver ser sem ente, segundo lição advinda de Martin Heidegger. Assim,

é possível afirmar que a norma (que é produto da atribuição de sentido a um texto) não é uma capa de sentido a ser acoplada a um texto "desnudo". Ela é, sim, a construção hermenêutica do sentido do texto. Esse sentido manifesta-se na síntese hermenêutica da *applicatio*.[942]

O resultado do círculo hermenêutico, onde surge o sentido a ser atribuído ao texto, é uma tarefa constante que tem a sua síntese na *applicatio*. Quer dizer, o trabalho de interpretação sempre está canalizado para a aplicação ao caso concreto e em função do qual toda a tarefa é desenvolvida e operacionalizada sempre originalmente. Não há reprodução do sentido, mas este sempre surge com o devido respeito aos contornos específicos do caso concreto.

Seguindo esse raciocínio, é preciso concordar com Castanheira Neves, que afirma uma relação de imprescindibilidade entre o fato e o Direito, ou seja, "uma *quaestio juris* é sempre a *quaestio juris* de uma certa *quaestio facti*".[943] No fundo, com tal perspectiva, fica sublinhado que o "mundo dos fatos" não poderá ser separado do "mundo do Direito". Os dois estão conectados e como tal precisam ser tratados, dada a íntima relação, igualmente, entre o Direito e a sociedade. Não é

---

[940] KAUFMANN, Arthur. *Filosofía del Derecho*, p. 99-100.

[941] LAMEGO, José. *Hermenêutica e Jurisprudência*: análise de uma "recepção", p. 189.

[942] STRECK, Lenio Luiz. *Hermenêutica Jurídica e(m) Crise*: uma exploração hermenêutica da construção do Direito, p. 311.

[943] CASTANHEIRA NEVES, António. *Questão-de-Facto – Questão-de-Direito ou O Problema Metodológico da Juridicidade* (ensaio de uma reposição crítica). Coimbra: Livraria Almedina, 1967, p. 43-4.

possível fazer uma cisão entre estes dois mundos e entre estas duas questões. E isto muitas vezes é esquecido, quando tratamos o direito como um simples fato, mas desconectado da realidade, quando deveria ser vislumbrado como um valor, que aquela necessita para sobreviver e marcar a respeitabilidade aos bens humanos básicos, apresentados por John Finnis e criar possibilidades para a aplicação das exigências metodológicas da razoabilidade prática. Em suma, dar condições para o efetivo exercício dos princípios da lei natural.

Por tudo isso, não se pode olvidar:

> ao considerar-se a questão-de-fato está implicitamente presente e relevante a questão-de-direito; ao considerar-se a questão-de-direito não pode prescindir-se da solidária influência da questão-de-fato. Ou, numa formulação bem mais expressiva: para dizer a verdade o "puro fato" e o "puro direito" não se encontram nunca na vida jurídica: o fato não tem existência senão a partir do momento em que se torna matéria de aplicação do direito, o direito não tem interesse senão no momento em que se trata de aplicar ao fato; pelo que, quando o jurista pensa o fato, pensa-o como *matéria* do direito, quando pensa o direito, pensa-o como *forma* destinada ao fato.[944]

Existe uma relação de reciprocidade entre o fato e o Direito, pois este último busca naquele a matéria-prima de sua atividade interpretativa. Concluída a atividade de atribuição de sentido no contexto jurídico, o fato passa a ter um significado para o mundo que anteriormente não tinha. Nesse aspecto, encontra-se mais uma justificativa para que a hermenêutica tenha o caráter produtivo, pois o fato nunca se apresenta com as mesmas peculiaridades. Assim, a atribuição de sentido realizada pelo Direito não poderá repetir-se, mas deverão se observar as mudanças que ocorreram. É por isso que o giro do círculo hermenêutico não chega sempre à mesma conclusão, embora o fato possa ser semelhante. Dito de outro modo, a hermenêutica está num constante processo de atribuição de sentido, tendo em vista a inaceitabilidade do único que está em vigor no mundo contingente em que vivemos.

É por tudo isso, do mesmo modo, que a aplicação do direito por intermédio do modelo subsuntivo não responde mais aos anseios da sociedade. Haja vista que este modelo lógico-dedutivo trabalha com uma linha reprodutiva de sentido, ou mais enfaticamente: a tarefa hermenêutica sempre parte do pressuposto de que o caso já está resolvido, mediante a simples concatenação da premissa maior, da menor, o que gera automaticamente a solução. Entretanto, com isso, a interpretação praticamente não existe, ou de fato não existe, ela está fora do modelo subsuntivo, pois a decisão é obtida como se se tratase de um modo matemático de pensar e agir.

---

[944] CASTANHEIRA NEVES, António. *Questão-de-Facto – Questão-de-Direito ou O Problema Metodológico da Juridicidade* (ensaio de uma reposição crítica), p. 55-6.

Ao se (re)vitalizar a importância da lei natural para o Direito, especialmente a partir do momento em que a unimos às características da hermenêutica de cunho filosófico, o texto da lei acaba perdendo espaço no contexto das fontes do Direito.

> A lei já não se confunde com o direito: mantém, é certo, uma importância essencial, mas já não pode pretender fundar sozinha todo o sistema jurídico. (...) É preciso que o Direito recupere a sua destreza. Isto só será possível se se conceber não exclusivamente sob a forma de regras mas também sob a forma de princípios. (...) A lei torna-se um produto semiacabado que deve ser concluído pelo juiz.[945]

O texto da lei não pode ser considerado como algo pronto que basta ser aplicado. Essa é a ideologia que sustenta o modelo subsuntivo. Pelo contrário, a lei e o Direito em seu conjunto, ou seja, todas as normas jurídicas, sempre representam apenas um arcabouço que será completado mediante a atribuição de sentido realizada pelo trabalho da hermenêutica. O citado autor refere que o Direito precisa recuperar a sua "destreza", ou seja, ele precisa, em primeiro lugar unir-se ao "mundo dos fatos" para, num segundo momento, ousar e ser criativo nas suas interfaces com o contexto social fático. É com esse objetivo que Castanheira Neves propõe a chamada "filosofia da lei", objetivando criticar os postulados sobre a lei provenientes do iluminismo e considerados os pilares do positivismo jurídico: "ela seria uma prescrição normativa da 'vontade geral', de índole e validade 'racional' e que se 'identificava com o direito'".[946]

Essas três notas fundamentais apontam para a valorização da forma em detrimento do conteúdo. Vale dizer, por esse prisma, qualquer conteúdo poderá ser jurídico. Não obstante, com isso, damos as costas à nossa origem histórica, pois os romanos concebiam o Direito como uma ação objetivamente justa. Assim, a justiça era o valor supremo que acompanhava a própria concepção do Direito. É a justiça, ou uma perspectiva axiológica do Direito, ou em suma a (re)valorização dos princípios da lei natural e das exigências metodológicas da razoabilidade prática e, com eles, o ser humano, que se busca resgatar.

No que tange à relação entre Direito e lei, não se deve esquecer: esta é apenas uma parte daquele. Ou ainda, "a intenção normativa (axiológica-normativa e de validade) do direito transcende hoje a intenção normativa (político-normativa e finalística) da legalidade".[947] O Direito na sua consideração relativa aos valores que deverá albergar e proteger vai além da simples contextualização favorecida pelo texto da lei. E isso ocorre pelo fato de que o texto da norma não tem

---

[945] GARAPON, Antoine. *O guardador de promessas*: justiça e democracia. Traduzido por Francisco Aragão. Lisboa: Instituto Piaget, 1996, p. 37-8.

[946] CASTANHEIRA NEVES, António. *O Instituto dos "assentos" e a função jurídica dos Supremos Tribunais*. Coimbra: Coimbra, 1983, p. 584.

[947] Idem, p. 595.

condições de abarcar, na sua integralidade, as múltiplas facetas produzidas pela vida do ser humano na sociedade. As palavras da lei são como o método, sempre fica excluída alguma situação, pois nem a lei e nem o método têm a elasticidade para atingir a riqueza dos fatos produzidos socialmente pelo homem.

Apesar de todas as linhas de idéias levantadas, existem algumas críticas que chamam a atenção sobre determinados pontos já defendidos. Assim, Dietrich Böhler sente falta de um método na hermenêutica de cunho filosófico, ou seja, segundo ele a hermenêutica deveria trabalhar segundo um método operacional.

> Uma conseqüência disso é que a hermenêutica filosófica não oferece uma reflexão sistemática sobre possíveis métodos hermenêuticos, mas está fixada negativamente no desenvolvimento factual das ciências do espírito e simplesmente retoma o conceito de método assim surgido, de sorte que ela própria fica dependente do que critica e deixa as ciências do espírito sem orientação metodológica. Outra conseqüência é que Gadamer não pode compreender o que ele próprio faz, principalmente no capítulo central intitulado "A análise da consciência histórica efeitual", a saber, desenvolver o marco para um método da consciência histórica explicativa. (...).[948]

A crítica da ausência de método não se sustenta, pois o presente trabalho já apresentou que a proposta hermenêutica trabalha com o assim chamado "método" fenomenológico, o qual já foi devidamente caracterizado. Evidentemente, a linha fenomenológica não tem nenhuma relação com os métodos tradicionalmente utilizados pela hermenêutica. A consciência histórica poderá ser vislumbrada de um modo muito mais preciso pelo método fenomenológico, do que pelos métodos tradicionais. Como a busca está centrada no desvelamento do ser, o caráter ontológico acaba integrando a fenomenologia, e ela passa a ter o caráter hermenêutico do *Dasein*. É nessa proposta que se está trabalhando e, portanto, a crítica parece que não entendeu a caráter que a hermenêutica assume, no caso específico, em Gadamer.

Além disso, o citado autor também critica a posição que o intérprete representa dentro da hermenêutica filosófica, "pois a historicidade plena, aberta para o futuro da descoberta não-dogmática da tradição só pode ser compreendida por uma hermenêutica filosófica que não reduza o papel do intérprete ao papel medial do tradutor/intérprete aplicativo".[949] A concepção que a hermenêutica filosófica faz do intérprete é justamente o contrário do caracterizado pelo autor, eis que ele participa ativamente, e não como mero espectador da atribuição do sentido, fazendo-o de modo crítico e criativo, num constante

---

[948] BÖHLER, Dietrich. "Philosophische Hermeneutik und Hermeneutische Methode". In: FUHRMANN, Manfred e outros (org.). *Text und Applikation*: Theologie, Jurisprudenz und Literatur-Wissenschaft im Hermeneutischen Gespräch, p. 500.

[949] Idem, p. 510.

diálogo que se operacionaliza na fusão dos horizontes do intérprete, do texto e dos aspectos que vêm ao seu encontro oriundos da tradição.

Uma outra crítica que a hermenêutica de cunho filosófico sofre, vem justamente de Castanheira Neves, ao identificar a falta de uma "intenção materialmente fundamente". Isso quer dizer, o autor acusa a pretensão hermenêutica de apresentar um "problema de validade", pois Gadamer apenas estaria preocupado em explicitar o "problema da possibilidade da compreensão".[950] A questão relativa à "validade" do resultado da hermenêutica filosófica será solucionada pelas idéias desenvolvidas no presente trabalho, ou seja, na medida em que o "horizonte de expectativa" (Esser) e o "mútuo acordo" (Apel) serão entrelaçados pelos princípios da lei natural e pelas exigências metodológicas da razoabilidade prática, nos termos apresentados por John Finnis.

Tais aspectos atribuirão, além do sentido hermeneuticamente considerado, a necessária validade à norma oriunda do círculo hermenêutico. Essa validade reclamada por Castanheira Neves parte do pressuposto de que a racionalidade hermenêutica não é simplesmente formada a partir de uma prévia simpatia sentimental. Pelo contrário, "é a exigência crítica de autenticidade da própria existência como destino, a que sustenta o perguntar e a conseqüente disposição a deixar-se questionar pelo que advém como proposta".[951] A sugestão para que a resposta não seja apenas uma mera simpatia consiste justamente na valorização da tradição que vai interagindo com a pergunta e a resposta, ampliando os horizontes de cada uma delas, com o objetivo da aplicação ao caso concreto.

Essa construção da resposta trabalha com "a argumentação como explicação, isto é, por dar razão, por justificar, por motivar; significa a investigação do *porque*; em tudo contrário ao dogmatismo, a imposição, a assertoriedade categórica e sem motivo, do arbítrio".[952] A argumentação referida por Enrico Berti está em estreita relação com o "mútuo acordo" referido por Karl-Otto Apel. Tal aspecto é que será responsável pela validade da decisão, pois será fruto de reflexão e análise crítica do texto e do caso concreto. Assim, a hermenêutica argumenta, justifica e busca o "porquê" da resposta nos princípios da lei natural. Com isso, não há necessidade de imposição e muito menos arbitrariedade, pois aqueles serão trabalhados pelas exigências metodológicas da razoabilidade prática.

---

[950] CASTANHEIRA NEVES, António. *A Crise Actual da Filosofia do Direito no contexto da Crise Global da Filosofia*: tópicos para a possibilidade de uma reflexiva reabilitação, p. 61-2.

[951] FORNARI, Aníbal. "Tradición, Autoridad y Educación em la Razón Crítica. Alternativa y Proyección actual de la Hermenêutica: Rorty-Del Noce-Gadamer". In: *Rivista Aquinas*. Vaticano. Pontifica Università Lateranense, XLIV, n. 2-3, p. 393-427, 2001, p. 416.

[952] BERTI, Enrico. *Aristóteles no século XX*, p. 323-4.

Além das contribuições de John Finnis que estão sendo trazidas para dentro da formação da consciência jurídica, a *phrónesis*, nesse contexto, terá um papel muito importante, pois aponta, inicialmente, para o ponto de vista da finitude do ente homem, além de auxiliar para fortalecer a contingência do âmbito prático, num momento histórico em que há dificuldades para uma concepção duradoura de vida. A soma desses fatores servirá para a tentativa de construção de uma ética da situação, a fim de sustentar a fluidez das relações sociais atuais.[953]

A linguagem tem uma importância especial na formação da consciência hermenêutica, pois, segundo Heidegger, ela "é, portanto, o que prevalece e carrega a referência do homem com a duplicidade entre ser e ente. A linguagem decide a referência hermenêutica".[954] Portanto, a linguagem será a responsável pela criação do elo de ligação entre os diversos componentes do círculo hermenêutico. Agora, e o próprio Heidegger reconhece, "no entanto, este reconhecimento necessário do círculo hermenêutico não significa que a simples representação do círculo já tenha feito a experiência originária da referência hermenêutica".[955] Veja-se que não basta a simples aceitação do círculo hermenêutico, é necessário que todos os aspectos apontados sejam considerados relevantes para que o círculo possa efetivamente ser colocado em ação e tenha condições de produzir um sentido consentâneo com as características particulares da situação concreta.

É por tudo isso que a fusão de horizontes e a *phrónesis* devem expressar-se sob a forma do "horizonte de expectativa" e do "mútuo acordo", o que será viabilizado pelo respeito aos princípios da lei natural e também das exigências da razoabilidade prática, emergentes e suportados pela tradição formadora da pré-compreensão onde o intérprete já está desde sempre inserido. Com isso, dar-se-á um respaldo mais substacioso ao resultado da interpretação, além de enriquecer a própria formação do círculo hermenêutico.

---

[953] Adaptação das idéias de GÜNTHER, Klaus. *Teoria da Argumentação no Direito e na Moral*: Justificação e Aplicação, p. 29-30 e 39.

[954] HEIDEGGER, Martin. "De uma conversa sobre a linguagem entre um japonês e um pensador". Traduzido por Emmanuel Carneiro Leão. In: *A Caminho da Linguagem*, p. 97.

[955] Idem, p. 117.

Conclusão

O livro se propôs a responder à seguinte questão: seria a lei natural (com seus princípios e exigências metodológicas de razoabilidade prática) o elemento ético e histórico capaz de justificar os resultados da hermenêutica de cunho filosófico, respondendo às críticas do relativismo e também justificando historicamente a pré-compreensão?

Ao longo do texto, procurou-se responder a indagação, considerando a proposta de John Finnis, como um modelo de lei natural que é capaz de contextualizar a pré-compreensão do círculo hermenêutico e de justificar eticamente os resultados do trabalho da hermenêutica filosófica.

A primeira tarefa do livro tratou da revisão de algumas idéias de Aristóteles, onde foi possível constatar que toda e qualquer ação visa a determinado bem. Já de saída percebeu-se, com isso, a proximidade com a proposta de John Finnis, pois esse bem visado poderá ser equiparado àquilo que o autor chamou de "bens humanos básicos". Tanto esses, quanto o fim da ação em Aristóteles visam à realização concreta da felicidade. Além disso, Aristóteles também entende que em cada caso deve ser construída uma solução. Com isso, ocorre a aproximação da hermenêutica de cunho filosófico, que também está preocupada em construir uma solução para o caso da vida, sem reproduzir algum entendimento anterior. Aristóteles esclarece tal situação da seguinte forma:

> (...) Resta, então, a atividade vital do elemento racional do homem; uma parte deste é dotada de razão no sentido de ser obediente a ela, e a outra no sentido de possuir a razão e de pensar. Como a expressão "atividade vital do elemento racional" tem igualmente duas acepções, deixemos claro que nos referimos ao exercício ativo do elemento racional, pois parece que este é o sentido mais próprio da expressão. (...) Mas devemos acrescentar que tal exercício deve estender-se por toda a vida, pois uma andorinha não faz verão (nem o faz um dia quente); da mesma forma um dia só, ou um curto lapso de tempo, não faz um homem bem-aventurado e feliz.[956]

O filósofo grego deixa bem claro que a construção de uma solução razoável é um aprendizado que requer tempo, ou seja, exigirá o

---
[956] ARISTÓTELES. *Ética a Nicômacos*, 1098a.

ingrediente da experiência, da tradição, da pré-compreensão, isto são elementos fundamentais para o desenvolvimento do círculo hermenêutico, tanto em Heidegger quanto em Gadamer.

Nesse cenário, os princípios da lei natural também integram a tradição do ser humano, que vai se dando conta dos seus diversos aspectos com a sua vivência e a repetição das ações. Assim, pode-se dizer que os princípios da lei natural e as exigências da razoabilidade prática – conjunto que John Finnis chama de lei natural – servem para mostrar a artificialidade do direito positivo e de suas respostas. Dito de outro modo, justificam eticamente os resultados – a atribuição de sentido – operada pela hermenêutica heideggeriana e gadameriana.

Os aspectos já apontados foram enriquecidos ao longo do trabalho pela interferência criativa da *phrónesis* – que passou a ser responsável pela indicação dos meios e pela elaboração dos fins. Contrariamente ao definido em Aristóteles, onde a *phrónesis* apenas estava preocupada com os meios, pois os fins já estavam dados. Tal situação é alterada na atualidade, pois a *phrónesis* passou a abarcar os meios – as exigências da razoabilidade prática e os fins – os bens humanos básicos. Constatou-se que a prudência opõe-se ao saber objetificador, certo e correto para todos os casos; o saber prudencial está intimamente relacionado com o conhecer de cada situação, respeitando as peculiaridades, o fato concreto e o sujeito envolvido. Por analogia ao *phronimos* (o prudente), surge o intérprete para trabalhar com a proposta apresentada pelo livro, que não tem necessidade de conhecer (e não deve pretender) o universal e o necessário, mas o adequado (o justo meio) em cada situação. Vale dizer, "o prudente sabe o que é bom para nós".[957] O intérprete também sabe, a partir dos bens humanos básicos, que justificam o resultado da interpretação (a interpretação adequada, a "justa").

A *phrónesis* pode ser comparada a um resumo da velha sabedoria grega dos limites, na medida que abarca o "pensamento humano",[958] destacando que o agir humano é limitado, expresso pela contingência do seu ser-no-mundo. Esse saber vem justamente se contrapor ao saber exato e metódico da hermenêutica tradicional. Esta última, na busca da certeza e do conhecimento universal, objetifica o resultado da hermenêutica. Com isso, acaba sendo esquecido que a vida do ser humano é única, como único é cada momento, já que não é possível "banhar-se mais de uma vez na mesma água do rio". Portanto, uma interpretação baseada num ou mais métodos que simplesmente reproduzem determinada interpretação, apresenta-se totalmente inviável para lidar com a unicidade dos fatos da vida.

---

[957] AUBENQUE, Pierre. *A Prudência em Aristóteles*, p. 70.

[958] Idem, p. 244.

Dessa forma, o retorno à *phrónesis* significa a (re)valorização do elemento humano (dos próprios princípios da lei natural), que é a matéria-prima por excelência do Direito. A *phrónesis*, portanto, é o saber direcionado à prática, ao agir e aí se diferencia de outro saber a *sophia*, como uma faceta voltada à teoria "a diferença entre tal saber para todos e o saber para si mesmo aparece não porque exista um saber-para-si do indivíduo do qual não pode haver teoria, mas porque existe uma teoria, isto é, um saber-para-todos".[959] Essa linha foi adotada ao longo do texto, a saber, o destaque do saber prático da *phrónesis*, como uma ferramenta hermenêutica importante para realizar as conexões com as proposta de John Finnis.

Esse conjunto também indica que a experiência não se presta a fornecer previamente uma resposta geral e universal. Pelo contrário, ela apenas alcança uma orientação para o caso particular e presente, dando origem à norma, que é aplicada à situação concreta da vida. É preciso (re)descobrir e (re)valorizar a contingência da *phrónesis*, pois com o positivismo jurídico houve excessiva atenção à parte científica da parte racional da alma. Torna-se necessário olhar e buscar encontrar o "justo meio" a partir do que somos (a pré-compreensão) e em função do que temos de fazer em cada caso particular (que é a valorização do encadeamento dos resultados da compreensão, interpretação e aplicação).

A persistência na busca da certeza e da exatidão no resultado da interpretação esquece uma lição de Aristóteles: "(...) não insistir em chegar à precisão em tudo indiscriminadamente; devemos buscar em cada classe de coisas a precisão compatível com o assunto, e até o ponto adequado à investigação".[960] Dessa passagem, podem-se tirar duas conclusões: a) a busca pela precisão, ou melhor dito, a canalização das preocupações nesse sentido, acaba provocando a objetificação (eternização) de alguma interpretação; b) é preciso tomar consciência de que a resposta deve ser adequada para o caso, sem preocupação com os casos semelhantes, que deverão merecer tratamento específico.

Outro aspecto que foi estudado é a diferença entre a ética clássica e a ética moderna, onde está justificada a existência dos universais em Aristóteles. A existência de universais é contestada, mas deverá ser contextualizada temporalmente, a fim de se verificar que no período da ética clássica eles são perfeitamente compatíveis. O fundamento metafísico desta ética aponta para o papel da *phrónesis*, que não é fundar um bem moral, mas descobri-lo na realidade. Por isso, com a modernidade, na medida em que a ética é constitutivamente autônoma ao fazer do

---

[959] GADAMER, Hans-Georg. "Praktisches Wissen". In: *Gesammelte Werke*. Tübingen: J.C.B.Mohr (Paul Siebeck), 1985, Band 5, p. 240.

[960] ARISTÓTELES. *Ética a Nicômacos*, 1098a.

sujeito, torna-se necessária a justificação pelos princípios da lei natural e as exigências da razoabilidade prática, para corrigir os excessos cometidos pela sua vinculação eminentemente subjetiva. Pelos mesmos motivos, ingressa a (re)descoberta da razão prática.

Segundo Henrique Cláudio de Lima Vaz,[961] no desenvolvimento social em que elegia a razão como eixo ordenador, as racionalidades podem ser organizadas da seguinte forma: racionalidade científico-técnica; hermenêutica e ética. Pela estruturação do presente trabalho, organizou-se de forma inversa esse conjunto de racionalidades. O ponto de partida é a racionalidade ética – a começar com Aristóteles – numa perspectiva normativa e teleológica. Em segundo lugar está a racionalidade científico-técnica, onde prepondera o instrumental, que é própria do positivismo jurídico, com o esquecimento da questão relativa aos valores, eis que tudo está reduzido a um conjunto de fatos. A racionalidade hermenêutica – preocupada com a questão da atribuição de sentido – está entre as duas, servindo de elo de ligação. A proposta é um retorno à ética, com o auxílio preponderante da hermenêutica, que deixa de ocupar um plano secundário. Propõe-se, portanto, uma nova racionalidade onde estejam conjugadas a ética e a hermenêutica, organizando um conjunto onde o normativo esteja alicerçado pelo sentido a partir da estrutura fornecida pelos princípios da lei natural.

Nessa mesma linha, parece correto dizer, de modo analógico, que como o nascimento da ética na Grécia estava vinculada à necessidade de responder ao relativismo da razão sofista,[962] poder-se-ia dizer que a (re)valorização dos princípios da lei natural e das exigências da razoabilidade prática servirá para responder à acusação de relativismo do resultado alcançado pela hermenêutica filosófica.

Tal aspecto também se faz importante, pois o positivismo jurídico aboliu a diferença entre a razão teórica e a razão prática, priorizando apenas a primeira. Com isso, a hermenêutica passa a ser um método, numa perspectiva previamente concebida, esquecendo as diferenças de cada situação. O método objetifica o resultado da interpretação, que passa a ser reprodução, e não produção de sentido. A recuperação da razão prática e da *phrónesis* aponta para a necessidade de (re)introduzir no Direito a questão da "coisa mesma",[963] não qualquer coisa ou fato

---

[961] LIMA VAZ, Henrique Cláudio de. "Ética e razão moderna". In: *Síntese Nova Fase*, p. 57 e ss.

[962] Idem. *Ética e Direito*, p. 11.

[963] A questão relativa à "coisa mesma" é bastante peculiar, pois basta examinar as decisões do Poder Judiciário brasileiro, para verificar-se que muitas vezes a singularidade do caso é esquecida, com a aplicação de decisões anteriores, muitas das quais já sumuladas. Isso é um claro sinal de que ainda estamos com a pretensão de congelar o tempo e desvalorizar as características das situações, produzindo, com caráter prévio, decisões que depois são meramente repetidas, com o completo esquecimento do caso concreto. Lenio Luiz Streck, em vários

abstratamente considerados, mas o acontecimento no mundo dos fatos, de onde o jurídico é vertido e do qual não poderá ser descolado. A (re)descoberta da *phrónesis* também traz um aspecto novo na sua configuração, que poderá ser muito importante na aproximação entre a hermenêutica e os princípios da lei natural. Trata-se da alteração apresentada por Enrico Berti,[964] pois ele substitui a deliberação/cálculo pela reflexão ao catalogar a *phrónesis*, tendo em vista a obtenção de um resultado objetivo. Tal aspecto parece que aproxima ainda mais a *phrónesis* da hermenêutica, que é muito mais compreensão (aí a refle-

---

momentos, oferece exemplos dessa situação. A partir deles é preciso verificar que o magistrado não se sente instigado pelo estranhamento que a nova situação deveria provocar e continua reproduzindo a idéia de que "o mundo dos fatos" é separado "do mundo do Direito". O presente trabalho vem justamente criticar tal postura, pois a mera repetição de decisões em nada contribui para que o Direito possa recuperar a sua especificidade e efetivamente interferir na sociedade, exercendo a sua verdadeira função social. Vejam-se alguns exemplos: 1) "HC 78.729-MG (RTJ 175/705: Não há que falar-se em prejuízo ao réu, se a defesa apresentada, embora deficiente, não exerceu influência na apreciação do mérito da causa ou na apuração da verdade real (Súmula 523). Tal ementa, segundo Lenio Luiz Streck acaba "transformada em uma 'categoria' ou em uma 'pauta geral', acaba sendo aplicada para fundamentar (*sic*) a não possibilidade de anulação de processo por deficiência ou ausência de defesa, como se o texto contivesse a universalidade do sentido de 'prejuízo' ou do 'grau de influência exercida pela atuação do defensor'". (STRECK, Lenio Luiz. *Jurisdição Constitucional e Hermenêutica*: uma Nova Crítica do Direito, 2004, p. 241). 2) "Dois indivíduos invadiram uma casa e dali subtraíram alguns objetos, parte deles avaliados em cerca de R$.100,00 (um dos objetos, um aspirador de pó, não foi avaliado). Foram presos em flagrante e denunciados por tentativa de furto qualificado (art. 155, parág. 4°, inc. III c/c o art. 14, inc. II, do Código Penal). Entretanto, a denúncia foi rejeitada pela juíza de direito, sob o 'fundamento' de o fato ser insignificante. O Ministério Público interpôs recurso (Apelação n° 70012342515-TJRS), alegando que, ao contrário do alegado pela juíza, o fato constituía, sim crime". Em segundo grau, por parecer da lavra de Lenio Luiz Streck, entendeu-se por anular a decisão, por falta de fundamentação. O precedente utilizado pela ilustre magistrada estava assim delineada: "FURTO. REJEIÇÃO DA DENÚNCIA. PRINCÍPIO DA INSIGNIFICÂNCIA. Hipótese que caracteriza o delito de bagatela, ensejando a aplicação do princípio da insignificância. Apelo improvido". Além disso, nada mais foi dito. STRECK, Lenio Luiz. "Da Interpretação de Textos à Concretização de Direitos – A incindibilidade entre interpretar e Aplicar a partir da Diferença Ontológica (*Ontologische Differentz*) entre Texto e Norma". In: ROCHA, Leonel Severo; STRECK, Lenio Luiz (org.). *Anuário do Programa de Pós-Graduação em Direito da Unisinos – Mestrado e Doutorado, passim.*
3) Outras vezes quando as decisões são tomadas pela seguinte afirmação: "nesse sentido a jurisprudência é mansa e pacífica" (STRECK, Lenio Luiz. *Hermenêutica Jurídica e(m) Crise*: uma exploração hermenêutica da construção do Direito, p. 82). Esses e tantos outros casos apontam para o esquecimento da "coisa mesma" e indicam que os casos são tratados como se fossem iguais, quando muito, como se sabe, poderão ser semelhantes. Se não são iguais, pela simples impossibilidade desse fenômeno, como justificar a aplicação de uma mesma fundamentação? Em tais aspectos, verifica-se nitidamente que ainda está muito presente a antiga pretensão de construir soluções em abstrato, demonstrando claramente a clássica idéia de que o sentido estava nas coisas, esquecendo-se da "coisa mesma" e da necessária atribuição hermenêutica de sentido. Ratificando tais aspectos, Gadamer defende que a hermenêutica exige fundamentação, que deve estar assentada em argumentos persuasivos e não em argumentos logicamente concludentes (GADAMER, Hans-Georg. *Verdade e método*: complementos e índice, p. 318). Quer dizer, não se trata simplesmente de reproduzir, mas é necessário produzir sentido novo a cada caso concreto, com a devida fundamentação, dada ser praticamente impossível produzir um saber que possa abarcar todos os modos de aplicação dos textos jurídicos de uma vez.

[964] BERTI, Enrico. "Gadamer and the Reception of Aristotle's Intellectual Virtues". In: *Revista Portuguesa de Filosofia*, p., p. 350-1.

xão) do que deliberação, que dá mais sentido de objetividade, de certeza, de reprodução. Nesse particular, a reflexão passa a fazer parte, de uma maneira mais explícita, do processo que envolve a pré-compreensão e a compreensão. Com isso, parece correto dizer que o intérprete deverá ser visto como um *phronimos* no exercício do labor da interpretação.

A hermenêutica está além do positivismo jurídico, pois o texto não pode ser considerado um mero enunciado lingüístico estático e acabado. O texto sempre será o espelho do mundo dos fatos, onde a norma deverá inspirar-se. Como o positivismo jurídico não consegue fazer a união entre o "mundo dos fatos" e o "mundo do Direito", acaba sendo ultrapassado pela proposta da hermenêutica de cunho filosófico, que trabalha com a sua conjugação.

Kant, ao formular a sua proposta ética, procurou valorizar o ser humano enquanto capaz de autonomia, ou seja, como em condições de formular normas para o seu próprio agir. Pelos aspectos vistos, concluiu-se que tal formulação não serve para sustentar um projeto hermenêutico lastreado nos princípios da lei natural e da *phrónesis*. Nessa sua perspectiva é trabalhada a razão humana, não o aspecto objetivo, e os limites da finitude do espírito humano. Essa finitude do homem é apontada por Kant como um obstáculo para o conhecimento prévio da totalidade das coisas. Isto é fundamental, pois também sinaliza que a hermenêutica está impossibilitada para o conhecimento da totalidade e da pretensão de objetificação da interpretação tradicional.

Entre Aristóteles e Kant, é possível visualizar a preocupação com a prática, ou seja, a realização das possibilidades humanas. Tal característica também é uma marca da hermenêutica de cunho filosófico (tanto em Heidegger como em Gadamer) e na proposta de John Finnis. Entretanto, ao inverso da pretensão de Heidegger, Gadamer e Finnis, Kant não está preocupado com a forma de vida concreta, "mas [com] uma essência humana abstrata e universal (...)".[965] Aristóteles igualmente se distancia de Kant, pois a sua preocupação é com o mundo real e efetivo. Tais aspectos levaram, num determinado momento do livro, à escolha da perspectiva ética de Aristóteles para sustentar o resultado do trabalho da hermenêutica.

Assim sendo, a racionalidade projetada pela *phrónesis* abarca a vida, a faticidade e a finitude do ente homem. Com isso, tais aspectos acabam "invadindo" o projeto hermenêutico de Gadamer, construído na esteira de Heidegger, onde fica destacada a produção de novos sentidos e não a simples reprodução de entendimentos anteriores. Aristóteles considera a justiça como a "excelência moral perfeita. (...)

---

[965] LAMEGO, José. *Hermenêutica e Jurisprudência*: análise de uma "recepção", p. 276.

Na justiça se resume toda a excelência".[966] A caracterização do "justo meio" nem sempre faz com que o ponto entre duas extremidades fique exatamente no meio. Isso é um indicativo claro de que é praticamente impossível repetir uma decisão. Vale dizer, a atribuição de sentido ao texto variará de caso a caso, em respeito às características peculiares de cada situação concreta. E essa é uma das características da hermenêutica de cunho filosófico, ou seja, que sabe respeitar a modelização do "justo meio". Nessa tarefa também serão muito importantes os princípios da lei natural com os aspectos metodológicos da razoabilidade prática.

Segundo Heidegger (*Que é uma coisa?*), os positivistas serviram-se das idéias de Kant, mas apenas parcialmente, pois só absorveram a razão teórica e a metafísica, deixando de lado a razão prática. Entretanto, até mesmo esta poderia servir ao Direito, dado o seu caráter formal e autônomo, o que equivale no Direito ao "fechar-se sobre si mesmo", criando o "mundo do Direito" desconectado da realidade social. A razão prática de Kant também estaria em condições de servir aos positivistas, pois ele rejeita a prudência, na medida em que ela depende da experiência e não pode ser concebida *a priori* e não é incondicionada. É necessário lembrar que a prudência não é autônoma, mas heterônoma, pois depende do meio e da experiência para formar-se no ser humano.

Heidegger refere que a linguagem é a "casa do ser",[967] onde ele exalta a importância do pensar e da linguagem. Assim, será através da associação desses dois aspectos que se poderá acessar os princípios da lei natural, viabilizando o alargamento axiológico da referida morada. A perspectiva dada pela fenomenologia heideggeriana é considerada o modo de acessar os princípios da lei natural e as exigências da razoabilidade prática – como um modo de ser do *Dasein* – capturados no viver fático do ente homem. Nessa situação, o tempo é o responsável pela projeção da claridade na clareira para desvelar o ser. Esclarecendo melhor, o ser é velado ou esquecido não pela ignorância, mas pela obviedade da sua existência. Essa forma de esquecimento revela a própria configuração do ser-real, do ser-possível e do ser-necessário, vinculados aos três aspectos do conhecimento caracterizados por Aristóteles: a prática, o fazer e a teoria, respectivamente.

No entender de John Finnis, a lei natural não tem história. Entretanto, com isso, surgem dois questionamentos: a) será que os princípios da lei natural e as exigências metodológicas da razoabilidade prática sempre tiveram o mesmo significado? b) Com a mudança

---

[966] ARISTÓTELES. *Ética a Nicômacos*, 1129b e 1130a.

[967] HEIDEGGER, Martin. "De uma conversa sobre a linguagem entre um japonês e um pensador". Traduzido por Emmanuel Carneiro Leão. In: *A Caminho da Linguagem*, p. 89.

dos valores no grupo, eles também não sofrem modificações históricas, na sua configuração e contextualização? Essas duas questões são aspectos duvidosos, mas que poderão ser resolvidos da seguinte forma: o significado dos princípios da lei natural (os bens humanos básicos) e as exigências da razoabilidade prática não sofrem alterações em sua essência e escala de importância, justamente por serem aspectos básicos, mínimos e imprescindíveis. E, assim, não são históricos. Entretanto, o seu exercício, vai se alterando com a passagem do tempo, a mudança dos valores das mais diversas categorias. De tal modo que em determinadas épocas alguns bens e algumas exigências são mais importantes que em outra, e assim sucessivamente.

Apesar dessas interrogações, pode-se dizer que os princípios da lei natural e as exigências metodológicas da razoabilidade prática possibilitam a flexibilidade e maleabilidade perfeitamente adequadas aos propósitos da hermenêutica filosófica, possibilitando uma resposta adequada para cada situação da vida. Essa talvez seja a vantagem de Finnis: não formulou uma teoria ou doutrina sobre o Direito Natural, mas organizou um conjunto de princípios que tenham em conta as características e necessidades básicas de cada pessoa ou situação.

Com a desvalorização da tradição, os princípios da lei natural também acabaram esquecidos. Por isso, o viver fático – a faticidade – é justamente o meio de trazer à tona novamente os princípios da lei natural e a razoabilidade prática, mediante os contornos atribuídos por John Finnis, com o contributo de Gadamer que foi buscar novamente os valores da tradição, dando-lhes a devida importância. Além da tradição, a (re)vitalização do papel da experiência também serve para justificar a escolha dos bens humanos básicos com o auxílio das exigências metodológicas da razoabilidade prática – que, portanto, não é arbitrária. Além do mais, este conjunto é o responsável pela contextualização da pré-compreensão, dando-lhe um viés conteudístico mais perceptível. Portanto, ela (a pré-compreensão) é fruto desse conjunto, mas ela também é responsável pela sua própria individualização, ou seja, ela orienta a escolha dos bens humanos e auxilia na sua aplicação (ou na sua concretização). Isso quer dizer que a pré-compreensão tem parcela de responsabilidade pela passagem do "é para ser", para um dever, orientando as escolhas razoáveis.

As exigências da razoabilidade prática que possibilitam o aplicar dos princípios da lei natural, nada mais são do que a materialização do saber prático – da *phrónesis*. E isso que vai sustentar, ou será a base ética, para a hermenêutica e, simultaneamente, uma resposta aos relativistas. Haja vista que não se pode pretender o objetivismo da *téchne* ou então o formalismo de Kant, quando se trata de assuntos humanos, que são contingentes. Para eles, é necessária a contribuição de John Finnis, as possibilidades da *phrónesis* e a perspectiva da razão prática aristotélica.

O que se pretende chamar a atenção dentro do contexto hermenêutico é que essa tarefa não poderá fracionar-se, ou seja, como se fosse possível separar o compreender, do interpretar e do aplicar. Esses três momentos agem de forma conjugada na configuração da chamada *applicatio*, que pode ser considerada como uma síntese da hermenêutica que pretende beneficiar-se com os princípios e as exigências da razoabilidade da lei natural. Não podemos esquecer "que o julgador não decide para depois buscar a fundamentação; ao contrário, ele só decide porque já encontrou o fundamento. O fundamento, no caso, é condição de possibilidade para a decisão tomada".[968] No momento em que se busca o fundamento, é um sinal de que já há uma decisão, produzida no círculo hermenêutico, a partir das contribuições da tradição na qual o julgador está inserido. Dentro desse contexto, é correto dizer que hermenêutica é sempre aplicação. Vale dizer, a hermenêutica desenvolvida por Heidegger e Gadamer não se presta à formulação prévia de cânones para aplicação posterior.

Na atualidade, já não cabe mais pretender buscar a "única resposta correta" (Dworkin) e nem é necessário que haja preocupação para atingi-la, pois impera "o incompreensível do único" (Gadamer), dada a contingência das relações estabelecidas no grupo social, a univocidade de uma resposta, que esteja pronta para ser repetida não cabe mais, pois as situações raramente se repetem. E quando isso acontece, sempre existe alguma variação que necessita ser respeitada, e a resposta, reavaliada. É por isso que se entende válida a utilização do círculo hermenêutico, onde a pré-compreensão, a compreensão, a interpretação e a aplicação são trabalhadas em conjunto, tendo em vista a construção de uma resposta/decisão.

O movimento circular acaba provocando um "horizonte de expectativa" (Josef Esser), onde se torna imprescindível a concretização do "acordo mútuo" (Karl-Otto Apel) para que a "fusão de horizontes" possa efetivamente produzir um sentido que tenha origem dialogada entre o horizonte do intérprete, do texto e da tradição, onde aquele sempre está imerso. A expectativa que faz o horizonte da interpretação é representada pelos princípios da lei natural (bens humanos básicos) e construído através das exigências metodológicas da razoabilidade prática, nos termos propostos por John Finnis. Esse conjunto responderá ao relativismo atribuído à pretensão da hermenêutica de cunho filosófico. Mostrando que o seu resultado não é um "vale tudo", mas é uma condição axiológica de possibilidade que se expande neste "hori-

---

[968] STRECK, Lenio Luiz. *Jurisdição Constitucional e Hermenêutica*: uma Nova Crítica do Direito, p. 179-80.

zonte de expectativa", onde eclodem as idéias sobre a lei natural desenvolvidas por John Finnis, mostrando que os bens humanos básicos e as exigências da razoabilidade prática são justamente o arcabouço de onde provém a pré-compreensão do ente homem.

Assim sendo, com a interferência das qualidades conferidas à *phrónesis* aristotélica, o conjunto composto pelas contribuições de John Finnis, com a mediação da tradição, é formado e formador, concomitantemente, das condições da pré-compreensão, que é um dos aspectos fundamentais para a atribuição de sentido. Num segundo momento, já na operação do círculo hermenêutico, onde aquela (a pré-compreensão, inspirada e irrigada pelos referidos aspectos) está integrada, o conjunto apresentado por John Finnis é o responsável pela justificação ética do resultado/decisão final produzido pelo diálogo (e aí a importância da linguagem), para que efetivamente a hermenêutica possa espelhar um "acordo mútuo" (que respeite as diferenças), inspirado nos princípios da lei natural e nas exigências metodológicas da razoabilidade prática.

Com isso, pode-se destacar que os princípios da lei natural (bens humanos básicos) e as exigências metodológicas da razoabilidade prática servem para contextualizar a pré-compreensão, auxiliando na especificação do seu conteúdo e alcance, além de servirem de suporte ético para justificar o resultado da hermenêutica jurídica de cunho filosófico.

Referências bibliográficas

ALEXY, Robert. "Derecho Injusto, Retroactividad y Principio de Legalidad Penal. La doctrina Del Tribunal Constitucional Federal alemán sobre los homicídios cometidos por los centinelas Del Muro de Berlin. Tradução de A. Daniel Oliver-Lalana". In: *Doxa – Cuadernos de Filosofia del Derecho*, Biblioteca Virtual Miguel de Cervantes, n° 23, 2000, p. 197-230. Disponível em: http://www.cervantesvirtual.com/portal/DOXA/cuadernos.shtml. Acesso em: 24 nov. 2005

ALLAN, D.J. "Aristotle's Account of the Origin of Moral Principles". In: BARNES, Jonathan; SCHOFIELD, Malcolm; SORABJI, Richard (edit.). *Articles on Aristotle*. 2. Ethics and Politics. Londres: Duckworth, 1977.

——. *A Filosofia de Aristóteles*. Traduzido por Rui Gonçalo Amado. Lisboa: Editorial Presença, 1970.

APEL, Karl-Otto. *Transformação da Filosofia I*: Filosofia Analítica, Semiótica, Hermenêutica. Traduzido por Paulo Astor Soethe. São Paulo: Loyola, 2000.

ARISTÓTELES. *Ética a Nicômacos*. Traduzido do grego, introdução e notas de Mário da Gama Kury. 4. ed. Brasília: UnB, 2001.

——. *Metafísica*. 2. ed. rev. 3. reimpr. Edição trilíngüe por Valentín García Yebra. Madrid: Editorial Gredos, 1998.

——. *Política*. Traduzido por Therezinha Monteiro Deutsch e Baby Abrão. São Paulo: Nova Cultural, 1999. (Coleção Os Pensadores).

AUBENQUE, Pierre. *A Prudência em Aristóteles*. Traduzido por Marisa Lopes. São Paulo: Discurso Editorial, 2003.

BERTI, Enrico. "Gadamer and the Reception of Aristotle's Intellectual Virtues". In: *Revista Portuguesa de Filosofia*, Braga: Faculdade de Filosofia de Braga, v. 56, n. 3/4, p. 345-60, jul.-dez. 2000.

——. *Aristóteles no século XX*. Traduzido por Dion Davi Macedo. São Paulo: Loyola, 1997.

——. *As razões de Aristóteles*. Traduzido por Dion Davi Macedo. São Paulo: Loyola, 1998.

BETTI, Emilio. *Interpretazione della legge e degli atti giuridici* (Teoria Generale e Dogmática). Milão: Dott. A. Giuffrè, 1949.

BEUCHOT, Mauricio. "Naturaleza humana y ley natural como fundamentos de los derechos humanos". In: MASSINI-CORREAS, Carlos I. (Compil.). *El iusnaturalismo actual*. Buenos Aires: Abeledo-Perrot, 1996.

BOBBIO, Norberto. *O Positivismo Jurídico* – Lições de Filosofia do Direito. Traduzido por Márcio Pugliesi, Edson Bini e Carlos E. Rodrigues. São Paulo: Ícone, 1995.

BÖHLER, Dietrich. "Philosophische Hermeneutik und Hermeneutische Methode". In: FUHRMANN, Manfred e outros (org.). *Text und Applikation*: Theologie, Jurisprudenz und Literatur-Wissenschaft im Hermeneutischen Gespräch. München: Wilhelm Fink Verlag, 1981.

CABANILLAS, Renato Rabbi-Baldi. "El derecho natural como núcleo de racionalidad de la realidad jurídica". In: CABANILLAS, Renato Rabbi-Baldi (coord.). *Las Razones del Derecho Natural*; perspectivas teóricas y metodológicas ante la crisis del positivismo jurídico. Buenos Aires: Editorial Ábaco de Rodolfo Depalma, 2000.

CARNELLI, Lorenzo. *Tiempo y Derecho*. Buenos Aires: Valério Abeledo, 1952.

CASSIRER, Ernst. *A filosofia do iluminismo*. Traduzido por Álvaro Cabral. Campinas: UNICAMP, 1992.

——. *Kant, Vida y Doctrina*. Traduzido por Wenceslao Roces. México: Fondo de Cultura Económica, 1993.

CASTANHEIRA NEVES, António. *A Crise Actual da Filosofia do Direito no contexto da Crise Global da Filosofia*: tópicos para a possibilidade de uma reflexiva reabilitação. Coimbra: Coimbra, 2003.

——. *Metodologia Jurídica*: problemas fundamentais. Coimbra: Coimbra, 1993.

——. *O Instituto dos "assentos" e a função jurídica dos Supremos Tribunais*. Coimbra: Coimbra, 1983.

——. *Questão-de-Facto – Questão-de-Direito ou O Problema Metodológico da Juridicidade* (ensaio de uma reposição crítica). Coimbra: Livraria Almedina, 1967.

CASTILLO, Monique. "Kant". Traduzido por Magda Lopes. In: CANTO-SPERBER, Monique (org.). *Dicionário de Ética e Filosofia Moral*. São Leopoldo: Unisinos, 2003. v. 2.

CAYGILL, Howard. *Dicionário KANT*. Traduzido por Álvaro Cabral. Rio de Janeiro: Jorge Zahar, 2000.

CHUEIRI, Vera Karam de. "A Dimensão Jurídico-Ética da Razão: O Liberalismo Jurídico de Dworkin". In: ROCHA, Leonel Severo (org.). *Paradoxos da Auto-Observação*. Percursos da Teoria Jurídica Contemporânea. Curitiba: JM, 1997.

COTTA, Sergio. "Para uma revisión de las nociones de Iusnaturalismo y de Derecho Natural". In: MASSINI-CORREAS, Carlos I. (compil). *El Iusnaturalismo Actual*. Buenos Aires: Abeledo-Perrot, 1996.

CRAMPE-CASNABET, Michèle. *KANT – uma revolução filosófica*. Traduzido por Lucy Magalhães. Rio de Janeiro: Jorge Zahar, 1994.

D'AGOSTINI, Franca. *Analíticos e Continentais*: Guia à filosofia dos últimos trinta anos. Traduzido por Benno Dischinger. São Leopoldo: Unisinos, 2003.

DELEUSE, Gilles. *A Filosofia Crítica de Kant*. Traduzido por Geminiano Franco. Lisboa: Edições 70, [s.d.].

DUTT, Carsten. *Em conversación con Hans-Georg Gadamer*: Hermenêutica, Estética, Filosofia Práctica. Traduzido por Teresa Rocha Barco. Madrid: Tecnos, 1998.

DWORKIN, R. M. "Is Law a System of Rules?" In: *The Philosophy of Law*. Oxford: Oxford University Press, 1977.

DWORKIN, Ronald. " 'Natural' Law Revisited". In: FINNIS, John Mitchell (edit.). *Natural Law*. Aldershot: Dartmouth Publishin. 1991. v. II.

——. "É o Direito um sistema de regras?" Traduzido por Wladimir Barreto Lisboa. In: *Estudos Jurídicos*. São Leopoldo: Unisinos, v. 34, n. 92, p. 119-58, 2001.

——. *Los Derechos en Serio*. Traduzido por Marta Guastavino. Buenos Aires: Planeta-Agostini, 1993.

——. *O Império do Direito*. Traduzido por Jefferson Luiz Camargo. São Paulo: Martins Fontes, 1999.

——. *Uma Questão de Princípio*. Traduzido por Luís Carlos Borges. São Paulo: Martins Fontes, 2000.

EGUSQUIZA, Alfredo M. *KANT, su filosofía crítica y el derecho*. 2. ed. Buenos Aires: Emecé, 1949.

ENGELMANN, Wilson. *Crítica ao Positivismo Jurídico*: Princípios, Regras e o Conceito de Direito. Porto Alegre: Fabris, 2001.

ESSER, Josef. *Precomprensione e scelta del método nel processo di individuazione del diritto*: Fondamenti di razionalità nella prassi decisionale del giudice. Traduzido por Salvatore Patti e Giuseppe Zaccaria. [s.l.]: Scuola di perfezionamento in diritto civile dell'Università di Camerino, 1983.

———. *Principio y Norma en la Elaboración Jurisprudencial del Derecho Privado*. Traduzido por Eduardo Valentí Fiol. Barcelona: Bosch Casa Editorial, 1961.

FERRAJOLI, Luigi. *Derecho y razón*: Teoria del garantismo penal. Traduzido por Perfecto Andrés Ibáñez e outros. 5. ed. Madrid: Trotta, 2001.

FINNIS, John Mitchell. "Aristóteles, Santo Tomás y los absolutos morales". In: MASSINI-CORREAS, Carlos I. (Comp.). *El iusnaturalismo actual*. Buenos Aires: Abeledo-Perrot, 1996.

———. "Lei natural. Por que chamar de 'lei'? Por que dizê-la 'natural'?" Traduzido por Magda Lopes. In: CANTO-SPERBER, Monique (org.). *Dicionário de ética e filosofia moral*. São Leopoldo: Unisinos, 2003. v. II.

———. "Natural Law and Legal Reasoning". In: GEORGE Robert P. (edit.). *Natural Law Theory*: Contemporary Essays. Oxford: Clarendon Press, 1992.

———. "Natural Law and the 'is' – 'Ought' question: an invitation to Professor Veath". In: FINNIS, John Mitchell (edit.). *Natural Law*. Aldershot – Dartmouth. 1991. v. I.

———. "On Reason and Authority in Law's Empire". In: FINNIS, John Mitchell. (edit.). *Natural Law*. Aldershot: Dartmouth. 1991. v. II.

———. *Aquinas*: moral, political, and legal theory. Oxford: Oxford University Press, 1998.

———. *Fundamentals of Ethics*. Georgetown: Georgetown University Press, 1983.

———. *Ley Natural y Derechos Naturales*. Traduzido por Cristóbal Orrego Sánchez e Raúl Madrid Ramírez. Buenos Aires: Abeledo-Perrot, 2000.

———. *Natural Law and Natural Rights*. Oxford: Clarendon Press, 1980.

———. *Nature and Natural Law in Contemporary Philosophical and Theological Debates*: Some Observations. Oxford, 2002. mimeo.

———. *Observaciones del Profesor John Finnis para las Jornadas a 25 años de la publicación de Ley Natural y Derechos Naturais*. Evento realizado em 09 e 10 de junho de 2005, na Universidad Austral, Buenos Aires. mimeo.

———. GRISEZ, Germain. "The Basic Principles of Natural Law: a Reply to Ralph McInerny". In: FINNIS, John. (edit.). *Natural Law*. Aldershot: Dartmouth. 1991. v. I.

FLEIG, Mario; PIMENTEL, Felipe Garrafiel. "Resenha: Clássico sobre Heidegger". In: *Revista do Programa de Pós-Graduação em Filosofia da Universidade do Vale do Rio dos Sinos*. São Leopoldo: Unisinos, v. 5. n. 9, p. 251-60, jul.-dez. 2004.

FLICKINGER, Hans-Georg. "O Fundamento Ético da Hermenêutica Contemporânea". In: *Veritas*, Porto Alegre, v. 48, n. 2, p. 169-79, jun. 2003.

FORNARI, Aníbal. "Tradición, Autoridad y Educación em la Razón Crítica. Alternativa y Proyección actual de la Hermenêutica: Rorty-Del Noce-Gadamer". In: *Rivista Aquinas*. Vaticano. Pontifica Università Lateranense, XLIV, n. 2-3, p. 393-427, 2001.

FRANK, Manfred. "Introdução do Editor". In: SCHLEIERMACHER, Friedrich Daniel Ernest. *Hermenêutica e Crítica*. Traduzido por Aloísio Ruedell. Ijuí: UNIJUÍ, 2005. v. I.

GADAMER, Hans-Georg. "Del ideal de la filosofía práctica". In: *Elogio de la teoría*: discursos y artículos. Traduzido por Anna Poca. Barcelona: Ediciones Península, 1993.

——. "Esboço dos fundamentos de uma hermenêutica". In: FRUCHON, Pierre (org.). *O Problema da Consciência Histórica*. Traduzido por Paulo César Duque Estrada. Rio de Janeiro: Fundação Getúlio Vargas, 1998.

——. "Heidegger und die Griechen". In: *Zur philosophischen Aktualität Heideggers*. Symposium der Alexander von Humboldt-Stiftung vom 24. – 28. April 1989 in Bonn-Bad Godesberg. Frankfurt am Main: Vittorio Klostermann, 1991. v. 1.

——. "Hermenêutica como filosofia prática". In: *A razão na época da ciência*. Traduzido por Ângela Dias. Rio de Janeiro: Tempo Brasileiro, 1983.

——. "L'Idea del bene tra Platone e Aristotele". In: *Studi Platonici 2*. Edizione italiana a cura di Giovanni Moretto. Genova: Marietti, 1998.

——. "La Idea de la filosofia práctica". In: *El Giro Hermenéutico*. Traducción de Arturo Parada. 2. ed. Madrid: Cátedra, 2001.

——. "La teologia de Marburgo". In: *Los Caminos de Heidegger*. Traduzido por Ângela Ackermann Pilári. Barcelona: Herder, 2002.

——. "Praktisches Wissen". In: *Gesammelte Werke*. Tübingen: J.C.B.Mohr (Paul Siebeck), 1985, Band 5.

——. "Über die Möglichkeit Einer Philosophischen Ethik". In: *Kleine Schriften I* – Philosophie – Hermeneutik. Tübingen: J.C.B.Mohr (Paul Siebeck), 1967.

——. *Acotaciones Hermenéuticas*. Traduzido por Ana Agud e Rafael de Agapito. Madrid: Trotta, 2002.

——. *Verdade e método*: complementos e índice. Traduzido por Enio Paulo Giachini; revisão da tradução de Marcia Sá Cavalcante-Schuback. Petrópolis: Vozes, 2002. v. II.

——. *Verdade e método*: traços fundamentais de uma hermenêutica filosófica. Traduzido por Flávio Paulo Meurer. 4. ed. Petrópolis: Vozes, 2002. v. I.

GARAPON, Antoine. *O guardador de promessas*: justiça e democracia. Traduzido por Francisco Aragão. Lisboa: Instituto Piaget, 1996.

GARCÍA-HUIDOBRO. "Retórica de las Teorias Iusnaturalistas: reseña de algunos argumentos". In: CABANILLAS, RENATO Rabbi-Baldi (coord.). *Las Razones Del Derecho Natural*: perspectivas teóricas y metodológicas ante la crisis el positivismo jurídico. Buenos Aires: Editorial Ábaco de Rodolfo Depalma, 2000.

GAUTHIER, René-Antoine. *Introdução à Moral de Aristóteles*. Traduzido por Maria José Ribeiro. Portugal: Publicações Europa-América, 1992.

GRONDIN, Jean. *Hans-Georg Gadamer*. Uma biografia. Traduzido por Ângela Ackermann Pilári, Roberto Bernet e Eva Martín-Mora. Barcelona: Herder, 2000.

——. *Introdução à hermenêutica filosófica*. Traduzido por Benno Dischinger. São Leopoldo: Unisinos, 1999.

——. *Introducción a Gadamer*. Traduzido por Constantino Ruiz-Garrido. Madrid: Herder, 2003.

GUARIGLIA, Osvaldo. *La Ética en Aristóteles o la Moral de la Virtud*. Buenos Aires: EUDEBA, 1997.

GÜNTHER, Klaus. *Teoria da Argumentação no Direito e na Moral*: Justificação e Aplicação. Traduzido por Cláudio Molz. São Paulo: Landy, 2004.

GUTIÉRREZ, Carlos B. "Del circulo al dialogo. El comprender de Heidegger a Gadamer". In: *Revista do Programa de Pós-Graduação em Filosofia da Universidade do Vale do Rio dos Sinos*, São Leopoldo: Unisinos, v. 3, n. 4, p. 19-39, jan.-jun. 2002.

HABERMAS, Jürgen. *Consciência Moral e Agir Comunicativo*. Traduzido por Guido A. de Almeida. Rio de Janeiro: Tempo Brasileiro, 1989.

HARDIE, William Francis Ross. *Aristotle's Ethical Theory*. 2. ed. Oxford: Clarendon Press, 1980.

HEIDEGGER, Martin. "De uma conversa sobre a linguagem entre um japonês e um pensador". Traduzido por Emmanuel Carneiro Leão. In: *A Caminho da Linguagem*. Petrópolis: Vozes, 2003.

——. "Hacia la Pregunta del Ser". In: *Acerca del Nihilismo*. Barcelona: Paidós, 1994.

——. "O que quer dizer pensar?" Traduzido por Gilvan Fogel. In: *Ensaios e Conferências*. Petrópolis: Vozes, 2001.

——. "O tempo da imagem no mundo". Traduzido por Alexandre Franco de Sá. In: *Caminhos de Floresta*. Lisboa: Fundação Calouste Gulbenkian, 1998.

——. "Tempo e Ser". In: *O fim da filosofia ou a questão do pensamento*. Traduzido por Ernildo Stein. São Paulo: Duas Cidades, 1972.

——. "Vom Wesen der Menschlichen Freiheit: Einleitung in die Philosophie". In: *Gesamtausgabe*. II. Abteilung: Vorlesungen 1923-1944. Frankfurt am Main: Vittorio Klostermann, Band 31, 1994.

——. *A Caminho da Linguagem*. Traduzido por Márcia Sá Cavalcante Schuback. Petrópolis: Vozes, 2003.

——. *A Origem da Obra de Arte*. Traduzido por Maria da Conceição Costa. Lisboa: Edições 70, 1991.

——. *Die Grundprobleme der Phänomenologie*. Frankfurt am Main: Vittorio Klostermann, 1975, Band 24.

——. *Interpretaciones fenomenológicas sobre Aristóteles*. Traduzido por Jesús Adrián Escudero. Madrid: Trotta, 2002.

——. *Introducción a la Filosofía*. Traduzido por Manuel Jiménez Redondo. Madrid: Frónesis Cátedra Universitat de Valência, 1999.

HEIDEGGER, Martin. *Kant und das Problem der Metaphysik*. Frankfurt am Main: Vittorio Klostermann, 1951.

——. *Kants These Über das Sein*. Frankfurt am Main: Vittorio Klostermann, 1963.

——. *O Fim da Filosofia e a Tarefa do Pensamento*. Traduzido por Ernildo Stein. São Paulo: Nova Cultural, 1999. (Coleção Os Pensadores – Heidegger.)

——. *O Fim da Filosofia ou A Questão do Pensamento*. Traduzido por Ernildo Stein. São Paulo: Duas Cidades, 1972.

——. *O Princípio do Fundamento*. Traduzido por Jorge Telles Menezes. Lisboa: Instituto Piaget, 1999.

——. *Ontología*: Hermenéutica de la Facticidad. Traduzido por Jaime Aspiunza. Madrid: Alianza Editorial, 2000.

——. *Que é Metafísica?* Traduzido por Ernildo Stein. São Paulo: Abril Cultural 1999. (Coleção Os Pensadores)

——. *Que é uma Coisa?* Doutrina de Kant dos Princípios Transcendentais. Traduzido por Carlos Morujão. Lisboa: Edições 70, 1992.

——. *Sein und Zeit*. Neunte unveränderte Auflage. Tübingen: Max Niemeyer Verlag, 1960.

——. *Ser e Tempo*. Traduzido por Márcia Sá Cavalcante Schuback. 12. ed. Petrópolis: Vozes, 2002. Parte I.

——. *Ser e Tempo*. Traduzido por Márcia Sá Cavalcante Schuback. 10. ed. Petrópolis: Vozes, 2002. Parte II.

HERNÁNDEZ-LARGO, Antonio Osuna. *Hermenéutica Jurídica*: En torno a la Hermenéutica de Hans-Georg Gadamer. Valladolid: Secretariado de Publicaciones, 1992.

HERRERO, F. Javier. "A Ética de Kant". In: *Síntese Revista de Filosofia*. Belo Horizonte: Centro de Estudos Superiores, v. 28, n. 90, p. 17-36, jan.-abril. 2001.

HERVADA, Javier. *Crítica Introdutória ao Direito Natural*. Traduzido por Joana Ferreira da Silva. Porto: RESJURIDICA, 1990.

HOBBES, Thomas. *Leviatã ou Matéria, Forma e Poder de um Estado Eclesiástico e Civil*. Traduzido por João Paulo Monteiro e Maria Beatriz Nizza da Silva. São Paulo: Nova Cultural, 1999.

HÖFFE, Otfried. *Immanuel Kant*. Traduzido por Diorki. Barcelona: Herder, 1986.

HUTCHINSON, D. S. "Ethics". In: BARNES, Jonathan (edit.). *Aristotle*. Cambridge: Cambridge University Press, 1995.

INWOOD, Michael. *Dicionário Heidegger*. Traduzido por Luísa Buarque de Holanda. Rio de Janeiro: Zahar, 2002.

JAEGER, Werner. *Aristoteles*. Bases para la historia de su desarrollo intelectual. Traduzido por José Gaos. México: Fondo de Cultura Económica, 2001.

KANT, Immanuel. "Sobre a expressão corrente: isto pode ser correto na teoria, mas nada vale na prática". In: *A Paz Perpétua e Outros Opúsculos*. Traduzido por Artur Morão. Lisboa: Edições 70, 1995.

———. *Crítica da Razão Prática*. Traduzido por Valerio Rohden. São Paulo: Martins Fontes, 2003.

———. *Crítica da Razão Pura*. Traduzido por Valerio Rohden e Udo Baldur Moosburger. São Paulo: Nova Cultural, 1999.

———. *Fundamentação da Metafísica dos Costumes*. Traduzido por Paulo Quintela. São Paulo: Abril Cultural, 1980. (Coleção Os Pensadores).

———. *Kritik der praktischen Vernunft*. Hamburg: Verlag Von Felix Meiner, 1974.

———. *Kritik der reinen Vernunft*. Hamburg: Felix Meiner Verlag, 1956.

———. *Lecciones de Ética*. Traduzido por Roberto Rodrígues Aramayo e Concha Roldán Panadero. Barcelona: Editorial Crítica, 1988.

———. *Primeira Introdução à Crítica do Juízo*. Traduzido por Rubens Rodrigues Torres Filho. São Paulo: Abril Cultural, 1980. (Os Pensadores – Kant II).

———. *Prolegômenos*. Traduzido por Tania Maria Bernkopf. São Paulo: Abril Cultural, 1980. (Os Pensadores – Kant [II]).

KAUFMANN, Arthur. "Dal giusnaturalismo e dal positivismo giurido all'ermeneutica". In: *Rivista Internazionale di Filosofia Del Diritto*, n. 4, p. 712-22, out.-dez. 1973.

———. "El Renacimiento del Derecho Natural de la Posguerra e lo que fue del Él. Tradução de Alejandra Guardia Clausi". In: CABANILLAS, Renato Rabbi-Baldi (coord.). *Las Razones del Derecho Natural*; perspectivas teóricas y metodológicas ante la crisis del positivismo jurídico. Buenos Aires: Editorial Ábaco de Rodolfo Depalma, 2000.

———. *Derecho, Moral e Historicidad*. Traduzido por Emilio Eiranova Encinas. Barcelona: Marcial Pons, 2000.

———. *Filosofía del Derecho*. Traduzido por Luis Villar Borda e Ana María Montoya. Colombia: Universidad Externado de Colombia, 1999.

KRETZMANN, Norman. "Lex iniusta non est lex. Laws on Trial in Aquina's Court of Conscience". In: FINNIS, John Mitchell. *Natural Law*. Aldershot: Dartmouth. 1991. v. II.

KUSCH, Martin. *Linguagem como cálculo versus linguagem como meio universal*: Um estudo sobre Husserl, Heidegger e Gadamer. Traduzido por Dankwart Bernsmüller. São Leopoldo: Unisinos, 2001.

LABARRIÈRE, Jean-Louis. "Aristóteles". Traduzido por Paulo Neves. In: CANTO-SPERBER, Monique (org.). *Dicionário de Ética e Filosofia Moral*. São Leopoldo: Unisinos, 2003. v. 1.

LAMEGO, José. *Hermenêutica e Jurisprudência*: análise de uma "recepção". Lisboa: Fragmentos, 1990.

LARENZ, Karl. *Metodologia da ciência do direito*. Traduzido por José Lamego. 3. ed. Lisboa: Fundação Calouste Gulbenkian, 1997.

LEGARRE, Santiago. "John Finnis. La lucha por el verdadero derecho natural". In: *Jornadas Internacionales em Homenaje a John Finnis* – a 25 años de la publicación de Natural Law and Natural Rights, na Universidad Austral, Buenos Aires, 09 e 10 jun. 2005. mimeo.

LIMA VAZ, Henrique Cláudio de. "Ética e razão moderna". In: *Síntese Nova Fase*, Belo Horizonte: Centro de Estudos Superiores-SJ, v. 22, n. 68, p. 53-84. jan.-mar. 1995.

——. *Ética e Direito*. São Paulo: Loyola, 2002.

LOTZ, Johannes B. *Martin Heidegger e São Tomás de Aquino*. Traduzido por Lumir Nahodil. Lisboa: Instituto Piaget, 2002.

LUDWIG, Bernd. "Die 'praktische Vernunft' – ein hölzernes Eisen? Zum Verhältnis von Voluntarismus und Rationalismus in Kants Moralphilosophie". In: *Jahrbuch für Recht und Ethik*. Berlin: Duncker & Humblot, band 5, 1997.

MACDOWELL, João Augusto A. Amazonas. *A gênese de ontologia fundamental de Martin Heidegger*: ensaio de caracterização do modo de pensar de Sein und Zeit. São Paulo: Loyola, 1993.

MACINTYRE, Alasdair. *Justiça de quem? Qual racionalidade?* Traduzido por Marcelo Pimenta Marques. 2. ed. São Paulo: Loyola, 2001.

MAMAN, Jeannette Antonios. *Fenomenologia existencial do direito* – Crítica do pensamento jurídico brasileiro. 2. ed. São Paulo: Quartier Latin, 2003.

MASSINI, Carlos Ignácio. *La Prudencia Juridica*: Introduccion a la Gnoseologia del Derecho. Buenos Aires: Abeledo-Perrot, 1982.

MASSINI-CORREAS, Carlos Ignácio. 'Dworkin, Finnis y la "única respuesta correcta". In: *Jornadas Internacionales em Homenaje a John Finnis* – a 25 años de la publicación de Natural Law and Natural Rights, na Universidad Austral, Buenos Aires, 09 e 10 jun. 2005. mimeo.

——. "Acerca del fundamento de los Derechos Humanos". In: MASSINI-CORREAS, CarlosI. *El Iusnaturalismo Actual*. Buenos Aires: Abeledo-Perrot, 1996.

MAULEON, Xabier Etxeberria. "El debate sobre la universalidad de los derechos humanos". In: *La Declaración Universal de Derechos Humanos em su cincuenta aniversario*: um estúdio interdisciplinar. Bilbao: Universidad de Deusto, 1999.

MICHELAZZO, José Carlos. *Do Um como Princípio ao Dois como Unidade*: Heidegger e a reconstrução ontológica do real. São Paulo: FAPESP, 1999.

MILLÁN-PUELLES, Antonio. *Ética y Realismo*. Madrid: Rialp, 1996.

MÜLLER, Friedrich. *Métodos de trabalho do direito constitucional*. Traduzido por Peter Naumann. 2. ed. São Paulo: Max Limonad, 2000.

MURPHY, Mark C. *Natural Law and Practical Rationality*. New York: Cambridge University Press, 2001.

NIQUET, Marcel. *Teoria Realista da Moral*: estudos preparatórios. Traduzido por F. Javier Herrero e Nélio Schneider. São Leopoldo: Unisinos, 2003.

OLIVEIRA, Manfredo Araújo de. *Reviravolta Lingüístico-Pragmática na filosofia contemporânea*. 2. ed. São Paulo: Loyola, 2001.

PALMER, Richard E. *Hermenêutica*. Traduzido por Maria Luísa Ribeiro Ferreira. Lisboa: Edições 70, 1996.

PATON, H. J. *The Categorical Imperative*: A Study in Kant's Moral Philosophy. Philadelphia: University of Pennsylvania Press, 1971.

PENZO, Giorgio. *L'Unitá del Pensiero in Martin Heidegger* (uma Ontologia Estética). Padova: Editrice Gregoriana, 1965.

PEREIRA, Oswaldo Porchat. *Ciência e Dialética em Aristóteles*. São Paulo: UNESP, 2001.

PIRES, Celestino. "Crise da Metafísica, Crise do Homem". In: *Revista Portuguesa de Filosofia*, Braga, p. 3-20, 1973. t. XXIX.

———. "Ontologia e Metafísica". In: *Revista Portuguesa de Filosofia*, Braga, fasc. 1-2, p. 31-61, jan.-jun. 1964. t. XX.

RADBRUCH, Gustav. *Filosofia do Direito*. Traduzido por L. Cabral de Moncada. 6. ed. rev. e acrescida dos últimos pensamentos do autor. Coimbra: Armênio Amado – Editor, Sucessor, 1997.

———. *Introdução à Ciência do Direito*. Traduzido por Vera Barkow. São Paulo: Martins Fontes, 1999.

RAWLS, John. *Lecciones sobre la historia de la filosofía moral*. Compilado por Barbara Herman. Traduzido por Andrés de Francisco. Barcelona: Paidós, 2001.

———. *Uma teoria da justiça*. Traduzido por Almiro Pisetta e Lenita M. R. Esteves. São Paulo: Martins Fontes, 1997.

REICH, Klaus. *Kant und die Ethik der Griechen*. Tübingen: Verlag von J.C.B.Mohr, 1935.

RICOEUR, Paul. *O Justo ou A Essência da Justiça*. Traduzido por Vasco Casimiro. Lisboa: Instituto Piaget, 1997.

ROBLES, Guillermo Gabino Vázquez. "Revisión Filosófica de las Escuelas de Interpretação Jurídica". In: *Logos*, México, n. 94, p. 63-91, jan.-abr. 2004. v. XXXII.

RODRÍGUEZ, Ramón. "üõ ò ÜëçèYò y Verdad Anteprecicativa". In: GÓMEZ, Ángel Álvarez y CASTRO, Rafael Martínez (coord.). *En torno a Aristóteles*. Homenaje al Professor Pierre Aubenque. Santiago de Compostela: Universidade de Santiago de Compostela, 1998.

ROHDEN, Luiz. "'Ser que pode ser compreendido é linguagem": A Ontologia Hermenêutica de Hans-Georg Gadamer". In: *Revista Portuguesa de Filosofia*, Braga, v. 56, n. 3-4, p. 543-57, jul.-dez. 2000.

———. *Hermenêutica filosófica*: entre a linguagem da experiência e a experiência da linguagem. São Leopoldo: Unisinos, 2003.

SÁNCHEZ, Cristóbal Orrego. "John Finnis. La lucha por el derecho natural". In: *Jornadas Internacionales em Homenaje a John Finnis* – a 25 años de la publicación de Natural Law and Natural Rights, na Universidad Austral, Buenos Aires, 09 e 10 jun. 2005. mimeo.

SCHAPP, Jan. *Problemas fundamentais da metodologia jurídica*. Traduzido por Ernildo Stein. Porto Alegre: Fabris, 1985.

SCHLEIERMACHER, Friedrich D. E. *Hermenêutica*: Arte e Técnica da interpretação. Traduzido por Celso Reni Braida. Bragança Paulista: Universitária São Francisco, 2003.

———. *Hermenêutica e Crítica*. Traduzido por Aloísio Ruedell. Ijuí: UNIJUÍ, 2005. v. I.

SCHUCHMAN, Paul. "Aristotle's Phronésis and Gadamer's Hermeneutics". In: *Philosophy Today*, New York: St. John's University Library, n. 23, p. 41-50, 1979.

SERNA, Pedro. "Sobre las respuestas al Positivismo Jurídico". In: CABANILLAS, RENATO Rabbi-Baldi (coord.). *Las Razones Del Derecho Natural*: perspectivas teóricas y metodológicas ante la crisis el positivismo jurídico. Buenos Aires: Editorial Ábaco de Rodolfo Depalma, 2000.

SHERMAN, Nancy. *The Fabric of Character*: Aristotle's Theory of Virtue. Oxford: Clarendon Press, 1989.

SILVA, Rui Sampaio da. "Gadamer e a Herança Heideggeriana". In: *Revista Portuguesa de Filosofia*, Braga, v. 56, n. 3-4, p. 521-41, jul.-dez 2000.

SILVING, Helen. *Derecho positivo y derecho natural*. Traduzido por Genaro R. Carrió. Buenos Aires: EUDEBA, 1966.

SÓFOCLES. *Antígona*. Introdução, versão do grego e notas Maria Helena da Rocha Pereira. Brasília: UnB, 1997.

STEIN, Ernildo. "A Estratégia na Formação dos Conceitos da Ontologia Fundamental. Heidegger e a filosofia prática de Aristóteles e Kant". In: *Racionalidade e Ação*: Antecedentes e Evolução Atual da Filosofia Prática Alemã. Porto Alegre: Universidade/UFRGS, Instituto Goethe/ICBA, 1992.

——. "Da Fenomenologia Hermenêutica à Hermenêutica Filosófica". In: *Veritas*, Porto Alegre, v. 47, n. 1, p. 21-34, mar. 2002.

——. "Introdução ao Método Fenomenológico Heideggeriano". In: *Sobre a Essência do Fundamento*. Traduzido por Ernildo Stein. Conferências e Escritos Filosóficos. Martin Heidegger. São Paulo: Abril Cultural, 1979. (Coleção Os Pensadores).

——. "Nota do Tradutor do texto 'Que é Metafísica'". In: *Heidegger*. São Paulo: Nova Cultural, 1999. (Coleção Os Pensadores)

——. *Aproximações sobre hermenêutica*. Porto Alegre: EDIPUCRS, 1996.

——. *Compreensão e Finitude*: Estrutura e movimento da interrogação heideggeriana. Ijuí: UNIJUÍ, 2001.

——. *Diferença e Metafísica*: ensaios sobre a desconstrução. Porto Alegre: EDIPUCRS, 2000.

——. *Exercícios de Fenomenologia*: Limites de um Paradigma. Ijuí: UNIJUÍ, 2004.

——. *Nas proximidades da antropologia*: ensaios e conferências filosóficas. Ijuí: Unijuí, 2003.

——. *Pensar é pensar a diferença*: filosofia e conhecimento empírico. Ijuí: UNIJUÍ, 2002.

——. *Uma Breve Introdução à Filosofia*. Ijuí: UNIJUÍ, 2002.

STRECK, Lenio Luiz. "A hermenêutica e a tarefa da construção de uma crítica do direito a partir da ontologia fundamental". In: *Revista do Programa de Pós-Graduação em Filosofia da Universidade do Vale do Rio dos Sinos*. São Leopoldo: Unisinos, v. 3, n. 4, p. 255-95, jan.-jun. 2002.

——. "Da Interpretação de Textos à Concretização de Direitos – A incindibilidade entre interpretar e Aplicar a partir da Diferença Ontológica *(Ontologische Differentz)* entre Texto e Norma". In: ROCHA, Leonel Severo; STRECK, Lenio Luiz (org.). *Anuário do Programa de Pós-Graduação em Direito da Unisinos – Mestrado e Doutorado*. Porto Alegre: Livraria do Advogado, 2005.

——. "Hermenêutica (jurídica): compreendemos porque interpretamos ou interpretamos porque compreendemos? Uma resposta a partir do Ontological Turn" p. 223-71. In: ROCHA, Leonel Severo; STRECK, Lenio Luiz (org.). *Anuário do Programa de Pós-Graduação em Direito-Mestrado e Doutorado 2003*. São Leopoldo: Unisinos, 2003.

——. *Hermenêutica Jurídica e(m) Crise*: uma exploração hermenêutica da construção do Direito. 5. ed. rev. e atual. Porto Alegre: Livros do Advogado, 2004.

——. *Jurisdição constitucional e hermenêutica*: uma nova crítica do Direito. Porto Alegre: Livraria do Advogado, 2002.

——. *Jurisdição Constitucional e Hermenêutica*: uma Nova Crítica do Direito. 2. ed. rev. e ampl. Rio de Janeiro: Forense, 2004.

SULLIVAN, Roger J. *Immanuel Kant's moral theory*. New York: Cambridge University Press, 1989.

TOMÁS DE AQUINO. *Comentario a la Ética a Nicómaco de Aristóteles*. 2. ed. revisada y corregida. Traduzido por Ana Mallea. Pamplona: Universidad de Navarra, 2001.

——. *Escritos políticos de Santo Tomás de Aquino*. Traduzido por Francisco Benjamin de Souza Neto. Petrópolis: Vozes, 1997.

——. *Suma Teológica*. Traduzido por Alexandre Corrêa. 2. ed. Porto Alegre: Sulina, I-II, q. XC, artigo I, 1980. v. IX.

TUGENDHAT, Ernst. *Lições sobre Ética*. Traduzido por Róbson Ramos dos Reis *et all*. 2. ed. Petrópolis: Vozes, 1997.

——. *Problemas de la Etica*. Traduzido por Jorge Vigil. Barcelona: Editorial Crítica, 1988.

VIGO, Rodolfo Luis. *Interpretação Jurídica*: do modelo juspositivista-legalista do Século XIX às novas perspectivas. Traduzido por Susana Elena Dalle Mura. São Paulo: RT, 2005.

VILLALIBRE, Modesto Berciano. *La revolución filosófica de Martin Heidegger*. Madrid: Editorial Biblioteca Nueva, 2001.

VILLEGAS, Juan Carlos Suárez. *Hay Obgligación Moral de Obedecer al Derecho?* Madrid: Tecnos, 1996.

VOLPI, Franco. "'Sein und Zeit': Homologien zur 'Nikomachischen Ethik'", p. 225-40. In: *Philosophisches Jahrbuch*. München: Verlag Karl Albert Freiburg, 1989.

——. "Filosofia Prática". Traduzido por Magda Lopes. In: CANTO-SPERBER, Monique. *Dicionário de Ética e Filosofia Moral*. São Leopoldo: Unisinos, 2003. v. I.

WESTERMANN, Pauline C. *The disintegration of natural law theory*: Aquinas to Finnis. New York: Leiden, 1997.

ZINGANO, Marco. *Razão e sensação em Aristóteles*: um ensaio sobre de anima III 4-5. Porto Alegre: L&PM, 1998.

Impressão:
Evangraf
Rua Waldomiro Schapke, 77 - P. Alegre, RS
Fone: (51) 3336.2466 - Fax: (51) 3336.0422
E-mail: evangraf.adm@terra.com.br